Annette Harth · Ulfert Herlyn · Gitta Scheller · Wulf Tessin

Stadt als Erlebnis: Wolfsburg

AF141805

Annette Harth · Ulfert Herlyn
Gitta Scheller · Wulf Tessin

Stadt als Erlebnis: Wolfsburg

Zur stadtkulturellen Bedeutung
von Großprojekten

VS VERLAG FÜR SOZIALWISSENSCHAFTEN

Bibliografische Information der Deutschen Nationalbibliothek
Die Deutsche Nationalbibliothek verzeichnet diese Publikation in der
Deutschen Nationalbibliografie; detaillierte bibliografische Daten sind im Internet über
http://dnb.d-nb.de abrufbar.

1. Auflage 2010

Alle Rechte vorbehalten
© VS Verlag für Sozialwissenschaften | GWV Fachverlage GmbH, Wiesbaden 2010

Lektorat: Frank Engelhardt

VS Verlag für Sozialwissenschaften ist Teil der Fachverlagsgruppe
Springer Science+Business Media.
www.vs-verlag.de

Das Werk einschließlich aller seiner Teile ist urheberrechtlich geschützt. Jede
Verwertung außerhalb der engen Grenzen des Urheberrechtsgesetzes ist
ohne Zustimmung des Verlags unzulässig und strafbar. Das gilt insbesondere
für Vervielfältigungen, Übersetzungen, Mikroverfilmungen und die Einspei-
cherung und Verarbeitung in elektronischen Systemen.

Die Wiedergabe von Gebrauchsnamen, Handelsnamen, Warenbezeichnungen usw. in diesem
Werk berechtigt auch ohne besondere Kennzeichnung nicht zu der Annahme, dass solche
Namen im Sinne der Warenzeichen- und Markenschutz-Gesetzgebung als frei zu betrachten
wären und daher von jedermann benutzt werden dürften.

Umschlaggestaltung: KünkelLopka Medienentwicklung, Heidelberg
Druck und buchbinderische Verarbeitung: Ten Brink, Meppel
Gedruckt auf säurefreiem und chlorfrei gebleichtem Papier
Printed in the Netherlands

ISBN 978-3-531-16984-2

Inhalt

Einführung in die vierte soziologische Wolfsburg-Studie

Es bedarf schon einer besonderen Erläuterung, wenn Soziologen und Soziologinnen in vier einzelnen Studien die Entwicklung einer Stadt über einen Zeitraum von 50 Jahren untersuchen, ohne dass diese Langzeitbetrachtung von Anfang an geplant gewesen wäre. Tatsächlich war es der Gegenstand selbst, also die Stadt Wolfsburg, der sich in einer Weise verändert hat, die eine wiederholte Beschäftigung nahegelegt hat.

Die erste soziologische Untersuchung der neuen Stadt Wolfsburg wurde durch das Soziologische Seminar der Universität Göttingen Ende der 1950er Jahre begonnen, um den Prozess der Urbanisierung anhand einer Stadtneugründung sichtbar zu machen (Schwonke/Herlyn 1967). Die heutige Stadt Wolfsburg wurde nämlich erst kurz nach der Grundsteinlegung des Volkswagenwerkes im Mai 1938 am 1. Juli desselben Jahres gegründet. Im Geleitwort der Initiatoren Helmut Plessner und Hans Paul Bahrdt zu der ersten Untersuchung heißt es: „Die Stadt verkörpert ein Stück jüngster deutscher Sozialgeschichte, die exemplarisch deutlich wird, wenn man die verschiedenen Zuwanderungsströme und die Entwicklung des Verhältnisses dieser sehr rasch wachsenden Industriestadt zu ihrem Umland untersucht" (S. V). Die Initiatoren waren der Auffassung, dass der Stadtwerdungsprozess nirgendwo besser untersucht werden könnte als in einer Stadtneugründung, weil sich dort erst die Institutionen und Lebensformen entwickeln müssen, die ein langfristiges Überleben garantieren.

Es war zunächst selbstverständlich, die gut 20-jährige sehr bewegte Geschichte der Stadtneugründung aufzuarbeiten, bevor die zentrale Frage der sozialen Integration der Bewohnerschaft in diese Stadt, die ihre Existenz dem Industriewerk des Volkswagens verdankt, bearbeitet werden konnte. Die Pioniere, die vor 1945 nach Wolfsburg kamen, waren zum großen Teil Flüchtlinge und Vertriebene aus den verschiedensten Gegenden des damaligen Deutschland. Es stellte sich geradezu zwangsläufig die Frage, ob und wie dies „zusammengewürfelte Volk" in Wolfsburg sesshaft gemacht werden konnte. Wenn Städte sich in der Vergangenheit als entscheidende „Integrationsmaschinen" erwiesen haben, indem große Mengen von Zuwanderern in den Städten sesshaft geworden sind, dann stellte sich die Frage für die neue Stadt Wolfsburg mit nur wenigen Einheimischen in besonderer Dringlichkeit.

Der empirische Aufwand bei der ersten Untersuchung war beträchtlich: Neben umfangreichen sekundärstatistischen Materialauswertungen und teilnehmenden Beobachtungen standen im Mittelpunkt repräsentative Bewohnerumfragen in der Stadt Wolfsburg und einigen Randgemeinden. Außerdem wurde bei einer Reihe von Bewohnern eine Panelbefragung im Abstand von zwei Jahren durchgeführt, um wenigstens ansatzweise den Wandel von Einstellungen und Verhaltensweisen erfassen zu können. Im Nachhinein muss festgestellt werden, dass die lange Zeit von acht Jahren bis zum Erscheinen der Studie nicht zuletzt auch der Tatsache geschuldet war, dass die empirische Sozialforschung in Deutschland noch in den Kinderschuhen steckte. Mit der Publikation des ersten Bandes war die Wolfsburg-Forschung von Göttingen aus erst einmal beendet.

Etwa 20 Jahre nach den empirischen Recherchen zur ersten Untersuchung versuchten Wulf Tessin und Ulfert Herlyn von der Universität Hannover aus, das ursprünglich gesteckte Ziel, den Prozess der Stadtwerdung zu untersuchen, durch eine Wiederholungsuntersuchung einzulösen (Herlyn/Schweitzer/Tessin/Lettko 1982). Über die Fortschreibung der Entwicklung der Stadt in den 20 Jahren zwischen 1960 und 1980 hinaus stand zunächst wieder die Analyse des Prozesses der sozialen Integration im Vordergrund. Daneben rückten wir die Abhängigkeit des Stadtlebens vom VW-Werk in den Mittelpunkt des Interesses, gingen verstärkt den Einflüssen des VW-Werkes auf die Berufs- und Arbeitsbedingungen und die verschiedenen Politikbereiche nach und analysierten den Stilwandel der Kommunikation zwischen den Vertretern von Werk und Stadt.

Die grundlegende methodische Innovation dieser zweiten Wolfsburgstudie war die konsequente Anlage als eine Panelstudie, d.h. wir befragten dieselben Personen ein zweites Mal 20 Jahre nach ihrer Erstbefragung. Dies erwies sich als methodische Zwangsjacke, denn man musste sich minutiös dem methodischen Repertoire der ersten Studie unterwerfen, z. B. in Befragungen exakt dieselbe Fragestellung anwenden. Hinzu kam die Tatsache, dass der zeitliche Abstand von 20 Jahren sich doch als zu lang erwiesen hat, um Bedingungen von Verhaltensänderungen sicher erfassen zu können (vgl. die methodische Kritik dieses Ansatzes in: Herlyn u.a. 1982, 268ff.). Außer diesem Panel wurden verschiedene Teilgruppen z. T. intensiv befragt, Expertengespräche durchgeführt und statistisches Material ausgewertet.

Auch wenn wir uns damals für weitere Wiederholungsuntersuchungen in der soziologischen Stadtforschung aussprachen, um ihr den statischen Charakter zu nehmen (ebenda S. 14), und der Leiter der ersten Untersuchung, Martin Schwonke im Nachwort zur 2. Studie sagte: „Man bekommt Lust, Wolfsburg erneut zu besuchen und die neuen Eindrücke mit denen vor zwanzig Jahren zu vergleichen" (S. 275), hatten wir damals noch keine konkreten Pläne für eine weitere Beschäftigung mit der neuen Stadt. Sie kam jedoch wieder in den Blick, als am Beispiel von Wolfsburg die Stadt-Umlandpolitik (Tessin 1986), Migrationsprobleme (Schweitzer 1990) und Lebensstile in der Arbeiterschaft (Herlyn/Scheller/Tessin 1994) untersucht wurden.

Als die Stadt kurz nach der bislang schwersten Strukturkrise des VW-Werkes 1992/93 an einem Wendepunkt der Stadtentwicklung angekommen war, ergab sich der Plan, zum dritten und – wie wir in der Zusammenfassung der drei Studien (Herlyn/Tessin 2000) meinten – letzten Male die Stadtentwicklung Wolfsburgs soziologisch zu untersuchen. Sie konnte einige Jahre später unter dem vielsagenden Titel „Wolfsburg: Stadt am Wendepunkt" publiziert werden (Harth/Herlyn/Scheller/Tessin 2000). Wieder wurde im Rahmen einer subjektorientierten Sozialforschung von einem Mix quantitativer und qualitativer Methoden ausgegangen, der sich auch bei den anderen Studien schon bewährt hatte. Zum einen wurde die Frage von Form und Gestalt der sozialen Integration fortgeschrieben, zum anderen gab es die so umfangreiche Krise im Volkswagenwerk und ihre Bewältigung. Diese bislang schwerste Krise wurde zu einem Wendepunkt der Stadtentwicklung, die einerseits zu einer grundlegenden Neuorientierung der Stadtentwicklungspolitik und anderseits zu einer völlig neuartigen Kooperation von Stadt und Werk in der Wolfsburg AG führte. Am Ende der dritten Studie stand Wolfsburg – so schrieben wir im Nachwort – am Anfang einer neuen Etappe und wir schlossen die Frage an, ob in zehn Jahren der richtige Zeitpunkt für eine vierte Wolfsburg-Studie da sein würde, indem wir mit aller Deutlichkeit nicht das Ende der Forschungsbemühungen um den Stadtwerdungsprozess dieser Stadt erkannten, sondern die Meinung äußerten „eigentlich am Anfang der soziologischen Wolfsburg-Forschung" zu stehen (ebenda S. 221). Es ergab sich tatsächlich zehn Jahre später die seltene Konstellation, mit personell gleicher Besetzung diese vierte Studie beginnen zu können. Mit dieser vierten Untersuchung als Teil einer weitgehend ungeplanten Langzeitbeobachtung der Stadtentwicklung wurde uns bewusst, dass eine Abfolge von vier großen empirischen Studien einer Stadt über einen Zeitraum von insgesamt einem halben Jahrhundert bisher ein Novum in der stadtsoziologischen Forschungslandschaft ist; darüber hinaus ist die personelle Kontinuität der die Untersuchungen leitenden sowie bearbeitenden Personen in der empirischen Sozialforschung einmalig.

In der hier vorliegenden vierten Untersuchung geht es darum, die stadtkulturellen Folgen jener erlebnisorientierten Stadtentwicklungspolitik zu untersuchen, die das letzte Jahrzehnt der Wolfsburger Kommunalpolitik bestimmt hat: Zum einen soll die Frage beantwortet werden, welche Rolle die erlebnisorientierten Großprojekte im Alltag der Bevölkerung spielen, wie sie wahrgenommen und genutzt werden; zum anderen soll untersucht werden, ob und wieweit mithilfe dieser erlebnis- und großprojektorientierten Ausrichtung der Wolfsburger Stadtentwicklungspolitik es gelungen ist, das Dauerproblem mangelnder Urbanität abzubauen bzw. zu mildern. Schließlich interessiert, inwieweit die Bevölkerung an dieser Politik beteiligt war, welche Rolle VW bzw. die Wolfsburg AG in diesem Prozess gespielt hat.

Das angewandte Methodenset ähnelt dem der dritten Studie und ermöglicht vergleichende Aussagen zu früheren Stadtentwicklungsetappen. Wie auch schon bei der dritten Studie wurde auch dieses Mal kein Panel-, sondern ein Follow-up-Ansatz gewählt, weil dieser Ansatz methodisch flexibler ist und keine Repräsentativitätsprobleme aufweist.

Alles in allem betrachtet, gab es zwischen den verschiedenen Forschungen keine Logik in dem Sinne, dass sie zwingend aufeinander folgen mussten und dementsprechend methodisch angelegt worden wären, auch wenn es vielleicht für Außenstehende den Anschein hatte. Wohl aber wurden die beiden Fragestellungen nach der Integration und Urbanität der Stadt immer wieder aufgegriffen und fortgeschrieben und baut jede Studie auf den Ergebnissen der vorhergehenden auf. Die erste Wolfsburger Untersuchung war noch ganz dem in den 1950er Jahren vorherrschenden Forschungstrend verpflichtet, ganze Gemeinden in ihren vielseitigen Verknüpfungen umfänglich abzubilden, um die „globale Gesellschaft auf lokaler Basis" (König 1958) zu erfassen, einer Zeit, die später als das „goldene Zeitalter der Gemeindesoziologie" (Hahn u.a. 1979, 80) tituliert wurde. Die nachfolgenden Untersuchungen beziehen sich zwar auch auf den gemeindlichen Kontext dieser monoindustriellen Stadtneugründung, vertiefen aber schon stärker sektorale Schwerpunktthemen wie Innenstadt, VW-Krise, politische Steuerungen, etc., können aber letztlich doch noch unter dem Begriff einer Stadtstudie subsumiert werden und setzten sich damit doch etwas ab von dem mainstream der damaligen soziologischen Stadtforschung, für die Gemeindestudien immer mehr obsolet wurden. Mittlerweile scheint das Interesse an Lokalstudien aber wieder zuzunehmen.

Mit den über ein halbes Jahrhundert gestreuten Wolfsburg-Studien wird einer im aktuellen stadtsoziologischen Diskurs erneut thematisierten konzeptionellen Idee nachgekommen: „Nicht länger und ausschließlich *in* den Städten forschen, sondern die *Städte* selbst erforschen" (Berking/Löw 2008, 7). Tatsächlich bedarf eine realitätsnahe Stadtforschung auch immer der Versuche, die entscheidenden Lebenschancen verteilenden oder vorenthaltenden Parameter des lokalen Lebenszusammenhanges konkreter Städte zu erforschen, um die spezifischen lokalen Vergesellschaftungsprozesse abbilden zu können. Auf die neue Stadt Wolfsburg trifft in besonderer Weise zu, was Volker Klotz in der Diskussion von Stadtromanen gesagt hat: „Die Stadt liefert nicht nur Inhalte, sie steuert auch die Richtungen und die Gangarten der verschiedenen Lebensläufe. Sie stellt die Weichen des menschlichen Geschehens. Sie gibt und nimmt Arbeitsplätze. Sie bestimmt die gesellschaftlichen und moralischen Regeln. Sie führt Menschen zusammen und trennt sie" (1969, 324).

10

Die wissenschaftliche Rezeption der vor allem den lokalen sozialen Wandel thematisierenden Wolfsburgforschung war von Anfang an sehr vielfältig und durchaus kontrovers: während René König von einer „vorzüglichen Untersuchung" sprach (1969, 646), bezeichnete Eckart Bauer die erste Studie als ein Beispiel für die „Reflexionslosigkeit deutscher Gemeindesoziologie" (1971, 24ff.). Die zusammenfassende Analyse der verschiedenen Untersuchungen ergab jedoch überwiegend positive Einschätzungen. In einem aktuellen, in die Stadtsoziologie einführenden Werk heißt es nach eingehender Darstellung der Studien: „Die Wolfsburg-Studien stellen ein herausragendes Beispiel empirischer Stadtforschung in Deutschland dar. (...) Beim Lesen dieser Studien eröffnet sich eine Längsschnittperspektive, die nicht nur Kontinuität und Wandel der Stadt Wolfsburg, sondern auch Kontinuität und Wandel stadtsoziologischer Fragestellungen und empirischer Stadtforschung beschreiben" (Löw u. a. 2007, 177).

Auch diese Untersuchung wurde wie die meisten der vorausgegangenen von der Deutschen Forschungsgemeinschaft finanziert, der wir an dieser Stelle dafür in besonderer Weise danken. Wie bei den anderen Studien wurden wir auch dieses Mal vielfältig von der Stadt Wolfsburg unterstützt, was eine notwendige Voraussetzung für die Durchführung langjähriger lokaler Stadtstudien darstellt.

Im Juni 2009   als Projektleiter Ulfert Herlyn und Wulf Tessin

1 Der Weg Wolfsburgs zur ‚Erlebnisstadt'

1.1 Ziel, Gegenstand und Methode der Studie

Die Stadt Wolfsburg stand Anfang der 1990er Jahre als Folge einer VW-Krise bisher ungekannten Ausmaßes buchstäblich an einem Wendepunkt ihrer bis dahin teils stürmischen, teils stetigen Aufwärtsentwicklung. Angesichts eines bis dahin unerreichten Ausmaßes an Arbeitslosigkeit und einer generellen Verunsicherung darüber, welche Rolle Wolfsburg als Produktionsstandort und zugleich Konzernsitz des VW-Imperiums im Kontext des Globalisierungsprozesses weiterhin spielen würde, entschlossen sich Stadt und Konzern in einer ausgesprochen weitreichenden Art von Public Private Partnership (Wolfsburg AG) zu einer gemeinsamen radikalen Neuausrichtung der Stadtentwicklungspolitik. Es wurden alle Weichen dazu gestellt, Wolfsburg im interkommunalen Wettbewerb konkurrenzfähig zu machen. Dabei wurde und wird – wie in Wolfsburg üblich – ‚geklotzt und nicht gekleckert': „Wolfsburg gibt Gas" (Uhrig 2003). Mit dem Ziel der Diversifizierung der Wirtschafts- und Arbeitsmarktstrukturen wurde eine ganze Palette von Maßnahmen ergriffen (u. a. Förderung von Unternehmensgründungen, Qualifizierungsprojekte, Ansiedlung von Zulieferbetrieben). Markantester und für die Stadtentwicklung folgenreichster Ausdruck dieser neuen Strategie war das Setzen auf erlebnisbezogene Großprojekte, die innerhalb eines sehr kurzen Zeitraums in einem relativ zur Stadtgröße ausgesprochen beträchtlichen Umfang realisiert wurden: die VW-Autostadt, das Phaeno, die Volkswagen Arena, das Badeland etc..

Großprojekte als symbolische Solitärbauten oder Ensembles spielten schon immer eine wichtige Rolle in der Entwicklung von Städten, man denke nur an den Eiffelturm in Paris oder die Museumsinsel in Berlin. Städte waren auch schon immer „Orte des Spektakels" (Roost 2003a, 9). Hierher zog es die Menschen, um aus dem Alltag Herausgehobenes zu erleben.

Für die Bundesrepublik Deutschland lässt sich für die 1960er Jahre von einer ersten Phase großer Projekte sprechen. Vor dem Hintergrund allgemeinen Wirtschaftswachstums, relativen gesellschaftlichen Wohlstands sowie dem Anspruch, breite Bevölkerungsgruppen daran teilhaben zu lassen, entstanden an vielen Orten infrastrukturelle Großprojekte, wie Krankenhäuser, Schulzentren, Freizeitanlagen, Großsiedlungen etc.. Im Gegensatz zu den herkömmlichen dezentralen Einrichtungen der kommunalen Daseinsvorsorge waren sie hochgradig funktional spezialisiert, zentral gelegen, allein von ihrer schieren Größe her neuartig und verlangen ihrem Klientel ein angepasstes

Verhaltensrepertoire ab. Heute spielt der Neubau von Großprojekten im Bereich der kommunalen Daseinsvorsorge nicht mehr so eine zentrale Rolle wie in der Städtebaupolitik der 1960er und auch noch der 1970er Jahre, eher steht deren Umbau, Modernisierung und zeitgemäße Bedarfsanpassung im Mittelpunkt.

Seit den 1990er Jahren kann man nun von einer zweiten Phase großer Projekte sprechen. Im Unterschied zu den Großprojekten der kommunalen Daseinsvorsorge der 1960er Jahre liegt ihnen ein vollkommen anderes Konzept zu Grunde: Sie zielen zentral auf einen Zusatznutzen, ein Erlebnis, das im Grunde genommen ,überflüssig' ist. In der Literatur wird der Begriff des erlebnisorientierten Großprojekts recht breit verwendet, und es werden (wie von uns auch) unterschiedlichste Sachverhalte unter den Begriff subsumiert: Shopping Malls, Themenparks wie Disneyland in Kalifornien, die HafenCity in Hamburg, das CentrO in Oberhausen, die olympischen Spiele und Inszenierungen von Automarken- oder Produktionen als Unterhaltungsspektakel. Sucht man nach gemeinsamen Merkmalen all dieser unterschiedlichen neuen Angebote, so lassen sich (zumindest in der Mehrzahl der Fälle) folgende Aspekte benennen:

- *Erlebnisorientierung:* Die Großprojekte sind erlebnisorientiert und von vornherein auf emotionale Sensationseffekte ausgerichtet, d. h. spektakulär manchmal hinsichtlich der aufsehenerregenden Architektur, immer aber was das Angebot betrifft, denn sie versprechen den Besuchern einen über den Gebrauchswert hinausweisenden Zusatznutzen (Mehrwert), nämlich Gefühle wie Glück, Wohlergeben oder Zufriedenheit (Roost 2008, 30).

- *Komplexes Angebot:* Großprojekte zeichnen sich durch Multifunktionalität aus, was vor allem im Marketingkonzept begründet liegt: Einerseits soll die Wirkung der Ware durch das Umfeld verstärkt, andererseits die Aufenthaltsdauer erhöht werden, da die Wahrscheinlichkeit des Konsums mit der Dauer des Aufenthalts wächst. Das Angebot ist umfassend und die Grenzen zwischen Konsum, Werbung, Freizeit, Essen, Entspannen, Vergnügen und Unterhaltung sind fast aufgehoben (Ronneberger u. a. 1999, 106; vgl. auch Baldauf 2008). Den Besuchern soll es an nichts mangeln. Man soll in der betreffenden Einrichtung so lange wie möglich verbleiben, dort essen, etwas erleben, zur Ruhe kommen, sich bewegen etc.. Alle Mitglieder der entsprechenden Gruppe, vom Kind bis zum alten Menschen, sollen durch das Angebot angesprochen werden.

- *Selbstbezug und tendenzielle Abschottung von der Umgebung:* Großprojekte sind fast immer thematische und räumliche Solitäre. Sie sind direkt mit dem Auto erreichbar, was durch integrierte Tief- oder Hochgaragen oder Großparkplätze direkt an den Projekten erreicht wird (Doerr 2006,

75). Die Notwendigkeit, die Stadt zu Fuß zu begehen und sich nebenbei städtische Teilräume anzueignen, besteht nicht. Stattdessen wird eine verinselte Stadtnutzung nahegelegt.

- *Kommerzielle Orientierung:* Großprojekte sind meist darauf ausgerichtet, entweder direkt vor Ort durch Eintrittspreise und den Verkauf verschiedener Produkte (z. B. Souvenirs) oder indirekt, z. B. über einen späteren Kauf eines Autos, Gewinne zu erwirtschaften. Menschen sollen Geld ausgeben. Und dies nicht nur einmal. Sie sollen angeregt werden, immer wieder zu kommen.

- *Ein hohes Maß an Regelungsdichte:* Durch Sicherheitsvorschriften, Hausordnungen und Personal, das auf die Einhaltung dieser Regeln achtet, wird ein hohes Maß an sozialer Kontrolle und Verhaltensreglementierung erreicht (Goronzy 2006, 19). Hinzu kommt, dass der Ablauf in den Großprojekten mehr oder weniger durchstrukturiert und reglementiert ist (Willems 2000, 51).

- *Vermittlung eines Wohlgefühls:* Großprojekte sind bemüht einen risikolosen Genuss durch eine „Ästhetik des Angenehmen" (Tessin 2008) zu schaffen: sie sollen sauber sein, aber nicht steril, sicher aber nicht langweilig. Sie sollen Service bieten, das Personal soll aber nicht aufdringlich sein. Es soll Natur geben, aber keine Wildnis. Großprojekte sollen Abenteuer vermitteln, aber Desorientierung soll vermieden werden.

- *Ausschluss:* Die Großprojekte setzen auf Müßiggang und Unterhaltung. „Dies setzt (...) die Vertreibung all derjenigen Menschen voraus, die den Vorstellungen einer relaxten Konsumatmosphäre entgegenstehen und den sozialen Status solcher Räume entwerten" (Ruddick 1991 zit. nach Ronneberger u. a. 1999, 124f.). Das Wohlgefühl des Aufenthalts in Großprojekten soll nicht dadurch beeinträchtigt werden, dass man mit sozialem Elend konfrontiert wird.

- *Loslösung von der Wetter- und Tageszeitabhängigkeit:* Großprojekte sind meist Indoor-Angebote und unabhängig von natürlichen Gegebenheiten und damit verbundenen möglichen Beeinträchtigungen. Sie haben lange Öffnungszeiten, machen die Nacht zum Tag. Es gibt kaum natürliche Belüftung und Belichtung. Selbst Natur findet sich nur in inszenierter Form.

- *Betonung des Unikat-Charakters und des Einmaligen:* Zwar ähneln sich gerade die Angebote von Ketten (z. B. Cinemaxx oder ECE). Nichtsdestotrotz betonen Großprojekte stets ihre Einmaligkeit und Extravaganz, nicht nur hinsichtlich ihres Angebotes, sondern auch hinsichtlich der Architektur, was nicht zuletzt dem Ziel geschuldet ist, sich im Rahmen der Städtekonkurrenz voneinander abzugrenzen.

- *Architektonischer Anspruch:* Manchmal – und gerade im finanzstarken Wolfsburg – verbindet sich mit den Großprojekten ein hoher Anspruch an moderne und hochwertige Architektur (Beyer u. a. 2006, 140). Großprojekte sind bauliche Imageträger und können zur Aufwertung ganzer Regionen beitragen („Bilbao-Effekt"). Manchmal werden sie sogar nach Entwürfen internationaler Stararchitekten errichtet, z. B. das Phaeno (Froberg 2007).

- *Motor der Aufwertung städtischer Entwicklungsgebiete:* Großprojekte werden häufig eingesetzt, entweder um städtische Problemgebiete, wie Industriebrachen oder Konversionsflächen aufzuwerten oder um besonders attraktive Lagen zusätzlich zu pointieren (Häußermann/Siebel 1993, 9f.).

- *Außenorientierung:* Die Großprojekte zielen darauf, Touristen und Städtereisende anzulocken. Sie dienen primär dem Ziel, die kommunale Attraktivität und Wettbewerbsfähigkeit in Bezug auf externe Akteure (Investoren, qualifizierte Arbeitskräfte und Touristen) nach außen zu steigern. Dass die einheimische Bevölkerung sie nutzt, wird vorausgesetzt, aber nicht unbedingt gezielt herbeigeführt.

- *Umfänglicher Kapital-Einsatz und hohes Risikopotenzial:* Großprojekte erfordern neue Trägergesellschaften (z. B. Public Private Partnership) und einen immensen Kapitaleinsatz, bei dem die Städte einerseits selbst ein hohes Maß an Investitionen tätigen, auch öffentliche Fördermittel akquirieren und anderseits für private Investoren als ‚risk-minimizer' (Haughton/Whitney 1988 zit. nach Heinz 1998, 217) auftreten. Großprojekte sind tendenziell risikobehaftet, während der Planungsphase und auch danach. Viele ehrgeizige Großprojekte kamen gar nicht erst zustande, weil immer wieder – auch kurzfristig – Investoren absprangen, oder sie sind gescheitert und mussten ihren Betrieb einstellen. Fertiggestellte Großprojekte müssen sich tagtäglich neu dem Kampf um den Besucher stellen.

Das Thema ‚Stadtentwicklung über Großprojekte' ist seit längerem, spätestens seit der einschlägigen Publikation von Häußermann und Siebel (1993) über die „Festivalisierung der Stadtpolitik", Gegenstand der Stadtforschung (hierzu u. a. die Beiträge in: Bittner Hg. 2001; Altrock u. a. Hg. 2003). In diesen Beiträgen ging es vor allem darum, die planungstheoretischen und kommunalpolitischen Implikationen solcher Großprojekte zu analysieren (Hanisch 2003), insbesondere unter dem Aspekt der Public Private Partnership, wie sie häufig typisch ist für eine solche Stadtentwicklungspolitik (z. B. Heinz 1998; Simons 2003; Roost 2000, 2003; Wood 2003, 155ff.; Selle

2006)[1]. Daneben gibt es Studien, die sich mit den stadtentwicklungspolitischen und kommunalwirtschaftlichen Folgen solcher Großprojekte befassen: Welche fiskalischen, arbeitsmarktpolitischen Effekte lassen sich nachweisen (Flyvbjerg u. a. 2003; Hanisch 2003, 83ff.), welche Folgeinvestitionen lösen sie aus, welche Wirkungen auf dem Bodenmarkt gibt es? Inwieweit erweisen sich Großprojekte als ,Motor' der Stadtentwicklung bzw. welche Entwicklungsimpulse bringen Großprojekte für den Strukturwandel im Freizeitsektor, für die Neugestaltung und Aufwertung der Innenstädte (Lambrecht 1998; Mösel 2002) oder für die Umstrukturierung ganzer Stadtteile (Lecardane 2003; Wynne 2001; Behnke/Maisenhälder 1998)? Kurzum: es geht dabei um eine Art kommunalwirtschaftlicher Kosten-Nutzen-Abschätzung dieser Großprojekte oder Großveranstaltungen. Dagegen blieb die Bewohnerperspektive weitgehend ausgeklammert, d. h. die Frage blieb unbeantwortet, wie die verschiedenen Großprojekte von den Bewohnern wahrgenommen und genutzt werden, welche sozialen Folgen sie für das alltägliche Leben verschiedener Bewohnergruppen haben, ob sich die Stadt im Bewusstsein der Bewohner so wandelt, dass sie als attraktiver und urbaner erlebt wird, oder ob sie vielleicht so unbekannte Züge bekommt, dass die eigene Stadt den Bewohnern zunehmend fremd wird.

Das Ziel der vorliegenden Studie besteht darin, die stadtkulturelle Bedeutung der Stadtentwicklungspolitik durch Großprojekte zu analysieren, und zwar in Bezug auf jene drei Aspekte, die schon immer Kern der Wolfsburg-Forschung waren: Integration, Urbanität und das Verhältnis VW-Stadt.

Sowohl die Frage nach dem Beitrag der Großprojekte zur sozialen Integration als auch zur Entwicklung von Urbanität und lokaler Demokratie in der Stadt sind für Wolfsburg von existenzieller Wichtigkeit. In diesen Hinsichten leidet die Stadt Wolfsburg seit ihrer Gründung an strukturellen Defiziten. Die zugewanderte Bevölkerung (vor allem Flüchtlinge und Vertriebene) und die eingemeindete Bevölkerung mussten im Laufe der Jahre integriert werden, sollte sich eine Stadt auf Dauer etablieren. Die neue Stadt musste sich als eine Integrationsmaschine erweisen und daher hat sich die Stadtpolitik immer wieder dieser Frage gestellt.

Daneben entbehrte die Stadt Vieles von dem, was mit Urbanität beschrieben wird. Die wesentlichen Voraussetzungen für Urbanität fehlten weitgehend in der neuen Stadt Wolfsburg: Weder gab es eine hinreichende sozialstrukturelle Mischung, noch eine ausreichende Funktionsmischung in

---

[1] Andere Studien konzentrieren sich auf die Spezifika einzelner Einrichtungen (Malls, Bahnhöfe, Multiplex Kinos, Musicals, Center Parks, Urban Entertainment Center etc.) und ihre Genese (Hennings/Müller Hg. 1998; Altrock u. a. Hg. 2003; Mösel 2002, 132ff.). Gefragt wird, wie viele Besucher kommen (für Musical-Theater vgl. z. B. Behnke/Maisenhälder 1998; für Urban Entertainment Center vgl. Mösel 2002) und was die Faszination der künstlichen Erlebniswelten ausmacht (vgl. Hennings 1998, 123; Wöhler Hg. 2005).

der ‚gegliederten und aufgelockerten Stadt'. Schließlich fehlte der Stadtneu-gründung die historische Patina. Auch weil das Fehlen von Urbanität immer wieder in den letzten 50 Jahren von der Bevölkerung bedauert wurde, so greifen wir in dieser Studie die Fragen bewusst wieder auf.

Schließlich wies die Gestaltung der lokalen Demokratie in Wolfsburg schon immer ein spezifisches Gepräge durch die Dominanz von Volkswagen auf. Dabei spielen weniger Versuche einer direkten Einflussnahme eine Rolle, sondern eher eine bestimmte Grundhaltung, die (durchaus realistischerweise) die Abhängigkeit der Stadt vom Konzern schon immer ‚mitdenkt'. Weil mit der Wolfsburg AG eine neue Stufe der Kooperationsbeziehungen erreicht wurde, greifen wir auch diesen Aspekt in unserer Studie auf.

Die vorliegende Untersuchung hat sich vor diesem Hintergrund zum Ziel gesetzt, die stadtkulturellen Wirkungen der erlebnisbezogenen Großprojekte im Hinblick auf den Binnenraum der Stadt sowie die in ihr lebenden Menschen zu untersuchen, ohne eine Evaluationsstudie der Wirkungen der Großprojekte im engeren Sinne zu sein. Es geht vielmehr darum, die Großprojekte als Kern einer innovativen Stadtentwicklung der letzten 10 Jahre nicht isoliert zu betrachten, sondern eingebettet in all das, was ‚sonst noch' geschah. Dabei gehen wir in den drei folgenden Kapiteln zunächst der Frage nach den Wirkungen auf die soziale Integration nach (vgl. Kap. 2), um anschließend zu fragen, inwiefern sie die Voraussetzungen für das Entstehen von Urbanität eher fördern oder hemmen (vgl. Kap. 3) Im letzten Kapitel wird der Stellenwert der Großprojekte für die lokale Demokratie erörtert (vgl. Kap. 4). Die Untersuchung zum gegenwärtigen Zeitpunkt hat den unschätzbaren Vorteil, dass die großprojektorientierte Politik mittlerweile zu einem vorläufigen Ende gekommen ist und von daher die Wirkungen im Rahmen neuer Strategien einer wettbewerborientierten Stadtpolitik in gewissem Umfang untersuchbar geworden sind.

Was die Integration der Bewohnerschaft angeht, so steht die Frage „Wem nützen die Großprojekte?" im Vordergrund. Mit einem Blick auf die Sozialstruktur der Wolfsburger Bevölkerung wird deutlich, dass in der letzten Zeit die traditionelle Arbeiterschicht immer mehr sozialen Mittelschichten mit besserer Ausbildung und höherem Einkommen Platz gemacht hat. Entsprechend dieses Wandels kann angenommen werden, dass mit den Großprojekten in erster Linie diesen neuen Mittelschichten Chancen zur Selbstdarstellung und damit zur Integration in die Stadt gegeben werden sollte. Korrespondierend dazu erfahren jedoch die traditionellen Bewohnergruppen möglicherweise eine gewisse Deprivation ihrer Interessen, zumindest können sie sich in ihren Ansprüchen und Bedürfnissen nicht so ohne weiteres wiederfinden. Unbestreitbar scheint eine gewisse Aufwertung des Erscheinungsbildes der Stadt zu sein durch die architektonisch herausragende Gestalt mancher Großprojekte. Die Großprojekte entfalten ohne Zweifel eine vorher nicht da gewesene Anziehungskraft in verschiedenen Lebensbereichen: so lohnt es sich mehr als früher zum Zwecke des Konsums (z. B. Autostadt oder City Galerie) nach Wolfsburg zu kommen, weiter werden hochkulturelle Interessen befriedigt (z. B. Kulturveranstaltungen in der Autostadt, Ausstellungen im Kunstmuseum) oder im Freizeitbereich gibt es lohnende Ziele, um weitere Fahrten in Kauf zu nehmen (z. B. Badeland, Phaeno oder Volkswagen Arena). Die deutlich angewachsenen Touristenströme werden vermutlich die Stadt letztlich aufwerten und sich vorteilhaft auf die Integration der Wolfsburger auswirken.

Was die Auswirkungen der Erlebniswelten auf die Urbanität angeht, so scheinen sich durch die erlebnisorientierten Großprojekte die Voraussetzungen nicht unwesentlich verändert zu haben. Durch die Projekte werden Personen angezogen, die in ihrer sozialstrukturellen Heterogenität innovative Begegnungschancen eröffnen. Die Begegnung von Fremden wird wahrscheinlicher und damit entsteht ein Öffentlichkeitsraum, der mehr als früher urbane Züge aufweisen kann. Das trifft zumindest für den öffentlichen Raum im Umfeld der Großprojekte zu. Die funktionale Verflechtung unterschiedlicher Nutzungen bezieht sich auf das Standortgefüge der neuen Großprojekte. Für Wolfsburg wird man davon ausgehen müssen, dass es an verschiedenen Orten zu einer auf sie konzentrierten und nicht flächendeckenden Urbanität kommt. Hier könnten sich neuartige Muster der Kommunikation entwickeln, die mit den Schwerpunkten der jeweiligen Großprojekte zusammenhängen. So sicher es ist, dass Urbanität sich nicht durch baulich-planerische Maßnahmen herstellen lässt (Häußermann 2006, 32), so sicher ist die Tatsache, dass auch baulich Voraussetzungen für urbanes Verhalten geschaffen werden können. Es wird im besonderen zu prüfen sein, ob die jeweiligen Gebäude die Überlagerung verschiedener Passantenströme fördern oder eher eindimensional verhindern. In jedem Falle entsteht ein Netz „passiver Kontakte" (Leon Festinger), ein potentieller Begegnungsraum, in dem urbanes Verhalten Platz greifen kann.

Schließlich wird auch die partizipatorische Dimension nicht außer Acht gelassen werden dürfen, denn Urbanität hat immer seit den Betrachtungen von Edgar Salin Anfang der 60er Jahre etwas mit bürgerschaftlichem Engagement zu tun. Es ist die Frage zu diskutieren, wie sich das Verhältnis von VW zur Stadt im Rahmen der Wolfsburg AG entwickelt hat, wie die Bevölkerung in diesem Prozess berücksichtigt wurde und letztlich auf welche politische Akzeptanz diese Art erlebnisorientierter Stadtentwicklungspolitik in der Bevölkerung stößt.

Das Forschungsdesign auch dieser vierten empirischen Untersuchung besteht aus einer Kombination von verschiedenen methodischen Zugängen der empirischen Sozialforschung. Wie auch in den vorhergehenden Studien sind wir von dem Grundsatz einer subjektorientierten Sozialforschung ausgegangen, d. h. wir wollten – soweit es geht – die Stadtentwicklung aus Sicht der Betroffenen darstellen und nicht nur ‚von außen' mit bereits vorliegenden sekundärstatistischen Daten dokumentieren. Die Bevölkerung sollte durch Interviews zum Sprechen gebracht werden, wobei sowohl teilstandardisierte, repräsentative Umfragen als auch qualitative Intensivinterviews durchgeführt wurden. Zugleich wurden auch die handelnden Akteure und Experten nach ihren Meinungen befragt. Im Einzelnen wurden folgende Methoden verwendet:

Dokumentenanalyse

Selbstverständlich wurden die seit Ende der dritten Untersuchung stattgefundenen stadtentwicklungsrelevanten Ereignisse rekonstruiert und sekundärstatistische Materialien zur Stadtentwicklung aufgearbeitet. Das statistische Material wurde im Wesentlichen von der Wolfsburger Stadtverwaltung, der Wolfsburg AG, der Volkswagen AG und den Großprojektbetreibern zur Verfügung gestellt. Von Beginn des Forschungsprojektes an wurden darüber hinaus relevante Zeitungsausschnitte der Lokalzeitungen (Wolfsburger Nachrichten, Wolfsburger Allgemeine Zeitung) nach den thematischen Schwerpunkten der Studie ausgewertet.

Repräsentative Follow-up Befragung

Die Bewohnerbefragung fand Ende Mai bis Anfang Juni 2007 als mündliche Befragung in den Wohnungen statt und dauerte im Schnitt eine gute halbe Stunde. Die Befragung war zum Teil als Follow-up konzipiert, d. h. dass gleiche Fragen aus der dritten Wolfsburg-Erhebung aus dem Jahre 1998 im Rahmen der aktuellen Studie übernommen wurden, um Einstellungen, Präferenzen und Bewertungen der Bewohnerschaft aus der Zeit unmittelbar vor der radikalen Neuausrichtung der Stadtentwicklungspolitik mit dem heutigen vergleichen zu können. Es wurden durch das Einwohnermeldeamt der Stadt Wolfsburg 2.500 Adressen zufällig aus dem Einwohnerregister der erwachsenen Wohnbevölkerung im Alter zwischen 18 und 80 Jahren gezogen (= Bruttostichprobe). Die ausgewählten Zielpersonen wurden vorher angeschrieben und über die Ziele der Befragung informiert. Von den 2.500 Adressen wurden 479 nicht verwendet und 85 waren falsch (Heimbevölkerung, verzogen, verstorben), so dass sich eine Nettostichprobe von 1.936 ergibt (vgl. Tab. 1).

Tabelle 1: Ausschöpfung des Adressenmaterials

	Abs.	%
Ausgewertete Interviews	972	50,2
Nicht verwertbare Interviews	50	2,6
Verweigerungen	589	30,4
Mehrfach nicht angetroffen (mindestens an 3 Tagen zu unterschiedlichen Zeiten nicht erreicht)	176	9,1
Krankheit, Urlaub, Sprachprobleme, längerfristige Abwesenheit etc.	149	7,7
Insgesamt	1.936	100

Die Ausschöpfung beträgt 50%[2]. Der Anteil der Verweigerungen liegt bei 30%. Diese Quoten entsprechen denen aus anderen Untersuchungen mit Zufallsziehungen aus dem Adressenregister (Neller 2005). Die Bewohnerstichprobe ist repräsentativ, d. h. die Stichprobenverteilungen entsprechen hinsichtlich der mit der amtlichen Statistik vergleichbaren Merkmale (Verteilung auf die unterschiedlichen städtischen Teilräume, Geschlecht, Staatsangehörigkeit und Alter) weitgehend denen der Grundgesamtheit.

Besucherbefragung

Zusätzlich wurden auswärtige BesucherInnen von drei Erlebnisprojekten befragt: Autostadt, Phaeno und Kunstmuseum (damalige Ausstellung: Videokünstler Douglas Gordon). Bei diesen handelt es sich nicht nur um die größten und für Außenstehende attraktivsten Erlebnisorte, sondern auch um Angebote, die vermutlich ein sehr unterschiedliches Publikum ansprechen. Verwendet wurde ein relativ kurzer teilstandardisierter Fragebogen, mittels dessen die Zielpersonen im Anschluss an den Besuch der jeweiligen Einrichtung im öffentlichen Raum frei angesprochen und befragt wurden. Insgesamt wurden 263 Besucher und Besucherinnen befragt, davon 90 in der Autostadt, 96 im Phaeno und 77 im Kunstmuseum.

Leitfadengestützte qualitative Interviews

Mit der qualitativen Erhebung sollte der Frage vertiefend nachgegangen werden, welche Bedeutung die Großprojekte im Alltag der Wolfsburger haben, wie sie sie nutzen und bewerten. Bei der Auswahl der Zielpersonen wurde die bestehende Möglichkeit genutzt, auf der Basis des standardisierten Datensatzes gezielt Personen nach theoretischen Vorüberlegungen auszuwählen. Dabei wurden bewusst Befragungspersonen aus Extremgruppen ausgewählt,

---

[2] Das ist – trotz gleicher Vorgehensweise – eine erhebliche Verschlechterung gegenüber der dritten Wolfsburg-Studie von 1998, wo die Ausschöpfung noch bei 62% lag und der Anteil der Verweigerungen bei 23%. Nicht nur waren Zielpersonen schlechter erreichbar, sie waren auch weniger bereit, an einem Interview teilzunehmen. Diese Entwicklung ist typisch im Rahmen der empirischen Sozialforschung und hängt mit Faktoren wie Zeitmangel, erhöhter Mobilität, steigendem Bedürfnis nach Datenschutz und Kriminalitätsfurcht zusammen (Neller 2005).

die sich im Hinblick auf Einstellungen und Verhalten deutlich unterschieden: Einmal Befragte, die Großprojekte häufig nutzen und ihnen auch positiv gegenüberstanden, zum anderen Befragte, die sie kaum nutzen und auch negativ bewerten.

Die 20 qualitativen Interviews wurden im November 2007 durch die wissenschaftlichen Mitarbeiterinnen des Projekts auf der Grundlage eines Gesprächsleitfadens durchgeführt, der eine Vergleichbarkeit der Gespräche gewährleisten sollte. Die Interviewdauer betrug zwischen ein und zwei Stunden. Die Intensivinterviews wurden auf Tonband aufgezeichnet und anschließend in Schriftdeutsch transkribiert. Danach wurden sie nach einem Schema kategorisiert und paraphrasiert. Markante Aussagen wurden thematisch geordnet herausgefiltert.

Expertengespräche

Während der gesamten Projektlaufzeit wurden fast 60 Experten und Expertinnen (Stadtpolitik und -verwaltung, VW, Wolfsburg AG, Presse, lokale Organisationen, Verbände und Großprojekte) befragt. Darüber hinaus wurden vorläufige Befunde in einer Runde mit VertreterInnen der Stadtspitze diskutiert. Diese Gespräche, die aufgezeichnet und paraphrasiert wurden, dienen einmal dazu, das durch die Bewohner- und Besucherbefragung gewonnene Bild der Wolfsburger Entwicklung zu vertiefen und abzurunden und die Hintergründe lokal bedeutsamer Ereignisse zu erhellen. Zum anderen wird das Verhältnis zwischen Stadt und Werk, insbesondere die Weiterentwicklung der Wolfsburg AG nachgezeichnet.

1.2 Die Entwicklung Wolfsburgs bis Anfang der 1990er Jahre

Um der nicht über die Gründung und Entwicklung der neuen Stadt Wolfsburg informierten Leserschaft eine grobe Übersicht über die frühere Entwicklung der Stadt zu geben, wird hier zunächst in aller Kürze das Typische der unterschiedlichen Entwicklungsphasen herausgestellt und zur Veranschaulichung durch einen Begriff repräsentiert, wobei uns bewusst ist, dass es zwischen den Phasen viele Überlappungen gibt und geben muss[3].

Die Barackenstadt (in den 1940er Jahren)

Einziger Anlass der Gründung der Stadt Wolfsburg war die Errichtung des Volkswagen Werkes im Jahre 1938. In ihren Anfängen war die Stadt alles andere als eine „Lehrstätte sowohl der Stadtbaukunst wie der sozialen Sied-

---

[3] Dabei greifen wir auf den abschließenden Text der Zusammenfassung der drei ersten Studien in dem Band „Faszination Wolfsburg" zurück (Herlyn/Tessin 2000, 169ff.).

lung", was sie laut ausdrücklichem Willen von Adolf Hitler werden sollte (zit. in Schneider 1979, 40). Vielmehr wurde die Baracke zum traurigen Symbol für einen kümmerlichen Start der „nationalsozialistischen Musterstadt", deren Stadtbaumeister der vom Reichsbauminister Albert Speer empfohlene junge Architekt Peter Koller war (vgl. auch Froberg 2007a). Nicht nur die Menschen waren dort behelfsmäßig untergebracht, sondern auch öffentliche Einrichtungen wie Schulen, Krankenhäuser, Ämter u. a. mehr. Es war eine provisorische Wohnsituation, mit der die Bewohnerschaft kaum längerfristige Perspektiven verbinden konnte.

Zwar waren bis Anfang der 1940er Jahre drei Stadtteile mit etlichen Wohnungen erstellt worden, doch kriegsbedingt entstanden dann „nur noch Baracken zur Unterbringung von Kriegsgefangenen, Zwangsarbeitern und KZ-Häftlingen, die die Rüstungsproduktion des KdF-Werkes aufrecht erhielten" (Reichold 1998, 20). Die weitflächigen Barackenviertel gaben der Stadtneugründung sogar teilweise den Charakter eines Lagers. Die Unfertigkeit und Tristesse der Barackenlager teilte sich den neu nach Wolfsburg kommenden Menschen unmittelbar mit. Die Enttäuschung drückt sich aus in den ersten Gedanken fast aller: „Hier bleibst Du nie" (Künne 1998, 27). Durchgangsstation für einen nur kurzfristigen Aufenthalt war die Stadt des „Kraft durch Freude (KdF)-Wagens" aber nur bis in die unmittelbare Nachkriegszeit.

Im Nachhinein gesehen trifft für die damalige Zeit sehr gut das Wort des Bundestagspräsidenten Wolfgang Thierse zu, das er auf die Situation der DDR nach der Wende bezogen hatte: „Soviel Anfang war nie und gleichzeitig so viel Ende". Die Kriegszeit war eine schwere Hypothek für die Gründungsphase der neuen Stadt, die erst nach dem Krieg ihre politischen, ökonomischen und kulturellen Konturen entwickelte, die sie bis heute als eine besondere Stadt ausweisen.

Die Werkssiedlung (Nachkriegszeit)

In den frühen Diskussionen in und über die Autostadt Wolfsburg fiel immer wieder der Begriff der ‚Werkssiedlung', womit unmissverständlich auf die Dominanz des Volkswagenwerkes hingewiesen werden sollte. Unter einer Werkssiedlung versteht man Siedlungen, die von einem Industriewerk zur Unterbringung von Arbeitskräften gebaut werden, um sie dauerhaft an das Unternehmen zu binden und eine paternalistische Kontrolle über Arbeiter ausüben zu können. Als Beispiel können die Werkssiedlungen der Firma Krupp gelten, die im letzten Jahrhundert erbaut wurden (Schlandt 1970). „Der ‚Oikos' eines Großunternehmens durchsetzt mitunter das Leben einer Stadt und bringt jene Erscheinung hervor, die als ‚Industriefeudalismus' bezeichnet wird" (Bahrdt 1961, 12), d. h. dort verläuft das öffentliche und weitgehend auch das private Leben nach den Vorstellungen und Gesetzen des Großbetriebes.

Obwohl es keinen Zweifel daran geben kann, dass die Stadt des KdF-Wagens nicht als Werkssiedlung konzipiert worden ist, sind doch unabweisbar – gerade in der frühen Zeit – viele charakteristische Züge von Werkssiedlungen vorhanden: Der überwiegende Teil der Erwerbstätigen war in dem rasch erstarkten VW-Werk beschäftigt. Die im Mittelpunkt stehende Wohnungsfrage der schnell wachsenden Stadt wurde maßgeblich durch die VW-Wohnungsbaugesellschaft geprägt, die Quasi-Monopolstellung des VW-Werkes war rahmensetzend für die Wolfsburger Kommunalpolitik, indem seine Interessen alle Politikbereiche durchtränkten. Das VW-Werk trat als großzügiger Mäzen für eine Reihe kultureller Großbauten auf (Kulturzentrum, Stadthalle, Hallenbad). Die weitgehend omnipotenten Möglichkeiten des straff organisierten Betriebes förderten bei der Bevölkerung eine forderne Anspruchshaltung. Ja, selbst die privaten Sozialkontakte in Bekanntschaft und Nachbarschaft wurden durch die gemeinsame Werkszugehörigkeit gefärbt. All dies mag mit dafür verantwortlich sein, dass der Publizist Kuby noch 1957 – also fast 20 Jahre nach der Stadtgründung – sagte, „Wolfsburg sei immer noch nichts anderes als eine komfortable Werkssiedlung" (Kuby 1957, 408).

Tatsache war, dass nach den Wirren der unmittelbaren Nachkriegszeit und nach der Währungsreform 1948 ein Prozess der politischen Normalisierung einsetzte. Die Stadt wuchs rasant: In den ersten fünfzehn Jahren nach dem Krieg stieg die Bevölkerung um mehr als das Dreifache; auch der Wohnungsbestand verdreifachte sich und die VW-Belegschaft stieg sogar um das Vierfache. Charakteristischer als dieser quantitativ messbare beginnende Aufschwung war die Tatsache, dass Wolfsburg in der damaligen Zeit zum Auffangbecken für Vertriebene und Flüchtlinge aus ganz Deutschland wurde. Konsequent war die Bezeichnung der Bevölkerung als „zusammengewürfeltes Volk", die nicht nur sich gegenseitig, sondern auch den relativ wenigen Einheimischen fremd war. Die von heute aus als im Ganzen gelungen zu betrachtende Integration dieser zuwandernden Flüchtlinge und Heimatvertriebenen war beispielhaft für diese Neue Stadt. Sie war eine der Voraussetzungen für den beispiellosen Aufstieg des Volkswagenwerkes zu einem der erfolgreichsten Konzerne im Nachkriegsdeutschland.

Die ‚Wirtschaftswunderstadt' (1950er und 1960er Jahre)

Sinnbildlich für den unaufhaltsamen ökonomischen Erfolg mag das Datum stehen, dass 1955 der millionste VW-Käfer vom Band rollte. Die Kapazität des Standortes Wolfsburg war ausgeschöpft und so begann zunächst die nationale Dezentralisierung der VW-Produktion in andere deutsche Städte und später die Entwicklung zum internationalen Konzern durch die Gründung in-

und ausländischer Tochtergesellschaften. Die Leitung des Werkes in der damaligen Zeit lag in den Händen von Generaldirektor Heinrich Nordhoff, der als „General" bzw. „König" in Wolfsburg herrschte und mit autoritärem Führungsstil das Werk zur ersten großen Blüte führte.

Die sechziger Jahre stellen den Kern eines schon früher begonnenen und darüber hinausreichenden Modernisierungsschubs dar, der alle Bereiche des gesellschaftlichen Lebens erfasste und tief durchdrang. Wirtschaftswachstum war das oberste und bis in die späten 60er Jahre kaum in Frage gestellte Ziel gesellschaftlicher Entwicklung, dem vor allen anderen Priorität zuerkannt wurde. Wolfsburg wurde zum Modellfall für die Aufbauleistungen in der sog. Wirtschaftswunderzeit. Daher kommt es nicht von ungefähr, dass an den neuen Städten Wolfsburg (und Eisenhüttenstadt in der DDR) in einer großen Ausstellung exemplarisch die Nachkriegszeit bis in die 60er Jahre dargestellt wurde (Beier Hg. 1997). „Durch den Erfolg des Volkswagenwerkes wurde das Fragment der ‚nationalsozialistischen Musterstadt' in der jungen Bundesrepublik die ‚Wirtschaftswunderstadt' des Westens" (ebenda S. 11). Bis zur ersten VW-Krise 1966/67 fand eine kontinuierliche wirtschaftliche Expansion statt, die bei der Bevölkerung eine äußerst optimistische Sichtweise zur Folge hatte.

Die gut verdienende Wolfsburger Arbeiterschaft (der Durchschnittslohn übertraf andere Städte bei weitem) konnte sich jetzt viel leisten: eigene Autos, Reisen, gehobene Wohnungsausstattungen etc. und man zeigte diesen neuen Wohlstand. „Goldgräberstadt", aber auch „Großprotzendorf" waren häufig zu hörende Charakterisierungen für diese Wohlstandssituation, in der sich die Bürger und Bürgerinnen zunehmend einrichteten. Die inzwischen reiche Stadt gab ihnen vermehrt Gelegenheiten, eine gewisse Freizeitkultur zu entwickeln und den Konsum demonstrativ zu entfalten. Nicht nur große Infrastruktureinrichtungen bekam die Stadt in dieser Zeit mit Hilfe des VW-Werks, sondern die zentrale Magistrale der Stadt, die Porschestraße, übernahm Zentrumsfunktionen und überhaupt gewinnt die schnell wachsende Stadt ihre dezentral angelegte Struktur. Immer wieder wurden durch breite Grünflächen und Waldstreifen getrennte neue Wohngebiete für Tausende von neuen Einwohnern angelegt, und die wachsende Stadt vermittelte Selbstvertrauen und Zuversicht. Für die Frage der Identifikation mit der Stadt war es nicht unwichtig, dass in dieser Zeit – den 1960er Jahren – zunehmend Einwohner vorhanden waren, die schon in dieser Stadt geboren waren. Wolfsburg machte – wie Erich Kuby sagte – „einen durchaus bürgerlichen Eindruck", weil es in der Stadt keine traditionelle Arbeiterschaft gab. Viele Arbeiter stammten aus anderen Berufsstellungen und daher trifft vielleicht eher die Bezeichnung „Kleinbürger" zu. „Die Stadt verstand sich nun (Anfang der

1960er Jahre, d. V.) nicht mehr als Werkssiedlung, sondern als modernes Gemeinwesen" (Reichold 1998, 43).

Großstadt Wolfsburg (1970er Jahre)

Durch die Gebietsreform 1972 in Niedersachsen wurde Wolfsburg zur Großstadt. Als 20 Umlandgemeinden eingemeindet wurden, stieg die Bevölkerung mit einem Schlag von 93.000 auf über 130.000 Einwohner an (vgl. Abb. 1). Hiermit wurden Voraussetzungen für eine gedeihliche Weiterentwicklung des Wolfsburger Lebensraumes geschaffen.

Abbildung 1: Einwohnerentwicklung

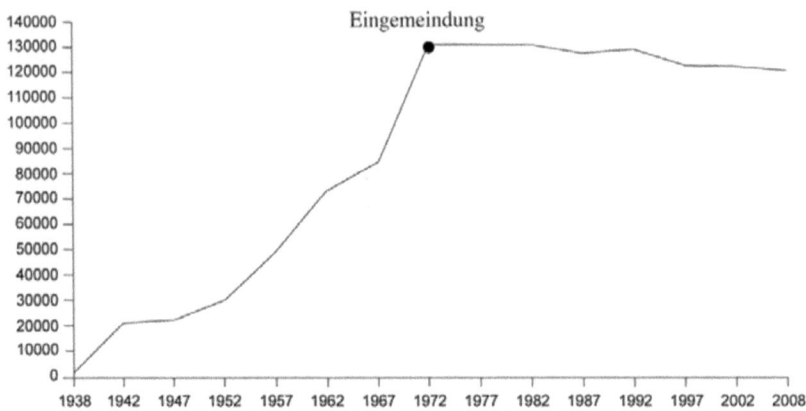

Quelle: Stadt Wolfsburg, nachrichtlich; ab 1990 keine Fortschreibungsdaten der Volkszählung, sondern aus dem Melderegister

Quasi über Nacht gab es rund 35.000 Neubürger, die nun ohne eigenes Zutun Wolfsburger geworden waren und sich in diese Stadt integrieren mussten. Das fiel vor allem der Einwohnerschaft der beiden Kleinstädte Vorsfelde und Fallersleben, die beide über viel Tradition verfügten, nicht ganz leicht. War Wolfsburg mit der Gebietsreform statistisch zur Großstadt geworden, so war die Stadt, was ihre zentralörtliche Bedeutung anbetrifft, damals noch lange nicht Großstadt: Wolfsburg war vor allem eine ‚große Stadt' ohne eigentliche City. Ihr Fehlen war ein folgenreicher Geburtsfehler der neuen Stadt und der Autoboulevard der Porschestraße, die lange Zeit die Innenstadt verkörperte, ersetzte das Zentrum nur unvollkommen: Zum einen wurde die Einkaufsfunktion nur unzureichend wahrgenommen, so dass der Kaufkraftabfluss in Städte der Umgebung – vor allem Braunschweig – erheblich war; zum anderen erfüllte sie nicht die Repräsentationsfunktion eines Zentrums. Den Wolfsburgern fehlte ein Raum urbaner Identifikation, nach dem sie sich so

26

sehr sehnten. Beide Defizite wurden gemildert durch die Umwandlung der Porschestraße in eine Fußgängerzone in Verbindung mit einer städtebaulichen Umgestaltung (Strauß 2002). Mit der verspäteten City-Bildung hat Wolfsburg gegen Ende der 1970er Jahre den letzten, entscheidenden Schritt auf dem Weg zu einer ‚richtigen Stadt' getan. So wie die Gebietsreform von 1972 den vorläufigen Abschluss der Phase des ‚äußeren Wachstums' der Stadt markiert, so zeigt die Zentrumsbildung den des ‚inneren Ausbaus': Die Stadt ist sozusagen ‚fertig', 40 Jahre nach der Stadtgründung (Herlyn/Tessin 1988): Wolfsburg wird zwar von den Bürgern als eine Stadt erlebt, in der nun „alles da" sei, die „fertig" und „komplett" sei, aber es fehlt noch an den städtischen Lebensformen, die Urbanität ausmachen. Aber mit jedem Jahresring wird Wolfsburg einen Schritt auf eine solche Normalität hin machen, die nun einmal ältere Städte auszeichnet.

Wenn auch nicht (mehr) eine Werkssiedlung, so war doch auch die Großstadt Wolfsburg als Autostadt von dem alles überragenden VW-Werk abhängig, was den Wolfsburgern durch drei starke Rezessionen zwischen 1965 und 1975 bewusst wurde. Nach zwei Krisen (1966/67 und 1971/72), die gewissermaßen Warnsignale für Werk und Stadt waren, führte die bis dahin größte Krise (1974/75) im Wolfsburger VW-Werk zu einem Personalabbau in bis dahin unbekanntem Ausmaß. Innerhalb von zwei Jahren gingen 10.000 Arbeitsplätze verloren. Im Vertrauen auf die Krisenbewältigung im halbstaatlichen Weltkonzern war die Stimmung in der Wolfsburger Bevölkerung damals jedoch nur verhalten gedrückt, wie aus unseren Umfragen hervorging. Aber – und das ist sicher für das kollektive Bewusstsein folgenreich – der Nimbus immerwährender Prosperität war verflogen, die über lange Zeit herrschende Wachstumsmentalität war brüchig geworden. War Wolfsburg also in den 1980er Jahren an den „Grenzen des Wachstums" angekommen?

Wolfsburg in der Konsolidierung (in den 1980er Jahren)

Tatsächlich folgten bei Werk und Stadt Jahre der Konsolidierung teilweise aber auch der Stagnation, was Bevölkerungs- und Wohnungsbauentwicklung angelangt. VW entwickelte sich unter der Führung von Carl H. Hahn (Vorstandsvorsitzender von 1982 bis 1993) zum global player: 1985 wurde die Autoproduktion in der Volksrepublik China aufgenommen, 1986 übernahm Volkswagen die Mehrheit von Seat, 1991 wurde Skoda Auto dazugekauft. Die Beschäftigtenentwicklung bei VW erreichte 1986 ihren Höhepunkt mit 65.000 Arbeitskräften. Nicht unerheblich für die Zukunft war die innere Umschichtung einer fortschreitenden ‚Tertiärisierung' des VW-Werkes: Der Angestelltenanteil verdreifachte sich gegenüber 1960 (Herlyn u. a. 1982, 89ff.). Die Bevölkerungszahl pendelte um die 130.000 infolge zurückgehender Wanderungsüberschüsse und der Geburtenüberschuss war nicht mehr vorhanden. Ein wesentlicher Faktor dafür war die Normalisierung der Altersstruktur, in dem der Überhang an jungen Jahrgängen immer weiter abgebaut wurde. Für die 80er und beginnenden 90er Jahre kann man sagen, dass sich die ursprünglichen Besonderheiten in der Bevölkerungsstruktur weitgehend verloren hatten: Der Altersaufbau hatte sich nahezu normalisiert; Flüchtlinge und Vertriebene waren – soweit sie in Wolfsburg geblieben sind – integriert; die Einbindung der Neubürger in den eingemeindeten Orten war vollzogen; die Sozialstruktur bewegte sich hinsichtlich des Arbeiteranteils langsam auf den Durchschnitt zu. Aber auch in der Arbeiterstadt begannen sich die Lebensstile zu pluralisieren; der Anteil der in der Stadt Geborenen nahm zu. Aber nicht nur strukturell hat sich ein Prozess der Normalisierung vollzogen, sondern auch hinsichtlich der Befindlichkeiten und Mentalitäten. Für die überwiegende Mehrheit der Bewohnerschaft ist Wolfsburg eine ganz normale Stadt geworden, in der man viel verdienen und auch gut seine Freizeit verbringen kann. Man fühlt sich sozial eingebunden und die Anzahl derer, die sich in Wolfsburg heimisch fühlen, ist so verbreitet wie in anderen Städten. Das Merkmal der neuen Stadt schwindet in dem Maße, in dem neue Generationen in Wolfsburg geboren sind und sich damit persönliche Entwicklungen und Familiengeschichten immer mehr mit dieser Stadt verbinden. Mit der deutschen Wiedervereinigung rückte Wolfsburg – verkehrsmäßig nach Ost und West gut angebunden – in das Zentrum Deutschlands. Das ging zunächst einher mit einer neuen Aufbruchstimmung in Wolfsburg. Die letzte tief greifende Krise (1974/75, „Ölpreisschock") lag zu dieser Zeit auch schon fast zwanzig Jahre zurück. Die Folge sei, so beschreiben es ExpertInnen, Saturiertheit, Stagnation und Behäbigkeit sowohl auf Seiten der Stadt wie auch bei VW gewesen. Umso schärfer schlug die bis dahin größte Krise bei Volkswagen Anfang der 1990er Jahre zu.

1.3 Die große VW-Krise 1992/93 als Wendepunkt

Obgleich die Stadt Wolfsburg seit ihrem Bestehen immer wieder unmittelbar von den konjunkturellen Schwankungen der Automobilindustrie betroffen war, bedeutete die VW-Krise Anfang der 1990er Jahre eine Zäsur und wurde für die Stadt zu einem Wendepunkt ihrer Entwicklung.

Auf Grund der weltweiten Krise der Automobilindustrie, der Globalisierung der Märkte und auch hausinterner Probleme (z. B. bei der Logistik und Produktivität) erlebte der Volkswagen Konzern 1993 einen erdrutschartigen Einbruch der Produktions- und Absatzzahlen um ca. ein Viertel und fuhr einen Rekordverlust von 2 Mrd. DM ein. In der Folge wurde zwischen 1990 und 1993 die Zahl der Beschäftigten im Wolfsburger Stammwerk um ca. 9.000 reduziert. Während des Höhepunktes der Krise 1993 wurde zudem ein

28

weiterer Personalüberhang von 15.000 Arbeitsplätzen in Wolfsburg errechnet und auch eine Verlegung des Konzernsitzes offen diskutiert. Für die Stadt Wolfsburg war diese Situation verheerend: Die Gemeindesteuern sanken zwischen 1991 und 1994 um fast ein Drittel, und man war gezwungen, erhebliche Sparmaßnahmen zu ergreifen und Schulden zu machen. Man hatte auf Seiten der städtischen VertreterInnen das Gefühl, dass sich *„die Stadt jetzt am Abgrund"* befinde, auch weil die Krise eine völlig neue Qualität hatte. Die Stadtverantwortlichen mussten sich der Tatsache stellen, dass diese Krise nicht – wie in der Vergangenheit ja oft genug erlebt – einfach so vorübergehen würde, wenn die Automobilkonjunktur wieder anziehen würde. Es wurde vielmehr deutlich, dass Wolfsburg sich als Sitz des Volkswagen-Konzerns einem globalen Wettbewerb zu stellen hatte, dass steigenden Produktionszahlen nicht mehr zwangsläufig auch steigende Arbeitsplatzzahlen (in Wolfsburg) folgen würden und dass schließlich die Stadt allein aus ihrer Geschichte heraus kein Exklusivrecht auf den Konzernsitz begründen konnte. Annähernde Vollbeschäftigung, Wohlstand und sprudelnde Gewerbesteuern stellen sich nicht quasi automatisch ein, sondern die Stadt muss aktiv etwas dafür tun, was sie über viele Jahre versäumt hatte – dies war die bittere Quintessenz, der sich die Stadtverantwortlichen Mitte der 1990er Jahre gegenübersahen.

Auch die Wolfsburger Bevölkerung erkannte den Ernst der Lage. So hielt die Hälfte der 1998 von uns Befragten die VW-Krise Anfang der 1990er Jahre für „eine grundlegende Krise, wie es sie vorher noch nie gab" (Harth u. a. 2000, 133). Allerdings führte das Krisenmanagement bei VW (man hielt die Absatzprobleme und notwendigen Personalreduktionen in kleinen Führungszirkeln geheim und präsentierte sie erst in einem Zuge mit dem Konzept der ‚atmenden Fabrik', das Massenentlassungen verhindern konnte) dazu, dass eine regelrechte Krisenstimmung auf Seiten der Bevölkerung erst gar nicht aufkam (Fuchs 1993, 150). Man war sich der Schwere der Lage bewusst, hatte aber – wohl auch durch das gemeinsame Vorgehen von Betriebsrat und Konzernführung – das Gefühl, dass die Situation durch Reduzierung und Flexibilisierung der Arbeitszeiten, wenn auch mit eigenen Einbußen, in den Griff zu bekommen sein würde. Entsprechend war das Vertrauen der WolfsburgerInnen in VW auch nach der Krise unverbrüchlich: Der VW-Konzern habe in vorbildlicher Weise mit sozialverträglichen Maßnahmen auf die Krise reagiert, man könne jungen Leuten weiterhin eine Ausbildung bei VW sehr empfehlen, eine Wegverlagerung der Autoproduktion sei ausgeschlossen und der Konzern werde sich auch in Zukunft um seine Beschäftigten kümmern – diesen Aussagen stimmten die Befragten zum Zeitpunkt unserer dritten Erhebung mehrheitlich zu (Harth u. a. 2000, 145, 147).

Nach einer ersten „*Schockstarre*" nach Bekanntwerden des Umfangs der VW-Krise und der weiter negativen Entwicklungsprognosen erstellten die städtischen Akteure eine nüchterne Bilanz der Schwächen der Stadt:

- Der gesamte Dienstleistungsbereich als *die* Zukunftsbranche war erheblich unterentwickelt – und zwar nicht nur die allgemeinen autofernen Servicebereiche, sondern auch Dienstleistungen rund um die Automobilproduktion und -entwicklung. Die Zahl der Automobilzulieferer lag um ca. 75% unter der vergleichbarer Automobilstandorte. Mit einem Beschäftigtenanteil im Dienstleistungsbereich von ca. einem Fünftel (gegenüber einem damaligen Bundesdurchschnitt von ca. 50%), einem nur schwach entwickelten Mittelstand und weit hinter vergleichbaren Städten zurückliegenden Neugründungszahlen hatte Wolfsburg seine Monostruktur weiter gepflegt und neue Wirtschaftsfelder buchstäblich verschlafen.
- Entsprechend konnte der Stellenabbau beim Volkswagen-Konzern, der damals ca. 60% aller Arbeitsplätze der Stadt stellte, auch nicht annähernd in anderen Branchen aufgefangen werden. In einer Stadt, die jahrzehntelang an annähernde Vollbeschäftigung gewöhnt war, erreichte die Arbeitslosigkeit nun historische Höchststände. Von 1991 bis 1996 schnellte die Arbeitslosenquote von 7,4% auf 17,5% hoch, und Wolfsburg wurde zum traurigen Schlusslicht in Niedersachsen.
- Die Stadtverwaltung war schwerfällig geworden. Während man andernorts bereits erhebliche Reformprozesse hinter sich gebracht hatte und weit effizienter und vor allem bürger- und wirtschaftsfreundlicher geworden war, befand man sich laut Expertenurteil in Wolfsburg in einer Art „*Dornröschenschlaf*".
- Man hatte sich mit den strukturellen Problemen der Innenstadt – kein urbanes Flair, unzureichendes Konsumangebot, geringe Aufenthaltsqualitäten (GWH 1995) – und dem daraus folgenden enormen Kaufkraftabfluss von 100-200 Millionen € (Wolfsburg AG 2008, 3) in benachbarte Städte eingerichtet anstatt dagegen anzugehen. Auch Einzelhandelsstandorte auf der ‚grünen Wiese' wurden nicht entwickelt, so dass es bestimmte Sortimente (wie Bau- oder Elektronikmärkte) in Wolfsburg so gut wie nicht gab.
- Gleiches galt für den Freizeitbereich. Die hauptsächlich auf die Arbeiterschaft zugeschnittenen Gastronomie-, Erlebnis- und Kulturangebote entsprachen immer weniger den sich im Laufe der Jahre differenzierenden Ansprüchen der Bevölkerung. Und für den bundesweit immer wichtiger werdenden Städtetourismus hatte Wolfsburg fast nichts zu bieten und war auch aufgrund seines schlechten Images kein Ziel.
- Auch im Wohnbaubereich, wo Wolfsburg über die Jahre mit hoher Qualität und auch immer wieder mit besonders anspruchsvollen Projekten

geglänzt hatte, war es in den 1980er Jahren zu einer Stagnation gekommen und insbesondere den Eigenheimboom hatte man verschlafen. Durch unzureichende Grundstücksangebote innerhalb des Stadtgebiets, aber auch durch fehlende attraktive, neuen Wohnansprüchen entsprechende Angeboten im Mietwohnungsbereich hatte die Stadt insbesondere seit Anfang der 1990er Jahre einen sprunghaften Anstieg der Fortzüge gerade Bessergestellter ins Umland zu verzeichnen.

- Es gab erhebliche Identifikationsvorbehalte der Bevölkerung gegenüber ihrer Stadt. Zwar war man stolz auf VW und seine globalen Erfolge, mit der Stadt selbst hatte man sich aber – gerade auf Seiten der Schichthöheren – eher arrangiert als wirklich identifiziert. Das „Wir-Gefühl" war schwach ausgeprägt, die „Anspruchshaltung" und ein gewisses unpolitisches Bewusstsein dagegen umso stärker (Leitbildkonzept 1997, 7).

Die VW-Krise 1992/93 führte dazu, dass die erheblichen Strukturprobleme und Innovationsversäumnisse in der Stadt offensichtlich wurden. Eine Stadt, die jahrzehntelang an der Spitze des Fortschritts und Wohlstands gestanden hatte, wurde sich bewusst, dass sie gesellschaftlichen Trends hinterherhinkte, dass sie den Anschluss verpasst hatte und dass die Zukunft gefährdet war. Durch die Schärfe und Augenfälligkeit der Krise wurde weit über die unterschiedlichen politischen Lager und Tätigkeitsfelder hinweg ein Reflexionsprozess ausgelöst, der am Ende dazu führte, dass die Krise zum Auslöser für eine grundlegende Neuorientierung der Stadtpolitik wurde.

1.4 Die Neuausrichtung der Stadtentwicklung

In unserer dritten Wolfsburg-Studie aus dem Jahr 2000 hatten wir die Neuausrichtung der Stadtpolitik als „Hinwendung zum Globalisierungsregime" analysiert (Harth u. a. 2000, 158ff.). Dabei geht es um eine „Funktionalisierung des Raumes für global orientiertes Wirtschaften" (Franz 1997, 305). Nach einer kurzen Phase des ‚lokalen Bündnisses', die vor dem Hintergrund der Schreckenserfahrung der VW-Krise zentral von dem Gedanken getragen wurde, die eigenen Potenziale der Stadt jenseits von Volkswagen zu entwickeln und zu stärken, begann die Stadt dann systematisch mit der Umstellung auf eine wettbewerbsorientierte Standortpolitik. Wolfsburg sah sich, wie andere Städte auch, vor die Notwendigkeit gestellt, die Rahmenbedingungen als Wirtschaftsstandort deutlich zu verbessern, um sich angesichts der wachsenden nationalen und internationalen Städtekonkurrenz zu behaupten. Dies bedeutete nicht nur eine Stärkung der harten Standortqualitäten (wie Verkehrsanschlüsse, qualifizierte Arbeitskräfte oder gute Infrastruktur) sondern auch der weichen Standortfaktoren (wie gutes Image, hoher Freizeitwert). Angesichts der erkannten erheblichen Modernisierungsrückstände der Stadt war die Bereitschaft der Stadtverantwortlichen zur Entwicklung und Umsetzung neuer Handlungskonzepte und Durchsetzungsstrategien ausgesprochen groß. Wolfsburg verschrieb sich (zwar später, aber dafür umso intensiver als andere Städte) einer „wettbewerbsorientierten Standortpolitik" mit dem Ziel: „Steigerung kommunaler Attraktivität und Wettbewerbsfähigkeit in Bezug auf externe Akteure wie Investoren, zukunftsorientierte Unternehmen, hoch qualifizierte Arbeitskräfte wie auch Touristinnen und Touristen" (Heinz 2008, 23). Zu den wichtigsten Maßnahmen in diesem Kontext gehörten (neben den Großprojekten, die in Kap. 1.6 ausführlich gesondert beschrieben werden):

Veränderungen in der lokalen Politik und Verwaltung

Man versuchte städtischerseits, die verschiedenen lokalen Akteure an einen Tisch zu bekommen und nach Art eines lokalen Bündnisses neue Konzepte zu entwickeln und Strategien ihrer Umsetzung zu ersinnen. Auf der Basis einer Schwächen- und Stärken-Analyse (Imagestudie 1996) wurde ein Stadtleitbild in einem gerade für Wolfsburg einmaligen partizipatorischen Prozess mit über 200 Persönlichkeiten aus Wirtschaft, Gesellschaft, Rat und Verwaltung entwickelt und in Form einer Broschüre mit einer Auflage von 30.000 Exemplaren veröffentlicht (Leitbildkonzept 1997). Anschließend wurde in sogenannten Werkstätten an der Umsetzung gearbeitet.

Auch innerhalb der Verwaltung wurden erhebliche Umstrukturierungsmaßnahmen ergriffen, um mehr Effizienz mit weniger Personal zu erreichen. Insbesondere mit der Wahl des Wirtschaftsfachmanns und Verwaltungsjuristen Rolf Schnellecke 1995 zum Oberstadtdirektor (seit der Abschaffung der Doppelspitze 2001 ist er Oberbürgermeister) hielt vermehrt unternehmerisches Denken Einzug in die Verwaltung: Privatisierungen, Rationalisierungen und vor allem eine Abflachung von Hierarchien und eine Konzentration der Führungsaufgaben.

Viel stärker als vorher richtete man seine Anstrengungen auf die Wirtschaftsförderung und Ansiedlungspolitik, die in Wolfsburg bislang nur eine sehr untergeordnete Rolle spielte, weil sie schlicht nicht nötig und auch von Volkswagen nicht gewollt war. Ein wichtiger Schritt dazu war die Gründung der Gesellschaft für Wirtschafts- und Beschäftigungsförderung (GWB) 1994. Ziel war die Schaffung von mehr Ausbildungs- und existenzsichernden Arbeitsplätzen außerhalb vom Volkswagen-Werk. Gleichzeitig sollten die bisherigen Mängel an Flexibilität und Engagement bei der Förderung von Wirtschaftsbetrieben beseitigt und durch die Bereitstellung von Büros und Hallen Zulieferer einen Anreiz erhalten, sich direkt in Wolfsburg anzusiedeln. Eine Vertreterin der Stadtspitze beschreibt den Wandel so: *„Vorher hieß es, wenn sich ein Unternehmen ansiedeln wollte: Haben Sie auch die Genehmigungen, erfüllen Sie auch alle Auflagen usw.. Heute heißt es: Wenn sich einer ansie-*

deln will: Der soll kommen, wir machen das irgendwie möglich und zwar schnell".

Städtebauliche und infrastrukturelle Aufwertung

Die Stadt stellte Anfang 1996 mit einer neuen Bodenpolitik (bislang dominierte das Erbbaurecht), einer verwaltungsinternen Umstrukturierung (Einrichtung eines „Bau-Bürger-Büros") und finanziellen Anreizen, insbesondere für Familien, die Weichen für einen verstärkten Eigenheimbau. Insgesamt sollen bis zum Jahr 2015 Baugrundstücke für insgesamt 5.000 Wohneinheiten in Ein- und Zweifamilienhäusern bereitgestellt werden (Stadtstrukturkonzept 2003, 21). Inzwischen wurden etwa 30 neue Baugebiete mit ca. 5.000 Baugrundstücken ausgewiesen, wobei das Baugebiet Kerksiek (Ehmen/Mörse) mit 750 Baugrundstücken als eines der größten Eigenheimbaugebiete in ganz Norddeutschland gilt. Obwohl die Nachfrage derzeit stagniert, sieht die Flächennutzungsplanung für die Zukunft die Ausweisung weiterer Baugebiete im Osten der Stadt vor.

Zwischen 1997 und 2006 sind mehr als 3.000 neue Gebäude fertig gestellt worden, von denen mehr als 80% Ein- oder Zweifamilienhäuser waren (Stat. Jahrbuch 2005/06, 40). Dabei wurde auch versucht, besondere Angebote vorzuhalten, wie z. B. das in den Jahren 2003 – 2005 erbaute Campo Mediterraneo in Reislingen. Hier entstanden 60 Eigenheime und 5 Stadtvillen mit Eigentumswohnungen, die mit ihrer mediterran anmutenden Architektur für gehobene Schichten ein angenehmes Ambiente bereitstellen sollen (Cauers/Strauß 2008, 488). Die Wolfsburger Bevölkerung nimmt die Verbesserung der Baumöglichkeiten deutlich wahr. Gab von unseren Befragten 1998 nur knapp die Hälfte an, dass es in ausreichendem Umfang Baumöglichkeiten in der Stadt gebe, waren es 2007 fast 90%! Das bedeutet, dass heute fast alle, die innerhalb des Stadtgebietes bauen wollen, hierzu auch die Möglichkeit sehen.

An der bestehenden Wohnbausubstanz, gerade im Innenstadtbereich, wurde intensiv von den städtischen Wohnungsgesellschaften gearbeitet, auch um diese den veränderten Wohnbedürfnissen von Jüngeren und aufstrebenden Familien anzupassen. So wurden durch die städtische Wohnungsbaugesellschaft Neuland und die Volkswagen-Immobilien umfangreiche Modernisierungen des aus den 1950er und 60er Jahren stammenden Wohnungsbestands in den Innenstadtlagen (Zusammenlegungen von Wohnungen, bessere Zuschnitte, Balkone, Verbesserungen der Ausstattung, Energiesanierung etc.) vorgenommen. Der westliche Bereich um das Kulturzentrum Hallenbad, das Jugendgästehaus und die Fachhochschule sollen zu einer Art Szenequartier („junges Viertel") und der östliche Bereich um den Schillerteich zu einem „schickeren" Wohnviertel entwickelt werden. Dadurch wird versucht, individuellere Wohnangebote für Besserverdienende, z. B. die qualifizierten Angestellten in den neu angesiedelten Unternehmungen, zu schaffen und deren Abzug ins städtische Umland zu bremsen.

Auf der Basis eines 2004 entwickelten Masterplanes erfährt die Haupteinkaufsstraße (Porschestraße) eine umfängliche und einheitliche Umgestaltung zu einer Mitte mit Boulevard-Atmosphäre (vgl. ausführlich Kap. 4). Dadurch soll das Stadterleben insgesamt bei Einheimischen und Gästen verbessert werden.

Außerdem wurde die Ausweitung der Bildungsangebote weiter verfolgt. Durch den Ausbau der Fachhochschule sind junge WolfsburgerInnen heute nicht mehr unbedingt gezwungen, zum Studieren die Stadt zu verlassen und Auswärtige werden angezogen. Die Stadt, die sich neuerdings auch gern als ‚Hochschulstadt' bezeichnet, nimmt den hochqualifizierenden Bildungsbereich sehr ernst und unterstützt durch bauliche Maßnahmen die Entstehung eines ‚Campus-Milieus' im westlichen Innenstadtbereich. Auch Wohnmöglichkeiten für Jüngere, z. B. auch für alternative Wohnformen sind in diesem Bereich entstanden. Es wurde ein Modellprojekt zur offenen Jugendarbeit entwickelt (Kolhoff Hg. 2005). Das Schulangebot wurde in den vergangenen Jahren ebenfalls weiter verbessert und differenziert. Die anzulockenden bzw. zu haltenden qualifizierten Arbeitskräfte wollen eben auch für ihre Kinder besondere Schulangebote, wie bilinguale Kindergärten und Schulen oder Ganztagsschulen. In diesem Jahr entsteht sogar – dies war das ‚Geschenk' VWs zum 70sten Geburtstag der Stadt – eine private internationale Schule.

Auch die Gesundheitsangebote in der Stadt wurden erweitert. Das bedeutsamste Projekt stellt der Ausbau des städtischen Klinikums dar, das zu den größten Niedersachsens gehört und auch ein Lehrkrankenhaus ist. Die Stadtpolitik hat auch auf den demographischen Wandel reagiert. So setzte man sich auf Seiten der Infrastrukturplanung zunehmend mit Fragen der Pflege- und Alteneinrichtungen auseinander.

Darüber hinaus hat sich auch jenseits der erlebnisorientierten Großprojekte das kulturelle und gastronomische Angebot in Wolfsburg deutlich erweitert. So sind im Innenstadtbereich diverse kleinere Cafés und Bistros entstanden, auf der so genannten Piazza d'Italia italienische Lokale und an zentraler Stelle haben ‚In-Lokale' ihre Pforten geöffnet (z. B. Bar Celona, Sausalitos). Diese Neueröffnungen nehmen die aktuellen Geschmackvorlieben (Cafélatte, Enchilladas etc.) der jungen städtischen Angestelltenmilieus auf und unterscheiden sich mit mediterran angehauchter Korbstuhl-, Sofa-, Spiegel-, Zierpflanzen- und Kunstbilderästhetik deutlich vom ‚Charme' der traditionellen (Arbeiter-)Kneipenmeile Kaufhofpassage. Sie wenden sich mit großflächigen Scheiben, dorthin angeordneten Bestuhlungen und einer ausladenden Aussengastronomie auch sehr deutlich in den öffentlichen Raum, sind nicht mehr so gemütlich und versteckt.

Auch die Kulturszene (außerhalb der Großprojekte) ist deutlich lebendiger geworden. Nicht nur sind die herkömmlichen Angebote (z. B. Kulturverein, Städtische Galerie) aktiver geworden und öffnen sich einem breiteren Publikum, machen mehr Marketing und versuchen auch mit erlebnisorientierten Angeboten in das Fahrwasser der Großprojekte zu geraten (was ja auch in anderen Städten zu beobachten ist), es haben sich auch neue Angebote im Kunst- und Kulturbereich etablieren können, z. B. neue Galerien, ein weiterer 1998 gegründeter Kunstverein für ‚junge Kunst', die Heidersberger Gesellschaft und insbesondere das ‚Hallenbad', ein Zentrum für junge Kultur. Mit dem ‚Hallenbad' (im ehemaligen Hallenbad am Schachtweg, das im Zuge des Badeland-Baus schließen musste, weswegen es damals auch Bürgerproteste gab) ist eine Einrichtung für eine ganz neue, bislang in Wolfsburg nicht umfangreich vorhandene, geschweige denn kulturell versorgte Bevölkerungsgruppe entstanden: ein junges bildungs- und kulturinteressiertes Publikum. An diesem eigenwilligen, irgendwie geschichtsträchtigen und atmosphärischen Ort finden z. B. Lesungen junger Autoren, schrille Konzerte und Tanzveranstaltungen statt und hier wurde auch ein Wolfsburg-Musical zur Geschichte der Stadt gezeigt.

Imageveränderungen und Ankurbelung des Tourismus

Wolfsburg hat sich in den vergangenen Jahren erheblich geöffnet und versucht, Touristen in die Stadt zu holen. Damit verbunden war auch eine Veränderung des eigenen Selbstverständnisses und Selbstbewusstseins. Während man sich über die Jahre damit eingerichtet hatte, ‚Wohnstadt' von VW zu sein (Siegfried 2002) – gut ausgestattet mit Infrastruktur und Wohnraum, auch lebenswert, aber letztlich touristisches Niemandsland –, strebt man nun nach einem Rangplatz im interkommunalen Wettbewerb. Ein Indiz dafür ist die hohe Beachtung, die bundesweite Rankings jeder Art in der Stadt finden. In einer Zusammenstellung der Stadtkommunikation („Ausgezeichnetes Wolfsburg", 2007) werden die unterschiedlichsten Studien und Umfragen dargestellt um zu zeigen, dass Wolfsburg überall Beachtung und Anerkennung für seine Anstrengungen findet: Die Wohn- und Freizeitangebote seien hervorragend (Familienatlas 2007), es gebe günstige Mieten (Wohnatlas 2007), der Wirtschaftsstandort sei großartig (Zukunftsatlas 2007), Wolfsburg sei der „Wachstumstreiber" für Niedersachsen (Beschäftigungsprognose Niedersachsen 2011) und habe größtes Wertschöpfungspotenzial (NIHK 2007) und war 2004 die dynamischste Stadt Deutschlands (Prognos-AG 2004), und 2007 der ‚Wirtschaftsstandort Nr. 1' in Deutschland (Prognos-AG 2007) die WolfsburgerInnen lebten besonders gern in ihrer Stadt (Emnid 2007) und Wolfsburg sei die „gesündeste Stadt Norddeutschlands" (Gesundheitsatlas 2007). Wolfsburg gilt sogar als eine der dynamischsten kleinen Großstädte Deutschlands, denen im Rahmen des Globalisierungsprozesses eine positive

Zukunft attestiert wird (Aring/Reuther Hg. 2008). Auch die Stadt selbst feierte sich zum 70sten Jahrestag 2008 mit einer Vielzahl von Eigenpublikationen, z. B. die hochwertig gestaltete und fast 600 Seiten umfassende ‚Wolfsburg-Saga' (Beckmann 2005).

Die Erstklassigkeit in der Herren-Fußball-Bundesliga (1997), die damit einströmenden auswärtigen Fans und die Medien-Berichterstattung waren für viele WolfsburgerInnen ein sehr wichtiger Meilenstein der Öffnung und Imageveränderung: Plötzlich wurde die Stadt einmal nicht als Anhängsel Volkswagens, sondern mit einer eigenständigen Attraktion erwähnt. 2011 findet sogar die Frauen-Fußball-WM in Wolfsburg statt. Für den kleineren Teil der Kunstinteressierten hatte der Bedeutungsgewinn Wolfsburgs bereits 1994 mit der Eröffnung des Kunstmuseums begonnen, dessen Ausstellungen seither regelmäßig in den überregionalen Feuilletons besprochen werden. Die erlebnisorientierten Großprojekte, vor allem die Autostadt und das Phaeno, erhöhten die Beachtung Wolfsburgs in der nationalen und internationalen Presse weiter.

Das Stadtmarketing wurde deutlich verändert und intensiviert. Es wurde ein einheitliches Erkenntnisbild entwickelt mit dem sich die Stadt nach außen vermarktet („Wolfsburg – Lust an Entdeckungen"). Ende 2005 wurde mit der Wolfsburg Marketing GmbH (WMG) ein quasi-städtisches Unternehmen gegründet, das sich neben der Wirtschaftsförderung vor allem um Tourismus und Stadtmarketing kümmert. *„Touristisch ist Wolfsburg eine sehr junge Stadt, zehn Jahre erst am Markt. Wir vermarkten Wolfsburg als touristische Destination"*, so ein zuständiger Experte. Bei den Marketingmaßnahmen gehe es vor allem darum, wegzukommen vom Negativimage Wolfsburgs als Werkssiedlung, *„als graue Maus oder als Provinzstadt, als die alte Industriestadt kurz vor der Zonengrenze, die meint, sie wäre was"*. Stattdessen soll Wolfsburg als *„junge, dynamische Stadt"* und *„lebendige Stadt"*, als *„Architekturstadt"* und *„Welthauptstadt der Mobilität"* vermarktet werden. Das Profil der Strategie sei eindeutig, authentisch und modern: *„Innovation – Mobilität – Erlebnis"*. Daneben richtet sich die Marketing-Strategie aber auch nach innen an die Bürger und Bürgerinnen, *„denen ja immer noch so ein Stück weit Selbstbewusstsein für ihre Stadt fehlt"*. Sie will die Identifikation der Bürger mit ihrer Stadt fördern und vermitteln, dass Wolfsburg als moderne Stadt genauso interessant sein kann wie eine historisch gewachsene.

Oberstes Ziel der Kampagnen sei, erst einmal als touristische Destination bekannt zu werden. Dazu scheint jedes Mittel recht zu sein. So benannte der Oberbürgermeister 2003 die Stadt anlässlich der Markeinführung des neuen Golf A5 medienwirksam kurzerhand temporär in „Golfsburg" um (Kaltwasser 2007, 42). Oder: Im Rahmen der Werbung der Designer Outlets wurde Wolfsburg zur *„Modemetropole"* neben Mailand und Paris hochstilisiert. Es wurden überregionale Kampagnen angestoßen, z. B. auch ein gezieltes Marketing in Berlin, das durch die ICE-Verbindung näher gerückt ist. Es wurden umfängliche und aufwändige Präsentationen der Stadt in jeder Form entwickelt: Flyer, Broschüren, Imagefilm, Internetauftritt mit jeglichem Service für TouristInnen. Zudem entwickelte man einen speziellen Reisekatalog mit Pauschalangeboten, der besonders auf Besichtigungen der Großprojekte bezogen ist: vom „Abenteuer Autostadt" über „Architektur erleben" bis hin zum „Fußball-Fan-Special" und „Happy Family" kann man alles buchen.

Damit einher ging ein Ausbau des Hotelangebots in allen Kategorien, der von der Stadt ausdrücklich unterstützt wird. Gegenüber 24 sogenannten Beherbergungsbetrieben im Jahr 1997 stieg die Zahl 2007 auf 30, wobei die Zunahme vor allem der expandierenden Hotelbranche geschuldet ist (Nieders. Landesamt für Stat., nachrichtlich). Derzeit wird über ein weiteres Kongresshotel direkt am Bahnhof diskutiert, und eine neue Jugendherberge mit erweiterter Bettenzahl und modernstem Standard ist beschlossene Sache, da es an Übernachtungsmöglichkeiten im niedrigpreisigen Segment, z. B. für Schulklassen und Jugendliche, mangelte. Auch das Messe- und Kongresswesen wurde ausgebaut. Die von der Wolfsburg AG als regionale Innovations- und Leistungsschau initiierte und 2001 erstmalige veranstaltete Internationale Zulieferbörse, hat sich mittlerweile zur größten Fachmesse für Zulieferer der Automobilindustrie in Europa entwickelt.

1.5 Die Wolfsburg AG als Motor der Stadtentwicklung

Die städtischen Bemühungen gewannen Ende der 1990er Jahre an Schubkraft. Maßgeblich dafür war, dass sich die Volkswagen AG – stärker als je zuvor in ihrer Geschichte und insbesondere in anderer Art – als aktive Gestalterin der Stadtentwicklung begriff. Dieser allenthalben als „Schulterschluss" bezeichnete neue starke gemeinsame Gestaltungswille fand seinen Ausdruck im sogenannten Konzept AutoVision, das die Volkswagen AG der Stadt Wolfsburg im Jahr 1998 öffentlichkeitswirksam zum 60. Geburtstag schenkte und gipfelte in der Wolfsburg AG, die Stadt und Volkswagen AG im Juli 1999 als gemeinsame Public Private Partnership gründeten.

Ziel des AutoVision-Konzeptes war, die Arbeitslosigkeit von damals ca. 7.000 Menschen in Wolfsburg um die Hälfte zu reduzieren. Da das Qualifikationsniveau der Arbeitslosen aber nicht mit den steigenden Anforderungen bei VW im Einklang stand, sollten für die mehrheitlich niedrig qualifizierten Arbeitslosen neue Arbeitsplätze im VW-fernen, insbesondere im Dienstleistungsbereich geschaffen werden. Dazu wurde „ein Projekt in die Welt gerufen, um in Wolfsburg nachhaltig die Wirtschaftsstrukturen zu verändern. Wir hatten zum Ziel, uns aus der alleinigen Arbeitgeberverantwortung zu lösen *und neue Betriebe, Unternehmungen in Wolfsburg anzusiedeln. Wir wollten Existenzgründungen fördern, Innovationsideen auch umsetzbar machen, Mittelstand stärken, um aus der Anfälligkeit, die diese Monopolabhängigkeit auch bedeutete, ein Stück heraus zu kommen"*, so ein VW-Experte. Wolfsburg sollte nicht mehr nur *„Ausdruck für Volkswagen, also die Werkssiedlung"* sein. Es ging darum, *„für die Stadt weitere Standbeine zu schaffen, z. B. Freizeit, Tourismus, Erlebnis, um dadurch den Dienstleistungssektor zu stärken"*, weil der unabhängig von der konjunkturabhängigen Automobilindustrie funktioniere.

Abbildung 2:   Masterplan Erlebnisdistrikte laut Ratsbeschluss 2000

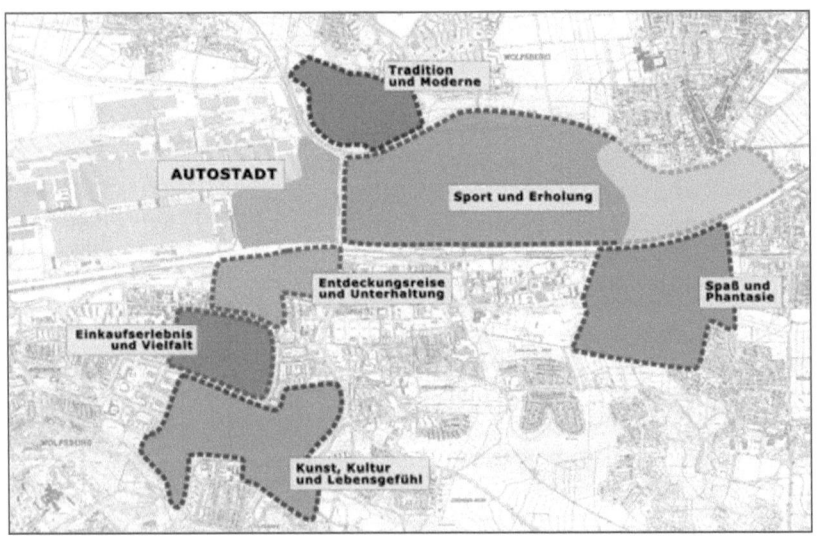

Quelle: Wolfsburg AG

Das im Wesentlichen von VW (unterstützt durch eine Unternehmensberatung) entwickelte Konzept AutoVision ist das größte und grundlegendste Zukunftsprojekt der jüngeren Stadtentwicklung. Darin werden verschiedene Aspekte der Wirtschafts- und Standortförderung integriert und die Repräsentationsfunktion Wolfsburgs als Stammsitz von VW durch die Betonung des Erlebnischarakters der Stadt unterstützt. Neben zunächst einmal werksseitig interessanten Strategien, bestimmte Bereiche auszulagern bzw. dem Werk anzulagern ('InnovationsCampus' als Unternehmensgründungszentrum, 'MobilitätsWirtschaft' als Zuliefer-Attraktivierung und 'PersonalServiceAgentur' als Arbeitskräftepuffer der 'atmenden Fabrik' und 'cash-cow' der Wolfsburg

AG) und sich in aktuellen Themenfeldern zu profilieren (,GesundheitsWirtschaft', ,Netzwerk Nachhaltigkeit + Wirtschaft') trat das für die Stadtentwicklung folgenreiche Konzept der ,Erlebniswelt' (vgl. auch Dierkes 2002, 209f.). Dieses sah vor, an sechs verschiedenen räumlich getrennten Standorten ,Erlebnisdistrikte' mit unterschiedlichen Schwerpunktthemen zu realisieren: ,Sport und Erholung', ,Tradition und Moderne', ,Spaß und Fantasie', ,Einkaufserlebnis und Vielfalt', ,Kunst, Kultur und Lebensgefühl', und schließlich ,Entdeckungsreise und Unterhaltung' (vgl. Abb. 2).

In Wolfsburg sollte kein Freizeitpark der herkömmlichen Art auf die ,grüne Wiese' gestellt werden, sondern die Stadt selbst sollte zur Erlebniswelt werden (AutoVision-Broschüre 1998, 9). Durch verschiedene *„Ankerattraktionen"* sollte ein *„Besucherstrom quer durch die Stadt erfolgen"*, Wolfsburg sollte *„zu einer Destination, zu einem überregionalen Anziehungsort"* entwickelt werden, so die Initiatoren damals. Die Erlebniswelt sollte von hochkarätigen Investoren, wie z. B. Warner, Microsoft oder Disney erstellt werden. Die entsprechenden Angebote sollten durch die Wolfsburg AG in einem Zeitraum bis 2028 realisiert werden. Eine zunächst vorhandene gewisse Skepsis bei den Ratsmitgliedern verflog nach einer Besichtigungsreise zu verschiedenen Erlebniswelten in den USA und Frankreich schnell und man verabschiedete im Jahr 2000 den betreffenden Masterplan im Rat.

In der zur Umsetzung des AutoVision-Konzepts gegründeten Wolfsburg AG („Gesellschaft für Beschäftigung und Strukturförderung") treten Stadt und Volkswagen AG als alleinige Gesellschafter auf. Der Aufsichtsrat ist paritätisch aus städtischen und VW-Mitgliedern besetzt. An der Spitze stehen der Personalvorstand der VW AG und der Oberbürgermeister Wolfsburgs. Die Wolfsburg AG wurde mit einem Stammkapital von jeweils 5 Mio. DM durch Stadt und VW AG gegründet und finanziert sich selbst durch die Aktivitäten der Personalserviceagentur. Mit der Wolfsburg AG übernahm Volkswagen also nicht nur eine gewisse Verantwortung für die Stadt, sondern machte gleichzeitig seinen Anspruch auf Einfluss auf die zukünftige Stadtentwicklung sehr deutlich geltend. Zwar versuchte das Volkswagen-Werk zu allen Zeiten neben den vielfältigen indirekten Einflussnahmen, immer auch einmal direkt auf die Stadtentwicklung und Kommunalpolitik in Wolfsburg einzuwirken – im Allgemeinen dominierte aber über die Jahre das Prinzip einer Arbeitsteilung (VW für Wirtschaft und Beschäftigung, Stadt für die Reproduktion der Arbeitskräfte) und weitgehenden Interessenkonvergenz (vgl. dazu genauer Kap. 4). Mit zunehmender Internationalisierung des Volkswagen Konzerns hatten die stadtbezogenen Einflussnahmen im Laufe der Jahre sogar immer mehr abgenommen. Nun aber engagierte sich Volkswagen mehr als je zuvor in der Geschichte für den Standort Wolfsburg, dessen Verlagerung in der Krise ja durchaus zur Disposition gestanden hatte. Damit wurde der letzte immer noch nagende Zweifel daran beseitigt, ob die Stadt wirklich aus ihrem Charakter als Werkssiedlung herausgewachsen sei und mit tiefgreifenden Strukturproblemen und einer Entlokalisierung der Wirtschaftsbezüge („global player") nicht doch in Bedeutungslosigkeit versänke.

Die Volkswagen AG hatte sich entschlossen, die Standortqualitäten der Region zu verbessern und die Stadt Wolfsburg als repräsentativen Konzernsitz aufzuwerten (Prätorius 2002, 88). Hintergrund war eine Neuausrichtung der Konzernpolitik. Hatte man jahrzehntelang aufgrund seines eigenen großen Arbeitskräftebedarfs darauf verzichtet, Zulieferfirmen in den Raum um Wolfsburg zu holen und hatte man selbst ein hohes Maß an Eigenfertigung, so suchte man nun nach Outsourcing-Optionen und Just-in-Time-Anlieferungen, um die Kosten zu senken und die Produktivität zu erhöhen. Darüber hinaus wurde klar, dass man sich, um innovative Entwicklungen im Automobilbereich voranzutreiben, nicht abschotten darf, sondern sich öffnen und durch neue Ideen und Initiativen befruchten lassen muss. Gleichzeitig wurde auch eine neue Vermarktungsstrategie praktiziert, die vermehrt auf ästhetische und emotionale Faktoren setzt und ebenfalls mit einer Öffnung und stärkeren Transparenz der Produktionsabläufe und -bedingungen verknüpft war (Roost 2007, 2008). Hier wird die Hinwendung zum Globalisierungsregime deutlich, indem die Stadt als Nukleus einer wirtschaftsfreundlichen Umgebung für einen global player begriffen wird.

Angesichts dieser innovativen Kraft und wirtschaftlichen Potenz erschienen auf Seiten der Stadt die primär auf den lokalen Kontext bezogenen Aktivitäten des lokalen Bündnisses als zu kurz gedacht und in der Umsetzung zu langwierig. In dem Moment, als es bei VW wieder aufwärts ging, ebbte beispielsweise das Interesse am Leitbildprozess schlagartig ab. Die Ziele der Stadtentwicklung wurden durch kleinere Eliten von Stadt und VW gesetzt, die Bürger interessierten nicht mehr, so einige ExpertInnen. Mit einem Partner wie VW an der Seite eröffneten sich für die Stadt ganz neue Möglichkeitsräume für eine nachhaltige Strukturverbesserung des lokalen Wirtschafts- und Arbeitsmarktes sowie einer Attraktivitätssteigerung im interkommunalen Wettbewerb. In der Stadt habe es eine regelrechte „Aufbruchstimmung" gegeben, es sei „ein Ruck durch Wolfsburg gegangen", so der Tenor der Experten. Das Ziel, nicht nur im Fußball, sondern auch als Stadt in der ersten Liga mitzuspielen und Wolfsburg „von der industriellen Wohnstadt zum Innovations- und Erlebniszentrum" (Siegfried 2002, 110) zu entwickeln, erschien plötzlich erreichbar. Die Pläne für die ‚Erlebniswelt' im Rahmen des AutoVision-Konzepts waren denn auch mit großen Hoffnungen seitens der Stadtverantwortlichen verbunden: Die neue Stadtentwicklungspolitik sollte nicht nur einen Beitrag zur Diversifizierung der Wirtschaftsstrukturen leisten und privates Kapital mobilisieren, sondern auch den Erlebnischarakter der Stadt forcieren, die städtebaulichen Qualitäten verbessern, zu einer Verbesserung der städtebaulichen Qualitäten beitragen, Scharen von Touristen nach Wolfsburg locken, das vielzitierte Problem der Stadt mangelnder Urbanität abbauen und schließlich auch noch zu einer Imageverbesserung nach innen und nach außen beitragen.

Um die innovative Kraft zu bündeln und die neuen Konzepte umzusetzen, brauchte man Kristallisationspunkte, durch die sich der neue Gestaltungswille symbolisch und materiell dokumentieren ließ. Wie auch in anderen Städten (Heinz 2008; Hartmann 2006; Altrock u. a. Hg. 2003; Bittner Hg. 2001; Juckel Hg. 2001; Eglau 1998; Wood 2003), aber in Wolfsburg in einmaliger Dimension, wurden Großprojekte zu den entscheidenden Katalysatoren der Stadtentwicklung in den letzten Jahren. Die Stadtverantwortlichen sahen aufgrund des konzernseitigen Interesses am Standort ein ‚window of opportunity', Projekte in einer ganz neuen Größenordnung überhaupt in Erwägung zu ziehen (*„think big"*, *„nicht kleckern, sondern klotzen"*, so lauteten die Devisen), um durch kostspielige attraktive Angebote sowie bauliche Highlights eine Attraktivitätssteigerung zu erreichen und die Abhängigkeit von VW zumindest teilweise aufzubrechen. Es schien plötzlich jede noch so ambitionierte und kostspielige Idee umsetzbar.

1.6 Die erlebnisorientierten Großprojekte

Die folgende Beschreibung der Wolfsburger Großprojekte erfolgt in chronologischer Reihenfolge ihrer Fertigstellung. Wir beginnen mit dem Kunstmuseum als einer Art Vorläufer der eigentlichen Phase der Stadtentwicklung durch Großprojekte. Danach entstanden nacheinander die Autostadt, das Multiplexkino Cinemaxx, das Einkaufscenter City Galerie, das Fußballstadion Volkswagen Arena, das Erlebnisbad Badeland, der Freizeitpark Allerpark incl. Eislaufhalle Eis Arena und Indoor-Fußballhalle SoccaFive, das Wissenschaftsmuseum Phaeno, die Bildungseinrichtung AutoUni und schließlich die Designer Outlets Wolfsburg DOW (vgl. Abb. 3).

Abbildung 3: Lage der Großprojekte

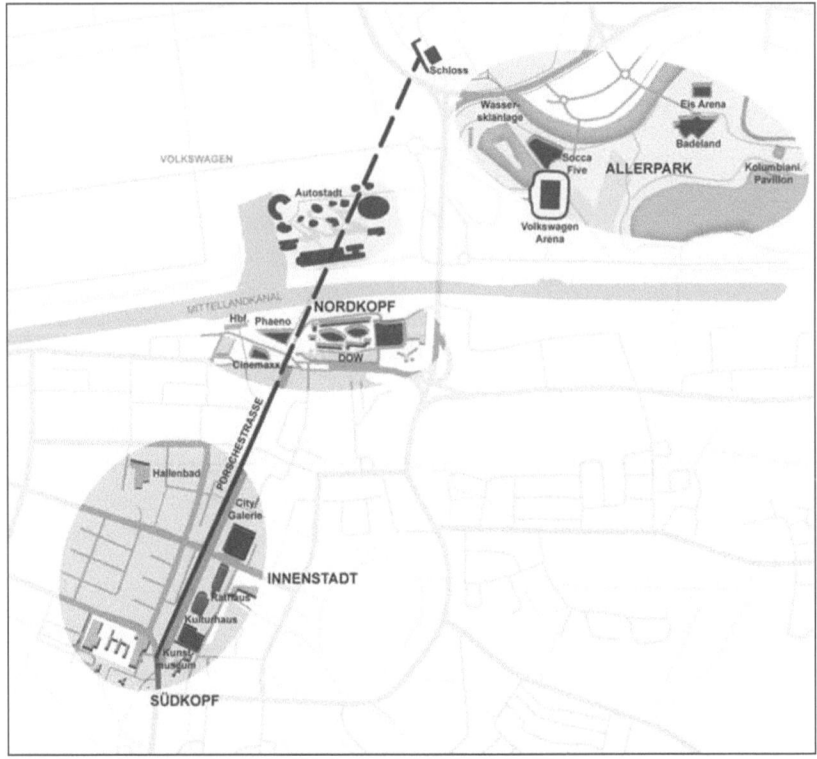

Eigene Bearbeitung auf der Basis des Stadtplans der Wolfsburg Marketing GmbH, 11.2007

Kunstmuseum

Auch wenn das Kunstmuseum nicht Folge der beschriebenen Neuausrichtung der Stadtentwicklungspolitik war, so kann man es aber als eine Art Vorläufer oder Vorboten einer auf Außenwirkung setzenden Entwicklung sehen. Wir und mit uns die befragten ExpertInnen sehen das Kunstmuseum als erste E-tappe einer touristischen Öffnung der Stadt. Wir haben es auch deswegen in unsere Untersuchung einbezogen, weil es neben Autostadt und Phaeno eines der markantesten Leuchtturmprojekte der Stadt ist, weit über Wolfsburg hinaus Wirkung entfaltet, im Kontext mit all den neuen Attraktionen vermarktet wird und darüber hinaus ein spezifisches und in Wolfsburg kaum vorhandenes Klientel anzieht.

Anders als die aktuellen Großprojekte wurde der Bau des Kunstmuseums zwischen 1990 und 1993 (zur Zeit der größten VW-Krise) von erheblichen öffentlichen Protesten begleitet. Man verstand nicht, dass VW einerseits Personal abbaute und andererseits ein scheinbar überflüssiges, am Charakter der Stadt und am Bevölkerungsinteresse vorbeigehendes Museum errichtete, und es war durch die Projektentwickler kaum begreiflich zu machen, dass das Geld hierzu nicht von Volkswagen selbst, sondern von der Holler-Stiftung, und auch nicht bzw. nur geringfügig von der Stadt kam, die nur das Grundstück zur Verfügung stellte und die Tiefgarage direkt unterhalb des Kunstmuseums finanzierte.

1989 wurde von der Kunststiftung Wolfsburg und der Stadt ein Wettbewerb zu einem Gebäude im Süden der Innenstadt („Südkopf") ausgelobt, in dem international bedeutende moderne Kunst ausgestellt werden und das Raum für eine aufzubauende Sammlung zeitgenössischer Kunst geben sollte. Es wurde vom Architekten Peter Schweger (die zweigeschossige Lounge wurde 2001 durch die Phaeno-Architektin Zaha Hadid ergänzt) als transparentes, stadtzugewandtes Gebäude errichtet, eine „Stadtloggia": Zentrales Gestaltungselement ist das weit ausladende Glasdach auf schlanken Säulen, das ausgeklügelte Lichtverhältnisse durch die Kombination von Tages- und Kunstlicht ermöglicht und dem Gebäude Leichtigkeit verleiht (Borgelt u. a. 2005, 31). Es gibt außerdem einen großen Balkon mit einem guten Ausblick auf das Kulturhaus von Alvar Aalto und das Theater von Hans Scharoun und eine Öffnung zur Stadt hin durch Glaswände, äußere Treppen und eine gläserne Eingangsrotunde (vgl. Abb. 4).

Das Kunstmuseum stellt moderne Kunst aus. „Die wichtigsten Leitmotive der Museumsarbeit greifen Aspekte der modernen Industriestadt Wolfsburg mit ihrem Weltkonzern auf: Modernität, Urbanität, Internationalität und Qualität", so heißt es auf der Homepage. Mittlerweile ist man vom Ursprungskonzept, keine Kunst zu präsentieren, die älter als die Stadt ist, abgerückt und stellt neben zeitgenössischen international etablierten und jungen, innovativen Künstlern auch moderne Klassiker aus. So wurden in den letzten Jahren z. B. Werkschauen von Andy Warhol, Cecil Beaton, Neo Rauch oder Philip Taaffe gezeigt. Inzwischen gab es im Kunstmuseum mehr als 100 Ausstellungen.

Im Schnitt der letzten Jahre besuchten ca. 67.000 Menschen jährlich das Kunstmuseum (Statistisches Jahrbuch 2005/06). Nach einer Studie des Kunstmuseums stammt ein knappes Drittel aus Wolfsburg bzw. der direkten Umgebung, der größte Anteil mit annähernd 40% kommt aus dem Raum Braunschweig und der Rest reist aus einer Entfernung von mehr als 100 km an (Klein 2003, 8[4]). Die Hälfte sind ‚Stammbesucher' (in Wolfsburg zwei Drittel), d. h. sie waren schon mehr als dreimal dort. Die kritischsten Urteile über die Ausstellungen kommen von den WolfsburgerInnen selbst. Das Kunstmuseum gehörte von Beginn an zu den umstrittensten Einrichtungen bei der Bevölkerung: In unserer Befragung aus dem Jahr 1998 fanden es gerade mal 36% wichtig, während 44% dies nicht so sahen (Harth u. a. 2000, 82).

Abbildung 4: Kunstmuseum

Foto: Zooey Braun

Das Kunstmuseum nimmt es zunehmend als seine Aufgabe an, auch innerhalb der eigenen Stadt Wirkung zu entfalten und sich stärker einzubinden. Auch wenn man gegenüber dem allgemeinen Erlebnistrend hier eher kritisch eingestellt ist, so gibt es aufwändige Aktionen für Schulen, man veranstaltet vermehrt Events mit publikumswirksamen Themen in Grenzbereichen der Kunst, z. B. Mode oder Wohnen und man bindet sich vermehrt in Kooperationen mit anderen Kulturanbietern ein, z. B. dem Hallenbad. Mit der Ausstellung des international bekannten Wolfsburger Fotografen Heinrich Heiders-

---

[4] Laut Angaben des Kunstmuseums entsprechen aktuelle eigene Zählungen diesen in den Jahren 2001/02 erhobenen Strukturdaten.

berger im Jahr des 70sten Geburtstags der Stadt ist dieser Spagat in besonders ausgeprägter Weise gelungen; entsprechend war der Zuspruch der Wolfsburger hoch.

Autostadt

Initialzündung und bedeutender Auftakt der erlebnisorientierten Großprojektreihe in Wolfsburg war die Autostadt auf dem VW-Werksgelände, die einen Tag vor der Expo 2000 in Hannover am 31. Mai 2000 eröffnet wurde (vgl. Abb. 5).

Abbildung 5: Autostadt

Quelle. Pressestelle Autostadt

Bis zu diesem Zeitpunkt hatte man das Gelände hermetisch abgeriegelt und sich bei den Baumaßnahmen von niemandem in die Karten schauen lassen. Volkswagen investierte rund 850 Mio. DM, um auf der 25 ha großen ehemaligen Werks-Kohlenhalde in nur drei Jahren einen Themen- und Freizeitpark zu entwickeln, der zum damaligen Zeitpunkt das größte imageorientierte Projekt von Seiten der Automobilindustrie überhaupt war (Roost 2003, 153). Das gesamte Areal wurde von bekannten Architekten, Landschaftsarchitekten und Ausstellungsdesignern gestaltet. Da sich Motorleistung, Design und Ausstattung der unterschiedlichen Hersteller immer mehr angleichen, avancieren Markenimage und Erleben der Marke zu zentralen Wettbewerbsfaktoren. Volkswagen übernahm mit der Autostadt eine Vorreiterrolle für eine neuartige Form der Markenpräsentation. Mercedes-Benz, BMW und Porsche folgten erst erheblich später. Man kann sie auch – ähnlich wie das Sony Center in Berlin – als eine der Markenwerbung und -inszenierung dienende Unterhaltungseinrichtung oder als Branding Center (brand = Marke) bezeichnen (Roost 2008, 9, 27).

„Die Autostadt ist im Wesentlichen ein inszenierter Showroom und Marketinginstrument, also eine Kommunikationsplattform des Konzerns", so der Geschäftsführer der Autostadt (Wachs 2007). Sie nutze dazu Mittel der Tourismus- und Freizeitbranche, sei aber kein klassischer Freizeitpark. Bewusst werde frei von der Marke Volkswagen kommuniziert (und nicht wie z. B. bei der BMW-Welt der Name der Marke im Namen geführt), eine subtile Herangehensweise sei wichtiger. „Unsere Codierung lautet: Erleben, Erfahren, Erinnern" (ebenda). Die Besucher sollen die angenehmen Erfahrungen ihres Aufenthalts in der Autostadt mit dem Firmennamen Volkswagen verbinden und dadurch eine dauerhafte emotionale Präferenz für die Marke aufbauen. Etwa 1.500 MitarbeiterInnen – von der Kinderbetreuerin über den Techniker bis zur Servicekraft – sind in der Autostadt beschäftigt. Die Belegschaft ist relativ jung, mehrheitlich weiblich und auf Grund der Internationalität der Besucher auch international, z. B. die Tourguides bzw. Fremdenführer.

Die Idee einer dauerhaften Produktpräsentation in Wolfsburg wurde mit der Idee des schon länger erwogenen Auslieferungszentrums kombiniert. In der Autostadt können nicht nur Neuwagen abgeholt (und damit Überführungskosten gespart) werden, die in zwei 48 Meter hohen und nachts beleuchteten gläsernen Autotürmen zwischengelagert werden, die Autostadt ist auch ein touristischer Anziehungspunkt, wo die Besucherschaft „Ästhetik, so weit das Auge reicht" erleben kann (Prospekt Autostadt 8/2005). Es gibt dort ‚Marken-Pavillons', Museen, Ausstellungen, Theater sowie zahlreiche Animationen und Inszenierungen rund um das Thema Mobilität für Erwachsene und Kinder (Merian extra 2002). Um eine möglichst umfassende Breitenwirkung zu erzielen, werden Werksführungen für Besuchergruppen durchgeführt und es finden mehr als 160 Veranstaltungen im Jahr statt wie das jährliche Tanztheater-Festival Movimentos, Großkonzerte, Sommerprogramme, ein Wintermarkt oder kulturelle Veranstaltungen wie Literaturlesungen, Vorträge oder klassische oder moderne Musikkonzerte. Restaurants, Cafés und Party Locations runden das Angebot ab. Um anspruchsvollen Kunden einen angenehmen Aufenthalt bieten zu können, wurde auf dem Gelände der Autostadt zudem noch ein 174-Zimmerhotel der Spitzenklasse mit fünf Sternen der renommierten Marke Ritz-Carlton errichtet, das zum Zeitpunkt seiner Eröffnung das erste Hotel dieser Luxuskette in Deutschland war.

Auch wenn die Autostadt primär an indirekten Einnahmen über den Autoverkauf und nicht darauf ausgerichtet ist, vor Ort direkte Gewinne zu erwirtschaften (Roost 2008), so versucht man doch, die Ausgaben zu minimieren, indem ein Eintrittspreis verlangt wird und entgeltpflichtige Angebote (Gastronomie, Souvenirs etc.) unterbreitet werden. Jeder Gast gibt durchschnittlich 25 € beim Besuch aus (Wachs 2007). Laut Expertenauskunft werden 70% der Kosten durch eigene Einnahmen gedeckt, was weit über den Erwartungen liege. „Doch letztlich bleiben solche Umsätze vor Ort nur ein Nebenaspekt (...). Die aus den Investitionen in Branding Centern resultierenden Profite werden daher indirekt erwirtschaftet, nämlich zeitversetzt und an anderen Orten, wenn sich die Kunden später einmal bewusst oder unbewusst für Produkte dieser Firma entscheiden sollten" (Roost 2008, 28).

Die Autostadt hat sich innerhalb kürzester Zeit zu einer der meistbesuchten Touristenattraktionen der Bundesrepublik entwickelt (Roost 2003, 153). Nach internen Angaben der Autostadt ist sie die zweitgrößte touristische Destination im Bundesgebiet und die größte Norddeutschlands. Auf der Basis einer Studie über ‚kulturelle Leuchttürme in der Metropolregion Hannover (NordLB 2008), ergibt sich ein bundesweiter Bekanntheitsgrad von 85%. Die Besucherzahlen übertreffen die Erwartungen deutlich: „Auf 3500 Besucher täglich hatte VW gehofft, tatsächlich kommen jeden Tag über 5500", das macht etwa 2 Mio. BesucherInnen pro Jahr. Fast ein Drittel der VW-Neuwagen-Kunden holt das Fahrzeug persönlich in der Autostadt ab (FAZ, 26.2.05), das sind durchschnittlich 550 Fahrzeuge pro Tag oder ca. 150.000 Autoabholer im Jahr plus zwei bis drei Angehörige. Der erhebliche Rest sind also Gäste, die aus anderen Gründen in die Autostadt kommen. Auch im Bustourismus ist die Autostadt stark engagiert und bietet feste Programme für Gruppen an, organisiert Kindergeburtstage und ist als ‚außerschulischer Lernort' anerkannt.

Cinemaxx

Das Multiplex-Kino des Konzerns Cinemaxx entstand im gleichen Jahr wie die Autostadt. Wie in vielen anderen Städten befindet sich das Kino in unmittelbarer Nähe des Hauptbahnhofs. In Wolfsburg ist es zudem Teil der erlebnisorientierten Aufwertung des gesamten nördlichen Innenstadtbereichs. Das Cinemaxx war das erste erlebnisorientierte auf Unterhaltung bezogene Großprojekt auf städtischem Terrain. Inzwischen schon wieder in die Jahre gekommen, war es doch zur damaligen Zeit geradezu spektakulär und bot erstmalig ein ganz neues Kino-Erlebnis. Es grenzt sich deutlich gegenüber den bestehenden älteren Kinos ab, indem in der Werbung versprochen wird, „mehr als ein Kino zu sein" und indem es die erlebnisbezogenen Dispositionen – Unterhaltung, Spaß, Wohlfühlen, Sicherheit, Eleganz und Stil – anspricht. Zum Zeitpunkt seiner Eröffnung am 10. November 2000 war das Cinemaxx gerade von jungen Erwachsenen sehnlichst erwartet worden. Die Kinolandschaft in Wolfsburg war nämlich in die Jahre gekommen, so dass man für ein zeitgemäßes Kinoerlebnis in andere Städte fahren musste. Die Gründung eines Multiplex-Kinos mit 7 Leinwänden und 1.636 Sitzen durch die Cinemaxx-Kette kam also gerade recht. Wenn auch für das Cinemaxx Wolfsburg keine Besucherzahlen vorliegen, so ist davon auszugehen, dass auch dieses Haus vom allgemeinen drastischen Besucherrückgang in den Cinemaxx-Kinos betroffen ist: Zwischen 2001 und 2007 kamen fast 30% weniger ZuschauerInnen (Jahresbericht 2007 Cinemaxx).

City Galerie

Der anhaltende und hohe Kaufkraftabfluss und die Kritik der Bewohnerschaft am eingeschränkten Warensortiment in Wolfsburg führten dazu, dass schon längere Zeit überlegt wurde, wie man angesichts der schwerfälligen Einzelhändlerstruktur diesem Problem Abhilfe schaffen konnte. Es war relativ schnell klar, dass es sich um ein modernes Shopping Center mit vielfältigem Angebot in zentraler Lage (um die Innenstadt nicht noch weiter auszudünnen) handeln müsste. Nach umfangreichen Diskussionen über unterschiedliche Konzepte entschied man sich mit dem ECE zu Gunsten eines Bewerbers, der schon eine große Zahl von Einkaufszentren in anderen Städten erfolgreich unterhielt und Investor und Betreiber zugleich ist. Von städtischer Seite wurde großer Wert darauf gelegt, dass der bestehende innerstädtische Einzelhandel nicht in seiner Existenz gefährdet werden sollte: Es bestand das Angebot, sich in der City Galerie (vgl. Abb. 6) einzumieten und auch das dortige Sortiment sollte mehr Ergänzung als Konkurrenz sein. Dieses Ziel versucht die City Galerie einzulösen, indem sie vor allem Marken anbietet, die es früher nicht in Wolfsburg gab.

Die City Galerie wurde auf dem Gelände des ehemaligen Postparkplatzes mitten auf der Haupteinkaufsstraße (Porschestraße) erbaut, was eine erhebliche Aufwertung dieses innerstädtischen Sahnestücks bedeutet. Sie wurde im September 2001 eröffnet. Die Investoren der City Galerie, die deutsche Euroshop AG aus Frankfurt (90%) und das ECE-Projektmanagement aus Hamburg (10%) haben rund 230 Millionen Mark investiert, so heißt es. Sie umfasst eine Verkaufsfläche von insgesamt rund 20.000 Quadratmetern auf drei Ebenen und beinhaltet etwa 90 Fachgeschäfte verschiedener Branchen. Neben Mode-Boutiquen, einem Fachmarkt für Unterhaltungselektronik und einem Textilhaus finden sich in der City Galerie auch Angebote im Bereich Sport, ein Lebensmittelmarkt, eine ,Schlemmerzone' sowie verschiedene Dienstleistungs- und Gastronomiebetriebe. Das Angebot setzt sich aus internationalen und nationalen Ketten und Einzelhändlern vor Ort zusammen. Der Anteil der Wolfsburger Einzelhändler (z. B. Hempel oder Cadera) beträgt anteilsmäßig an der Verkaufsfläche der City Galerie etwa ein Drittel. Die City

Galerie bietet in regelmäßigen Abständen Sonderveranstaltungen an, wie z. B. Modenschauen, Ausstellungen oder jahreszeitliche Events. Die Öffnungszeiten der Geschäfte in der City Galerie sind ausgedehnt (bis 20 Uhr), zudem bleibt die City Galerie zu bestimmten Zeiten sogar dem Publikum zugänglich, wenn die Geschäfte geschlossen sind.

Abbildung 6: City Galerie

Foto: Gitta Scheller

Die City Galerie beschäftigt etwa 800 MitarbeiterInnen und weist nach Betreiberangaben eine tägliche Frequenz von im Durchschnitt 25.000 bis 27.000 Besuchern aus, in Spitzenzeiten sind es sogar über 45.000. Jüngere würden das Angebot überdurchschnittlich häufig nutzen. Die Hausordnung schließt bestimmte Personengruppen (Bettler und Hausierer) und bestimmte Verhaltensweisen aus, verbietet einen „unnötigen Aufenthalt" und macht ausdrücklich auf das Hausrecht aufmerksam.

Volkswagen Arena

Die Volkswagen Arena wurde Ende 2002 eröffnet. Schon seit Mitte der 1990er Jahre – 1992 war der VfL von der dritten in die zweite Liga aufgestiegen – gab es bei der Stadt Pläne zu einem Stadionneubau. Durch den Aufstieg des VfL-Wolfsburg in die erste Fußball-Bundesliga im Jahr 1997, wurde der Ruf vor allem vom Hauptsponsor VW nach einem erstligareifen Stadion lauter. Das alte Stadion am Elsterweg war nach Auskunft eines städtischen Experten, *„der Bedeutung des Events Fußball nicht mehr gewachsen, so dass sich die Stadt zusammen mit Volkswagen entschlossen hat, ein neues Stadion zu bauen".*

Die Volkswagen Arena ist ein Großprojekt, das Außen- und Innenwirkung in besonderer Weise verbindet: Zum einen ist sie baulicher Ausdruck des wachsenden Stolzes eines Großteils der Bevölkerung auf die Leistungen des VfL (der es sogar schon in die Spitze der Bundesliga gebracht hat). Zum anderen ist sie bedeutsamer Imageträger, der den angereisten Fans vermittelt, dass Wolfsburg für seine fußballbegeisterten Gäste durchaus etwas zu bieten hat. Nicht zuletzt bietet Fußball eine ideale Projektionsfläche für ein neues Wir-Gefühl in der Stadt auf Grund seiner hohen Affinität zu all dem, wie sich die Stadt selbst gerne sieht: Dynamik, Kampfkraft, Durchsetzungswille.

Bauherrin der Volkswagen Arena war die Wolfsburg AG, d. h. Stadt und Volkswagen-AG haben je zur Hälfte die Baukosten für die Volkswagen Arena in Höhe von 53 Millionen € übernommen (Krebs 2004, 93). Dass die Wolfsburg AG Eigentümerin des Stadions ist, ist schon eine Besonderheit, weil ihre eigentliche Rolle darin besteht, Investoren anzulocken und nicht selbst als Investor tätig zu werden, auch um sich aus dem finanziellen Risiko rauszuhalten. Betreiber ist die 2001 errichtete VfL Wolfsburg Fußball GmbH, deren hundertprozentiger Gesellschafter die Volkswagen-AG ist.

Das Stadion umfasst ein Areal von 90.000m² und beherbergt 30.000 überdachte Zuschauerplätze. Davon sind 22.000 fest installiert und 8.000 Stehplätze. Vor der Arena stehen ausreichend Parkmöglichkeiten zur Verfügung. Die Volkswagen Arena ist in erster Linie Austragungsstätte für Fußballspiele. Gelegentlich dient sie aber auch als Bühne für Konzerte großer Stars wie z. B. Herbert Grönemeyer (2003), Anastacia (2004) und Elton John (2005). 2007 fand dort auch das von Volkswagen inszenierte Event ‚25millionster Golf' moderiert von Thomas Gottschalk statt. Es gehe darum – so ein Experte des VfL Wolfsburg – *„den Eventcharakter der Arena zusätzlich durch größere Künstler zu unterstreichen".*

Die VfL-Fan-Kultur, die in Wolfsburg nicht so stark ausgeprägt ist wie bei Traditionsvereinen, habe sich schon merklich verbessert: *„Es wird immer lauter, die Atmosphäre wird immer besser. Die Mannschaft wird immer stärker unterstützt."* Mit dem sportlichen Erfolg der Mannschaft sei auch der Zuschauerschnitt bis 2008 auf 24.000 Menschen angestiegen. In einer jungen Stadt wie Wolfsburg müsse Fußball-Identität erst wachsen. Hausinterne Umfragen, die zeigen *„dass wir ein sehr junges Publikum haben"*, bestätigen dies. Nach eigenen Umfragen lag der Zuschauerschnitt 2008 bei 35 Jahren (2002: 37 Jahre). Das Gros der Besucher kommt – im Laufe der Jahre um die

Hälfte schwankend – aus Wolfsburg und den angrenzenden Orten, ein geringer aber tendenziell größer werdender Anteil aus den neuen Bundesländern.

Badeland

Im selben Jahr wie die Volkswagen Arena wurde das Erlebnisbad Badeland (vgl. Abb. 7) in vollkommen modernisierter Form im Allerpark eröffnet (2002), nachdem das alte Schwimmbad mit gleichem Namen 1998 bis auf die Grundmauern abgebrannt war. Schon vor dem Brand gab es seitens der Stadt Modernisierungspläne für das alte Badeland, da dieses und gerade auch die traditionellen Frei- und Hallenbäder in die Jahre gekommen war(en). Durch den Brand wurde das Vorhaben beschleunigt. In diesem Zusammenhang gab es eine durchaus heftige Kontroverse um die Schließung eines klassischen Hallenbades, das primär zur sportlichen Ertüchtigung und zum Schwimmen lernen diente[5]. Teile der Bevölkerung konnten die Entscheidung zu Gunsten eines Spaßbades, noch dazu in recht peripherer Lage und (vermeintlich) auf Kosten eines Bades mit einem hohen Stellenwert im Alltag der Bewohnerschaft, nicht nachvollziehen.

Bauherrin bzw. Eigentümerin des Badelandes ist die Stadt Wolfsburg. Als Generalunternehmen hat die Neuland Wohnungsgesellschaft den Bau des Badelandes koordiniert. Die Kosten für das Badeland betrugen 35,5 Millionen €. Als Betreiber des Badelandes hat die Stadt die Gesellschaft für Entwicklung und Management von Freizeiteinrichtungen (GMF) aus München beauftragt. Es gibt einen Aufsichtsrat und die Zahlen des Badelandes werden jeden Monat gegenüber der Stadt offen gelegt. Das Badeland wird als „eine Freizeiteinrichtung der Superlative" vermarktet. Es ist – so ist im hauseigenen Prospekt nachzulesen – das größte Sport- und Freizeitbad Norddeutschlands und beinhaltet auf über 3000m² viele Attraktionen für Erholung, Entspannung, Sport und Spaß. Dazu gehören Großrutschen mit 150 Metern Länge und elf verschiedene Saunen, Wellenbecken, Außenbecken, Wildwasserlauf, Massagebecken sowie diverse Veranstaltungen wie Mitternachtssauna, Sommersauna Grillabend und Sonntagsbrunch. Das Badeland beschäftigt nach Expertenangaben 85 Angestellte, davon sind 60 fest angestellt. Der Frauenanteil unter den Beschäftigten betrage etwa 60%: Frauen arbeiten vor allem im Kassen-, Reinigungs- und Gastronomiebereich.

Das Badeland ist sehr gut frequentiert. Mehr als 2.000 Menschen aus der gesamten Region kommen täglich dorthin (WN, 23.12.08). Etwa die Hälfte der Besucher kommt aus Wolfsburg, 30% aus dem näheren Umfeld, also aus Braunschweig, Gifhorn oder Celle, und der Rest wohnt weiter weg. Das Badeland kann mit dem Bus oder dem Auto direkt angefahren werden, kosten-

---

[5] Nach der Schließung wurde das ‚Hallenbad am Schachtweg' erst als Jugendzentrum und seit Ende 2007 als Zentrum primär (aber nicht nur) für junge Kultur genutzt .

lose Parkmöglichkeiten finden sich direkt vor der Einrichtung. Durchschnittlich etwa 700.000 Besucher nutzen jährlich das Badeland (WN, 21.12.07, 7.1.07, 23.12.08). Gemessen an den Besucherzahlen steht das Badeland deutschlandweit auf dem zweiten Platz (www.umweltruf.de, 25.3.08). Andere Erlebnisbäder haben Besucherrückgänge zu verzeichnen (WN, 7.1.07). Trotz hoher Besucherzahlen ist das Badeland aber auf Zuschüsse der Stadt angewiesen. 2007 entstand z. B. ein Zuschussbedarf von knapp 250.000 €.

Abbildung 7: Badeland

Quelle: Wolfsburg AG

Allerpark

Mit der Landschaft nordöstlich der Autostadt zwischen Allersee und Schloss, wo die Volkswagen Arena, das Badeland und eine Eishalle standen, hatte man Großes vor. Das Gebiet um den vormals nur wenig erschlossenen Allersee, wo sich lediglich ein Platz für Dauercamper befand, sollte für den Fremdenverkehr erschlossen werden, wofür auch erhebliche EU-Mittel bereit gestellt wurden. Dazu sollte es als riesiger Freizeitpark mit diversen Ankerattraktionen und einer weiträumig gestalteten Landschaft für Sport, Spaß und Erholung primär für Familien und junge Menschen umgestaltet werden.

Die Landesgartenschau 2004 fungierte als stadtentwicklungspolitisches Instrument und Wegbereiter der Ziele der Wolfsburg AG, die im AutoVision-Konzept im Baustein ,Sport und Erholung' niedergelegt wurden (Uhrig 2003,

21). In der Landesgartenschau unter dem Motto „Entdecke Deine Natur" wurde ein Teilbereich von insgesamt 37 ha, davon 26 ha im Schlosspark und 11 ha im Allerpark, entwickelt. Der Schlosspark, ein historischer Landschaftspark mit altem Baumbestand, wurde durch Neubepflanzungen ergänzt und im Allerpark wurde ein neuer See angelegt (Arenasee, der als Wasserskianlage genutzt wird) sowie zwei neu modellierte Hügellandschaften. Beide Teile sind getrennt durch eine Bundesstraße, zu der es eine Unterführung gibt.

Die Pläne zum Erlebniswelt-Konzept waren aber viel weitreichender. Dazu gehörte nicht nur ein Ferienressort für Familien mit 1.000 Betten. Als besondere Attraktion war eine spektakuläre, auf etwa 126 Millionen € Baukosten veranschlagte Sport-Erlebniswelt geplant „mit einer riesigen überdachten Skibahn mit zusätzlichem Kletterpark, integriertem Sporthotel und einer überdachten Arena" (HAZ, 29.4.2005). 2005 wurde vom Aufsichtsrat der Wolfsburg AG der Bau einer Multifunktionsarena für verschiedene sportliche Veranstaltungen beschlossen und mit dem ersten Spatenstich vorgenommen von Oberbürgermeister Rolf Schnellecke und dem damaligen VW Vorstandsmitglied Peter Hartz wurden die Bauarbeiten für die 25 Millionen € teure und 5.200 Besuchern Platz bietende Multifunktionsarena aufgenommen. Die Multifunktionsarena sollte nicht nur dem Eishockey Team vom EHC Wolfsburg als neue Heimstätte dienen, dort sollten auch Boxkämpfe, Fernsehshows und sogar die Hauptversammlungen der Volkswagen AG stattfinden (HAZ, 29.4.2005). Neben der Multifunktionsarena sollte auch der so genannte Multidome (Kosten: geschätzte 70 Millionen €) mit einer 60 Meter hohen und bis zu 270 Metern langen futuristischen Skihalle, einem Hotel und einem Feriendorf entstehen. Darüber hinaus sollten dort auf einem Areal von 5.000 Quadratmetern Europas größte Kletterwand, Gaststätten, eine Bowlingbahn, eine Eisbahn, ein Fitness-Center und Geschäfte integriert werden.

Beide spektakulären und durchaus in der Öffentlichkeit kontrovers diskutierten Projekte – Multifunktionsarena und Multidome – scheiterten, weil sich keine Investoren fanden bzw. bereits getroffenen Zusagen kurzfristig annulliert wurden.

Von Seiten der Stadt war man regelrecht geschockt, und es traten (unterstützt durch ähnliche Erfahrungen in anderen Städten) erhebliche Zweifel auf, ob die Politik der Stadtentwicklung über Große Projekte noch zukunftsfähig sei. Dies führte dazu, dass man sich von den hochtrabenden Plänen verabschiedete und jetzt versuchte, durch (im Falle der Eis Arena) eine abgespeckte Variante und durch kleinere Attraktionen (wie die Indoor-Fußballhalle) eine freizeitmäßige Abrundung des Allerparks zu erreichen.

Anstelle der Multifunktionsarena wurde dann die Eis Arena[6] realisiert, die im September 2006 eröffnet wurde. Deren Architektur ist aber längst nicht mehr so ambitioniert ausgefallen, wie es einmal geplant war. Es handelt sich nur um einen Umbau des ehemaligen Eispalastes. Anlass für den Umbau der Eis Arena war der sportliche Erfolg der Wolfsburger Eishockeymannschaft EHC Grizzly Adams, die kurz vor dem Aufstieg in die erste Bundesliga stand. Nach Auskunft städtischer Experten ging es darum, das Eisstadion *„bundesligatauglich"* zu machen. Man habe sich als Stadt gegenüber dem Verein in der Pflicht gefühlt, das Versprechen eines neuen Eisstadions auch einzulösen. Die Stadt und die Stadtwerke als Tochter der Stadt hätten dann die Finanzierung von etwa 9 Millionen € übernommen. Die Eis Arena bietet 4.500 Besuchern Platz. In der Halle befinden sich 3.000 Sitzplätze, davon 300 im VIP-Bereich und 1.500 Sitzplätze. Der VIP-Bereich mit angeschlossener Gastronomie kann für private Familienfeste, Betriebsfeiern und Tagungen gemietet werden.

Neben den sportlichen Zwecken des EHC dient die Eis Arena als Schlittschuhbahn für die Bevölkerung. Allerdings sind die Öffnungszeiten (Sonnabend von 14 bis 17 Uhr ist Laufzeit für alle) deutlich eingeschränkt. Angesprochen wird vor allem ein jugendliches Publikum, worauf Veranstaltungen wie z. B. die regelmäßig stattfindende Eis-Disco (Sonnabend von 18 bis 21 Uhr) hinweisen. Außerdem werden dort verschiedene Eis-Shows angeboten. Parallel dazu wurden von Seiten der Stadt erhebliche Investitionen in die Weiterentwicklung der Landschaftsgestaltung des Allerpark getätigt: So wurden im Jahr 2006 ca. 12 Mio. € investiert. Heute stellt sich der Allerpark so dar:

Der Parkbereich in der mittlerweile sogenannten Erlebniswelt Allerpark (vgl. Abb. 8) ist durch ein Rundwegesystem erschlossen und ermöglicht ohne Eintritt vielfältige Freiraumaktivitäten, wie Spazieren gehen, Laufen, Radfahren, Inline-Skaten. Es gibt einen mit Sand aufgeschütteten Badestrand, wo sich auch ein besonderes Ausgeh-Angebot befindet: der Kolumbianische Pavillon, der von der Expo 2000 in Hannover stammt. Dort kann man in einem Restaurant drinnen und draußen oder auf der Gastro-Insel essen, trinken oder Partys feiern. Auf der Plaza, einer Art Amphitheater oder dem Festplatz gibt es ebenfalls Gelegenheit für Feste, Open-Air-Veranstaltungen, wie das jährliche Schützenfest oder die zweijährlich stattfindende Internationale Zulieferbörse. Im Allerpark kann man Wassersport jeder Art ausüben: vom Schwimmen im Allersee oder im Erlebnisbad Badeland bis hin zum „Wakeboarden ... an der einzigen 6-Mast-Anlage Europas" (Wolfsburg AG: Aller-

---

[6] Seit November 2007 hat die Eis Arena einen neuen Namen und heißt für fünf Jahre „Volksbank Brawo Eis Arena". Verbunden war der Erwerb der Namensrechte mit einem finanziellen Engagement der Braunschweiger Volksbank (WN, 19.11.07).

park-Prospekt o.J.). Außerdem befinden sich Yacht-, Kanu-, Ruder- und Motorbootclub auf dem Areal. Darüber hinaus gibt es noch eine Skateranlage, einen Spielpark und den Seilgarten „Bodenlos". ‚Abgerundet' wird das Gebiet von einer Fülle von Parkplätzen.

Abbildung 8:   Allerpark

Quelle: Wolfsburg AG

Die 2007 fertiggestellte SoccaFive-Arena umfasst insgesamt 7.700 Quadratmeter und 8 Fußballfelder für Fünf-gegen-Fünf-Spiele sowie eine Kindersportwelt mit Trampolinen, Wabbelberg, Klettervulkan etc.. Daneben beherbergt sie eine Sportsbar und ein Restaurant. Bei der SoccaFive-Arena handelt es sich um „die modernste Hallen-Fußball-Anlage der Welt", wie die Hauptgesellschafter des Betreibers Newsports bei der Eröffnungsfeier betonten (WN, 3.12.07). Die Betreiber gehen von rund 1.000 Besuchern am Tag aus (WN, 3.12.07).

Insgesamt ist der Allerpark im Freiraum- und Sportbereich ohne Zweifel das *„absolute Highlight für die Wolfsburger"*, so ein Befragter. Hier wurde auf dichtem Raum eine Fülle von Freizeitangeboten entwickelt, die in Wolfsburg bislang fehlten. Auch die Großprojekte im Sportbereich (Badeland, Volkswagen Arena und Eis Arena) haben eine hohe Attraktivität und entsprechen modernsten Anforderungen. Allerdings erschließt sich der im Marketing des Allerparks hergestellte Gesamtzusammenhang des Areals kaum.

Weder hat die Anlage einen geschlossenen Charakter wie andere Freizeitparks, noch sind die Nutzungsmöglichkeiten überhaupt darauf angelegt, gemeinsam erschlossen zu werden, auch wenn die öffentliche Vermarktung etwas anderes suggeriert (www.allerpark.info). Wenn man zum Fußballspiel
geht, wird man hinterher wohl kaum noch Wakeboarden und wenn man den
Eintritt zum Badeland bezahlt hat, dreht man nicht noch zwischendurch eine
Runde mit Inlinern um den Allersee. Darüber hinaus ist die Gesamtstruktur
des Areals, seine Raumbezüge und Abgrenzungen (auf der einen Seite der
Mittellandkanal, auf der anderen Parkplätze und Wiesen; der Übergang zum
nahegelegenen Schlosspark ist nicht ausreichend entwickelt) uneinheitlich
und begünstigt die punktuelle Nutzung der Angebote – was auch nicht kri-
tikwürdig ist. Die WolfsburgerInnen selbst verstehen denn auch unter „Allerpark" im Wesentlichen den Freiraum- und Parkbereich und nehmen die Ein-
zelgroßanlagen Badeland, Eis Arena und Volkswagen Arena davon aus.

Das Phaeno

Das Science Center Phaeno entstand in einem enormen finanziellen Kraftakt
als städtische Antwort auf das VW-Projekt Autostadt. Die Stadt wollte nicht
hinter der Autostadt zurückstehen. Man wollte von dem erwarteten großen
Besucheransturm auf die Autostadt profitieren und die Menschen dazu bewegen, auch die Stadt zu besuchen und dort zu übernachten, um die lokale Wirtschaft anzukurbeln und die Innenstadt zu beleben. Dabei sollte dem bislang
unterentwickelten Bereich um den Bahnhof („Nordkopf") eine zentrale Dreh-
scheibenfunktion zukommen bzw. das Phaeno sollte ein weiterer Baustein
sein, um den Nordkopf zu einem urbanen Zentrum zu entwickeln (Bosse
2007). Nach verschiedenen Anläufen, die aus unterschiedlichen Gründen
schließlich verworfen wurden, entstand die Idee, unabhängig von VW, ein
eigenständiges Erlebnisangebot am Nordkopf zu entwickeln, das – so ein Experte – eine *„Dokumentation des Selbstbehauptungswillens der Stadt gegenüber VW"* sein sollte. Auf Grund der Technikorientierung Wolfsburgs entstand das Konzept eines Science Centers, das in einem architektonisch ambitionierten großzügigen Neubau realisiert werden sollte. „Form und Inhalt stehen für eine Stadt, die ihre Existenz dem technischen Fortschritt im 20. Jahrhundert verdankt und auch heute noch aufs engste mit ihm verknüpft ist"
(Borgelt u. a. 2005, 4). Das Phaeno sei, so ein Experte, *das* Projekt, das die
„damalige Zeit der Augenhöhe zwischen Stadt und Volkswagen" versinnbild-
liche. Die Stadt habe zeigen wollen, dass auch sie in der Lage sei, in großen
Dimensionen zu denken, wofür die Autostadt den *„geistigen Boden"* bereitet
habe. Es sei ein „baulich adäquates Gegenüber, das eine Stadt zeigt, die sich
von Volkswagen emanzipiert und selbstbewusster wird" (ebenda S. 9).
    Aus einem eingeladenen internationalen Architektenwettbewerb im Jah-
re 2000 ging der Entwurf der britisch-irakischen Stararchitektin Zaha Hadid

als Sieger hervor. Der skulpturale Betonbau stellte eine besondere Herausforderung dar und war selbst ein Experiment: Durch seine freitragende Konstruktion des fließenden Innenraums ohne 90-Grad-Winkel, der sich verschlungen über mehrere Ebenen zieht, bestand die Notwendigkeit zur Verwendung eines speziellen Betons; es mussten weitgehend individuell Schalungselementen hergestellt werden und auch die Konstruktion der Fenster erforderte spezielle Scheiben. Inzwischen wurde das Phaeno von der englischen Zeitschrift The Guardian 2007 neben dem Opernhaus in Sydney oder dem Empire State Building zu den zwölf wichtigsten und bedeutendsten Bauwerken der Welt gewählt.

Die Stadt als alleiniger Bauherr (Bauträger war die städtische Wohnungsgesellschaft Neuland) investierte nach offiziellen Angaben 79 Mio. €. Nach mehrjähriger Bauzeit wurde „die größte begehbare Skulptur Deutschlands" (Phaeno-Prospekt o.J.) 2005 eröffnet. Das Phaeno liegt direkt neben dem Bahnhof, gegenüber der Autostadt (vgl. Abb. 9).

Abbildung 9: Phaeno

Foto: Gitta Scheller

Es ist eine „Experimentier-, Erfahrens- und Erlebnisstätte" und das größte der etwa zehn Science Center Deutschlands. In der Experimentierwelt zum Themenbereich Naturwissenschaft und Technik sollen Menschen durch eigenes Tun selbst Phänomene entdecken (Wolfsburg Saga 2005). Dies sei auch der wesentliche Unterschied zu anderen Themenparks, wie dem Universum in Bremen, wo stark mit Simulationen gearbeitet wird (vgl. zu den Konzepten von Science Centern Reinhardt 2005, 131f.). Die Lust am Ausprobieren und die Faszination an realen Phänomenen sollen Menschen aller Altersklassen eine neuartigen Zugang zu naturwissenschaftlichen Phänomen eröffnen, der sich deutlich vom klassischen Museum unterscheidet (Borgelt u. a. 2005, 6). Das Phaeno soll spielerisch und lehrreich zugleich sein und ist als ‚außerschulischer Lernort' anerkannt.

Die Architektur soll genau dieses Selbst-Entdecken unterstützen, wie es die Bezeichnung „Experimentierlandschaft" ausdrückt: „Als bewegte Landschaft gliedert sich die Fläche in Raumsequenzen, die für ankommende Besucher nicht vorhersehbar sind" (ebenda S. 7). Auf 7.000 qm befinden sich 250 Experimentierstationen und zusätzlich naturwissenschaftsbezogene künstlerische Exponate. Es gibt auch Raum für verschiedene Veranstaltungen, nicht nur in einem „Wissenschaftstheater" mit 250 Plätzen für Shows und Vorträge oder den „Werkstätten", sondern auch im großflächigen Ausstellungsbereich selbst. Vermehrt bietet man auch Events an, um das Phaeno auch als ‚Location' stärker zu profilieren, z. B. Modenschauen, Lesungen, Performances, Bankette für bestimmte Zielgruppen (Firmen) oder Public Viewing im Außenbereich unterhalb der Gebäudescheibe. Darüber hinaus enthält das Phaeno auch gastronomische Angebote, so dass man auch bei einem längeren Aufenthalt nicht gezwungen ist, es zu verlassen. Das Phaeno hat ca. 80 Beschäftigte. In einem eigenen Team für Publikumsbetreuung sind ca. 30 Vollzeitbeschäftigte tätig, mehr als zu Anfang gedacht. Man hat im Laufe der ersten Zeit erkannt, dass BesucherInnen mehr Orientierung und Hilfestellung benötigen, um ihren Entdeckergeist richtig auszuleben. 43% des Budgets werden laut Angaben des Phaeno durch Eintrittsgelder und Gastronomie gedeckt, 15% kommen von der Stadt, der Rest von Sponsoren und Spendern, was allerdings in dieser Höhe schwer zu halten sei. Träger ist die Stiftung Phaeno.

Man erwartete ursprünglich jährlich mindestens 260.000 Besucher und Besucherinnen (Guthardt 1999, 3). Diese Marge wurde nach eigenen Angaben auch etwa erreicht. Anlässlich des dritten Geburtstages Ende 2008 hat das Phaeno eine Besucheranalyse herausgegeben. Danach war das Phaeno mit 760.000 BesucherInnen bislang das publikumsstärkste Museum in der Metropolregion Hannover-Braunschweig-Göttingen (Brandt/Hesse 2008, 84). Von ihnen kamen 20% aus Wolfsburg, 50% aus dem Umkreis von 100 km und der Rest von 30% von weiter weg. Überwiegend handelt es sich um Familienverbände (37%), Schulklassen machten 21%, Erwachsene ohne Kinder 18% und Gruppen 12% aus. Das Geschlechterverhältnis ist ausgeglichen. Wenn man allerdings bedenkt, dass im ersten Jahr, wo der Neuigkeitswert ausgesprochen hoch war, schon 300.000 BesucherInnen gezählt wurden, so wird es vermutlich nicht ganz einfach sein, dauerhaft überhaupt eine Zahl von ca. 200.000 BesucherInnen zu erreichen. Wie bei den anderen Großprojekten auch, besteht eines der schwierigsten Probleme in der schnellen Ab-

nutzung des Erlebnischarakters (2.4.3). Allerdings hat sich durch die Einführung von günstigen Jahreskarten Ende 2008 die Attraktivität für die Wolfsburger Bevölkerung, wohl vornehmlich für Familien, deutlich erhöht. Vor allem für Kinder bietet das Phaeno nämlich vielfältige Angebote, die gerade an
Regentagen durchaus an eine Art Indoor-Spielplatz heranreichen. Ob dies allerdings zu einer Kostendeckung führt, mag bezweifelt werden. Für die Be-
sucherstatistik ist es aber allemal gut.

AutoUni

Der Bau der als Prestigeprojekt des Volkswagen Konzerns geplanten Bil-
dungseinrichtung AutoUni wurde 2002 beschlossen. Hier sollten sich VW-
Führungskräfte und später dann auch von BMW oder anderen Unternehmen
zusammen in einer Art privaten Corporate University nach amerikanischem
Vorbild weiterqualifizieren und durch die Kooperation neues Wissen generie-
ren. Geplant war die AutoUni als ‚richtige Universität' mit akkreditierten
Studiengängen mit drei Fakultäten (Technologie, Wirtschaftswissenschaften,
Geistes- und Sozialwissenschaften) und mit einem richtigen Campus von
fünf großen Gebäudekomplexen (Strauß 2005, 50ff.). Die Realisierung ist
aber weit hinter den ursprünglich hoch gesteckten Zielen zurückgeblieben
(vgl. genauer dazu auch Kap. 4). Von den ambitionierten Plänen ist nur ein
Gebäude übrig geblieben, das seit 2006 u. a. als Fortbildungsstätte für MitarbeiterInnen des Volkswagenkonzern (AutoUni – Programm Herbst/Winter
2008, S. 8), vor allem für die Fach- und Führungskräfte genutzt wird und der
EDV-Abteilung Raum gibt (www.spiegel.de ,5.8.08). Die Gründe für das Scheitern der ambitionierten Pläne liegen primär in
der erneuten schweren VW-Krise und auch im Wechsel der VW-Führung.
Bereits beim Bau des MobileLifeCampus musste die Wolfsburg AG (und
damit auch die Stadt) kurzfristig einspringen und die Finanzierung komplett
übernehmen (Indigo Mai 2007, 12, HAZ, 13.1.06). Dazu bedurfte es von beiden Seiten einer deutlichen Kapitalerhöhung der Wolfsburg AG. „Die Stadt
sprang Volkswagen zur Seite, um eine Investition zu finanzieren – ein für
Wolfsburg aus historischer Sicht ungewöhnliches Ereignis" (Krebs 2004, 94).
Mit dem Abgang des Initiators der AutoUni Peter Hartz in 2005 von VW,
wurden die Pläne endgültig eingedampft und VW konzentrierte sich wieder
aufs Kerngeschäft. Als erkennbar war, dass die ursprünglichen mit der AutoUni verbundenen Ziele nicht mehr von Volkswagen verfolgt würden und
der Volkswagen Konzern die AutoUni als unternehmenseigene Fort- und
Weiterbildungsstätte für seine Spitzenkräfte nutzt, habe – so berichten städtische Experten und Expertinnen – die Stadt ihr Geld zurückverlangt. Inzwischen gehört das Gebäude wieder zu 100% der Volkswagen AG und die AutoUni ist in die alleinige Verfügungsmacht von Volkswagen zurückgegangen.

Die AutoUni befindet sich auf der grünen Wiese im sogenannten MobilLifeCampus[7] gegenüber dem InnovationsCampus der Wolfsburg AG. Nutzer der AutoUni können die Einrichtung mit öffentlichen Verkehrsmitteln erreichen, wer das eigene Auto benutzt, kann direkt vor dem Gebäude parken. Der Lehrbetrieb der AutoUni läuft seit 2006. Die Teilnehmerzahlen weisen eine steigende Tendenz auf. 2007 hatte die AutoUni 6.400 Teilnehmer und Teilnehmerinnen, 2008 waren es schon etwa 11.000.

Festangestellte Lehrkräfte gibt es nicht, die wirbt man lieber für Vorträge an. Die akademische Weiterbildung der VW-MitarbeiterInnen werde von herausragenden Persönlichkeiten aus dem jeweiligen Themenfeld durchgeführt. Als Referenten werden auch hochrangige Mitarbeiter eingesetzt, die in ausländischen Niederlassungen von VW arbeiten. Die komfortable finanzielle Ausstattung, auch der gute Name von Volkswagen erlaubt es der AutoUni, *„die Besten aus Forschung und Wissenschaft"* als Referenten zu gewinnen, um Vorträge, Veranstaltungen, Konferenzen, Programme, Seminare *„bedarfsgerecht für Volkswagen"* zu machen, so ein Experte der AutoUni.

Designer Outlets Wolfsburg (DOW)

Auch wenn dieses Großprojekt wegen seiner späten Fertigstellung Ende 2007 nicht mehr in unsere Bewohner- und Besucherbefragung aufgenommen werden konnte, so spielt es bei der Frage der Urbanitätsentwicklung eine nicht unwichtige Rolle.

Die Designer Outlets sind das erste Factory Outlet im innerstädtischen Bereich in ganz Deutschland (WN, 15.12.2007) und befinden sich gerade mal drei Gehminuten vom Hauptbahnhof entfernt, liegen aber anders als die City Galerie nicht direkt in der Fußgängerzone. Während die Stadt eigentlich einen zentraleren Standort auf dem Gelände des ehemaligen Hertie Gebäudes bevorzugt hätte, spielten die Bahnhofsnähe des jetzigen Standortes und die ICE-Anbindung nach Berlin, Hannover und Hamburg nach Auskunft des DOW-Centermanagements eine zentrale Rolle bei der Entscheidung für Wolfsburg, denn bisher hatte sich der Investor ausschließlich für Standorte auf der grünen Wiese mit guter Verkehrsanbindung entschieden. Von Seiten der Stadt sei signalisiert worden, *„dass neben dem Phaeno und der Autostadt eine hochwertige oder interessante Architektur erwünscht ist."* Diesem Anliegen habe man durch zwei Glas-Beton-Bauten, die Schiffskörper symbolisieren sollen, entsprochen (vgl. Abb. 10).

Die Designer Outlets Wolfsburg umfassen etwa 40 vermietete Shops auf 10.000 Quadratmetern Ladenfläche (WN, 17.12.2007). Ein zweiter Bauab-

---

[7] Beim MobileLifeCampus sollte es sich um einen Gebäudekomplex handeln, in dem neben der AutoUni verschiedene Firmen aus der IT- und Automotive-Branche untergebracht werden sollten, um sich (nach dem Vorbild von Silicon Valley) gegenseitig zu befruchten.

schnitt ist für 2010 geplant. Dabei sollen die beiden bestehenden ellipsenförmigen und eingeschossigen Verkaufshallen um zwei weitere erweitert werden, so dass im Endausbau vier Verkaufshallen mit 17.000 Quadratmeter Verkaufsfläche entstehen (WN, 11.9.2007, 28.3.08).

Abbildung 10: Designer Outlets Wolfsburg

Foto: Gitta Scheller

Die Designer Outlets werden von privaten Investoren finanziert und betrieben. Die Kosten für den ersten Bauabschnitt beliefen sich auf insgesamt 50 Millionen € (WN, 17.12.07). Gemanagt werden die DOW von der Firma Outlet Centers International (OCI) mit Sitz in London. In den Designer Outlets Wolfsburg wurden bis Ende 2008 etwa 350 Arbeitsplätze geschaffen (WN, 17.12.07), nach Angaben des Centermanagements sind davon die Hälfte Vollzeitarbeitsplätze, ein Viertel der Beschäftigten arbeitet Teilzeit, ein weiteres Viertel sind geringfügig Beschäftigte.

Die DOW bieten ausschließlich internationale Designermarken an. Neben edlen Bekleidungsartikeln – interessanterweise vornehmlich für Herren – werden auch Kochgeschirr, Porzellan, Tischkultur, Badetücher und Reisegepäck angeboten. Kritiker bemängeln, dass in den Designer Outlets entgegen den Vorankündigungen – die Rede war von Edelmarken wie Prada, Versace oder Armani – mit Marken wie Nike, Calvin Klein, Lacoste oder Diesel bisher nur die „zweite Reihe der Fabrikverkäufer vertreten" sei (WN, 18.12.07). Die hochwertigen Marken würden sich laut Centermanagement aber erst ansiedeln, wenn absehbar sei, dass der Besucherzulauf funktioniere. Neben den

61

Markenshops erwarten den Besucher der DOW auch Gastronomie und eine kostenlose Kinderbetreuung. Um das Einkaufen zu einem *„unvergessenen Erlebnis"* zu machen, werden *„gewisse Events",* wie z. B. Music & Fashion in den Designer Outlets Wolfsburg mit eigens eingerichteter ‚Party Zone' zwischen den Gebäuden veranstaltet.

Die Stadt erwartet, dass jährlich rund 1,3 Millionen Kunden aus dem In- und Ausland in die Designer Outlets kommen werden (WN, 21.7.08). Neben Einkaufs-Touristen hofft man, auch die gutverdienenden Top-Manager von VW als Kunden gewinnen zu können. Die Marktforschung der Designer Outlets gibt an, dass 2/3 der Kunden aus dem näheren Umkreis kommen, davon die Hälfte aus Wolfsburg selbst. Externe Kunden konnten also bislang noch nicht in dem gewünschten Umfang gewonnen werden.

Wie die City Galerie verstehen sich auch die Designer Outlets Wolfsburg als Ergänzung zum bestehenden innerstädtischen Angebot und wollen auch zu einer Belebung der Innenstadt beitragen (WN 28.3.08). Auf keinen Fall will man nach Auskunft des Centermanagements in Konkurrenz zur Innenstadt treten. Dies war von städtischer Seite eine der Grundbedingungen für die Ansiedlung der DOW in Wolfsburg gewesen. Dazu gibt es vertragliche städtebauliche Regelungen, die von der Nutzung und Bauweise des Projekts bis hin zum Sortiment alles detailliert bestimmen. Man versucht insbesondere Konkurrenz zu vermeiden, indem sich die DOW in ihrem Angebot nahezu ausschließlich auf Modeartikel renommierter Marken, sogenannte Designermode konzentriert, die es in der Stadt nicht gibt. Die Ware wird gegenüber den unverbindlichen Herstellerpreisempfehlungen 30-70% günstiger angeboten (WAZ 15.12.2007) und stammt ausnahmslos aus der vorherigen Saison, was ebenfalls dem Ziel geschuldet ist, keine Konkurrenz zum innerstädtischen Einzelhandel aufkommen zu lassen (vgl. Kap. 3).

Alles in allem kann man sagen, dass der Umfang der seit Anfang 2000 in Wolfsburg fertiggestellten Großprojekte beachtlich ist und deutschlandweit in einer Stadt dieser Größenordnung nicht Seinesgleichen findet – sowohl von der schieren Anzahl wie auch von der Qualität des Angebots her. Die Großprojekte decken eine breite Palette von Erlebnisangeboten ab und sprechen damit auch sehr unterschiedliche Interessenlagen bei BewohnerInnen und Auswärtigen an. Vom hochwertigen Kunstgenuss über das Ausüben von Trend- und Fun-Sportarten und Einkaufsangeboten bis hin zum Naturerleben wird alles geboten. Es wurden diverse Standorte in der Stadt mit Erlebnisangeboten überzogen, die zum großen Teil dadurch auch erst entwickelt wurden.

Während in vielen anderen deutschen Städten in dieser Zeit Schrumpfung und Rückbau auf der Tagesordnung standen, wurde in Wolfsburg ein

Großprojekt nach dem anderen projektiert. Auch wenn wir das bereits 1994 eröffnete Kunstmuseum als Großprojekt in die Untersuchung einbeziehen, lässt sich für Wolfsburg erst ab 2000 von der Phase der Großprojekte mit einem kohärenten Angebot verschiedenster in relativ kurzer Zeit und in erheblichem Umfang erbauter Großprojekte sprechen, die mit der Autostadt ihren spektakulären Anfang nahm. Dass der Bau der Großprojekte ab 2000 eine so rasante Entwicklung nahm, war einer spezifischen Faktorenkonstellation geschuldet, die in einem Zeitraum von wenigen Jahren zusammentraf: Erstens gab es eine sich persönlich verstehende und sehr effizient handelnde ‚Koalition der Macher', sowohl auf Seiten der Stadt wie auf Seiten Volkswagens, wo es selten zuvor ein so hohes Interesse für den Standort Wolfsburg gegeben hatte. Zweitens gab es auf beiden Seiten des Kanals ein ausgeprägtes Bewusstsein der Probleme und eine hohe Handlungsbereitschaft. Drittens gab es einen bundesweiten Trend zur Errichtung erlebnisorientierter Großprojekte und eine Suche nach lukrativen Anlagemöglichkeiten auf Seiten privater Investoren. Schließlich begünstigten gewisse singuläre Faktoren (insbesondere die neue, wieder zentrale Lage der Stadt nach dem Mauerfall und dem ICE-Anschluss, die Expo 2000 im benachbarten Hannover und der 60. Geburtstag der Stadt, der zum Anlass des ‚Geschenkes' wurde) die in Wolfsburg im Jahr 2000 beginnende Auslösung eines regelrechten Schubes von Großmaßnahmen.

Die Phase der Großprojekte erstreckte sich genaugenommen über einen sehr kurzen Zeitraum von gerade mal fünf bis sechs Jahren und kam in den Jahren 2005/2006 zum (vorläufigen) Ende. In dieser kurzen Zeit wurden alle Projekte, die heute in Wolfsburg zu bestaunen sind, eröffnet bzw. konzeptionell auf den Weg gebracht. Seither geht es den Verantwortlichen der Stadt darum, ihre Wirkung – die Belebung der Innenstadt durch Bewohner und Besucher von auswärts, die Aufwertung des Wolfsburg Images nach außen und innen, die Identifikation der Bewohnerschaft – durch verschiedene Maßnahmen, wie Stadtmarketing, Kombiangebote oder Tage der offenen Tür zu optimieren.

Als wir im November 2006 die Arbeiten an unserer vierten Studie aufnahmen, war also die Phase der Fertigstellung der Großprojekte weitgehend abgeschlossen. Dieses war ein guter Zeitpunkt, deren stadtkulturelle Bedeutung zu untersuchen.

1.7 Eine erste Bilanz

Wenn im Folgenden nun eine erste vorläufige Bilanz der Veränderungen der Stadt in den letzten zehn Jahren (seit Beginn der Neuorientierung) gezogen wird, so ist dies nicht als eine Evaluation im Sinne einer strikten Ursache-

Wirkungs-Analyse der Tätigkeit der Wolfsburg AG mit ihrem AutoVision-Konzept zu verstehen. Denn was im Einzelnen genau der Beitrag der Aktivitäten der Wolfsburg AG ist, was durch kommunale Aktivitäten, wie der 1994 auf Beschluss des Rates gegründeten Gesellschaft für Wirtschafts- und Beschäftigungsförderung (GWB) oder andere gar nicht kommunal beeinflussbare Entwicklungen (wie z. B. dem unerwartet schnellen Wiederanziehen der Automobilnachfrage oder dem allgemeinen demographischen Wandel) bewirkt wurde oder was durch eine Vielzahl unterschiedlicher singulärer Faktoren zustande kam (wie der guten zwischenmenschlichen Beziehungen der Akteure miteinander), lässt sich letztlich nicht eruieren. Vielmehr wird versucht, eine Stadt im Aufbruch zu zeigen – eine Stadt, die sich mit geballter Energie (gestärkt durch den ‚Schulterschluss' mit Volkswagen) einer wettbewerbsorientierten Standortpolitik verschrieben und dabei in erstaunlich kurzer Zeit Beachtliches geschafft hat. Und auch in der (Fach-)Öffentlichkeit gilt Wolfsburg gemeinhin als *die* Stadt, die eine der schwersten Konjunkturkrisen mit innovativen Mitteln überwunden hat (Pohl 2005).

Reduzierung der Arbeitslosigkeit

Die im Zuge der AutoVision angestrebte Halbierung der Arbeitslosigkeit in Wolfsburg ist tatsächlich zwischenzeitlich erreicht worden. Hatte Wolfsburg im Jahr 1997 noch mehr als 9.000 Arbeitslose (davon allerdings ca. 2.500 Vorruheständler) und lag mit einer Arbeitslosenquote von 17,1% sehr deutlich über dem Bundesdurchschnitt, so betrug die Zahl der Arbeitslosen 2003 nur noch ca. 4.500 (auch weil die Vorruheständler mittlerweile in den Ruhestand gegangen waren), und die Quote 8,1% lag deutlich unter dem Bundesdurchschnitt (vgl. Tab. 2). Nach einem folgenden leichten Anstieg liegt die Arbeitslosenquote 2008 mit 6% auf einem sehr niedrigen Niveau. 2007 und 2008 ist der Absatz der Volkswagen AG auch im Werk Wolfsburg und entsprechend das Zeitarbeitsgeschäft der Wolfsburg AG stark angesprungen.

Der Löwenanteil der Reduzierung der Arbeitslosenzahlen lag zwar im Zeitraum vor Gründung der Wolfsburg AG und hat nicht zuletzt auch mit dem Wiederanziehen der Automobilkonjunktur zu tun. Dennoch haben die im Vorfeld dazu ergriffenen Maßnahmen, wie die Einrichtung eines Gründungszentrums (GIZ) und die insgesamt veränderte Grundhaltung zu Ansiedelungen sowohl seitens VW wie auch seitens der Stadt ebenso wie 2002 die Gründung der Auto 5000 GmbH bei VW (es wurden dort nur Arbeitslose eingestellt, vgl. Jürgens 2006; Schumann u. a. 2005) diese Entwicklung begünstigt. Darüber hinaus wurden gezielt Maßnahmenprogramme zur Vermittlung von Risikogruppen auf dem Arbeitsmarkt (z. B. arbeitslose Jugendliche) initiiert (z. B. „ready4work", Gründung des Regionalverbunds für Ausbildung), die ebenfalls zur Senkung der Arbeitslosenzahlen beitrugen. Nicht zuletzt ist auch in den Großprojekten eine nicht unerhebliche Anzahl von Arbeitsplätzen im Dienstleistungsbereich entstanden.

Tabelle 2: Entwicklung der Arbeitslosigkeit in Wolfsburg 1997 bis 2008

| Jeweils 31.12. | Wolfsburg | | Deutschland |
	Arbeitslose	Arbeitslosenquote	Arbeitslosenquote
1997	9.351	17,1	11,8
1998	7.621	14,2	10,9
1999	6.582	12,3	10,3
2000	5.542	10,2	9,3
2001	4.900	8,8	9,6
2002	5.121	9,1	10,1
2003	4.557	8,1	10,4
2004	5.690	10,0	10,8
2005	6.557	10,9	11,1
2006	5.865	10,4	9,6
2007	4.945	7,9	8,1
2008	3.654	6,0	7,4

Quelle: Bundesanstalt für Arbeit, Nürnberg; Arbeitslosenquote der abhängigen zivilen Erwerbspersonen. Mit Einführung des SGB II Januar 2005 wurden Arbeitslosen- und Sozialhilfe zusammengelegt. Ein Vergleich mit vorherigen Daten ist deshalb nur bedingt möglich.

Die Wolfsburger Bevölkerung sieht in unserer Befragung die Verbesserung der Arbeitsmarktsituation sehr deutlich: Waren 1998 noch 47% der Meinung, dass Wolfsburg sich durch „krisensichere Arbeitsplätze" auszeichne, so sehen dies 2007 schon 56% so. Ein noch größerer Anstieg ist bei den „beruflichen Aufstiegsmöglichkeiten" zu verzeichnen (von 39% auf 51%). Hier wird deutlich, dass die Befragten offensichtlich ein erweitertes Angebotsspektrum im Hinblick auf die Beschäftigungsmöglichkeiten in Wolfsburg wahrnehmen. Experten der Wolfsburg AG interpretieren die arbeitsmarktpolitischen Veränderungen der letzten Jahre als Erfolgsgeschichte. Insgesamt seien durch die Aktivitäten der Wolfsburg AG im genannten Zeitraum mehr als 11.000 Arbeitsplätze geschaffen worden (Wolfsburg AG 2008, 305). Diese Ausweitung des Arbeitsplatzangebotes sei ohne die Unterstützung VWs innerhalb der Wolfsburg AG in diesem Umfang gar nicht möglich gewesen, die Stadt hätte das allein in dieser Dimension nicht geschafft, so sind sich Experten auf beiden Seiten des Kanals einig.

In den letzten zehn Jahren ist ohne Zweifel eine beachtliche Erhöhung der Zahl der Arbeitsplätze in Wolfsburg zu verzeichnen (vgl. Tab. 3). Gegenüber dem Tiefstand 1996 hat sich die Zahl der sozialversicherungspflichtig Beschäftigten in Wolfsburg, also in etwa die der in Wolfsburg vorhandenen Arbeitsplätze, bis 2006 um mehr als 18.000 erhöht; das entspricht einer Ausweitung um 25% in einer Dekade! Zwischenzeitlich (2004) wurden sogar Höchststände von mehr als 95.000 Arbeitsplätzen erreicht. Der Boom bei

Volkswagen in den Jahren 2007/08 hat der Stadt eine weitere deutliche Ausweitung des Arbeitsplatzangebotes (wenn auch überwiegend als Zeitarbeit)
beschert: Es gibt hier mittlerweile fast 100.000 Arbeitsplätze (in einer
120.000-Einwohner-Stadt!).

Tabelle 3: Entwicklung der sozialversicherungspflichtigen Beschäftigten in
Wolfsburg 1995 bis 2008

Jeweils 30.6.	Beschäftig- te in Wolfs- burg	Wohnt u. ar- beitet am Ort	Einpendler	Auspendler	Pendlersaldo	Beschäftigte Wolfsburger
1995	75.836	37.782	38.054	5.278	32.776	43.060
1996	73.181	35.191	37.989	5.151	32.828	40.352
1997	73.363	34.652	38.711	5.203	33.508	39.855
1998	76.790	34.958	41.832	5.404	36.428	40.362
1999	81.896	36.350	45.546	5.210	40.336	41.560
2000	87.127	37.079	50.048	5.519	44.529	42.598
2001	89.557	37.173	52.384	5.758	46.626	42.931
2002	88.954	37.226	51.728	5.978	45.750	43.204
2003	93.772	37.397	56.375	6.089	50.286	43.486
2004	95.630	37.313	58.317	5.851	52.466	43.164
2005	92.250	36.268	55.982	5.946	50.036	42.214
2006	91.714	35.757	55.957	5.807	50.150	41.564
2007	90.198	34.982	55.216	6.174	49.042	41.156
2008	99.600	36.740	62.860	6.549	56.311	43.289

Quelle: Niedersächsisches Landesamt für Statistik; Statistische Jahrbücher der Stadt
Wolfsburg 2003/04, 2005/06; nachrichtlich

Von der Ausweitung der Beschäftigung hatten aber die verschiedenen sozialen Gruppen in unterschiedlicher Weise Anteil. So konnten weder Ausländer-
Innen, deren Beschäftigungsquote gleichbleibend bei ca. 5% liegt, noch
Frauen in besonderer Weise profitieren. Nach wie vor liegt der Frauenanteil
bei etwa 30% und damit immer noch deutlich unter dem Bundesdurchschnitt
von 43% (Stat. Jahrbuch 2008, 84). In Niedersachsen gehört Wolfsburg nach
wie vor zu den Schlusslichtern bei der Frauenbeschäftigung, und im Gender-
Index landet Wolfsburg bundesweit für 2006 im Hinblick auf Gleichstel-
lungsaspekte abgeschlagen auf einem der letzten Plätze (www.gender-
index.de). Bei Expertinnen für Chancengleichheit besteht denn auch der Eindruck, *„dass es mit der tatsächlichen Bereitschaft, Gleichberechtigung zu leben und in entsprechende Maßnahmen umzusetzen, hier doch nicht ganz so
weit her ist"*. Die Möglichkeiten von Frauen zur Teilhabe am Dienstleistungsbereich, auch am Zukunftsbereich Wissensgesellschaft, seien ungenü-
gend in dieser Stadt, weil man durch den großen Arbeitgeber und den Produktionsstandort einen sehr geschlechtsspezifischen Arbeitsmarkt hätte, der
immer erst Männern ein Angebot gemacht habe. Auch vom Aufschwung und

der Überwindung der Krise hätten Frauen nur unterdurchschnittlich partizipiert.

Im Ganzen hat die Wolfsburger Bevölkerung von der doch enormen Ausweitung der Arbeitsplätze längst nicht im erwarteten Umfang profitiert. Von der Unternehmensberatung McKinsey war seinerzeit berechnet worden, dass man zur Halbierung der Arbeitslosigkeit in Wolfsburg eine Anzahl von ca. 10.000 Arbeitsplätze schaffen müsse; dies ist im Zeitraum zwischen 1999 und 2003 auch gelungen. Allerdings konnte dadurch im genannten Zeitraum die Zahl der sozialversicherungspflichtig beschäftigten Wolfsburger (ob in der Stadt oder außerhalb) nur um knapp 2.000 erhöht werden. Von der Mehrzahl der neuen Arbeitsplätze profitierten die Einpendler bzw. neue Beschäftigte haben sich eher im Umland angesiedelt als in Wolfsburg ihren Wohnsitz zu nehmen. Entsprechend ist das (immer schon hohe) Pendlersaldo weiter deutlich gestiegen. Pendelten 1996 noch etwa 38.000 Menschen zur Arbeit nach Wolfsburg ein, so sind es zwölf Jahre später bereits fast 63.000. Oder anders gesprochen: Stellte sich das Verhältnis von in der Stadt beschäftigten Wolfsburgern und Einpendlern 1996 noch fast paritätisch dar, so werden 2008 mehr als 60% der Arbeitsplätze in Wolfsburg von Auswärtigen wahrgenommen.

Diese Entwicklung kann unterschiedlich interpretiert werden. Zum einen ist sie Beleg dafür, dass die Bedeutung Wolfsburgs als Arbeitsplatzreservoir und Wirtschaftsmotor für die gesamte Region weiter gestiegen ist, was auch ein Ziel der Wolfsburg AG ist. Die Verflechtungsbeziehungen sind gewachsen (auch die Zahl der Wolfsburger Auspendler ist leicht angestiegen).

Zum anderen kommen darin aber auch deutliche Schwächen der Stadt zum Ausdruck. So entspricht das Arbeitskräftepotenzial in Wolfsburg offenbar nicht mehr ausreichend den Ansprüchen des modernen Arbeitsmarktes. Einige Experten aus dem Management neu gegründeter Unternehmen und auch der Großprojekte heben so z. B. hervor, dass es teilweise sehr schwer gewesen sei, „entsprechendes Personal" in Wolfsburg zu finden. Auch werden nach wie vor Schwierigkeiten erkennbar, attraktive Wohnmöglichkeiten innerhalb des Stadtraums anzubieten. Trotz der vielen Veränderungen ist Wolfsburg für viele Menschen offenbar immer noch nicht attraktiv genug, um wegen ihres Arbeitsplatzes auch ihren Wohnsitz dorthin zu verlagern. Lieber nimmt man längere Anfahrtswege in Kauf.

Man kann die hohen Einpendlerzahlen als Potenzial zur Erschließung weiterer Einwohner ansehen, was von den städtischen Experten auch hervorgehoben wird. „Da sind gerade die hochinteressanten Gruppen darunter, die typischerweise ihren Lebensmittelpunkt endgültig vor Ort wählen, ein Haus bauen oder endgültig eine Wohnung kaufen und die wollen wir ansprechen", so ein Stadtrat. Man hat dabei natürlich auch die Führungskräfte im Blick, die tagein, tagaus morgens mit dem ICE nach Wolfsburg kommen und abends wieder nach Hause fahren. Kurzum: *„Es geht um den Wettbewerb um den Einwohner bzw. die Einwohnerin".* Dazu soll Wolfsburg als Lebensort für Familien entwickelt werden (vgl. dazu genauer Kap. 4). Dabei hat man natürlich auch die langfristigen Interessen des Volkswagen-Konzerns im Blick: *„Wenn wir hier keine entsprechende Bevölkerung haben, haben wir ein Problem mit unserem regionalen oder lokalen Arbeitsmarkt und dann hat wiederum VW ein Problem und dann haben wir als Stadt ein Problem",* so die Folgerung eines städtischen Experten.

Schließlich sind die Einpendler ein Faktor der Belebung und Mischung und dürften daher auch förderlich für mehr Urbanität in der Stadt sein. Wenn man bedenkt, dass heute gut 20.000 Auswärtige mehr als noch vor 10 Jahren täglich zur Arbeit nach Wolfsburg fahren, dort vielleicht in einem Restaurant zu Mittag essen, durch die Fußgängerzone schlendern und abends auch mal zu einem Veranstaltungshighlight bleiben, dann liegt allein hierin schon eine erhebliche Veränderung.

Diversifizierung der Wirtschaftsstrukturen

Zentrales Ziel der Wolfsburg AG war und ist der wirtschaftliche Strukturwandel, insbesondere die Diversifizierung von Wirtschaft und Arbeitsmarkt. Dadurch soll eine dauerhafte Stärkung Wolfsburgs als Wirtschaftsstandort erreicht werden (Wolfsburg AG 2008, 3). Diversifizierung heißt in Wolfsburg zunächst eine Verbreiterung der Arbeitgeberseite, also nicht mehr nur Volkswagen in seiner monopolartigen Funktion. 2008 waren bei der VW AG in Wolfsburg etwa 44.000 Menschen beschäftigt (vgl. Tab. 4). Damit ist nach einem vorübergehenden Anstieg mit Höhepunkt im Jahr 2001 (in dem fast 51.000 Menschen bei der VW AG Wolfsburg arbeiteten) mittlerweile der absolute Tiefstand überhaupt in der Geschichte der Volkswagen AG erreicht. Die Zahl von 2007 liegt sogar unterhalb der Beschäftigung in den 1970er und 1990er Krisenjahren. Der Boom im Jahr 2008 hat sich kaum in einer Vergrößerung der Belegschaft bei der VW AG niedergeschlagen, sondern beruht fast ausschließlich auf einem Anstieg der Zeitarbeit.

Die Volkswagen AG Wolfsburg stellt – auch wenn sie mit weitem Abstand nach wie vor der wichtigste Arbeitgeber für Wolfsburg ist und ja auch noch eine Fülle von Arbeitsplätzen indirekt von ihr abhängen – mittlerweile also weniger als jeden zweiten Arbeitsplatz in der Volkswagenstadt. Der Anteil ist in den letzten zehn Jahren von ca. 64% in 1998 auf ca. 44% in 2008 gesunken. Heute arbeiten ‚nur' noch 36% der Wolfsburger Beschäftigten bei VW am Stammsitz, gegenüber 49% im Jahre 1998.

Der Anteil der Wolfsburger an allen bei der Volkswagen AG in Wolfsburg Beschäftigten ist im Zeitverlauf ebenfalls von 40% im Jahre 1998 auf

36% im Jahr 2008 gesunken. Hier wird wiederum der hohe und weiter gestiegene Einpendleranteil deutlich.

Tabelle 4: VW als Arbeitgeber in Wolfsburg 1998 bis 2008

	Belegschaft VW AG Wolfsburg	Bei der VW AG Beschäftigte Wolfsburger	Anteil der Wolfsburger an der Belegschaft der VW AG Wolfsburg (Spalte 2 zu 1)	Anteil der VW-Arbeitsplätze an allen Arbeitsplätzen in Wolfsburg	Anteil der bei VW beschäftigten Wolfsburger an allen Wolfsburger Beschäftigten
1998	49.135	19.683	40,1	64,0	48,8
1999	50.061	19.715	39,4	65,2	47,4
2000	50.415	19.611	38,9	57,9	46,0
2001	50.864	19.565	38,5	56,8	45,6
2002	50.566	19.219	38,0	56,8	44,5
2003	50.239	18.732	37,3	53,6	43,1
2004	49.817	18.190	36,5	52,1	42,1
2005	49.205	17.944	36,5	53,3	42,5
2006	49.950	16.715	36,4	50,1	40,2
2007	43.621	15.718	36,0	48,4	38,2
2008	44.193	15.702	35,5	44,4	36,3

Quelle: VW AG Wolfsburg, nachrichtlich; Stat. Jahrbuch Wolfsburg 2005/06; eigene Berechnungen

Außerdem hat sich innerhalb des Konzerns seit Mitte der 1990er Jahre viel
verändert und diversifiziert, angefangen von den Arbeitsmodellen (,Auto
5000') über die Schichtmodelle (mittlerweile gibt es mehr als 100) bis hin zur
Ausweitung von Zeitarbeit über die Personalserviceagentur, die zwischenzeitlich bei mehr als 3.000 ArbeitnehmerInnen lag (Wolfsburg AG 2008a,
12). Zudem hat sich der Arbeitgeber Volkswagen Wolfsburg vermehrt in
,Werk' (primär Fertigung) und ,Konzern' (z. B. VW-Immobilien, VW-Bank)
differenziert. Die Arbeitsstrukturen haben sich grundlegend geändert, z. B.
gibt es eine sukzessive Angleichung zwischen gewerblichem und nicht gewerblichem Bereich, was sich auch in einem einheitlichen Entgelttarifvertrag
ausdrückt.

Dies trägt zu einer Auflösung eines einheitlichen Habitus des ,VW-
Arbeiters' ebenso bei wie zu einer Differenzierung des Arbeitsmarktrisikos,
was ja der Kern der Diversifizierungsstrategie ist: Nicht alle Lichter sollen
gleichzeitig ausgehen, wenn die Automobilproduktion rückläufig ist. Gleichzeitig hat die sukzessive Auflösung des Dreischichtbetriebs in eine Fülle von
unterschiedlichen Arbeitszeit- und Schichtmodellen sowie die Abschaffung
der Werksferien zugunsten eines Urlaubskorridors dazu geführt, dass der
Rhythmus der Stadt sich nicht mehr so stark nach dem Schichtbetrieb bei
VW richtet, sondern stärker differenziert ist, was z. B. Auswirkungen auf die

Auslastung von Infrastruktur und Verkehrseinrichtungen hat, aber auch auf eine ausgeglichenere Belebtheit der Innenstadt.

Ein weiteres wichtiges Ziel im Hinblick auf die Diversifikation der Wirtschaftsstrukturen ist der Ausbau des unterentwickelten Dienstleistungsbereichs. Hier sind – nimmt man die Beschäftigtenanteile in den unterschiedlichen Wirtschaftsbereichen als Anhaltspunkt – ebenfalls leichte Veränderungen zu verzeichnen. Waren 1997 noch 73% der in Wolfsburg Beschäftigten im Produzierenden Gewerbe, so sind es 2006 noch 67%. Sowohl der Bereich ‚Handel, Gastgewerbe, Verkehr' als auch der Bereich ‚Dienstleistungen' konnte leichte Zuwächse verbuchen. Damit einher geht eine Ausweitung niedrig qualifizierter und auch entlohnter Arbeitsverhältnisse. Immer noch ist Wolfsburg aber sehr ausgeprägt eine Produktionsstadt, wo mehr als zwei Drittel der Arbeitsplätze im sekundären Sektor liegen (was natürlich nicht heißt, dass alle in der Fertigung arbeiten). Zudem steht ein nicht geringer Anteil des tertiären Bereichs vermutlich ebenfalls in direkter Abhängigkeit zum Produktionssektor.

In neuerer Zeit sind in Wolfsburg viele Unternehmungen neu gegründet worden. Die Wolfsburg AG hat nach eigenen Angaben im InnovationsCampus bis Mitte 2008 rund 400 Unternehmensgründungen zu verzeichnen, in denen über 2.400 Arbeitsplätze entstanden. Im gleichen Zeitraum seien 123 Zulieferer neu angesiedelt worden, bei denen 4.400 Arbeitsplätze entstanden sind (Wolfsburg AG 2008, 305). Die amtliche Statistik zeigt entsprechend einen Anstieg der Gewerbeanmeldungen gegenüber den 1990er Jahren, wobei erhebliche Schwankungen des Trends zu verzeichnen sind. Insgesamt aber hat sich das Gründungsgeschehen in Wolfsburg (wie auch bundesweit; vgl. www.destatis.de) intensiviert.

Sozialstrukturelle Veränderungen

In Verbindung mit dem wirtschaftsstrukturellen Wandel sind in der letzten Dekade beachtliche sozialstrukturelle Veränderungen feststellbar. So wird die Tertiärisierung der Wolfsburger Wirtschaft auch am Sinken des Arbeiteranteils deutlich. Bis 2004 zeigt sich dabei eine leichte Verschiebung in Richtung eines erhöhten Angestelltenanteils (gegenüber 1996 um 2 Prozentpunkte erhöht); 55% waren aber 2004 immer noch ‚Arbeiter'. Das Verhältnis von Arbeitern und Angestellten wird in der amtlichen Statistik seit 2005 nicht mehr ausgewiesen. Im Ganzen fehlen Daten zur sozialstrukturellen Differenzierung. Deshalb greifen wir hier auf Befunde aus unseren repräsentativen Umfragen zurück. Diese Daten sind jedoch mit Vorsicht zu interpretieren, da wegen selektiver Verweigerungen ärmerer Befragter es zu Verzerrungen kommen kann.

Betrachtet man den höchsten Schulabschluss der von uns (an beiden Zeitpunkten repräsentativ) Befragten, so sind die Veränderungen im Zeitraum von knapp 10 Jahren äußerst markant: Hatte 1998 noch mehr als die Hälfte der Befragten einen niedrigen Schulabschluss, so gilt dies 2007 für nur noch ein Drittel (vgl. Tab. 5). Dagegen hat der Anteil derjenigen mit hohen Abschlüssen, besonders aber der mit mittleren erheblich zugenommen. Dies zeigt, dass das der allgemeine gesellschaftliche Trend einer „Höherqualifizierung der Bevölkerung" bzw. „Umschichtung nach oben" (Geißler 2006, 274, 278) nun auch Wolfsburg sehr deutlich erfasst hat.

Tabelle 5: Bildungsabschlüsse in Wolfsburg 1998 und 2007 in %

Schulabschluss	1998	2007
Niedrig (kein Abschluss/Sonderschule/Hauptschule)	51	33
Mittel (mittlere Reife, Fachabitur)	33	43
Hoch (Abitur, Hochschulabschluss)	16	24
Insgesamt	100	100
N	967	940

Quelle: Eigene Befragung: über 17-Jährige, ohne: ,noch: SchülerIn', Sonstiges, keine Angabe

Es ist davon auszugehen, dass der Trend der ,Bildungsexpansion' in der Arbeiterstadt Wolfsburg durch mehrere Faktoren forciert wird. Ein allgemeiner Grund ist, dass schlechter qualifizierte Jahrgänge wegsterben. Ein anderer ist darin zu sehen, dass die VW-Krise Anfang der 1990er Jahre das Bildungsbewusstsein auch bei den eher bildungsfernen Schichten geschärft hat. Dass man nach der Schule auch mit schlechtem Zeugnis oder gar ohne Abschluss automatisch eine Lehre und dann auch noch einen Arbeitsplatz bei VW erhält, ist heutzutage längst nicht mehr so wahrscheinlich, wie vor einigen Jahren. Im Gegenteil! Konnte man früher über das sog. ,Jungarbeiterband' auch ungelernt irgendwie bei VW hineinrutschen, ist heute ein guter Schulabschluss unabdingbar. Drittens sind in diesen Jahren verstärkt bildungshöhere VW-Arbeitskräfte nach Wolfsburg gezogen.

Auch die Tatsache, dass die Schulversorgung in Wolfsburg flächendeckend überdurchschnittlich gut ist (Stadtstrukturkonzept 2003, 26), darf bei diesem Trend nicht vergessen werden. Vermehrt besuchen die Kinder auch das Gymnasium: Waren 2002 noch 32% aller SchülerInnen (5.-10. Klasse) auf einem Gymnasium, so sind es 2006 immerhin 40% (Stat. Jahrbücher 2003/04, 2005/06). Die Statistiken für die Stadt zeigen außerdem, dass es einen beachtlichen Anstieg Studierender in Wolfsburg gab, nicht nur rein technischer Fachrichtungen. Die Fachhochschule Braunschweig/Wolfenbüttel am Standort Wolfsburg hat im Wintersemester 1988/89 ihren Betrieb aufgenommen, und die Zahl der Studierenden hat sich seither kontinuierlich erhöht. Studierten im WS 1988/89 nur 89 Studierende an der Fachhochschule, so waren es im WS 1996/97 bereits 771 und im WS 2005 über 2.169 Studierende in verschiedenen Studiengängen, wie z. B. Fahrzeugbau, Betriebswirtschaft und Gesundheitswesen (Stadt Wolfsburg, Kurzstatistik 2009).

Tabelle 6: Berufsposition in Wolfsburg 1998 und 2007 in %

Berufsposition	1998	2007
Einfach	40	30
(Un- und angelernte Arbeiter, Angest. mit einf. Tätigkeit, Beamte im einf. Dienst)		
Mittel	44	46
(Fach-, Vorarbeiter, Meister/Poliere, mittlere Angest., Beamte im mittleren Dienst)		
Hoch	16	24
(Industrie- und Werkmeister, Angestellte mit selbständigen Leistungen und umfassenden Führungsaufgaben, Beamte im gehobenen und höheren Dienst)		
Insgesamt	100	100
N	831	772

Ohne: SchülerInnen und Studierende, „weiß nicht"/keine Angabe, Selbständige/mithelfende Familienangehörige

Parallel zur bildungsbezogenen Höherqualifizierung lässt sich in Wolfsburg auch in Bezug auf die berufliche Position eine deutliche ‚Umschichtung nach oben' konstatieren (vgl. Tab. 6). 2007 finden sich noch 30% Befragte mit einer niedrigen beruflichen Position. Dies sind erheblich weniger als 1998, wo der Anteil noch bei 40% lag. Dagegen hat sich der Anteil der Wolfsburger mit hoher beruflicher Position von 16% (1998) auf ein knappes Viertel (2007) erhöht.

Tabelle 7: Pro-Kopf-Einkommen in Wolfsburg 1998 und 2007 in %

Pro-Kopf-Einkommen (Netto)	1998	2007
Bis unter 500 €	17	12
500 bis 749 €	27	17
750 bis 999 €	22	18
1.000 bis 1.499 €	24	30
1.500 € und mehr	10	23
Insgesamt	100	100
N	832	679

Ohne: „weiß nicht"/keine Angabe; bei der Berechnung des Pro-Kopf-Einkommens wurden jeweils die Mittelwerte der Einkommensklassen zu Grunde gelegt. Darüber hinaus wurde die Haushaltsgröße in Abhängigkeit von der Zahl der Erwachsenen und Kinder berechnet. Erwachsene wurden dabei mit dem Wert 1 und im Haushalt lebende Kinder mit dem Wert 0,7 gezählt. Die DM-Werte von 1998 wurden in € umgerechnet.

Ein Blick auf die Einkommensverteilung zeigt, dass der erhebliche allgemeine Bildungs- und Positionsaufstieg bezogen auf die Einkommen als ‚Fahrstuhleffekt nach oben' (Beck 1986) gewirkt hat. Während der Anteil der Bezieher geringer Pro-Kopf-Einkommen (unter 750 €) in den letzten 10 Jahren um 15 Prozentpunkte gesunken ist, nahm der Anteil der Bezieher höherer Pro-Kopf-Einkommen zu. Im Vergleich zur Einkommenssituation im Jahr

1998 hat sich der Anteil der Wolfsburger, die über ein monatliches Pro-Kopf-Einkommen von 1.000 € und mehr verfügen, von einem guten Drittel (1998) auf gut die Hälfte im Jahr 2007 erhöht (vgl. Tab. 7). Die Einkommensverhältnisse sind also 2007 deutlich besser als noch vor knapp zehn Jahren.

Demographische Entwicklungen

Die Stabilisierung der Bevölkerungszahl war ein weiteres wichtiges Ziel der Stadtpolitik. Die seit der Gebietsreform im Jahr 1972 immer um 130.000 schwankende Einwohnerzahl ist in den 1990er Jahren deutlich gesunken und strebt eindeutig auf die 120.000er Marke zu (vgl. Abb. 1). Zwar lag der Bevölkerungsrückgang deutlich unter dem verschiedener Vergleichstädte (Regensburg, Bottrop, Remscheid, Salzgitter, Erlanden, vgl. Stadtstrukturkonzept 2003, 11), dennoch stellte sich die Entwicklung aus Sicht der Kommunalpolitiker als durchaus ernstzunehmend dar.

Tabelle 8: Wanderungen in Wolfsburg 1994 bis 2008

Jahr	Zuzüge	Fortzüge	Wanderungsgewinn/ Wanderungsverlust
1994	5.746	6.389	-643
1995	5.192	5.397	-205
1996	4.385	5.574	-1.189
1997	4.121	5.793	-1.672
1998	4.655	4.871	-216
1999	5.237	4.962	275
2000	4.986	4.857	129
2001	5.291	4.727	564
2002	5.495	4.729	766
2003	6.202	5.434	768
2004	5.431	5.793	-362
2005	4.697	5.207	-510
2006	4.657	4.981	-324
2007	4.948	5.018	-70
2008	5.777	5.095	682

Quelle: Stat. Jahrb. Wolfsburg 2003/04, 2005/06, nachrichtlich, ab 2003: keine Fortschreibungs-, sondern Melderegisterdaten; eigene Berechnungen

Der Bevölkerungsrückgang ist nicht nur auf den negativen Geburtensaldo zurückzuführen, sondern vor allem auf den negativen Wanderungssaldo. 1996 und 1997 hatte Wolfsburg deutlich mehr Fort- als Zuzüge zu verzeichnen (vgl. Tab. 8). Zwischen 1999 und 2003 konnte Wolfsburg dann sogar mehr Zu- als Abwanderungen verbuchen, was auch zu dem leichten Anstieg der Bevölkerungszahl führte. Offenbar ist es in dieser Zeit gelungen, durch eine attraktive Wohnungsbaupolitik vermehrt Bewohner zum Bleiben und von außen Kommende zum Zuzug zu bewegen. Die Wanderungsanalyse macht also ebenfalls deutlich, dass die Jahre seit der Umsteuerung etwa bis etwa 2003 für Wolfsburg sehr dynamisch waren und sogar das Abwanderungsproblem gelöst schien. Seit 2004 fällt das Wanderungssaldo parallel zu den sinkenden Beschäftigungszahlen bei VW allerdings wieder negativ aus, um im Boomjahr 2008 wieder deutlich positiv zu werden. Ein weiteres, für Wolfsburg neues Problem stellt die Alterung der Bevölkerung dar. Der Altersaufbau zeigt deutliche Schwerpunkte bei den 45- bis unter 65-Jährigen (26%) und den 25- bis unter 45-Jährigen (28%). Mittlerweile (Ende 2008) sind 28% der Wolfsburger 60 Jahre und älter. Die einst ‚junge' Stadt Wolfsburg ist in die Jahre gekommen. 2003 wurde den Entscheidungsträgern der Stadt eine Bevölkerungsvorausrechnung bis zum Jahr 2015 und drei Jahre später bis 2020 präsentiert. Insgesamt war zu erkennen, dass in Wolfsburg der Anteil der über 75-Jährigen an der Gesamtbevölkerung stark ansteigt, die Zahl der unter 21-Jährigen hingegen kontinuierlich abnehmen werde (Wolfsburg-Saga 2008, 490) .

Städtische Finanzen

Ende der 1990er Jahre, also zu Beginn der Phase der Großprojekte, war die Finanzlage der Stadt äußerst komfortabel und erlaubte großzügige Planungen. Durch die vielen Ausgaben und insbesondere durch die Rückzahlung von Gewerbesteuern an VW in hohem Umfang geriet die Stadt in eine regelrechte Finanzkrise. VW hatte fünf Jahre lang (2003-2007) keine Gewerbesteuern mehr gezahlt und zusätzlich musste die Stadt wegen einer Veränderung des deutschen Steuerrechts auf Grund eines Urteils des Europäischen Gerichtshofes vorausgezahlte Gewerbesteuern in Höhe von 30 Millionen an VW zurückzahlen. Wolfsburg befand sich in höchst angespannter finanzieller Situation und war wieder mal gezwungen, Schulden zu machen und Sparmaßnahmen zu ergreifen. So wurden z. B. die Ausgaben für sämtliche Kultureinrichtungen pauschal um 30% gekürzt. Obwohl das Gemeindesteueraufkommen sich bereits zwischen 2002 und 2003 halbierte, hielt man aber zunächst an den geplanten Investitionen in Großprojekte (besonders Phaeno) fest. Man nahm sogar weitere Schulden auf (Stadt Wolfsburg 2008 Haushaltsplan). So lässt sich eine Verdreifachung der Verschuldung zwischen 2001 und 2004 feststellen. Die Stadt kam an ihr Limit – und es war klar, dass man auf lange Sicht mit dieser Strategie nicht weiter fortfahren konnte.

Stadttourismus

Die zur Förderung des Stadttourismus eingeleiteten Maßnahmen zeigen deutliche Wirkung (vgl. auch Hartmann 2006, 195). Wolfsburg hat seine Übernachtungszahlen innerhalb einer Dekade um mehr als 70% steigern können! Die Zahl der Übernachtungen betrug im Jahre 1998 247.000 und liegt 2008 bei 423.000 (vgl. Abb. 11), wobei sich sowohl Eröffnungen von Großprojekten (2000 die Autostadt und 2005 das Phaeno) als auch konjunkturelle

Schwankungen widerspiegeln. Weiter ist zu erkennen, dass sich sowohl die Zahl der Übernachtungsgäste aus der Bundesrepublik Deutschland als auch die von Gästen aus dem Ausland deutlich erhöht hat. Dies – insbesondere die nahezu Verdoppelung der Zahl der Gäste aus dem Ausland – ist sicherlich ein Faktor für mehr Lebendigkeit und Buntheit in Wolfsburg. Kamen noch 1998 etwa 60.000 ausländische Gäste in die Stadt, so beträgt diese Zahl 2008 bereits gut 100.000 Übernachtungsgäste jährlich. Allerdings ist die durchschnittliche Aufenthaltsdauer im Zeitverlauf nicht gestiegen; sie liegt konstant bei etwa zwei Tagen. Das könnte darauf hindeuten, dass es sich dabei zu einem großen Teil um Geschäftsreisende handelt. Das Ziel, die Übernachtungsdauer und damit die Auslastung der Großprojekte und die Verweildauer in der Innenstadt zu steigern, konnte also bislang noch nicht erreicht werden.

Abbildung 11: Übernachtungen in Wolfsburg 1998 bis 2008

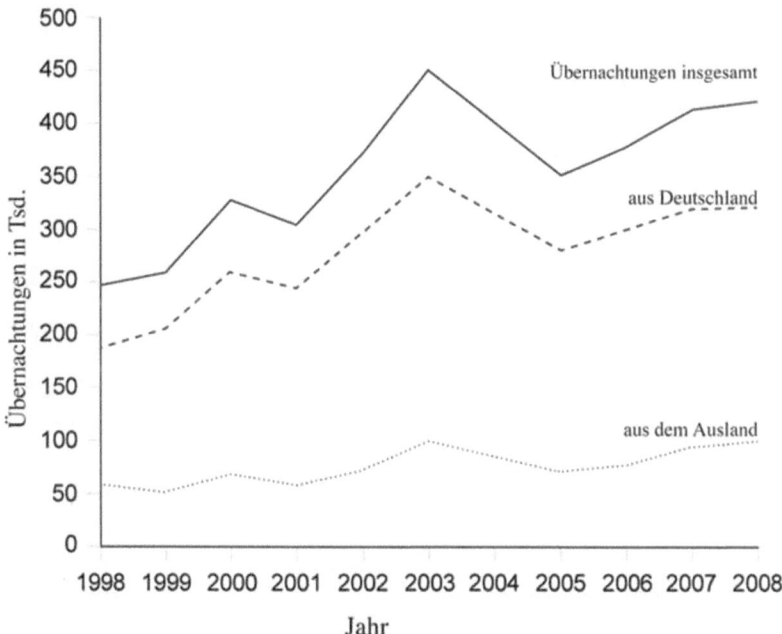

Quelle: Nieders. Landesamt für Statistik, nachrichtlich

Alles in allem zeigt diese erste Bilanzierung, dass die Stadt in diesem kurzen Zeitraum seit gerade mal zehn Jahren eine sehr dynamische Entwicklung – einen regelrechten Modernisierungsschub – zu verzeichnen hat: die Zahl der Arbeitsplätze konnte erhöht werden, die Diversifizierung der Wirtschaft wurde vorangetrieben, die Zahl der Übernachtungen nimmt zu. Sogar die Abwanderungen konnten zwischenzeitlich gestoppt werden. Die Strukturdaten weisen überwiegend auf positive Effekte hin. Allerdings gibt es auch Entwicklungen gerade in der jüngeren Zeit, die eher bedenklich stimmen und darauf hinweisen, dass die Stadt selbst nicht im erhofften Umfang von den vielen angeschobenen und ja auch kostenintensiven Maßnahmen profitieren konnte: Die Wanderungsbilanz ist wieder negativ, so dass die Stabilisierung der Bevölkerungszahl auf die ohnehin schon gesunkenen 120.000 weiter ein wichtiges Thema bleibt. Obwohl die Zahl der Arbeitsplätze in den vergangenen zehn Jahren um etwa 20.000 gestiegen ist, ist die Einwohnerzahl weiter leicht gesunken, und die Einpendlerzahlen haben zugenommen. Der Stadt gelingt es offenbar trotz des hohen Einsatzes für die Attraktivitätssteigerung nach außen nicht ausreichend, Menschen an sich zu binden.

Zudem gibt es eine Reihe offener Fragen, die die stadtkulturelle Bedeutung der Großprojekte betreffen: Haben die Großprojekte tatsächlich zu einer Imageaufwertung nach innen und außen sowie zu einer stärkeren Identifikation bei der Bewohnerschaft beigetragen? Wie viel inszenierte Erlebnisqualität verträgt Wolfsburg, ohne dass die Stadt ihren BewohnerInnen fremd wird? Inwieweit kam es im Zuge der Stadtentwicklung durch Großprojekte zu Vernachlässigungen und in welchen Bereichen traten sie auf? Profitiert die Innenstadt Wolfsburgs vom Stadttourismus oder bleibt der Touristenstrom auf die neugeschaffenen Erlebnisenklaven beschränkt? Wurde durch die Großprojekte das vielzitierte Problem mangelnder Urbanität Wolfsburgs verbessert? Wie hat sich das Verhältnis Werk-Stadt verändert? Konnte die strukturelle Abhängigkeit der Stadt durch das VW-Werk gelockert werden oder hat sich die Abhängigkeit sogar noch verschärft?

2 Großprojekte und gemeindliche Integration

2.1 Problemaufriss

Die Städte – egal ob Peking, Sidney oder Berlin, Hamburg, Frankfurt, München, Hannover, Oberhausen oder Wolfsburg – verbinden mit der Stadtentwicklung durch erlebnisorientierte Großprojekte große Hoffnungen. Diese Art von Stadtentwicklungspolitik gilt vielerorts als Allheilmittel in Zeiten schwächelnder Konjunktur und leerer kommunaler Haushaltskassen. Sie ist eine Reaktion auf den ökonomischen Strukturwandel der Städte, die sich unter den Bedingungen verschärfter ökonomischer Krisen, rückläufiger Einwohner- und Arbeitsplatzzahlen vor allem im Produktionsbereich, leerer öffentlicher Kassen und wachsenden Armutszahlen behaupten müssen. Die ‚Festivalisierung der Stadtpolitik' ist in ihrem Kern ein Instrument der Städtekonkurrenz (Häußermann/Siebel 1993, 10), eine ‚wettbewerbsorientierte Standortpolitik' im Zuge eines verschärften und internationaler werdenden Standortwettbewerbs (Heinz 2008, 15, 23). Es geht darum, unter eingeschränkten finanziellen Verhältnissen mit innovativen Konzepten und Maßnahmen neue Entwicklungen anzuschieben und sich als zukunftsträchtigen Standort anzupreisen, „eine Stadt (möglichst international) bekannt zu machen und Investitionen und Finanzflüsse von außerhalb in die Stadt zu lenken" (Häußermann/Siebel 1993, 10; Häußermann u. a. 2008, 262ff.), um schließlich für ansiedlungswillige Investoren, zukunftsorientierte Unternehmen, hoch qualifizierte Arbeitskräfte wie auch Touristen und Touristinnen und nicht zuletzt auch für eine möglichst zahlungskräftige Bevölkerung attraktiv zu werden. Dabei „wird die Imageproduktion für eine Stadt immer wichtiger. Mit ihr kann die Sichtbarkeit des Standortes weltweit kommuniziert werden" (Häußermann u. a. 2008, 248f.). Erlebnisorientierte Großprojekte sind dazu in besonderer Weise geeignet. Als markantester Ausdruck der wettbewerbsorientierten Standortpolitik setzen sie Zeichen („Leuchttürme") nach außen, indem sie das Image der Städte als Kulturhochburgen, als herausragende Architektur-, Sport-, Mode-, Banken- oder Hafenmetropolen oder gar als Weltstädte in den Medien prägen, und nach innen, indem sich die Politik selbst als Form der Selbstvergewisserung und gleichzeitig den Bürgern und Bürgerinnen unmissverständlich zeigt: In unserer Stadt tut sich was! Insofern beinhaltet die ‚außenorientierte' Großprojektpolitik immer auch einen ‚innenpolitischen' Aspekt: Gemeindliche Integration und Stärkung der Identifikation der Bevölkerung mit der Stadt: Bürgerstolz!

Die starke Orientierung der Stadtpolitik auf Großprojekte, auswärtige Investoren und Gäste wirft also die Frage auf, wie die erlebnisorientierten Großprojekte von der ortsansässigen Bevölkerung tatsächlich erlebt und genutzt werden: Was bedeuten sie für die Integration der Bewohnerschaft?

Zu diesen Fragen gibt es in der Fachliteratur aber mehr Vermutungen als empirische Befunde. Im Ganzen werden die Folgen der Stadtentwicklung über Großprojekte für die Bewohnerschaft überwiegend kritisch gesehen. Als Negativfolgen gelten insbesondere soziale Ausgrenzungen (Siebel 2007, 83ff., Schäfers 2006, 164f.; Ronneberger u. a. 1999; 51; Ronneberger 2000a, 19) bis hin zu Marginalisierungen und Phänomenen relativer Deprivation. Den Bewohnern werde von außen ein Spektakel aufgezwungen, mit dem sie nichts anfangen könnten. Sie würden zu Fremden in der eigenen Stadt, die inzwischen ‚anderen' gehöre (Eckert 2001, 9). Der Wandel der Städte von ‚Produktionsstandorten' zu ‚Erlebnis- und Konsumlandschaften' begünstige eine soziale Polarisierung der städtischen Gesellschaft, weil nahezu ausschließlich die Lebensstile der finanzstärkeren Mittelschichten und deren Ansprüche an den städtischen Raum ins Zentrum der politischen Aufmerksamkeit rücken würden. Die Interessenlagen ärmerer sozialer Gruppen würden dagegen ignoriert (Ronneberger u. a. 1999, 9, 29, 41ff.; ähnlich auch Doderer 2008, 102). Ähnlich unterstellt Bittner (2001, 22), dass die Stadt im Zuge der ‚Festivalisierung' nur für bestimmte – vornehmlich statushöhere – soziale Gruppen hergerichtet werde, während benachteiligte Gruppen davon so gut wie gar nichts hätten. Mit den hochkulturellen Erlebniswelten entstünden mit bestimmten Eigenschaften und Markierungen versehene exklusive Räume, die auf Grund von ökonomischen, kulturellen und symbolischen Barrieren nur für einzelne Bevölkerungsgruppen – finanzkräftige Bewohner und Besucher mit eher hohem Sozialstatus – attraktiv seien. Durch „Inszenierungen von milieuspezifischen Atmosphären", die eher das Genussschema Statushöherer aufgreifen, würden andere soziale Gruppen auch auf einer symbolischen Ebene ausgegrenzt (Bittner 2001, 22). Diese ‚Kultur der Differenz' würde dazu beitragen, bestehende soziale Ungleichheiten zu verschärfen (Ronneberger u. a. 1999, 69, 209). Folgt man dieser Argumentation, dann haben die erlebnisorientierten Großprojekte innergemeindlich eher ‚spalterische', denn integrative Folgen.

An dieser Kritik ist die Unterstellung interessant, dass Eventkultur stets eher elitäre Hochkultur sei, was aber (das zeigt zumindest der Fall Wolfsburg) in dieser Generalisierung eher nicht stimmen dürfte. Die Erlebnisanbieter müssen sich vielmehr an ein breites Publikum wenden, um auf dem Erlebnismarkt bestehen zu können (Schulze 1993, 447). Müsste deshalb die Kritik nicht eher lauten, dass Erlebniskultur zur stumpfsinnigen Massenkultur degeneriert?

Entgegen den Negativszenarien fallen die wenigen vorliegenden empirischen Befunde zur Bedeutung erlebnisorientierter Großprojekte für die innergemeindliche Integration deutlich differenzierter aus. Wood (2003), der für Oberhausen die Auswirkungen des Einkaufszentrums CentrO[8] auf den Alltag der Oberhausener Bevölkerung in qualitativen Gruppengesprächen untersucht hat, weist z. B. nach, dass die Folgen der Großprojekte von der Bewohnerschaft überaus ambivalent wahrgenommen werden. Auch wenn Teile der Bewohnerschaft das CentrO nicht oder nur in geringem Umfang nutzen, schreiben sie ihm dennoch eine hohe symbolische Bedeutung zu. Man ist schon ein bisschen stolz darauf, dass Oberhausen jetzt sogar im Ausland bekannt ist und Menschen von auswärts zum Einkaufen nach Oberhausen kommen (vgl. auch Krajewski u. a. 2006, 26). Gleichzeitig wird der verstärkte Zustrom auswärtiger Gäste aber auch zumindest teilweise als ‚Überfremdung' und ‚Bruch' der Stadtatmosphäre empfunden. Wegen der vielen fremden Menschen habe die Stadt ihren eigenen ‚kleinen Charakter' verloren (Wood 2003, 197ff.). Zu ähnlichen Befunden gelangten Frank und Roth (2000, 208) bei ihrer Analyse der Auswirkungen des Großereignisses „Weimar – Kulturstadt Europas 1999" auf die Bevölkerung. Einerseits sahen die Bewohner mehrheitlich, dass Events Vorteile in Bezug auf das Image der Stadt und die Stärkung der Konkurrenzfähigkeit bringen, während sie andererseits keine oder sogar negative Auswirkungen auf ihr persönliches Leben befürchteten. Die meisten Bewohner vertraten die Ansicht, dass das Kulturstadtjahr primär für Touristen geplant werde und immerhin etwas mehr als die Hälfte meinte, dass das Ereignis wenig für die Leute aus Weimar bringe. Interessant an den Befunden von Frank und Roth ist, dass die Bewohnerschaft die eventorientierte Stadtpolitik differenziert beurteilt und sehr wohl zwischen eigenen und den Belangen der Stadt unterscheidet. Unter der Voraussetzung, dass ihre eigenen Interessen gewahrt bleiben, waren sie durchaus breit, „das Kulturstadterlebnis trotz aller beschriebenen Vorbehalten zu (er)tragen" (ebenda S. 208).

Die Studie von Wood (2003) verdeutlicht darüber hinaus, wie wichtig es ist, bei der Planung und Vermarktung von Großprojekten historische Kontinuität (z. B. Anknüpfen an überkommene Umgangsformen oder Relikte industriegeschichtlicher Vergangenheit der Stadt) zu wahren und an die Regionalkultur anzuknüpfen. Dies wirke sich stabilisierend auf die persönliche Identität und die Orientierung der Menschen im Alltag aus (Wood 2003, 17, 275ff.). Eine Analyse der Folgen etwa der Bundesgartenschau 1995 in Cott-

---

[8] Beim 1996 eröffneten CentrO Oberhausen handelt es sich um ein Konsum- und Freizeitzentrum mit überdachter Shopping Mall, integriertem Gastronomiebetrieb, Multiplex Kino, einem Freizeit- und einem Businesspark und einem Hotel am Rande der Stadt mit direktem Autobahnanschluss.

bus zeigt weiter, dass sich die mit den Großprojekten verbundenen Verbesserungen im Erscheinungsbild der Städte positiv auf das Selbstbild der Bewohnerschaft und die Einstellung zu ihrer Stadt auswirken können (Kleinschmidt 2001, 66). Dagegen war für Bewohner und Bewohnerinnen in Berlin festzustellen, dass sie sich durch die Geschwindigkeit – die Vielzahl von Inszenierungen und die vielen Meldungen von Großinvestitionen in der Stadt – regelrecht überrollt fühlten. „Der Umgewöhnungsprozess an die neue Vielfalt der Stadt, an die sichtbaren Veränderungen und an den größeren Erlebnisraum konnte mit dem Tempo der Vorgänge nicht mithalten (...). Die Bürger wurden täglich mit neuen Fakten konfrontiert, aber die Betroffenen wurden nicht mitgenommen" (Wittwer 2001, 153).

Insgesamt lassen die wenigen bislang vorliegenden Befunde erkennen, dass die erlebnisorientierte Großprojektpolitik offenbar keineswegs einseitig in die eine oder andere Richtung wirkt, sondern sowohl ‚spalterische' als auch ‚förderliche' Folgen für die gemeindliche Integration haben kann. Die Wirkung hängt ab von Umfang und Tempo der Veränderungen in der Stadt, davon, ob die Großprojekte als Kontinuum oder Bruch zur bisherigen Stadtentwicklung erlebt werden, vor allem aber davon, ob die Interessen der Bewohnerschaft mitberücksichtigt oder konterkariert werden. Im Ganzen gewinnt man aber den Eindruck einer gegenüber den Veränderungen durch die Großprojekte ziemlich ‚robusten' Bewohnerschaft. Was – so ist im Folgenden zu fragen – bedeutet die Stadtentwicklung durch erlebnisorientierte Großprojekte für die Integration in Wolfsburg, einer ‚jungen Arbeiterstadt', in der lange Jahre die Gebrauchswertorientierung der Stadt im Vordergrund stand und dann in den letzten Jahren die erlebnisbezogene Neuausrichtung der Stadtpolitik in besonders ausgeprägter, gar zugespitzter Weise realisiert wurde?

2.2   Großprojekte und Integration in Wolfsburg

Die Haltung der Wolfsburger Bevölkerung zu ihrer Stadt war schon immer eher etwas distanziert. Zwar lebte man gut und oft auch gern in ihr, aber so recht stolz und selbstbewusst als Wolfsburger war man nicht. Über die Jahre hinweg hatte Wolfsburg immer mit einem negativen Image als gesichtsloser Werkssiedlung und langweiliger Arbeiterstadt, die noch dazu im Werksrhythmus von VW tickte, zu kämpfen und die Identifikation mit der Stadt ließ zu wünschen übrig. So sahen sich die Wolfsburger immer eher als ‚VWler' denn als ‚Wolfsburger'. Schon immer gab das Markenimage von VW der Bevölkerung ein gewisses Selbstbewusstsein. Man war stolz auf den wirtschaftlichen Erfolg von VW, das mit einem perfekten Management so mancher Krise getrotzt hatte, das eine starke Gewerkschaft hat, das sich unaufhaltsam zu einem Weltkonzern gemausert hat und den Beschäftigten nach wie vor eine unvergleichlich gute Existenzgrundlage bietet. Mit bestimmten Autotypen, insbesondere dem bis in die 1970er Jahre hinein produzierten ‚Käfer' und danach mit dem ‚Golf' wurden positiv besetzte Produkte herge-stellt, auf die die Beschäftigten stolz sind. Aber viel mehr war da manchmal auch nicht und so manchen störte die Einseitigkeit des abgeleiteten Prestiges, als Wolfsburger immer gleich mit VW in Verbindung gebracht zu werden, erheblich.

„Früher war Wolfsburg nur durch Volkswagen bekannt. Wenn man in Urlaub gefah-ren ist, hieß es: ‚ach Wolfsburg, ja, Käfer, ach je. Sind Sie auch bei VW?' Das war immer die erste Frage. Wissen Sie, das war immer so diese Schublade VW." (Kaufm. Ang., 53 J.)

Dreh- und Angelpunkt der gemeindlichen Integration war von Anfang an die gute soziale Infrastruktur, die in Wolfsburg immer schon etwas besser war als in anderen Städten, während es aber von je her an den für Integrationsprozes-se ebenfalls wichtigen atmosphärischen und mehr erlebnisbetonten Stadtqua-litäten mangelte. Weil die eigene Innenstadt als wenig ansprechend und auf-regend empfunden wurde, nutzte man als ‚mobiler' Wolfsburger nur allzu gerne die Konsumangebote in anderen Städten. Vor diesem Hintergrund stellt sich die Frage, welche Bedeutung die Stadtpolitik durch erlebnisorientierte Großprojekte für die lokale Integration in Wolfsburg hat. Auf Grund der Stadtgeschichte und der spezifischen Gegebenheiten vor Ort lassen sich fol-gende Thesen formulieren:

- Zum einen ist auf Grund der städtischen Besonderheiten davon auszuge-hen, dass den Großprojekten eine integrierende Bedeutung zukommt. Jahrzehntelang gab es nur eine geringe Angebotsdifferenzierung und Funktionsmischung. Das Schwergewicht lag von jeher auf der Arbeits-funktion verbunden mit einem hohen infrastrukturellen Versor-gungsstandard – dem so genannten ‚Wolfsburger Standard' –, dem aber kein adäquates Erlebnisangebot im gastronomischen und kulturellen Be-reich gegenüberstand. Das galt besonders für Jüngere und für Schichthö-here und wird sogar als Grund angeführt, warum der Wegzug und die hohe Fluktuation von Menschen aus dem alternativen, intellektuellen, künstlerischen und auch kreativen Bereich ebenso wie die angeblich ho-he Absagequote bei Einstellungen für gehobene Berufsstellungen in Wolfsburg deutlich höher sei als anderswo (Eckert 2000, 31). Auch Fuß-ballspieler verschmähten Wolfsburg, weil die Gattin sich ein Leben dort nicht vorstellen konnte (Schmolke 2007, 30). Mit der Neuausrichtung der Stadtentwicklung auf erlebnisorientierte Großprojekte wird – so die Vermutung – diesem immer wieder erneut beklagten Mangel zumindest teilweise Rechnung getragen. Die Angebotsvielfalt wird durch die erlebnisorientierte Großprojektpolitik um eine Dimension erweitert und dadurch werden für spezifische Lebensstilgruppen Angebote und Orte für Begegnung, Selbstdarstellung und Identifikation geschaffen.

- Die Großprojekte könnten in Wolfsburg insofern eher integrationsfördernd gewirkt haben, als sie zu einer beachtlichen Imageaufwertung geführt und damit die Identifikation der BewohnerInnen mit ‚ihrer' Stadt, also die symbolische Integration, erhöht haben dürften. Auch wenn die Autostadt auf dem VW-Gelände Maßstäbe setzt, die städtischerseits nur schwer zu überbieten sind, so ist doch davon auszugehen, dass die Stadt gerade in den letzten zehn Jahren einen Prestige- und Imagegewinn erfahren hat und das städtische ‚Selbstbewusstsein' (wie in anderen Städten auch) durch die Großprojekte nachhaltig gestärkt wurde. Durch die Fertigstellung des Phaeno, der City Galerie, des Allerparks, der Volkswagen Arena und des Kunstmuseums mit ihrer überlokalen Publizität und Bedeutung sind nun erstmals auch auf städtischer Seite herausragende Identifikationspunkte außerhalb des VW-Bereichs entstanden. Das einstige Bild von Wolfsburg als „einer gesichts- und geschichtslosen Werkssiedlung" (Pohl 2005, 637) im Schatten des Volkswagenkonzerns könnte nun endgültig der Vergangenheit angehören. Die Erlebniswelten könnten Teilen der Bevölkerung ganz neue Identifikationsmöglichkeiten mit der Stadt eröffnen.

- Zum anderen und genau entgegensetzt könnten aus dem Umfang und dem enormen Tempo des Umstrukturierungsprozesses, aus der thematischen Ausrichtung wie auch der ‚modernen' Architektur einiger Großprojekte aber auch gewisse Identifikations- und Integrationsprobleme resultieren. Gerade hatte die ‚Stadt aus der Retorte' begonnen, Gebrauchsspuren anzusetzen, da verändert sie ihre architektonische Gestalt schon wieder. So kann man davon ausgehen, dass gerade am Anfang die Bewohnerschaft Schwierigkeiten mit den für Wolfsburg ja vollkommen neuen Angeboten hatte. Daraus könnten Schwellenängste besonders für Alteingesessene oder kultur- und bildungsferne Gruppen entstanden sein.

- Weniger integrationsfördernd dürfte auch sein, dass sich einige Erlebniswelten primär an auswärtige Besucher und Besucherinnen richten und möglicherweise gar nicht die Interessenslage der Mehrheit der Bevölkerung treffen. Es könnte sein, dass sich die Stadt der individuellen Lebenswirklichkeit der Mehrheit der ortsansässigen Bevölkerung ein Stück weit entfremdet hat, ja, sich bestimmte Gruppen geradezu als ‚übergangen' und ‚ausgegrenzt' fühlen. Mit den Großprojekten wird den Bewohnern und Bewohnerinnen möglicherweise ein Spektakel aufgezwungen, das zwar die Stadt braucht, das aber mit ihren konkreten Lebensumständen nicht viel zu tun hat. Identifikationsprobleme wären vor allem bei der Generation der Stadtgründerinnen und Stadtgründer zu erwarten. Sie haben den Aufbau der Stadt mitverfolgt und erleben nun die totale Umformung der (Innen-)Stadt. Bei ihnen könnte nur allzu leicht der Eindruck entstehen, dass das neue Wolfsburg nichts mehr mit dem alten Wolfsburg, wie sie es kennen, zu tun hat. Teile der ansässigen Bevölkerung – so heißt es mit Bezug auf Wolfsburg – würden auf Grund der massiven Neustrukturierung der städtischen Gestalt durch die Großprojekte und wegen des Tourismus zu „Fremden in der Stadt" (Eckert 2001, 9).

- Die Nutzung der Großprojekte setzt eine gewisse Erlebnisorientierung der Bewohnerschaft voraus. Es ist aber einerseits fraglich, inwieweit diese „zur Richtschnur unseres Handelns erhobene kulturspezifische ‚Basismotivation' der modernen Subjekte" (Band 1994, 113), dessen kleinster gemeinsamer Nenner der Wunsch nach dem ‚schönen Leben' ist, überhaupt in einer Stadt wie Wolfsburg, die von jeher eher durch ihren überdurchschnittlichen Gebrauchsnutzen im Arbeits-, Wohn- und Sozialbereich überzeugte als durch ihren ästhetischen, auf Erlebnisse ausgerichteten Zusatznutzen, überhaupt in einem nennenswerten Umfang verbreitet ist. Andererseits ist aber auch fraglich, ob (selbst wenn eine nennenswerte Erlebnisorientierung bei den Wolfsburgern bestünde) diese auch in den Ausprägungen vorliegt, auf die Großprojekte setzen, nämlich in Richtung Unterhaltung, kulturelles Interesse und Selbstverwirklichung. Die Vermutung liegt zunächst einmal nahe, dass die Großprojekte an den Interessen der Mehrheit der Bevölkerung vorbeigehen könnten, weil sich der gesellschaftliche Wandel in Richtung Erlebnisgesellschaft in spezifischer Weise (neben Jüngeren) bei Bildungshöheren manifestiert (Schulze 1993), deren Anteil in Wolfsburg nur unterdurchschnittlich ist. Andererseits ist Wolfsburg aber auch nie eine klassisch-traditionelle Arbeiterstadt gewesen. Schon 1957 schrieb Erich Kuby: „Das heutige Wolfsburg macht einen durchaus bürgerlichen Eindruck" (1957, 109). Die Wolfsburger Arbeiterschaft ist ‚modern'. Für sie ist u. a. kennzeichnend ihre Beschäftigung in zukunftsträchtigen Branchen, in kapital- und technikintensiven Unternehmen, ein hohes Lohnniveau, ein instrumentelles Verhältnis zur Arbeit und zum Betrieb (auch zu den Gewerkschaften), eine ausgeprägte Freizeit- und Konsumorientierung und die Herauslösung aus der ‚traditionellen Arbeiterkultur' (Herlyn/Tessin 1988, 140). Darüber hinaus hat sich – wie oben gezeigt – die Bevölkerungsstruktur gerade in den letzten 10 Jahren erheblich zu Gunsten der bildungshöheren und einkommensstärkeren Bewohnerschaft ausdifferenziert, während der Arbeiteranteil sank. Das alles legt die Vermutung nahe, dass die

Wolfsburger recht aufgeschlossen für Spaß, Unterhaltung und kulturelle Highlights sein könnten. Bezüglich der Folgen der Stadtentwicklung durch erlebnisorientierte Groß-projekte für die Integration der Bewohnerschaft ist also zunächst einmal zu prüfen, welche Erlebnisdispositionen sich bei Bewohnern und Bewohnerin-nen unterscheiden lassen und ob und inwieweit sie überhaupt Wert auf her-ausragende städtische Erlebnisse legen (2.3). In Bezug auf die Großprojekte interessiert ihre konzeptionelle Ausrichtung: Welche Erlebnisorientierungen sollen mit den neuen Angeboten angesprochen werden? Weiter wird behan-delt, wie verbreitet überhaupt die Nutzung der erlebnisorientierten Großein-richtungen ist. Wie häufig und zu welchen Gelegenheiten ‚lohnt' sich ein Be-such, wie werden die neuen Angebote von der Bewohnerschaft erlebt? Be-kanntlich ist der Erlebnisnutzen nicht von Dauer, sondern schwächt sich schnell ab. Insofern ist zu fragen, wie Betreiber und Bewohner mit diesem Phänomen umgehen (2.4). Darüber hinaus wird die in der Fachliteratur unter-stellte soziale Selektivität der Nutzung untersucht: Ist eine solche feststellbar, gilt sie für alle Großprojekte gleichermaßen oder nur für einige und über wel-chen Mechanismen stellt sie sich ggf. her (2.5)? Schließlich wird der Frage nachgegangen, inwieweit die überlokale Bedeutung und publizistische Reso-nanz der erlebnisorientierten Stadtentwicklungspolitik das kommunale Selbstbewusstsein der einheimischen Bevölkerung, ihre Identifikation mit der Stadt, die nun ‚mehr' sein könnte als ‚bloß' VW, gestärkt hat (2.6).

2.3 Erlebnisorientierung der Wolfsburger Bevölkerung

In der Literatur ist seit Mitte der 1960er Jahre ein Trend in Richtung „Erleb-nisgesellschaft" diagnostiziert worden (Schulze 1993; Opaschowski 2000). Dabei wird von einer wachsenden Ästhetisierung des Alltagslebens im Zuge der vermehrten Freisetzung aus ökonomischen Notwendigkeiten und exter-nen Zwängen ausgegangen. Dadurch sei es den Menschen möglich gewor-den, immer größere Bereiche ihres Lebens nicht mehr rein unter funktionalen Aspekten zu betrachten (‚Notwendigkeitsgeschmack'), sondern nach ihren ästhetischen Geschmacksvorlieben und danach, ob ihr Handeln ihnen einen Genuss und ein interessantes und als lohnend empfundenes Erlebnis ver-schafft. Die psychische Seite des Konsumerlebens werde gegenüber der rei-nen Funktionalität des Gebotenen immer wichtiger (Schulze 1993, 422). Mit der Erlebnisorientierung gehe ein bestimmter subjektiver Umgang mit den Rahmenbedingungen bzw. eine bestimmte Art des Situations-Managements (Müller-Schneider 2000) einher, die Schulze als Erlebnisrationalität bezeich-net. Erlebnisrationalität bedeutet, dass Menschen Situationen bzw. Außersub-jektives für das Innenleben instrumentalisieren, d. h. dass sie Umstände so

84

verarbeiten und Situationen so arrangieren, „dass man darauf in einer Weise reagiert, die man selbst als schön reflektiert" (Schulze 1993, 35). Aus der Vielzahl vorhandener Optionen werden diejenigen ausgewählt, die den größten Erlebnisnutzen versprechen. „Man arrangiert die Welt im Hinblick auf sich selbst, orientiert an der Kernidee, durch Management des Äußeren gewünschte innere Wirkungen zu optimieren" (Schulze 2000, 4), die man als schön, interessant, befriedigend oder gemütlich bewertet. Diese Erlebnisdisposition gilt nach Schulze im Prinzip für alle Menschen, nur das, was ein ‚schönes Erlebnis' erzeugt, variiere (Schulze 2003, 65f.). Während sich die einen am Althergebrachten orientieren und mehr auf Gemütlichkeit und ein ruhiges Leben in geordneten Bahnen setzen, sind andere stärker an Action, Unterhaltung, Selbstentfaltung oder einem mit Bildung und Kultur gespickten anspruchvollen Leben interessiert. Vor diesem Hintergrund stellt sich also zunächst die Frage, wie wichtig für die Wolfsburger überhaupt Erlebnisse sind, welche Erlebnisorientierungen sich bei ihnen nachweisen lassen und in welchem Umfang städtische Erlebnisangebote als wichtig erachtet werden, um sich in Wolfsburg wohl zu fühlen.

Schon in unserer die Arbeiterstädte Hamm und Wolfsburg vergleichenden Untersuchung (Herlyn/Scheller/Tessin 1994) konnten wir Anfang der 1990er Jahre in der Wolfsburger Arbeiterschaft ein ungleich weiter fortgeschrittenes Stadium der Lebensstildifferenzierung und -pluralisierung sowie der Freizeit- und Erlebnisorientierung ausmachen als in der eher noch traditionellen Arbeiterschaft in Hamm. Die Wolfsburger Arbeiter und Arbeiterinnen ließen eine hohe Aufgeschlossenheit für Neues und ein nicht unerhebliches Interesse an besonderen, interessanten und aus dem Alltag hervorstechenden Erlebnissen erkennen. Schon immer waren die Wolfsburger ausgesprochen mobil. Sie reisten gerne und durchaus auch mal ganz spontan und mehrmals im Jahr in fremde Länder. Sie fuhren gerne in die umliegenden Städte nach Braunschweig, Hannover, manchmal auch nach Berlin, weil sie diese Städte interessanter fanden als Wolfsburg. Individualisierte Sportarten von Squash über Surfen, und Bodybuilding bis hin zu Tennis und Aerobic, die man allein und unorganisiert betreiben kann, waren stark verbreitet. Dagegen war eine „relativ große Resistenz ... gegenüber den Verlockungen des Massenkonsums erkennbar" (ebenda S. 202), die sich in einem geringen Interesse an Trends – was gerade ‚in' und ‚out' ist – zugunsten einer stark gebrauchswertorientierten Konsumhaltung niederschlug. Schon damals schrieben die Arbeiter und Arbeiterinnen in Wolfsburg der Freizeit in hohem Maße eine Erlebnisfunktion zu, wenn auch mit arbeiterspezifischen Konnotationen, die den Gesamtbefund einer doch recht umfassenden alltagskulturellen Freisetzung aus traditionellen Formen der Lebensführung etwas einschränkten.

Auch die aktuell von uns befragten Experten und Expertinnen der Großprojekte haben immer wieder auf die gewandelten Kundenansprüche in Richtung einer zunehmenden Erlebnisorientierung hingewiesen. So betont man
beispielsweise in der City Galerie: *„Die Kunden wollen nicht nur einfach
einkaufen, sondern sie wollen auch was erleben. Sie wollen unterhalten werden.*" Im Badeland wird hervorgehoben, dass der Gast keineswegs nur zum
Schwimmen ins Badeland käme. *„Das reine Baden, das reine Saunieren,
bringt es schon lange nicht mehr. Auch wenn die Leute in die Sauna gehen,
möchten sie unterhalten werden. Der Gast möchte wissen, wenn ich da hin-
fahre, ist da was los, ob ich das nutze oder nicht. Er will ein Erlebnis haben.*"

Um zu prüfen, welche unterschiedlichen Interessenlagen und Hand-
lungsorientierungen sich aktuell bei den WolfsburgerInnen mit Blick auf Erlebnisse feststellen lassen und wie verbreitet sie jeweils sind, haben wir in
grober Anlehnung an die von Schulze mit einem sehr komplexen und auf-
wändigen Erhebungsinstrumentarium identifizierten Erlebnisdispositionen,
die Befragten gebeten, zu sagen, welche Vorlieben ihnen am allerwichtigsten
sind (vgl. Tab. 9).

Tabelle 9: Erlebnisorientierungen in Wolfsburg in %

„Mir ist am allerwichtigsten ...	Insg.
...Harmonie, Gemütlichkeit und ein geborgenes Leben im Kreise der Familie"	60
...Selbstverwirklichung, Offenheit für Neues, Leben ganz nach meinen Wünschen"	18
...ein normales, nicht weiter auffälliges Leben, das in geordneten Bahnen verläuft"	10
...gehobene Kultur, Bildung und ein anspruchsvolles Lebensniveau"	6
...Unterhaltung, etwas zu erleben und Spaß haben"	6
Insgesamt	100
N	969

Frage: „Jeder Mensch hat ja besondere Vorlieben, Werte und eine ganz spezielle Art zu leben. Welche der Umschreibungen auf dieser Liste trifft für Sie am ehesten zu? Das muss ja
nicht heißen, dass die anderen Gesichtspunkte für Sie keine Rolle spielen. Was ist für Sie
am *allerwichtigsten?*" Ohne: „weiß nicht"/keine Angabe.

Gemessen an den dominanten Wertvorstellungen der Befragten sind also
60% der Befragten „Gemütlichkeit, Harmonie und ein geborgenes Leben im
Kreise der Familie" am allerwichtigsten. Immerhin knapp jede fünfte Befra-
gungsperson weist eine hohe „Offenheit für Neues" auf und möchte „sich
selbst verwirklichen". Jedem zehnten Befragten ist ein „normales, nicht weiter auffälliges Leben in geordneten Bahnen" am allerwichtigsten. Erwar-
tungsgemäß sind ein herausragendes Interesse an „gehobener Kultur, Bildung
und einem anspruchsvollen Leben" in Wolfsburg mit 6% der Nennungen nur
schwach vertreten. Eher überraschend ist dagegen der Befund, dass der

Wunsch nach „Spaß und Unterhaltung" in Wolfsburg mit 6% ebenfalls kaum ausgeprägt ist[9].

Die unterschiedlichen Erlebnisdispositionen sind laut Schulze (1993, 292ff.) mit einer je spezifischen Nutzung von Angeboten und Präsenz im öffentlichen Raum verbunden (vgl. auch Kirchberg 2005, 273f.). Während an Harmonie und Unauffälligkeit Interessierte eher private Gemütlichkeit im vertrauten Personenkreis suchen und allenfalls die gediegene gutbürgerliche Gastronomie oder Vereinsaktivitäten aufsuchen, sind Menschen mit Vorliebe für Unterhaltung, Spaß, Bildung, Kultur und Selbstverwirklichung vergleichsweise häufig im öffentlichen Raum unterwegs, wenn auch auf unterschiedliche Weise. Die Unterhaltungsorientierten sind sehr extrovertiert und körperorientiert, fast schon narzisstisch. Man fährt schon mal gern mit offenem Fenster und lauter Musik im PS-starken Auto durch belebte Straßen, bewegt sich mit Dominanzgebahe in der Fußgängerzone oder nimmt teil an auffälligen Zusammenrottungen von Fußballfans, ansonsten verschwindet man in „Angebotsfallen" (Schulze), wie Fitnessstudios, Diskotheken, Kinos. Der öffentliche Raum wird – wenn überhaupt – durch oft unerwünschte und dadurch auffällige Aktivitäten belebt. Kulturinteressierte tauchen rund um die Angebote der Hochkultur in der Öffentlichkeit auf. Zwar verhält man sich dezent und leise, sucht aber durchaus den Austausch mit Gleichgesinnten. Man schätzt auch zum Treffen ein gepflegtes Ambiente, das erlesene Sinnesfreuden erlaubt, z. B. das Sterne-Restaurant, das italienische Weinlokal oder das „eat-and-art"-Event. Die primär an Selbstverwirklichung Interessierten verkehren in den unterschiedlichsten ästhetischen Umgebungen, interessieren sich für eine Ausstellung im Kunstmuseum ebenso wie für einen James-Bond-Film im Cinemaxx, für das alteingesessene Straßencafé ebenso wie für die aktuellste Szene-Veranstaltung. Man ist aktiv, interessiert und sucht nach immer neuen Anregungen auf dem Weg zum selbstgestalteten Leben.

Auch in Wolfsburg gelten diese Zusammenhänge: Erlebnisdispositionen wie Selbstverwirklichung, Hochkulturinteresse und Unterhaltung gehen einher mit einem hohen Interesse an der Teilnahme am öffentlichen Leben und der Nutzung der verschiedensten Angebote in der Stadt. Hier schwanken die Anteile der Befragten, die angeben „aktiv am öffentlichen Leben" teilzunehmen zwischen beachtlichen 77% und 86%. Zwar sind auch die WolfsburgerInnen mit Vorliebe für Harmonie und Unauffälligkeit nicht gerade als privatistisch zu bezeichnen, aber für sie gilt eher: Man verbringt viel Zeit mit der

---

[9] Gemessen an der mehr als 15 Jahre alten Nürnbergstudie von Schulze (1993) als auch der Chemnitzstudie von Lechner (1996, 110) ist der Anteil der an Harmonie und Gemütlichkeit orientierten Wolfsburger etwa doppelt so hoch. Dagegen ist die Orientierung an Hochkultur, Unauffälligkeit und an Spaß und Unterhaltung in Wolfsburg geringer ausgeprägt. Der Wunsch nach Selbstverwirklichung liegt dagegen in allen Städten bei etwa einem Fünftel der Befragten.

Familie oder ist durch Hobbys ausgelastet (*„Ich bin in erster Linie im Verein aktiv, da bleibt für anderes wenig Zeit"*).

Bei der weit überwiegenden Mehrheit der Wolfsburger Bevölkerung (70%) findet man also eine Orientierung an Werten wie häusliche Gemütlichkeit und Geborgenheit im Kreise der eigenen Gruppe und Unauffälligkeit. Bleibt man also hier vornehmlich daheim, verbringt seine Freizeit mit Freunden, Verwandten oder mit Hobbys und interessiert sich möglicherweise gar nicht für die vielen neuen Großprojekte? Angesichts unserer oben beschriebenen Befunde zur Lebensstilpluralisierung verwundert es, dass heutzutage bei nur 30% der Gesamtbevölkerung mit Selbstverwirklichung, Kultur und Unterhaltung eher öffentlichkeitsorientierte Erlebnisorientierungen nachzuweisen sind. Das Bild einer im Ganzen doch sehr stark auf den häuslichen Bereich bezogenen Erlebnisorientierung relativiert sich allerdings deutlich, wenn man die zweite Präferenz bei den persönlichen Wichtigkeiten hinzuzieht (vgl. Tab. 10).

Tabelle 10: Erlebnisorientierungen: Erste und zweitwichtigste Präferenz in %

„Was ist Ihnen am zweitwichtigsten?"	Erste Präferenz:					Insgesamt	N
	Harmonie	Selbstverwirklichung	Integration, Unauffälligkeit	Gehobene Kultur	Unterhaltung, Spaß, Action		
Harmonie, Gemütlichkeit		55	64	50	42	22	210
Selbstverwirklichung, Offenheit	33		14	21	38	25	238
Integration, Unauffälligkeit	27	9		11	13	19	186
gehobene Kultur, Bildung	20	19	6		7	16	157
Unterhaltung, Spaß, Action	20	17	16	18		18	168
Insgesamt	60	18	10	6	6	100	
N (=100%)	581	173	97	56	52		959

Ohne: „nichts davon"/„weiß nicht"/keine Angabe

Dabei wird erkennbar, dass diejenigen, denen Werte wie Harmonie und Gemütlichkeit am wichtigsten sind, durchaus – in zweiter Präferenz – recht stark für die öffentlichkeitsbezogenen Erlebnisorientierungen votieren: Für drei Viertel sind daneben niveauvolle Bildungs- und Kulturinteressen, Unterhaltung, besonders aber Selbstverwirklichung wichtig. Bei der anderen Gruppe mit Orientierung auf Unauffälligkeit stehen dagegen Harmonie und Gemüt-lichkeit an zweiter Stelle, aber auch sie legen Wert darauf, ihr Leben nach ei-genen Ansprüchen zu gestalten und sie sind Spaß und Unterhaltung gegen-über nicht abgeneigt.

Bei den Wolfsburgern mit vorrangig auf den öffentlichen Bereich bezo-genen Erlebnisorientierungen stehen dagegen Harmonie und Gemütlichkeit im Kreise der Familie an zweiter Stelle. Lediglich jene, die an Unterhaltung und Spaß interessiert sind, betonen ihren nach außen orientierten Actionan-spruch noch weiter durch den Wunsch nach Selbstverwirklichung. Das heißt also: Für die Wolfsburger spielen Harmonie, Gemütlichkeit und ein geborge-nes Leben im Kreis der Familie zwar die zentrale Rolle, sie sind aber durch-aus nicht abgeneigt gegenüber Spaß, Unterhaltung, Selbstverwirklichung und sogar Hochkultur. Umgekehrt ist den Vertretern der auf Selbstverwirkli-chung, Unterhaltung, und Niveau bezogenen Erlebniswerte der Wunsch nach Harmonie und Gemütlichkeit nicht fremd. Auch Schulze (1993, 157) spricht ja davon, dass die Erlebnisorientierungen bei jedem Einzelnen „in allen mög-lichen Ausprägungskombinationen durcheinander gemischt sind".

Versucht man, anhand der ersten und zweiten Präferenz, ‚reine' Typen zu bilden, die entweder ganz und gar auf Harmonie und Unauffälligkeit set-zen oder sich dem Wunsch nach Selbstverwirklichung, Spaß und Niveau ‚mit Haut und Haar' verschrieben haben, so ergibt sich folgendes Bild:

- 11% der Wolfsburger sind ausschließlich (in 1. und 2. Präferenz) an Selbstverwirklichung, Hochkultur und Unterhaltung interessiert. Weil sie auch öffentlich stark in Erscheinung treten, kann man sie als „*Urbanis-ten*" bezeichnen. Es handelt sich überdurchschnittlich um junge Erwach-senen (knapp 60% sind zwischen 18 und 30 Jahre alt), ferner um Män-ner, Befragte mit Abitur oder Hochschulabschluss und mittleren Berufs-positionen und überdurchschnittlichen Pro-Kopf-Einkommen.

- 23% der Wolfsburger sind ausschließlich (in 1. und 2. Präferenz) an Harmonie und Unauffälligkeit interessiert. Weil mit diesen Erlebnisdis-positionen eine Neigung zum Rückzug in die eigenen vier Wände und das Bestreben, im öffentlichen Raum eher unauffällig zu bleiben ver-bunden ist, kann man sie als „*Häuslich-Unauffällige*" bezeichnen. Sie sind deutlich älter als der Durchschnitt (fast 70% sind über 45 Jahre). Sie verfügen eher über niedrigere Bildungsabschlüsse und einfache Berufs-positionen und ihre finanzielle Situation ist daher etwas schlechter als beim Durchschnitt.

- Die größte Gruppe bilden mit zwei Dritteln die Mischformen, die mit un-terschiedlicher Gewichtung sowohl auf den öffentlichen Raum als auch auf den häuslichen Bereich bezogene Erlebnisorientierungen aufweisen. Man sucht also durchaus sein Glück im gemütlichen Kreise der Familie, aber man will sich auch nicht abkapseln. Wer vorrangig auf Unterhaltung, Spaß, Kulturgenuss und Selbstverwirklichung setzt, der möchte sich auch mal gemütlich zurückziehen. Diese Befragten entsprechen hinsichtlich Alter, Bildung, Einkommen etc. weitestgehend dem Durchschnitt.

Es ist also für Wolfsburg zu konstatieren, dass die Mehrzahl der Bewohnerinnen und Bewohner weder ausschließlich ‚Urbanisten' noch ‚Häuslich-Unauffällige' sind, sondern dass die große Gruppe derer, denen Häuslichkeit, Harmonie im Kreise ihrer Familie und ein Leben in geordneten Bahnen wichtig sind, nicht nur zu ‚Hause hocken', sondern durchaus an öffentlichen Erlebnisangeboten interessiert sind.

So stellt sich die Frage, inwieweit auch die Stadt unter dem Aspekt der Erlebnisorientierung wahrgenommen wird und welche Aspekte dabei besonders betont werden. Ist die eigene Stadt nicht nur für Städtetouristen, sondern auch für die Bewohnerschaft vom Anspruch her vermehrt zur „Kulisse der Erlebnisgesellschaft" (Koll-Schretzenmayr/Burkhalter 2002, 2) geworden?

Tabelle 11: Erlebnisorientierung gegenüber der Stadt in %

Für mich wichtig sind in einer Stadt…..	sehr wichtig	wichtig	teils/teils, (sehr) un-wichtig, w.k./k.A.
eine attraktive Innenstadt mit guten Einkaufsmöglichkeiten	45	46	9
eine lebendige städtische Atmosphäre	28	53	19
kulturelle Angebote, z. B. Theater, Konzerte	24	47	29
viele Angebote, etwas Interessantes zu erleben	21	54	25
viele Möglichkeiten zum Ausgehen (Kneipen, Restaurants, Szenelokale)	16	40	44
herausragende Ereignisse im städtischen Leben (Stadtfeste, große Konzertereignisse)	15	42	43

Frage: „Ob man sich in einer Stadt wohl fühlt, hängt von verschiedenen Dingen ab: manches ist einem wichtig und anderes nicht so wichtig. Ich nenne Ihnen nun einige Bedingungen. Bitte sagen Sie mir jeweils, wie wichtig für Sie ganz persönlich die folgenden Bedingungen sind, ganz unabhängig davon, ob das nun für Wolfsburg zutrifft oder nicht." n=972

In Tabelle 11 wird deutlich, dass die Wolfsburger von der Stadt durchaus Einiges erwarten: vor allem eine ‚attraktive Innenstadt mit guten Einkaufsmöglichkeiten' und eine ‚lebendige städtische Atmosphäre'. Dies dürfte damit zu erklären sein, dass es gerade hieran in Wolfsburg etwas hapert (vgl. hierzu ausführlicher Kap. 3). Aber auch die anderen Erlebnisansprüche, die in engerem Zusammenhang zu den Versprechen der erlebnisorientierten Großprojekten stehen, werden artikuliert: kulturelle Angebote, viele Angebote, etwas Interessantes zu erleben, viele Möglichkeiten zum Ausgehen und herausragende Ereignisse im städtischen Leben. Mehr als der Hälfte der Wolfsburger Bevölkerung ist also so etwas wichtig bzw. sehr wichtig. Und gegenüber den Ergebnissen von 1998 ist hier sogar eine leichte Steigerung der Erlebnisansprüche gegenüber der Stadt zu verzeichnen, d. h. der gesellschaftliche Wandel in Richtung einer stärkeren Nutzung der „Stadt als Erlebniswelt" (Informationen zur Raumentwicklung 1996) ist weiter fortgeschritten. Es ist, als habe die erlebnisorientierte Großprojektpolitik der Stadt diese Ansprüche eher noch etwas gesteigert.

In jedem Fall lässt sich sagen, dass diese erlebnisorientierte Großprojektpolitik der Stadt auf Interesse und eine entsprechende Nachfrage nicht nur bei Touristen, sondern auch bei der einheimischen Bevölkerung stoßen dürfte. Werden sie dieser Erlebnisorientierung auch gerecht?

2.4 Großprojekte als Erlebnisangebote

Vor dem Hintergrund einer doch beachtlichen auf die eigene Stadt bezogenen Erlebnisorientierung der Wolfsburger stellt sich nun die Frage nach der konzeptionellen Ausrichtung der Großprojekte und ihrer Nutzung. Welche Erlebnisse werden angeboten, wie wird der Erlebnisanspruch umgesetzt, und gibt es überhaupt eine Affinität zu dem, was die Wolfsburger an Erlebnisqualitäten präferieren (2.4.1)? In welchem Umfang werden die Großprojekte von den Bewohnern und Bewohnerinnen tatsächlich genutzt und was erleben sie in den Großprojekten (2.4.2)? Und wie sieht es gerade für die Einheimischen, die ja die Projekte ständig nutzen könnten, mit dem Problem der Abnutzung des Erlebniswertes aus: Schaffen es die erlebnisorientierten Großprojekte auch über Jahre hinweg, wirklich ‚Erlebnisse' zu bieten (2.4.3)?

2.4.1 Konzeptionelle Ausrichtung

Alle von uns untersuchten Großprojekte verstehen sich nach eigener Auskunft als Erlebnisanbieter. Deutlich wird dieser Erlebnischarakter im Rahmen der Marketingstrategie der Großprojekte hervorgehoben. So wirbt z. B. das Badeland damit, „das größte Erlebnisbad Norddeutschlands" zu sein und im Prospekt der Autostadt wird darauf verwiesen, dass man sich im „weltweit ersten Erlebnis- und Kompetenzzentrum" befindet (Prospekt Autostadt 8/2005).

Der Erlebnisanspruch kommt auch darin zum Ausdruck, dass die Großprojekte vom Allerpark bis zum Phaeno gezielt erlebnisorientierte Zielgruppen ansprechen und ihre Angebote überwiegend in ästhetischen Begriffen (Schulze 1993, 422) von spannend, gemütlich, aufregend, interessant bis hin zu schön oder stilvoll beschreiben. Der Besuch der Großprojekte werde – so lauten die Versprechungen in der Werbung – zu einem angenehmen und unvergessenen Erlebnis. Auffallend ist weiterhin, dass jedes Großprojekt versucht, seine Angebote mit einer Aura der Einzigartigkeit zu umgeben (Schulze 1993, 441, Hahn 2001, 24). In bewusster Abgrenzung zu dem vom Konzept her ähnlichen Großprojekt namens Universum in Bremen, in dem mit Simulationen gearbeitet wird, verspricht z. B. das Phaeno den Besuchern eine authentische Naturerfahrung und beansprucht damit für seine Einrichtung ein Alleinstellungsmerkmal.

Den Erlebnisanspruch versuchen die Großprojekte nach eigener Auskunft einzulösen, indem sie ihren Besuchern und Besucherinnen über das reine Einkaufen, Baden, Saunieren oder Spazieren gehen hinaus einen Mehrwert bieten. Nicht mehr der bloße Einkauf, sondern Erlebnisshopping, nicht mehr nur Schwimmen und Sauna zur Abhärtung des Körpers, sondern ein Candlelight-Dinner im Badeland, nicht mehr nur das passive Zurkenntnisnehmen von Exponaten, sondern das Selbstentdecken und -erzeugen von Phänomenen steht im Mittelpunkt. Das Cinemaxx verspricht z. B., „mehr als ein Kino zu sein". Alle Großprojekte sind bestrebt, dem Kunden durch spezielle Angebote einen schönen Tag oder ein Erlebnis zu bereiten, wobei das, was als Erlebnis vermittelt werden soll, je nach Einrichtung differiert. Wenn man versucht, die Erlebnisausrichtungen der verschiedenen Großprojekte grob zu bündeln, dann lassen sich nach dem Umfang und Ausrichtung der angesprochenen Erlebnisdispositionen drei Typen unterscheiden:

1. Das ‚Rundum-Angebot' für alle Erlebnisdimensionen: Die Autostadt

In der Autostadt wird durch viele unterschiedliche Angebote (Lesungen, Philosophisches Quartett, Konzerte, Schlittschuhlaufen, Weihnachtsmarkt, Präsentation der Konzernwelt etc.) nahezu die gesamte Palette erlebnisorientierter Bedürfnisdispositionen angesprochen. Das reicht vom Wohlfühlen auf dem penibel sauber gehaltenen Gelände der Autostadt, über den Genuss von Bio-Essen bis hin zum neuerdings sogenannten *„Bildungserlebnis"*. Die Autostadt ist – man höre und staune – wie das Phaeno anerkannter außerschulischer Lernort. Dem Autoabholer wird laut Expertenauskunft ein *„Auslieferungserlebnis"* versprochen und der *„einfache Autostadt-Besucher mit Jahreskarte soll die Möglichkeit vorfinden, hier einfach nur zu chillen, zu relaxen oder zu essen und wieder zu gehen. Und der hochmarkenaffine Lamborghinifahrer, der kann sagen ‚Oh, ist der Lamborghini da oben geil'".* Der *„Erlebniscode"* heiße *„Erleben, Erfahren und vor allem Erinnern: Sie erleben etwas, ziehen daraus eine positive Erfahrung und entscheidend ist, dass Sie dies als eine angenehme Erinnerung mit sich nach Hause nehmen".* Es gehe nicht so sehr darum, das man sage „*das war jetzt aber ein tolles Auto*", sondern „*das war ein erlebnisreicher, interessanter und positiv besetzter Tag in der Autostadt, den Sie dann mit der Marke Volkswagen verbinden*". Die Autostadt versucht also, alle Erlebnisdimensionen vom Wohlfühlen bis hin zum hochkulturellen Genuss aufzugreifen. Hier wird fast alles abgedeckt, was der Erlebnismarkt an Stilrichtungen aufzuweisen hat: vom auf die breite Masse abgestimmten Angebot, dem ‚mainstream' bis hin zu ‚Nischenangeboten' für ein hochkulturell interessiertes Publikum oder Liebhaberangebote für ‚Autofetischisten'. Der komplexe Erlebnischarakter der Autostadt wird auch von anderen Erlebnisanbietern hervorgehoben: „*In der Autostadt wird das Event in großer Meisterschaft vorgeführt.* " Oder: „*Die Autostadt ist ein Mythos, welcher sämtliche Sparten bedient*", so und ähnlich heißt es.

2. Mainstream-orientierte Erlebnisangebote mit unterschiedlicher thematischer Schwerpunktsetzung

Die zweite Gruppe wird gebildet von City Galerie, Allerpark, Badeland, Volkswagen und Eis Arena sowie vom Cinemaxx. Diese Großprojekte versuchen ebenfalls, eine breite Palette von Erlebnisdispositionen abzudecken und kombinieren Wohlfühl- und Gemütlichkeits- mit Unterhaltungs- Spaß- und Selbstverwirklichungsaspekten. Trotz der jeweiligen Schwerpunktsetzung (Sport, Einkaufen, Unterhaltung) ist das Angebot auf die breite Masse ausgerichtet.

Das Einkaufscenter City Galerie definiert sich (ähnlich wie die Designer Outlets Wolfsburg) als Erlebnisort, wobei hier der Schwerpunkt auf Gemütlichkeit, Unterhaltung und einer ‚urbanen' Atmosphäre liegt. Dieses Ziel soll laut Betreiberauskunft nicht nur dadurch eingelöst werden, dass man dort alle möglichen Produkte erwerben kann, die das Leben schöner machen sollen, vor allem soll der Vorgang des Einkaufens selbst Spaß machen und ein besonderes Erlebnis sein. Diesem Ziel werde u. a. durch eine angenehme Einkaufsatmosphäre (sauber, sicher, witterungsunabhängig) und zusätzlich durch „*gewisse Events*" entsprochen, die nicht unbedingt etwas mit Einkaufen zu tun hätten, sondern dazu dienten, „*den Kunden Interessantes zu bieten, ihnen einfach einen Mehrwert zu bieten*". Die City Galerie versteht sich nicht nur als Konsumstätte, sondern es werden ganz generell ihre Aufenthalts-, Wohlfühl- und Unterhaltungsqualitäten herausgestellt. Auch Menschen, die gar nicht einkaufen wollen, seien in der City Galerie willkommen. Deswegen legt man großen Wert darauf, dass die City Galerie atmosphärisch als angenehmer Ort empfunden wird: „*Wir wollen, dass die Leute nicht nur zum Shoppen kommen. Sie sollen zu uns kommen und sich hier wohlfühlen, um die Verweilqualitäten immer mehr zu steigern und dadurch auch die Verweildauer*". Deswegen werden auch vielfältigste Aktionen veranstaltet, z. B. eine Modewoche, ein Modellcasting oder kleinere Ausstellungen. Dazu gehört auch ein

Aufgreifen von stadtbezogenen Ereignissen bis hin zu Marketingveranstaltungen für die Stadt. So hat die City Galerie zum 70sten Stadtgründungsgeburtstag siebzig 70-jährige Wolfsburger und Wolfsburgerinnen zum gemütlichen Kaffeetrinken mit dem Oberbürgermeister und einer Torte einer Wolfsburger Traditionskonditorei eingeladen oder der Stadt die Möglichkeit eröffnet, mit einem eventmäßig gestalteten ‚Tag der Familie' in den eigenen Räumlichkeiten auf die familienfreundlichen Angebote der Stadt hinzuweisen (WAZ vom 16. und 19.2.07).

Der Erlebnischarakter der Einrichtung soll auch durch eine Art urbaner Atmosphäre unterstrichen werden, woraus für die Nutzer ein weiterer Mehrwert – eine Art ‚urbanes Erlebnis' – erwachsen soll. Der ‚urbane' Anspruch des Shopping Centers kommt darin zum Ausdruck, dass es sich selbst als *„ein Kommunikationszentrum der Stadt"* definiert. *„Das Center wird zum Marktplatz in der Innenstadt, übernimmt den Kommunikationsstandort. Hier kommen die Menschen zusammen. "*

Auch im Freizeitpark um den Allersee geht es den Betreibern schwerpunktmäßig um ein Wohlfühlerlebnis: Es soll eine Art Urlaubsstimmung erzeugt werden. Im Badeland werden z. B. *„Familiensonntage angeboten, die einen Urlaubscharakter haben"*. Gleichzeitig wird mit der High-Speed-Rutsche im Badeland und der Wasser-Ski-Anlage im Allerpark die Unterhaltungs- und Selbsterfahrungsdisposition angesprochen. Gerade im sogenannten Funsport-Bereich, bei dem Sport und Erlebnis, aber auch Sehen und Gesehen werden Hand in Hand gehen, bieten sich im Allerpark viele Möglichkeiten. Der Kolumbianische Pavillon bietet mit *„Chillen mit Sundowner"* eine Plattform, wo sich in einem angenehmen Ambiente das erlebnishungrige Partyvolk neben dem anspruchsvolleren Gutverdiener wohlfühlt, man sich treffen und seine Statussymbole (Kleidung, Sportgeräte) in einer zwanglosen Atmosphäre mehr oder weniger subtil präsentieren kann.

Die Eis Arena zielt ähnlich wie die Volkswagen Arena stärker auf Spaß, Action und Unterhaltung ab. Hier ist es den Erlebnisanbietern ein zentrales Anliegen, dass sich die Besucher neben Action und Thrill durch *„eine Top-Atmosphäre und erfolgreichen und sehr attraktiven Sport"* wohl fühlen, was durch eine hervorragende Infrastruktur – dazu gehören saubere Toiletten, anspruchsvolles Catering, Kinderbetreuungsmöglichkeiten etc. – als Reaktion auf gewandelte Kundenansprüche gewährleistet werden soll. Das Multiplex-Kino CinemaxX versucht, ein besonderes Filmerlebnis durch Großbildleinwände und eine besondere Akustik zu erzeugen und deckt den Wohlfühlaspekt durch komfortablere Sitzgelegenheiten ab.

3. Hochkulturelle und experimentelle Angebote

Die dritte Gruppe – vertreten durch Phaeno und Kunstmuseum – hebt sich deutlich von den anderen Einrichtungen ab. Sie sind die einzigen, die nicht explizit auf Gemütlichkeit und Wohlbefinden setzen, sondern im Gegenteil eher eine unterkühlt nüchterne Atmosphäre für sich reklamieren und ein exklusives Kultur- und Selbstverwirklichungserlebnis in Aussicht stellen.

Im Kunstmuseum geht es laut Expertenauskunft darum, die Kunst selbst zu einem Erlebnis werden zu lassen. Kunst soll sinnlich erfahren und erst in zweiter Instanz vergeistigt durchdrungen werden, womit zuallererst der Selbstverwirklichungs- und erst in zweiter Instanz der Bildungsaspekt angesprochen ist. Welcher Stilrichtung der Künstler angehört und mit welchen Mitteln er sein Ziel umsetzt, soll nicht im Zentrum stehen: *„Wir versuchen ganz niedrigschwellig ein hochwertiges Programm anzubieten. Die Leute sollen lernen, sich wieder auf ihre Augen zu verlassen, zu gucken und nicht als erstes sagen: Das ist mir zu kompliziert!"*

Im Phaeno ist die Vermittlung eines naturwissenschaftlichen Selbsterfahrungserlebnisses zentral. Erlebnis bedeutet hier, bei der Besucherschaft den Forschersinn und die eigene Kreativität zu wecken, was durch Experimente versucht werde. Konkret soll nach Expertenauskunft *„die Schönheit der Phänomene als Ausgangspunkt genommen werden, um etwas über Naturwissenschaften zu erfahren und Selbstlernprozesse zu initiieren"*. Es gehe um *„das Erlebnis realer Phänomene, um in einer Mediengesellschaft wieder ein Stück reale Erfahrung zu ermöglichen"*. Dabei sollen die Phänomene so herausgearbeitet werden, *„dass sie ein Erlebnis sind"*. Den Menschen solle nichts vorgetäuscht werden. Alles soll *„durchschaubar sein"*. Die Nutzer sollten stattdessen das Gefühl bekommen, sie könnten, *„der Realität auf die Spur kommen"*.

Alles in allem wird deutlich, dass das neu geschaffene Angebot doch recht umfänglich ist. Vom hochwertigen hochkulturellen Kunstgenuss (z. B. im Kunstmuseum oder einem Konzert in der Autostadt) über das Ausüben von Trend- und Fun-Sportarten und Einkaufsangeboten in (vermeintlich) urbaner Atmosphäre bis hin zum Naturerleben beim Spaziergang, Unterhaltung und Wohlfühlatmosphäre beim Einkaufen: Es wird alles geboten.

Setzt man die Erlebnisangebote der Großprojekte zu den Erlebnisorientierungen der Wolfsburger in Beziehung, so fällt eine beachtliche Affinität auf: Alle Erlebnisdispositionen der Wolfsburger werden mehr oder weniger durch die Großprojekte angesprochen, was wohl auch bewusst intendiert ist, denn: „Um Publikum anzuziehen, müssen die Erlebnisanbieter die Rationalität der Erlebnisnachfrager berücksichtigen" (Schulze 1993, 439). Das Angebot ist im Wesentlichen auf den Mainstream ausgerichtet, es ist gediegen, gemütlich und angenehm, nicht zu ‚alternativ', ‚schräg' oder anspruchsvoll. Es ist eher auf Gruppen – Familien – ausgerichtet, als auf Einzelpersonen. Nicht zuletzt weisen die Großprojekte auch einen engen Bezug zum Selbstbild und ‚Lebensnerv' der Stadt auf (vgl. auch Ackers 2000, 6): Sie sind modern, dynamisch, sportlich, konsumorientiert, von hoher Qualität und etwas Besonderes, wobei die Autostadt in der VW-Stadt Wolfsburg das ‚Nonplusultra' ist.

Bei all den wohlklingenden Zielen der Erlebnisanbieter soll aber nicht vergessen werden, dass der Erlebnismarkt hochgradig kommerziell betrieben wird und das in Aussicht gestellte Erlebnis oft nur ein Mechanismus ist, um die Kundschaft in Konsumlaune zu versetzen. „Mit ihren Strategien versuchen die Erlebnisanbieter, die Handlungsmuster der Erlebnisnachfrager möglichst gut für ihre eigenen Zwecke auszunutzen" (Schulze 1993, 437). So sind z. B. am Selbstverständnis der City Galerie als Marktplatz jenseits des Konsums berechtigte Zweifel angebracht. Erlebnisorientierter Konsum als Spezialfall erlebnisorientierten Handelns ist nach Schulze dadurch charakterisiert, dass nicht abgewogen, sondern spontan reagiert wird (1993, 429). Was liegt da näher, als sich erlebnisorientierte Spontankäufer durch permanente Unterhaltungsangebote und hochwertige Aufenthaltsqualitäten in Massen auf Vorrat zu halten. Unter den Bedingungen des Spontankonsums muss es oberstes Ziel sein, durch permanente Sogwirkungen dafür zu sorgen, dass sich die Kunden, die von einer auf die andere Sekunde in Konsumlaune verfallen können, dann – wenn es soweit ist – auch in der ‚richtigen' Einrichtung befinden, d. h. in diesem Fall: in der City Galerie und nicht in den Designer Outlets oder gar in der Innenstadt. Die kommerzielle Ausrichtung gilt auch für die Autostadt. Auch wenn die Wolfsburger Bevölkerung die Autostadt schon regelrecht als eine ‚normale' Freizeiteinrichtung der Stadt betrachtet, so ist sie doch in erster Linie eine Marketingmaßnahme von Volkswagen mit dem Ziel, vor allem von außen kommende BesucherInnen an die Marke Volkswagen heranzuführen (was bei den Wolfsburgern natürlich längst erfolgt ist).

2.4.2   Nutzung und Erleben

Vor dem Hintergrund einer ausgeprägten generellen und auch auf die Stadt bezogenen Erlebniserwartung der Wolfsburger, die noch dazu konzeptionell von den Erlebnisanbietern aufgegriffen wird, ist davon auszugehen, dass die Großprojekte bei der Bevölkerung auch auf großen Zuspruch stoßen, entsprechend genutzt und als besonderes Highlight erfahren werden.

Wir haben die Wolfsburger gebeten, uns für neun Großprojekte zu sagen, wie häufig sie diese nutzen, wie gut sie ihnen gefallen und auf welches sie am ehesten verzichtlich könnten. Zunächst zeigt sich, dass die Großprojekte insgesamt von der Bevölkerung recht gut angenommen werden (vgl. Tab. 12). Es gibt kein Projekt, was in der Bevölkerung gänzlich unbekannt geblieben wäre. Die City Galerie ist das einzige Großprojekt, das Eingang in das ‚normale' Alltagsleben der Wolfsburger gefunden hat: Mehr als die Hälfte der Befragten sucht sie regelmäßig auf. Das erstaunt insoweit nicht, als man hier eher alltägliche Bedürfnisse, wie Einkaufen oder mal einen Kaffee trinken, an zentraler Stelle erfüllen kann.

Die Besuche der anderen Großprojekte haben dagegen allesamt Ausnahmecharakter. Man besucht sie ein, zwei Mal pro Jahr – auch gern wenn Besuch da ist, um ihm die Wolfsburger ‚Highlights' zu zeigen, aber diese Einrichtungen gehören ganz offensichtlich nicht zum Alltagsleben der Wolfsburger Bevölkerung, aber das entspräche ja auch nicht dem Erlebnisanspruch, der ja gerade nicht alltäglich sein will! Allerpark und Autostadt werden durchaus von beachtlichen Minderheiten mehrmals oder regelmäßig aufgesucht. Dagegen ist in Bezug auf einige erlebnisorientierte Großprojekte (Volkswagen Arena, Eis Arena, Kunstmuseum, Phaeno) zu konstatieren, dass sie von beachtlichen Teilen der Wolfsburger noch nie aufgesucht wurden.

Tabelle 12: Nutzung der Großprojekte durch die Wolfsburger Bevölkerung in %

Großprojekt	noch nie besucht	einmal besucht	mehrmals besucht	regel- mäßig	kenne ich nicht	Insg.	N
City Galerie	1	1	40	58	0	100	971
Allerpark	8	7	58	27	0	100	971
Autostadt	6	9	62	23	0	100	971
Badeland	24	13	47	15	1	100	971
VW Arena	31	20	36	13	0	100	971
Cinemaxx	26	13	49	11	1	100	971
Kunstmuseum	32	28	35	5	0	100	971
Eis Arena	64	15	17	3	1	100	971
Phaeno	54	27	16	1	2	100	969

Frage: „In den letzten Jahren sind hier in Wolfsburg ja einige große Projekte entstanden. Ich nenne Ihnen nun verschiedene große Projekte: Sagen Sie mir bitte jeweils, ob und wenn ja, wie häufig Sie diese schon besucht haben", fehlende Angaben an n=972: keine Angabe

Auch im Hinblick auf die Bewertung der verschiedenen Großprojekte zeigt sich die hohe Präferenz für die Autostadt, den Allerpark und die City Galerie. Sie sind eindeutig die ‚Renner' unter den Großprojekten, die von allen Bevölkerungsgruppen am meisten geschätzt werden. Über 60% der Befragten gefällt die Autostadt am besten von allen Projekten und immerhin ein Drittel hat eine Dauerkarte. Während der Allerpark von über der Hälfte der Wolfsburger und die City Galerie von über 40% besonders präferiert werden, so gilt dies für Badeland und VW Arena immerhin noch für ein Viertel. Dass ihnen gar keines der neuen Großprojekte gefalle, geben lediglich 0,2% der

Befragten an. „Am ehesten verzichten" könnten die Wolfsburger auf die Eis Arena, das Cinemaxx, aber auch auf das Kunstmuseum und das Phaeno.

Mit Kunstmuseum und Phaeno verfügt die Stadt über zwei Kulturangebote, die sich (wie die Autostadt) besonders an auswärtige Gäste wenden. Über die Hälfte der Wolfsburger war (2007) noch nie im Phaeno, das nach Auskunft der Experten von Anfang an ein Reizthema gewesen sei. Das Gebäude mit seiner modernen Architektur ist immer noch stark umstritten und stößt bei vielen Bewohnern ebenso wie der graue Vorplatz auf Ablehnung.

Die unterschiedliche Nutzung und Wertschätzung der Großprojekte in der Wolfsburger Bevölkerung erstaunt nicht. Sie hängt zusammen mit der Vielfalt und dem Abwechslungsreichtum des Angebots, der Höhe des Eintritts, der wahrgenommenen Atmosphäre, aber auch der Lebenslage der Bewohner und Bewohnerinnen, insbesondere aber mit der unterschiedlichen Alltagsrelevanz der Angebote: Man geht einfach häufiger einkaufen als experimentieren.

Auch wenn die Ergebnisse erwartbar waren, so ist doch das insgesamt hohe Interesse der Wolfsburger an den neuen Angeboten bemerkenswert. Die neuen erlebnisorientierten Großprojekte werden zwar nicht quasi täglich besucht, sind aber weitgehend in das sporadische Freizeitverhalten der Bewohner integriert. Das zeigt, dass offenbar das Bedürfnis bei der Wolfsburger Bevölkerung nach speziellen, über den Normalstandard hinausreichenden Erlebnisangeboten nicht unerheblich ist. Diese Aufgeschlossenheit lässt auch erkennen, dass es einen gewissen Nachholbedarf an stärker erlebnisbezogenen Einrichtungen in der eigenen Stadt gab.

„Wolfsburg war früher keine richtige Stadt. Das war ja eigentlich Volkswagen und drum herum wurden Häuser gebaut, damit da welche wohnen konnten, aber das war's auch schon. Genau so grau eben wie VW war Wolfsburg auch und das hat sich eben jetzt geändert durch die ganzen Projekte." (Erzieherin, 56 J.)

Und man zeigt sich angetan über die jeweiligen Angebote: Zum Beispiel beschreibt eine 22-jährige Kinogängerin, dass das Cinemaxx gegenüber dem alten und in die Jahre gekommenen Delphin-Kino viele Vorteile biete. Das normale Kino reiche im Prinzip aus, so wird betont, *„aber wenn man in so einem Riesensaal auf supergepolsterten Sitzen sitzt und dann noch diese Riesenleinwand hat, das ist schon was ganz anderes. Das ist natürlich ein ganz anderes Erlebnis".* Da lohne sich der höhere Eintrittspreis.

Auch der neuen Volkswagen Arena gelingt es aus Sicht der Nutzer gegenüber dem alten Volkswagenstadion am Elsterweg weitaus besser, den gewachsenen Erlebnisansprüchen zu entsprechen. Das neue Stadion sei *„schöner"* und man könne sich da so richtig wohl fühlen. *„Ich empfinde das neue Stadion als sehr attraktiv. Das ist wirklich ein Schmuckkästchen, man fühlt sich wohl, wenn man da hingeht. Es ist hervorragend",* so ein leitender Angestellter. Jetzt – so ergänzt eine 25-jährige Referendarin – könne man auch die Spieler richtig sehen. Alles sei sehr freundlich und auch die Sitzgelegenheiten seien komfortabel. Gegenüber dem alten doch sehr kleinen Stadion sei das – so findet eine 56-jährige Befragte – ein ganz anderes Gefühl. Man könne das Fußballspiel in ganz anderer Weise erleben. Besonders spannend und actionreich sei es natürlich, wenn der FC Bayern München mit seinem Staraufgebot in Wolfsburg auflaufe.

„Es ist ein Highlight, wenn die großen Vereine aus den großen Städten hier in das kleine beschauliche Wolfsburg kommen und hier antreten müssen." (Abteilungsleiter, 51 J.)

Das Badeland gefällt, weil man dort im Unterschied zu den ‚normalen' Frei- oder Hallenbädern eine große Auswahl an Bademöglichkeiten, verschiedenen Saunen und *„allen Schnickschnack"* vorfinde. Das sei *„sehr angenehm"* und *„vom Ambiente schöner"*: *„Da kann man richtig entspannen und mal die Seele baumeln lassen und sich erholen, eben richtig Wellness machen"*.

In besonderer Weise wird der Autostadt ein Erlebnischarakter zugesprochen. Egal, ob es die gastronomischen Möglichkeiten, den Weihnachtsmarkt, die kulturellen Angebote, die Markenpavillons oder die Parkanlage betrifft, alles wird als *„einmalig"*, *„interessant"*, *„schön"* und durchaus auch *„gemütlich"* empfunden. Die Atmosphäre in der Autostadt sei angenehm. *„Es ist wirklich sehr schön aufgemacht und auch inszeniert eben"*, so eine 21-Jährige.

„Die Autostadt ist eine Welt für sich. Wenn Sie da rein kommen, die haben ja nun sehr viel gemacht mit Grünpflanzen, mit diesen Wasserläufen. Das ist sehr gemütlich." (Ehem. Sekretärin, 65 J.)

„Die Autostadt ist unbedingt ein Erlebnis", so ein Befragter. Eine Erzieherin zeigt sich von „magic waters", einer Vorstellung mit Feuer und Wasserfontänen und Laser, völlig begeistert: *„Das ist für mich schon weltstadtmäßig. Also das war ein Erlebnis, wirklich"*. Andere Besucher fühlen sich gar in eine Traumwelt versetzt:

„Der Park ist wie eine Traumwelt. Es ist was Besonderes. Da habe ich das Gefühl, ich bin fast nicht auf dieser Welt, sondern tatsächlich in so einer Art Traumwelt, die wirklich für mich zurechtgemacht wurde. Ja, das ist alles sauber, das ist alles gepflegt, es gibt keinen großen Streit. Man sieht nur fröhliche Menschen dort, weil die Leute, die da letztendlich den Eintritt bezahlt haben, ja nicht missmutig da rein gehen, sondern die sind wirklich fröhlich und staunen. Also Sie tauchen wirklich in so eine Art Ersatzwelt ein. Aber es ist auch draußen schön in der Parkanlage. Da möchte man nicht weg, da sind Riesenbänke, können Sie sich hinsetzen, da ist Wasser und da ist Grün." (mittlerer Angestellter, 47 J.)

Wird Wolfsburg denn nun auf Grund der neuen Angebote stärker als Erlebnis wahrgenommen als vor 10 Jahren? Hier bietet sich ein Vergleich an: In der vorherigen Wolfsburg-Studie wurden die BewohnerInnen schon befragt, inwieweit die Stadt bestimmten Erlebnisansprüchen gerecht würde. Diese Frage wurde nun wieder gestellt. In der folgenden Tabelle 13 sind die entsprechenden Umfragewerte jener Personen gegenübergestellt, denen der jeweilige Aspekt wichtig war bzw. ist, also die Werte der jeweils Interessierten.

Tabelle 13: Vorhandensein erlebnisbezogener städtischer Angebote 1998 und 2007 in % (nur Befragte, denen das jeweils „wichtig" war)

In Wolfsburg gibt es…..	trifft (voll und ganz) zu 1998	trifft (voll und ganz) zu 2007
herausragende Ereignisse im städtischen Leben (Stadtfeste, große Konzertereignisse, z. B. Rolling Stones)	49 (N=54)	58 (N=62)
kulturelle Angebote, z .B. Theater, klassische Konzerte	64 (N=70)	67 (N=72)
viele Möglichkeiten zum Ausgehen (Kneipen, Restaurants, Szenelokale)	49 (N=43)	50 (N=47)

Frage: „Ich nenne Ihnen verschiedene Bedingungen. Bitte sagen Sie mir jetzt, ob diese Bedingungen aus Ihrer Sicht für Wolfsburg zutreffen oder nicht." (trifft voll und ganz zu, trifft eher zu, teils/teils, trifft eher nicht zu, trifft überhaupt nicht zu); 1998: n=1.010, 2008: n=972

Es zeigt sich, dass in allen drei Bereichen die Stadt heute als erlebnisanspruchsgerechter beurteilt wird: sehr deutlich in Bezug auf ‚herausragende Ereignisse' (Events), weniger deutlich in Bezug auf die ‚klassischen' Angebote der Hochkultur wie Theater oder Konzert bzw. Ausgehmöglichkeiten (Kneipen, Restaurants etc.). Und: Dass die Stadt viele Angebote bietet, etwas Interessantes zu erleben, gaben heute (nur 2007 erfragt) ebenfalls 45% der Wolfsburger und Wolfsburgerinnen an. Tatsächlich hat die Nutzung der erlebnisorientierten Großprojekte durch die Wolfsburger Bevölkerung etwas ‚Eventartiges': Man geht hin, wenn in den Großprojekten etwas Besonderes geboten wird, eine Veranstaltung, ein Konzert, eine besondere Attraktion. Und tatsächlich arbeiten die untersuchten Großprojekte sehr stark mit diesem Instrument des ‚Events' auch gerade, um das Besuchsinteresse (der Einheimischen) immer wieder neu zu beleben. Wolfsburg hat also alles in allem seine Erlebnisqualitäten für die Bewohnerschaft steigern können. Auch wenn nach Schulze (1993, 44) Erlebnisse nicht von den Menschen empfangen, sondern von ihnen gemacht werden, so bietet Wolfsburg heute mit den Großprojekten deutlich mehr vor-produzierte Gelegenheiten als noch vor 10 Jahren, die den Bewohnern Gelegenheiten bieten ‚Erlebnisse zu machen'.

2.4.3 Abnutzung des Erlebnisnutzens

*„Erlebnis ist für mich, wen*n *es jedes Mal was Neues zu begucken gibt.*" Damit spricht eine 22-jährige Befragte das Grundproblem erlebnisorientierter Großprojekte an, das in der gegenüber dem Gebrauchsnutzen erheblich schnelleren Abnutzung des Erlebniswertes, dem Abgleiten des Besonderen ins Alltägliche, besteht. „Übersättigte Konsumenten verlangen nach immer Neuem, nach nie da Gewesenem, bei dem Steigerungen kaum mehr möglich erscheinen" (Opaschowski 2000, 19). Die Erlebnisfähigkeit nutze sich mit der Zeit ab. Während bei einem neuen Angebot anfänglich die Faszinierbarkeit ansteige, schwäche sie sich im Laufe der Zeit immer schneller ab. „Auf der Suche nach dem verlorenen Reiz braucht man stärkere Dosen und erlebt weniger" (Schulze 1993, 64f., Krajewski u. a. 2006, 26, vgl. auch Wachter 2000, 36; Köhler 2007, 175). Vor allem die jungen Erlebniskonsumenten seien unerbittlich. „Sie wollen ständig ein neues Ereignis oder zumindest eine Steigerung des Ereignisses" (Opaschowski 2000, 19). Daraus erwächst für die Erlebnisanbieter die dauerhafte Aufgabe, dass Bestehende zu überbieten.

Auch die Wolfsburger Erlebnisanbieter scheinen den Besucherwünschen nach Neuem kaum nachkommen zu können. So sei der Besuch eines Großprojektes *„kein Erlebnis mehr in dem Sinne, sondern das gehört schon mehr oder weniger zum Alltag".*

„In der Autostadt guck' ich auch mal hin, aber das hat stark nachgelassen. Als es aufgemacht wurde, war ich fast jedes Wochenende da und hab mir die Angebote der Marke Volkswagen angeguckt. Die hatte man dann durch. Es wird zwar noch ein bisschen dran rumgebaut und up to date gehalten, aber das kenne ich halt jetzt und von der Landschaftsarchitektur hat mich das sehr gereizt und das kenne ich jetzt auch und da gehe ich jetzt wirklich nur hin, wenn mal was Besonderes los ist." (Anlagetechniker, 37 J.)

Den Betreibern ist das Problem zwar durchaus bewusst. Dass sich aber der Neuigkeitswert derart schnell verschleißt, hat auch sie teilweise überrascht. Der Erlebnishunger der potenziellen Besucher stellt die Erlebnisanbieter jeden Tag vor die Herausforderung, immer wieder etwas Neues zu machen. So ging man z. B. im Phaeno anfangs davon aus, dass man mit der Erstausstattung in den Folgejahren etwas zu bieten hätte, musste dann aber sehr schnell feststellen, dass *„die Erlebnisgesellschaft so hungrig geworden ist, dass immer wieder was Neues kommen muss".* Oft werde gezielt danach gefragt, was es denn Neues gebe. In gleicher Weise äußert man sich im Badeland: *„Wenn wir für einen gewissen Zeitraum nichts machen würden, wäre das ein Rückschritt. Und wenn es nur darum geht, den Frühschwimmern ein Frühschwimmerfrühstück anzubieten. Es muss nicht immer was Großes sein, aber der Gast möchte immer das Gefühl haben, er wird umsorgt, bevorzugt behandelt. Wir müssen immer ein Stückchen mehr machen, weil der Gast, wenn* *er ein paar Mal hier gewesen ist, gerne was Neues haben möchte.*" Durch Besucherbefragungen wird versucht, den sich stetig verändernden Kundenwünschen auf die Schliche zu kommen und in das eigene Konzept zu überführen. Mit wachsenden Ansprüchen sehen sich auch die herkömmlichen Einrichtungen wie die Städtische Galerie oder das Stadtmuseum konfrontiert: *„Die Ansprüche daran, wie ein Museum gestaltet sein muss, sind sehr gewachsen. Es besteht ein hoher Anspruch an Ästhetik und Hochwertigkeit."*

In Wolfsburg kommt nach Auskunft der befragten Experten ein weiteres den Neuerungsdruck verschärfendes Problem hinzu: Durch die vielen Freizeitmöglichkeiten, vor allem aber die hohe Qualität der Angebote der Autostadt seien die Ansprüche enorm gestiegen. Um nicht hinter die Konkurrenz zurückzufallen, müsse man ständig nachrüsten und das Angebot mit neuem Reiz versehen. *„Es wird für uns immer schwerer, was Gutes zu machen, weil der Wolfsburger nicht nur verwöhnt ist, sondern weil er durch die vielen guten Angebote anspruchsvoller wird und selektieren kann"*, so lautet die Klage eines Betreibers.

Wie reagieren die Erlebnisanbieter auf die ‚erlebnishungrige Kundschaft'? Um auch in Zukunft konkurrenzfähig zu sein und den Zulauf zu erhöhen, muss nach Auskunft der Betreiber regelmäßig investiert werden. Auch die Autostadt steht nach Auskunft eines zuständigen Experten unter permanentem Innovationsdruck. *„Wenn Sie jedes Jahr 2 Millionen Besucher haben wollen, müssen Sie was tun."* Bis zum Sommer 2009 sei die Autostadt bereits einmal komplett neu gestaltet worden. Die Art und Weise, wie sich der Konzern nach außen vermittelt, habe sich grundlegend verändert. Am Anfang sei man noch stärker an der Darstellung der Konzerngeschichte interessiert gewesen und man habe stark auf Simulatoren gesetzt. Davon sei man inzwischen abgewichen. Die Technik sei überholt. Die Besucher fänden es nicht mehr so spannend, in solchen Geräten zu sitzen. Es gehe darum, *„wegzukommen von der Freizeitindustrie hin zu Bildung und Kultur"*. Inzwischen ist man dazu übergegangen, positiv besetzte Trends, z. B. Nachhaltigkeit, Bildung oder Ökologie, aufzugreifen, mit dem Ziel, dass sich die Aufgeschlossenheit gegenüber neuen Trends positiv auf das Firmenimage niederschlägt.

Das Badeland investierte zum Beispiel in eine High-Speed-Rutsche und ein Sauna Dorf. Und im Phaeno versucht man mit wechselnden Sonderausstellungen oder thematischen Workshops diese Bedürfnisse zu befriedigen. Aber auch dabei müsse man immer stärker auf herausragende und vielleicht thematisch nicht direkt passende Angebote setzen. So findet man im Programm Angebote wie Modenschauen, Lesungen, Performances, „Party mit Speed-Dating an den Exponaten", „Muttertags-Sonderprogramm" oder Public Viewing im Außenbereich unterhalb der Gebäudescheibe. Dazu gibt es auch Zahlen des Phaeno für das Jahr 2008: Firmenevents wurden von 4.000 Gästen besucht, man veranstaltete 160 Kindergeburtstage, 700 Senioren wurden seit Beginn des Seniorenprogramms im Mai des Jahres gezählt, 11.000 Besucher von Shows und Vorträgen und 5.000 Teilnehmer an Workshops und Seminaren.

Neben dem Angebot von Events besteht eine weitere Strategie der Betreiber darin, durch neue Kombinationen (Vernetzungen, Kombitickets) von unterschiedlichsten Erlebnisangeboten (z. B. Phaeno, Autostadt, Kunstmuseum) eine Erlebnissteigerung zu erreichen.

Die Menschen nehmen die ständigen Bemühungen der Erlebnisanbieter durchaus wahr. *„Das kann man nicht anders sagen, sie lassen sich immer was Neues einfallen"*, so ein Nutzer der Autostadt. Wenn man da aufmerksam durchgehe, könne man immer *„immer wieder was Neues entdecken"*. Dadurch entsteht der Eindruck *„da ist immer was los"*, auch wenn man zu den Mehrfachbesuchern zählt.

Mit der Erlebnisorientierung ist ein hohes Enttäuschungsrisiko verbunden. „Mit dem Projekt etwas zu erleben, stellt sich der Mensch (...) eine Aufgabe, an der er leicht scheitern kann, und dies umso mehr, je intensiver er sich diesem Projekt widmet und je mehr er damit den Sinn seines Lebens überhaupt verbindet" (Schulze 1993, 14). So sind die ‚Urbanisten', also die Befragten, die ausschließlich an Selbstverwirklichung, Kultur, Bildung und Unterhaltung interessiert sind, auch diejenigen, die mit den städtischen Erlebnisangeboten am unzufriedensten sind:

- nur 44% von ihnen sind gegenüber knapp zwei Dritteln der ‚Häuslich-Unauffälligen', also derjenigen, die ausschließlich an Harmonie und Unauffälligkeit interessiert sind, der Ansicht, dass es in Wolfsburg ausreichend städtische Highlights gäbe,
- nur 27% gegenüber 63% sind mit den Ausgehmöglichkeiten zufrieden,
- nur ein knappes Drittel der ‚Urbanisten' gegenüber 46% der ‚Häuslich-Unauffälligen' halten die Möglichkeiten, in Wolfsburg etwas Interessantes zu erleben, für ausreichend.
- Die kulturellen Angebote schneiden dagegen etwas besser ab (60% gegenüber 71%).

Während also ein Teil der Wolfsburger nach immer neuen Highlights Ausschau hält und gar nicht genug davon bekommt, geraten andere durch die neue Angebotslage zunehmend unter ungewohnten Entscheidungsdruck. Geht man zu ‚Movimentos' oder ‚magic waters' oder doch lieber ins Badeland oder schaut man sich den neuen Film im Cinemaxx an? Und wenn man ins Badeland geht: soll man schwimmen gehen oder sich zum Saunaabend mit Fußball-Life-Übertragung anmelden? So erhöhen sich mit dem Vorhandensein von Alternativen und immer neuer Angebote auch die Ansprüche an die eigene Auswahl, immer die Beste von allen möglichen Alternativen zu wählen, eine höchst anspruchsvolle Aufgabe, die den Bewohnern nicht nur zunehmend bewusst wird, sondern auch als anstrengend erlebt wird.

Ein Teil der Befragten berichtet, dass sie sich angesichts der Vielzahl der Angebote regelrecht „erschlagen fühlen" bzw. so etwas wie „Freizeitstress" empfinden. Es gäbe so viele Angebote, dass man die „alle gar nicht mehr wahrnehmen" könne. „Manchmal fehlt die Zeit, dass ich das alles wahrnehmen kann, dann hat man vier, fünf Termine und dann muss man sich also entscheiden – leider". Oder: „Manchmal muss man wirklich gucken: Schaff ich das alles", so lauten typische Kommentare, die so vor 10 Jahren überhaupt nicht artikuliert wurden. Die Organisation der Freizeit wird zur Arbeit! Für die Wolfsburger eine gänzlich neue Erfahrung.

„Das, was in den letzten Jahren kulturell geboten wird, wenn man das nur annähernd nutzen will, da hat man richtig viel zu tun." (Designer, 65 J.)

Ein kleiner Teil der Befragten hat sich deswegen sogar auf den Privatbereich zurückgezogen. Wenn man es ohnehin nicht schafft, die interessanten Angebote wahrzunehmen, dann macht man lieber gar nichts mehr, weil man es ja auch noch am nächsten Tag machen könnte.

„Was sollen denn die Leute alles machen? Man kann ja als Einwohner auch überschüttet werden. Da fehlt die Zeit. Wenn jetzt immer noch mehr an Events dazu kommen, ist das Potenzial an Menschen, die das alles wahrnehmen können, erschöpft. Das schafft man nicht mehr. Dann kann ich's auch gleich lassen." (Abteilungsleiter, 51 J.)

Die Experten bestätigen dies. Nicht nur die Vielfalt und Qualität des Angebots habe sich in den letzten Jahren massiv gesteigert, auch der Umfang des Angebots sei enorm. In Wolfsburg gebe es ein regelrechtes Überangebot an Kultur- und Freizeitangeboten. „Viele Menschen haben damit ein Problem, dass in Wolfsburg so viel stattfindet" und fühlten sich überfordert. Das sei allerdings – so findet ein Experte – ein „tolles Problem, dass die Einwohner aus Wolfsburg sich wirklich gezielt das raussuchen können, was sie gerne machen können. Ich finde, das ist eine tolle Entwicklung. Aber es gibt wirklich das Problem, dass man das Ein oder Andere nicht sehen kann. Das hat sich in den letzten 10 Jahren massiv verändert".

Folge ist, dass man sich nur noch die attraktivsten Angebote herauspickt. Dies beobachten auch die Experten. So sei laut Expertenurteil der hohe Perfektionsgrad der Autostadt prägend für ästhetische Wahrnehmungsmuster der Wolfsburger geworden, wodurch traditionelle bzw. herkömmliche Freizeitvergnügungen, wie z. B. Stadtmuseumsbesuche, Schützenfeste und der städtische Weihnachtsmarkt an Attraktivität bei der Bewohnerschaft eingebüßt hätten, als „piefig" oder „provinziell" empfunden würden.

Die Angebotsfülle ist nicht nur für die Bewohner ein Problem, sondern auch für die Anbieter selbst, die miteinander um die Gunst der Besucher konkurrieren und sich – salopp formuliert – mit zeitgleichen Angeboten gegenseitig das Wasser abgraben. Vor allem ist von einem „*Autostadteffekt*" die Rede: Wenn in der Autostadt publikumswirksame und gar kostenlose Veranstaltungen stattfänden, herrsche in anderen Einrichtungen gähnende Leere. Inzwischen versucht man dem Angebotsüberhang mit verschiedenen Maßnahmen zu begegnen. So hat die Wolfsburger Marketing Gesellschaft eigens einen Event-Manager eingestellt, um eine bessere Koordination der Angebote und eine optimale Auslastung der Einrichtungen zu gewährleisten. Daneben wird in regelmäßigen Treffen der Geschäftsführer bzw. Leiter der erlebnisorientierten Großprojekte versucht, die Veranstaltungen abzusprechen und Konkurrenzen um die Gunst der Gäste im Vorfeld zu vermeiden. „*Wir haben irgendwann gemerkt, dass es keinen Sinn macht, parallel eine Veranstaltung zu machen, weil dadurch keiner gewinnt. Man kann das machen, aber das schadet dann beiden Einrichtungen. So viele Besucher kann man hier nicht erzeugen*". Auch wenn also zeitgleiche Angebotsüberschneidungen von Seiten der Anbieter tatsächlich weitgehend vermieden werden, so lindert das den individuellen Entscheidungsdruck nur partiell, denn die Fülle des Angebots verringert sich dadurch ja nicht.

2.5 Soziale Selektivität der erlebnisorientierten Großprojekte

In der Literatur werden die Großprojekte ja überwiegend kritisch im Hinblick auf ihre Integrationsleistung gesehen. Es wird befürchtet, dass der Umbau der Stadt zum Erlebnisraum vor allem an die wohlhabende Mittelschicht adressiert sei (2.1), während ohnehin benachteiligte Gruppen, z. B. BewohnerInnen mit geringem Einkommen, davon so gut wie gar nichts hätten.

Diese für die gemeindliche Integration zentrale Frage des lokalen Publikums wird unter zwei Aspekten beleuchtet: Zuerst wird anhand der Expertengespräche mit den Betreibern der Großprojekte der Frage nachgegangen, an welche Zielgruppen sie sich wenden und ob sich Hinweise für intendierte Ausgrenzungen finden (2.5.1). Danach wird anhand der Nutzung geprüft, welche Bevölkerungsgruppen die Großprojekte vorrangig nutzen und ob benachteiligte Gruppen von der Angebotsnutzung ausgeschlossen sind und – wenn ja – wodurch diese Ausgrenzungen begünstigt werden (2.5.2).

2.5.1 Zielgruppenorientierung

Um auf dem Erlebnismarkt bestehen zu können, müssen die Erlebnisanbieter nach Schulze (1993, 447) grundsätzlich an einem möglichst großen Publikum interessiert sein. „An der Schwelle des 21. Jahrhunderts beginnt ein neuer Wettlauf der Erlebniswelten. Die Abstimmung findet mit den Füßen statt" (Opaschowski 2000, 18).

Alle von uns untersuchten Großprojekte sind als ‚Leuchtturm-Projekte' zunächst einmal an auswärtigen Gästen interessiert: *„Nur mit den Wolfsburgern allein könnten wir den Laden zu machen."* Die Autostadt lockt Autoabholer aus allen Teilen Deutschlands, das Phaeno versteht sich als *„deutschlandweite Einrichtung"*. Auch das Kunstmuseum wendet sich mit großem Aufwand und hoher Qualität vornehmlich an ein von außen kommendes, nationales, ja sogar internationales Publikum. Badeland und City Galerie haben dagegen mehr eine regionales Publikum im Auge.

Gleichzeitig – und fast mehr als zu vermuten wäre – wendet man sich mit hohem Engagement an das einheimische Publikum. Selbst diejenigen Einrichtungen, die sich vornehmlich nach außen richten, wie eben das Phaeno, die Autostadt und sogar das Kunstmuseum, unternehmen viele Anstrengungen, das Wolfsburger Publikum anzusprechen. Im Prinzip ist also erst mal jeder willkommen, keiner wird von vornherein ausgeschlossen. Dies wird durch eine Palette von Maßnahmen zu erreichen versucht:

- Die Eintrittspreise sind relativ gemäßigt. So bezahlt man als Erwachsener für das Kunstmuseum 8 €, für das Phaeno 12 € und für die Autostadt 14 € Eintritt. Ermäßigungen für einzelne Personengruppen – insbesondere für Kinder – und zu frequenzschwachen Tageszeiten gibt es in allen Einrichtungen. Darüber hinaus bietet sich speziell für die Wolfsburger Bevölkerung mit sehr günstigen Jahreskarten die Möglichkeit, die Angebote regelmäßig wahrzunehmen. Es gibt auch in allen Einrichtungen kostenfreie Angebote, z. B. Tage der offenen Tür.

- Durch ‚niedrigschwellige' Angebote versucht man die enge Zielgruppenorientierung aufzubrechen. Man versucht ganz bewusst ‚Schwellenängste' abzubauen: Das lässt sich vor allem am Kunstmuseum und am Phaeno, zwei Einrichtungen die mit ihrem Angebot noch am ehesten ein kultur- und bildungsinteressiertes und finanzstarkes (Fach-)Publikum ansprechen, deutlich machen. Gerade diese Großprojekte suchen vermehrt eine Anbindung an das Wolfsburger Publikum. So fand z. B. die Ausstellung eines international bekannten Wolfsburger Fotografen (Heinrich Heidersberger) eine große Akzeptanz in der Wolfsburger Bevölkerung. Man sei darauf angewiesen, so eine Mitarbeiterin des Kunstmuseums, *„dass unsere Ausstellungen auch vor Ort angenommen werden."* Eine Modenschau im Kunstmuseum sollte ebenfalls dazu beitragen, auch Menschen, die nicht zum Stammpublikum zählen, an Hochkultur heranzuführen.

- Gezielt wendet man sich auch an diejenigen, die vermeintlich der Einrichtung besonders distanziert gegenüberstehen. So ist die wichtigste Zielgruppe der Autostadt nach Expertenauskunft die Frau zwischen 30 und 40 Jahren, möglichst verheiratet und mit Kindern, weil die Familien nur wiederkommen würden, wenn diese sich wohlfühlten. Männer kämen sowieso. Besonders hofiert (z. B. durch die besten Parkplätze) werden auch Fahrer von „Fremdmarken", die man ebenfalls als potenzielle Kunden betrachtet. Das Phaeno bietet ein Seniorenprogramm an. Ziel sei es, Distanz und Vorurteile bei den Älteren abzubauen. Die eigentlich auf jüngere Zielgruppen ausgerichteten Großprojekte City Galerie und Cinemaxx wenden sich vermehrt an die sogenannten „best-ager". Die vom Ansatz her eher exklusiven und vor allem auf (männliche) VW-Führungskräfte zugeschnittenen Designer Outlets Wolfsburg (DOW) führen breitenwirksame Veranstaltungen durch, um ‚alle' in ihre Einrichtung zu ziehen. Auch die Volkswagen Arena konzentriert sich auf eher fußballferne Zielgruppen: Besonders Frauen und Kinder sollen sich dort wohlfühlen. Durch das Fehlen einer traditionellen VfL-Fangemeinde ist die Volkswagen Arena darauf angewiesen, neue Zielgruppen zu erschließen. „Man muss, um das Stadion zu füllen, andere Schichten erschließen. Dazu gehören Familien, das sind Frauen, Kinder und Jugendliche, die wachsen nach und die entwickeln auch eine eigene Fan-Identität über die Jahre und für die versuchen wir auch gute Angebote zu kreieren".

- Von allen Großprojekten werden Kinder und Jugendliche als Zielgruppe sehr wichtig genommen, entweder um frühzeitig eine Kundenbindung zu erzeugen, um über die Kinder die Eltern als Besucher oder Konsumenten zu gewinnen oder um langfristig Schwellenängste z. B. gegenüber hochkulturellen Angeboten abzubauen. Letzteres gilt zum Beispiel für das Kunstmuseum. Führungen von Schulklassen werden hier als wichtiger Teil einer kompensatorischen Kulturpolitik und Öffnung zur Stadt gesehen. Auch die Autostadt sieht in Kindern eine interessante Zielgruppe ihrer Marketingstrategie: „Der Erfolg davon ist, dass diese Jugendlichen nach Hause gehen und im Freundeskreis und in der Familie über das Erlebte erzählen und dann kommen sie als Erwachsene wieder." Das ohnehin schon stark auf Kinder und Jugendliche ausgerichtete Phaeno bietet in den Schulferien weitreichende Sonderveranstaltungen an. Beim VfL sind die Kinder eine regelrechte Zukunftsinvestition, weil die Wolfsburger im Vergleich mit Traditionsvereinen wie z. B. Eintracht Braunschweig, eine erkennbare Fußballzurückhaltung aufweisen: „Dieses Fußballfieber, dieses Fieber für einen Verein wurde hier nicht von

Generation zu Generation weitergegeben, sondern muss erst von Kindesbeinen an wachsen."

Die meisten Großprojekte wurden von ihrem Selbstverständnis her also nicht von vornherein als sozialstrukturell exklusive Einrichtungen geplant. Selbst dann, wenn sich die Angebote eher an ein einkommensstarkes, kulturinteressiertes Publikum wenden, wird stets die Anbindung an die breite Masse gesucht. Grundsätzlich – das zeigen auch die recht moderaten Eintrittspreise – ist man bemüht, die Angebote weiten Teilen der Bevölkerung näher zu bringen.

2.5.2 Das einheimische Publikum

Die These, dass erlebnisorientierte Großprojekte sozial selektiv wirken, lässt sich für Wolfsburg überwiegend nicht bestätigen. Die meisten Großprojekte (Autostadt, Cinemaxx, Volkswagen Arena, Badeland) weisen nur eine abgeschwächte statusbezogene Nutzung auf. Zwar gibt es gewisse Schwerpunkte nach Bildung, Berufsposition und Einkommen. Diese sind aber meistens nicht sehr stark ausgeprägt. So weist die Besucherschaft der Autostadt keine signifikante Unterschiede nach der beruflichen Position auf und sehr geringe nach dem Bildungsniveau (ein wenig häufiger besuchen Befragte mit Abitur oder Hochschulabschluss die Autostadt). Ähnlich verhält es sich mit Badeland, Cinemaxx und abgeschwächt auch mit der Volkswagen Arena. Die nur schwach ausgeprägte statusbezogene Nutzung liegt neben dem breiten Interesse an diesen Einrichtungen auch daran, dass ein Teil der Angebote entweder kostenlos oder (wie z. B. die regelmäßig stattfindenden Lesungen in der Autostadt) zu einem relativ günstigen Preis angeboten wird. Im Hinblick auf ihre soziale Selektivität ragen nur zwei Typen von Großprojekten aus der Masse der gering sozialstatusgeprägten Nutzung heraus: Einerseits Großprojekte, die von allen Statusgruppen gleichermaßen genutzt werden und andererseits gerade mal zwei Großprojekte mit ausgeprägter statusbezogener Besucherstruktur.

Großprojekte, die nahezu alle Statusgruppen in gleicher Weise ansprechen

Der Allerpark und (erstaunlicherweise) die City Galerie sind für alle Statusgruppen in nahezu gleicher Weise attraktiv, d. h. für alle Bildungs-, Berufs- und Einkommensgruppen. Lediglich Besserverdienende (Pro-Kopf-Einkommen von 1.500 € und mehr) sind unter den regelmäßigen Nutzern des Allerparks und Befragte mit hoher Berufsposition unter den regelmäßigen Nutzern der City Galerie etwas häufiger zu finden. Dafür sind aber Bewohner und Bewohnerinnen in prekärer Erwerbslage, die viele andere Angebote (von der Autostadt über Badeland, Phaeno, Eis Arena, Volkswagen Arena bis hin zum Kunstmuseum) nur unterdurchschnittlich häufig nutzen (können), genauso häufig am Allersee und auch in der City Galerie zu finden wie alle anderen sozialen Gruppen auch.

Die schichtübergreifende Attraktivität dieser beiden so unterschiedlichen Einrichtungen – der an kommerziellen Zwecken orientierten City Galerie und des Allerparks mit seinen vielfältigen freiraumbezogenen Nutzungen – hat verschiedene Gründe: Die Befragten sehen die Besonderheit des Allerparks zum einen darin, dass der Freizeitpark (wie von den Erlebnisanbietern geplant) eine Wohlfühl- und Urlaubsstimmung aufkommen lässt. *„Man hat das Gefühl, Urlaub zu haben, so ist das Ganze aufgebaut"*, betont ein 61-jähriger Facharbeiter.

„Da waren wir den ganzen Sommer über. Super toll, was die daraus gemacht haben, 1 A. Da steht jetzt der Kolumbianische Pavillon, dann haben sie halt 'nen Steg raus gebaut in den See rein und da haben sie noch so 'ne kleine Bar gemacht, im Sommer standen da auch Liegestühle mit Palmen aufgestellt. Und da spielen die halt auch immer so tolle Musik. Da mache ich die Augen zu und ich bin im Urlaub." (Sachbearbeiterin, 22 J.)

Zum anderen wird betont, dass ein Aufenthalt im Allerpark viele Anregungspotenziale biete, dass er umfassende auch spontane Verhaltensäußerungen zulasse und so gut wie nichts verbindlich nahe lege und dadurch insgesamt ein größtmögliches Maß an selbstbestimmten Handeln ermögliche. Immer wieder wird gerade auch in Abgrenzung zu anderen Großprojekten betont, dass man dort keinen Eintritt zu bezahlen brauche, *„man muss nichts verzehren"*, sondern könne dort verweilen, *„einfach nur bummeln"*.

„Wenn Sie die Gestaltung mal sehen, man hat doch das Gefühl, das ist ganz angenehm. Man kann rumgehen, man muss nichts verzehren, man hat Sitzmöglichkeiten, das ist ganz wichtig. Ich finde es gut, wenn man da mal sitzt, da betätigen sich welche sportlich, also da ist was im Gange, da bewegt sich was an der Wasserskianlage. Man sieht die Leute, die abgestürzt sind, wie sie an Land schwimmen. Die ganze Ecke ist gut gestaltet. Man kann ein bisschen gucken, man geht spazieren, noch einen Kaffee trinken oder ein Eis essen." (Frührentner, ehem. Facharbeiter, 61 J.)

Man könne Leute treffen, *„Menschen beobachten"*, z. B. einen Cocktail auf dem Ponton im Allersee trinken oder sich als Wasserskiläufer profilieren. Man kann dieses und jenes machen oder auch nicht, kurzum: sich nach Lust und Laune treiben lassen, sich aus dem Gebotenen spontan das herauspicken, was man gerade will. Es gibt vielfältigste Aneignungsmöglichkeiten und für jeden ist etwas dabei. Und: Man ist nicht allein! Es ist wohl gerade diese spezifische Atmosphäre, die vieles erlaubt und wenig erzwingt, die Menschen unabhängig von der Schichtzugehörigkeit als angenehm erleben und an einem Ort zusammenführt. Für den Allersee verdeutlicht das folgendes Beispiel:

„Das ist einfach die Möglichkeit, dass ich da alles habe. Ich kann mich bewegen, kann da drum rum laufen, ich kann da mit dem Fahrrad hinfahren und ich kann da auch ins

Wasser gehen. Ich kann auf der anderen Seite da faul in der Sonne oder ein bisschen im Schatten liegen und kann auch noch mal einen Cocktail trinken im Kolumbianischen Pavillon und das ist ganz passabel." (Pädagoge, 54 J.)

Der Allerpark ist das *„absolute Highlight für die Wolfsburger"*, vor allem für Wolfsburger Familien. Hauptzielgruppe waren aber mal Familien von auswärts, die zum Kurzurlaub herkommen und die unterschiedlichen touristischen Angebote in Wolfsburg nutzen sollten. Deswegen ist der Allerpark ursprünglich ausgebaut und mit EU-Mitteln gefördert worden. Die Erfahrungen haben aber gezeigt, dass der Allerpark keine Menschen von außerhalb anzieht. Insofern betrachten ihn jetzt auch die städtischen Experten als *„eine überwiegend für Wolfsburger von Wolfsburgern konzipierte Anlage"*.

Es mag verwundern, dass sich die atmosphärischen Beschreibungen der kommerziell ausgerichteten City Galerie nur unwesentlich von denen des Allerparks unterscheiden. Obwohl die City Galerie auf Konsum ausgerichtet ist und durch eine Hausordnung bestimmte Verhaltensweisen von vornherein ausgeschlossen werden, empfinden die Menschen offenbar keine direkten Verhaltenszwänge. Es besteht bei der Bevölkerung im Gegenteil der Eindruck, dass man sich in der City Galerie völlig frei verhalten könne. Man treffe Leute, könne planlos durch die Passagen und Geschäfte schlendern ohne zu kaufen, sich auf eine Bank setzen und Menschen begucken. Genau diese Multioptionalität aber unterscheidet den Zweck- vom Erlebniskauf. Letzterer trägt deutlich hedonistische Züge und das Einkaufen ist eher durch planloses durch die Passagen und Geschäfte Schlendern gekennzeichnet, oftmals sogar, ohne etwas zu kaufen (Hellmann 2008, 36).

„Das innere Flair in der City Galerie, das ganze Flair, das ist sehr gut ausgebaut, und viele Menschen laufen rum, da treffe ich mal den und jenen. Da ist alles in einem und auch gemütlich. Man geht einmal rum, man kann oben einmal rum gehen, Geschäfte sich angucken, was alles so gibt. Man kann auch gut verweilen, man kann sich überall hinsetzen." (Rentner, ehemals Geschäftsführer, 67 J.)

Dass die City Galerie von den Wolfsburgern fast wie ein nicht kommerziell genutzter Freizeitort empfunden wird, hängt eng mit dem oben beschriebenen Marketing-Konzept zusammen, bei dem nicht mehr die pure Ökonomie, sondern gerade (und in höchstem Maße strategisch) der nicht-ökonomische Mehrwert – das ‚Wohlfühl'-‚Gemütlichkeits-' und ‚Unterhaltungserlebnis' – in den Vordergrund gestellt wird, der die Wolfsburger irgendwie alle anzusprechen scheint. Konsumeinrichtungen lassen sich keineswegs mehr auf reine Kommerz-Räume reduzieren. Beim Erlebnisshopping geht es immer auch um den Konsum von Räumen (Hellmann 2008, 39), die als kunstvolle Erlebniswelten mit hoher atmosphärischer Aufenthaltsqualität gestaltet werden. „So nutzen etwa Jugendliche solche Orte als Treffpunkte zum ‚Abhängen', und Familien verbringen dort einen Teil ihrer Freizeit" (Ronneberger 2001, 94).

Mit der City Galerie und dem Allersee verfügt Wolfsburg also über zwei Großprojekte, die von einem breiten heimischen Publikum genutzt werden und denen offensichtlich die Erfüllung vielfältigster Konsum-, Erholungs- und Erlebnisansprüche gelingt.

Großprojekte mit ausgeprägter statusbezogener Besucherstruktur

Die statusabhängige Nutzung gilt in besonders ausgeprägter Weise für das Phaeno und das Kunstmuseum. In keiner anderen Einrichtung sind die statusbezogenen Differenzen zwischen Nutzern und Nichtnutzern so groß wie hier: Je höher die Sozialstatusposition ist, desto häufiger nutzen die Wolfsburger diese Einrichtungen (vgl. Tab. 14).

Tabelle 14: Besuchshäufigkeit des Kunstmuseums nach beruflicher Position in %

Besuchshäufigkeit	Berufsposition			Insg.
	einfach	mittel	hoch	
noch nie besucht	46	31	17	32
einmal besucht	31	27	25	28
mehrmals besucht	21	37	48	35
regelmäßig besucht	2	5	10	5
Insgesamt	100	100	100	100
N	234	348	187	769

Ohne: „weiß nicht"/keine Angabe/„kenne ich nicht". Zur Bildung des Indikators ‚berufliche Position' vgl. Kap. 1

Jeweils fast 60% der Befragten mit hoher Berufsposition (und auch hoher Bildung) im Vergleich zu nur etwas über 20% mit niedrigem Sozialstatus haben das Kunstmuseum in den letzten Jahren bereits mehrmals oder regelmäßig besucht. Dagegen sind Befragte in prekärer Beschäftigungssituation, jene mit geringem Pro-Kopf Einkommen, mit niedriger Bildung und Berufsposition (vor allem Arbeiter) deutlich häufiger als der Durchschnitt ‚noch nie' im Kunstmuseum gewesen. Im Phaeno zeigt sich ein ähnliches Bild (vgl. Tab. 15):

Die Besucher des Phaeno (so weit es die einheimische Bevölkerung betrifft) sind also ebenfalls eher Sozialstatushöhere, also Gebildete, Befragte mit hoher beruflicher Position und Besserverdienende: Zum Beispiel haben fast 60% der Befragten mit hoher Bildung im Vergleich zu 33% der Befragten mit niedriger Bildung das Phaeno schon besucht. Dagegen waren jeweils 67% der Befragten mit niedrigem Bildungsniveau und in prekärer Beschäftigungslage ebenso wie Arbeiter und Arbeiterinnen überdurchschnittlich häufig ‚noch nie' im Phaeno.

Tabelle 15: Besuchshäufigkeit des Phaeno nach Bildungsabschluss in %

Besuchshäufigkeit	Bildung			Insg.
	einfach	mittel	hoch	
noch nie besucht	67	54	40	55
einmal besucht	20	28	38	28
Mehrmals besucht	12	17	20	16
regelmäßig besucht	1	1	2	1
Insgesamt	100	100	100	100
N	304	399	222	925

Ohne: „weiß nicht"/keine Angabe/„kenne ich nicht". Zur Bildung des Indikators ‚Bildungsabschluss' vgl. Kap.1.

Schaut man sich die Segregationseffekte in den verschiedenen Wolfsburger Großprojekten etwas genauer an, so spielen direkte Zugangssperren (z. B. Hausordnungen oder Türsteher, die bestimmten Personen den Eingang verwehren) kaum eine Rolle. Eine größere Bedeutung kommt anderen Mechanismen zu:

Zum einen spielen finanzielle Barrieren eine Rolle. Ein Teil der Wolfsburger mit geringem Einkommen kann sich die Eintrittspreise nicht leisten. Nach Ansicht eines Experten aus dem sozialen Bereich betrifft das in Wolfsburg über 2.000 Familien mit Kindern, die von Arbeitslosengeld II/Sozialhilfe leben: *„Die sind mehr oder weniger von solchen Ereignissen ausgeschlossen."*

Zum anderen wirken auch die von den Einrichtungen angesprochenen Erlebnisdispositionen hochgradig selektiv. Phaeno und Kunstmuseum setzen vom Konzept her auf Selbstverwirklichungs-, bildungsbezogene und kulturelle Erlebnisorientierungen, die sich eher bei Statushöheren finden. Die Aussagen der Nutzer des Phaeno machen deutlich, dass dieses Großprojekt eine grundsätzliche Offenheit für neue Erfahrungen und Abwechslung voraussetzt. *„Das Phaeno ist für mich interessant, weil es sehr, sehr technisch ist und weil man da was ausprobieren kann. Da kann man ja richtig spielen. Das ist schön und gewaltig".* Ein Befragter spricht begeistert von *„Eventphysik",* die dort geboten werde. Auch die kulturellen Veranstaltungen setzen eine gewissen Neugierde und Offenheit für Neues voraus. Beim Kunstmuseum wird herausgestrichen: *„Endlich gibt es hier auch mal Angebote für Leute mit kulturellem Anspruch."* Die hohe Wertschätzung des Angebots schließt in den allermeisten Fällen auch eine Begeisterung für die außergewöhnliche und kostspielige Architektur des Gebäudes mit ein, zumindest aber findet man sie *„interessant", „futuristisch"* oder meint, dass *„die Architektur zum Inhalt passt".*

„Zaha Hadid, die Architektin, die hier nach Wolfsburg zu holen für so ein Projekt, also da muss ich sagen, ‚Hut ab', also das war schon echt doll und das kommt ja auch super an. Ich finde es gut, dass sie hier nicht so einen billigeren Bau hingesetzt haben

von irgend 'ner Architektin, die nur ein Drittel von dem bekommt, was die Zaha Ha-
did da bekommt. Nein, das finde ich toll, dass man auch den Mut hat und sagt, was da
steht, steht dann 100 Jahre und das muss super sein. " (Selbständiger, 65 J.)

Die Architektur des Gebäudes wird als „*gigantisch*" oder „*bombastisch*" beschrieben und bei einem ersten Besuch als verwirrend und aufregend erlebt
(eben nicht langweilig!). So sei z. B. nicht sofort zu erkennen gewesen, wo
der Anfang, wo das Ende und vor allem, wo sich der Eingang des Gebäudes
befinde. Innen sei es, „*wie ein Labyrinth. Es gibt ja keine Wände, die wirk-*
lich eckig sind. Das ist ja alles fließend irgendwie. Es gefällt mir. Es ist ein-
zigartig."

Mit so viel Unerwartetem und nicht Vertrautem kann aber offenbar ein
Teil der Wolfsburger nichts anfangen und fühlt sich regelrecht überfordert
und orientierungslos, was in der Äußerung eines Rentners zum Ausdruck
kommt: „*Ich habe noch immer ein bisschen Schwierigkeiten damit irgendwie*
was anzufangen, was da drin geboten wird." Mit der dort präsentierten modernen nüchternen Architektur aus Glas und Beton dominieren bestimmte ästhetische Zeichen, die bei Bevölkerungsgruppen mit niedrigerem Sozialstaus
seltener Neugier wecken oder einen Aufforderungscharakter besitzen, die
Einrichtung zu betreten, sondern eher als Zugangsbarriere wirken.

„Ich war noch nie im Phaeno. Das interessiert mich auch nicht. Weil der Bau mich
nicht interessiert, mag ich schon gar nicht reingehen." (Kosmetikerin, 21 J.)

„Dies Phaeno ist ein hässlicher Klotz und ringsum ist es kahl. Das äußere Erschei-
nungsbild von diesem Platz ist so hässlich, das stößt mich ab. Deshalb gehe ich da
nicht rein." (Rentner, ehemals Arbeiter, 66 J.)

Diese Beispiele verdeutlichen sehr gut die Desorientierungen und die Über-
forderungen, die von Großprojekten ausgehen können, wenn sie baulich und
konzeptionell doch sehr grundsätzlich dem abweichen, was Menschen
gewöhnt sind. Gerade bei jenen mit einer vorrangig an Harmonie orientierten
Lebensweise (das sind ja eher Ältere und Bildungsferne) begünstigen solche
Angebote Angst vor Neuem, Unbekanntem und Konflikthaftem und erzeugen
manchmal sogar völlige Ablehnung: „*Das Phaeno können sie von mir aus*
wieder dem Erdboden gleich machen, das ist nutzlos, das interessiert mich
nicht", so eine 66-jährige ehemalige Arzthelferin.

Eine weitere Barriere für den Besuch dieser Großprojekte ist auch in der
statusbezogenen Homogenität des Publikums selbst zu sehen. Im Kunstmuseum und im Phaeno (und auch in hochkulturorientierten Veranstaltungen der
Autostadt) treffe man, so heißt es, die städtische Elite, was Statushöhere offenbar sehr zu schätzen scheinen. Hier ist man weitgehend ‚unter sich' und
kann, was ebenfalls wichtig ist, seine Gruppenidentität ausdrücken und sich
distinktiv gegenüber anderen verhalten, denn Menschen nutzen Einrichtungen nicht nur wegen des Angebots, sondern auch „um sich wiederkennen zu

können" (Bittner 2001, 23). Langfristig baut sich über die Merkmale der Nutzer ein Image der Einrichtung auf, das den Erlebnisnachfragern dann als Code dient (Schulze 1993, 465). Statusniedrigere scheinen solche exklusiveren Zirkel eher abzuschrecken.

„Wen trifft man denn da? Die Etepetete-Leute, die da in dieses neue Kunstmuseum gehen?" (ehemalige einfache Angestellte, 73 J.)

Zu dem Gefühl, nicht dazu zu gehören, gesellen sich empfundene Normierungen, wie z. B. subtile Kleidernormen bei entsprechenden Events, die Personen, die es nicht gewöhnt sind oder es schlichtweg nicht mögen, sich vor Publikum zu präsentieren, von der Teilnahme abhalten. Durch die Großprojekte und die auswärtigen Gäste wird ein Teil der Bewohner mit Verhaltenserwartungen konfrontiert, die sich mit den eigenen bestehenden Verhaltensweisen reiben.

„Events sind teuer und schon wieder zu abgehoben, um mal locker sein zu können. Man muss sich auch wieder bestimmt kleiden, um wirklich dort hingehen zu können. Das mag ich aber alles gar nicht. Wenn ich gemütlich sein will, dann möchte ich 'ne Freizeitkleidung anziehen können, nach meiner Auswahl, ohne dass ich jetzt in irgendwelche Zwänge reinkomme." (Anlagentechniker, 37 J.)

Dies alles sind sozialstatusgebundene Unterschiede der Aneignungschancen von Einrichtungen, die im Endeffekt dazu führen, dass statusniedrigere soziale Gruppen die stärker sozial selektiven Großprojekte nur unterdurchschnittlich nutzen.

Wenn man abschließend versucht, abzuschätzen wie hoch der Anteil der Wolfsburger etwa ist, an denen die Großprojekte mehr oder weniger vorbeigehen, die möglicherweise kein Interesse haben, die ausgegrenzt wurden oder diejenigen, die Großprojekte ablehnen, so lässt sich auf Grund unterschiedlicher Befunde zunächst eine Gruppe von etwa einem Viertel der Befragten ausmachen, die nicht aktiver geworden sind, die die Angebote in der Stadt nicht häufiger nutzen und die sich eher häuslich-unauffällig verhalten, sich lieber im Kreise der Familie aufhalten, ihren Kleingarten aufsuchen oder sich im Sportverein betätigen. Hin und wieder geht man in die City Galerie oder macht einen Spaziergang im Allerpark, zu einem Spitzenspiel war man sogar schon mal in der Volkswagen Arena. Diese Gruppe hat sich von all dem nicht anstecken lassen. Man kann den erlebnisorientierten Großprojekten nicht viel abgewinnen, weil man zu alt, zu arm, zu wenig gebildet oder zu wenig an Spaß, Kultur, Unterhaltung oder Selbstverwirklichung interessiert ist und weil der Lebensstil auf den häuslichen Bereich konzentriert ist. Das heißt nun aber keineswegs, dass diese Gruppe von den Großprojekten vollständig ausgegrenzt wäre oder dass man ihnen besonders kritisch gegenüber stünde. Dies trifft allenfalls für etwa 5% der Befragten zu. Sie sind den Großprojekten gegenüber am kritischsten eingestellt. Man hält diese für überflüssig. Arbeitslose, Bildungsferne und Menschen mit wenig Geld sind angesichts ihrer eigenen schwierigen Lebenssituation deutlich ablehnender und fühlen sich zum Teil auch ausgegrenzt. Seitdem die Stadt auf Großprojekte und Tourismus setzt, so heißt es, seien die Preise in der Innenstadt, z. B. für einen Kaffee, deutlich gestiegen. Das Gefühl, dass die Politik nur noch für die Touristen plant und nicht für die eigene Bewohnerschaft, ist bei ihnen stark verbreitet.

„Hartz IV-Empfänger wie ich können sich das alles nicht mehr leisten. Man kann nirgendwo mehr reingehen. Wenn Sie heute 'ne Tasse Kaffee trinken wollen, zahlen sie 3,50, wer kann denn das bezahlen, wenn sie gerade mal etwa 400 Euro im Monat bekommen. Ich finde, die Kosten sind im Allgemeinen gestiegen und dadurch dass die Stadt ziemlich auf Tourismus abfährt, noch mehr. Die Preise sind für so'n kleinen Menschen unverschämt." (Arbeitslose, 47 J.)

„Der Besuch der Autostadt ist mit Kosten verbunden. Früher hatten wir eine Jahreskarte. Da waren wir wirklich oft drin. Seitdem wir beide arbeitslos sind und uns das aber nicht mehr leisten können, gehen wir da jetzt einfach nicht mehr hin." (Arbeitslose, 56 J.)

Für diese Bewohner hätte es all dessen nicht bedurft. Für ihr Leben hat die Politik der Großprojekte nichts gebracht. Angesichts der neuen ‚Glamour- und Glitzerwelt' stellen sich ihre Lebenssituation und ihre Teilhabechancen als noch bedrückender als vorher dar. Durch die steigende sozialstrukturelle Differenzierung, insbesondere die erheblich angewachsene Gruppe gehobener Sozialschichten, die auch noch sichtbarer im Stadtraum werden und bestimmte Großprojekte ‚besetzen', entsteht bei Armen und Arbeitslosen ein stärkeres Gefühl von Ausgrenzung. Die empfundene Kluft zwischen eigenem Lebensstil und wahrgenommenen neuen Verhaltenserwartungen wächst und damit auch das Gefühl von Überforderung. Durch mehr oder weniger subtile Konsumzwänge, aber auch durch eine Art symbolischer Sperren wie Kleidungs- oder Verhaltsnormierungen, Architektur und Atmosphären und nicht zuletzt durch Eintrittspreise werden sie ausgegrenzt – und zwar mehr als vorher. Bei Armen und Arbeitslosen kann dann leicht das Gefühl entstehen, *„dass für einen selber nichts mehr gemacht wird"*.

Ganz anders fällt dagegen die Reaktion Statushöherer aus. Sie bilden das andere Extrem: die Gruppe der ‚Vielnutzer'. Sie sind an Unterhaltung, Selbstverwirklichung, Kultur und Bildung interessiert, nehmen gerne am öffentlichen Leben teil und sie zählen zu den Befürwortern der neuen Stadtpolitik. Sie sehen deutliche Verbesserungen, loben die positiven Auswirkungen und sind regelrecht begeistert von der neuen Stadtpolitik: *„Wolfsburg wird immer interessanter, als Erlebniswelt mit Autostadt, Phaeno, Badeland, Volkswagen Arena und und und. Was da alles geboten wird!"* (leitender Angestellter, 51 J.). Dass Statushöhere von den Angeboten schwärmen, ist für

Wolfsburg ein relativ neues Phänomen. Dort hatte sich die Infrastrukturpolitik ja lange Jahre am Wolfsburger Normalbürger – und das war der VW-Arbeiter – orientiert, während für die kleine, aber stetig wachsende Gruppe der Schichthöheren nur wenige Integrationsmöglichkeiten bestanden. Mit den Großprojekten hat sich das offenbar verändert. Gerade die finanziell Bessergestellten Wolfsburger mit hoher Bildung, die noch vor zehn Jahren gar nicht gut auf die Stadt zu sprechen waren, nutzen heute vermehrt die neuen Angebote und haben sich auch etwas mehr auf die Stadt eingelassen.

2.6 Großprojekte und Identifikation mit der Stadt

Es ist deutlich geworden, dass die meisten erlebnisorientierten Großprojekte Eingang ins sporadische, nicht-alltägliche Freizeitverhalten der Mehrheit der Wolfsburger gefunden haben. Obwohl anfangs durchaus skeptisch betrachtet, hat sich die Bewohnerschaft inzwischen die Großprojekte angeeignet. Ganz besonders gilt das für den Allerpark, die City Galerie und auch die Autostadt. Obwohl die Wolfsburger Großprojektpolitik bestimmte Bevölkerungsgruppen mehr bedient als andere, so ist sie aber offenkundig nicht umfassend zu Lasten bestimmter Teile der Bevölkerung gegangen. Entsprechende Befürchtungen in der Literatur haben sich nicht in dem vermuteten Umfang bestätigt: Die integrativen Wirkungen der Großprojektpolitik überwiegen bei weitem die desintegrativen, was vermutlich auch mit der Breite des Angebots in Wolfsburg zu tun hat und nicht unbedingt typisch für andere Städte sein muss.

Es gibt kleinere Bevölkerungsgruppen, Bewohner mit niedrigem Sozialstatus, insbesondere aber jene in prekärer Erwerbslage, die sich von den Großprojekten nicht sonderlich angesprochen fühlen. Ein kleiner Teil der Wolfsburger, so ein Experte, nehme das qualitativ hochwertige Angebot gar nicht wahr, sondern sehne sich eher nach Bodenständigem. Manchem Wolfsburger sei es wichtiger, dass die Straße, die durch sein Wohngebiet führt, anständig geteert ist, als die Tatsache, das Lech Walesa hier zu Besuch kommt oder Nigel Kennedy in der Autostadt auftritt. Vollkommen ausgegrenzt – das zeigen unsere Ergebnisse – werden nur wenige. Das Angebotsspektrum ist so vielfältig, dass die unterschiedlichen Interessenlagen und Erlebnisausrichtungen der meisten Wolfsburger mehr oder weniger zufriedenstellend ‚bedient' werden können: Der Allerpark ist für alle da. Die City Galerie ist besonders attraktiv für die jungen Erwachsenen. Die Volkswagen Arena wird besonders von Männern aufgesucht, das Badeland nutzen eher junge Wolfsburger Familien.

Daneben ist es in beachtlichem Umfang gelungen, das bildungskulturelle Angebot gerade auch für die gehobeneren Mittelschichten zu verbessern, die lange Zeit in relativer Distanz zur Stadt standen. Zwar gilt damit auch für Wolfsburg, dass sich die Stadt in besonderer Weise für finanzkräftige höhere Schichten hergerichtet hat, aber eben nicht ausschließlich. Außerdem bestanden in Wolfsburg lange Jahre für Schichthöhere keine adäquaten Angebote. Insofern hat die tendenzielle Ausrichtung der Stadtentwicklung auf Schichthöhere hier gewissermaßen zu einem Ausgleich beigetragen.

Wichtig ist aber noch ein anderer Punkt. Wenn auch vielleicht nicht alle Wolfsburger gleichermaßen ganz praktisch aus den erlebnisorientierten Projekten für sich Gewinn gezogen haben, so profitieren doch die meisten auf einer mehr symbolischen Ebene von einem gestiegenen Selbstwertgefühl als Wolfsburger:

„Vorher haben die Kollegen aus Braunschweig immer gelästert: Nee, Wolfsburg – so schnell wie möglich nach Hause. Und da sind die ganzen Wolfsburger immer nach Braunschweig gefahren und jetzt ist das oft anders rum, dass die hier uns besuchen und wo hingehen." (Sachbearbeiterin, 22 J.)

Nicht nur in Gesprächen mit auswärtigen Kollegen oder Bekannten, sondern auch anhand der Berichterstattung in überregionalen Medien über die Großprojekte in Wolfsburg (und nicht über Volkswagen) nehmen die Menschen eine Aufwertung ihrer Stadt wahr. Einen besonderen Beitrag leistet dabei aus Sicht der Befragten der VfL Wolfsburg, der zumindest in der Welt der Fußballbegeisterten die Stadt zu einer erstklassigen Adresse werden ließ[10]. Die Leute von auswärts seien von dem neuen Stadion regelrecht begeistert. Selbst im chinesischen Fernsehen könne man Bundesligaspiele in Wolfsburg verfolgen, so ein Befragter. Als *„ganz normaler Fernsehzuschauer"*, so eine Erzieherin, bekomme man mit, wie häufig über das Phaeno berichtet werde, sei es, dass die Architektin Zaha Hadid den *„Oskar für Architektur"* bekommen hat oder dass das Phaeno – was im Guardian zu lesen war – neben dem Opernhaus in Sydney oder dem Empire State Building zu den zwölf wichtigsten und bedeutendsten Bauwerken der Welt gewählt wurde. Insgesamt sind 70% der Wolfsburger der Ansicht, dass die Stadt durch die Großprojekte „enorm an Ansehen gewonnen" habe.

„Mein Neffe ist in Amerika verheiratet und seine Frau arbeitet für die Times. Die waren extra hier in Wolfsburg – Autostadt, Kunstmuseum und Ritz-Carlton. Da habe ich gedacht: Boah, da kommen die hier nach Wolfsburg und schreiben über die Stadt einen Bericht und der wird in Amerika veröffentlicht!" (Rentner, ehem. Designer, 65 J.)

Auch relevante Bezugsgruppen, wie z. B. der eigene Besuch sind begeistert:

„Neulich waren Verwandte zu Besuch, und wie wir mit denen durch die Stadt gegangen sind, waren die ganz begeistert: Mensch, das ist doch lohnenswert mal nach Wolfsburg zu kommen!" (ehem. ltd. Ang., 66 J.)

---

[10] Dass dem Fußballsport die Bedeutung eines identitätsstiftenden Faktors zukommt, zeigen auch Horn u.a. (2006, 8ff.).

Ganz deutlich nimmt die Bewohnerschaft wahr, dass sich das Image der Stadt bei auswärtigen Gästen verändert hat und dass Leute auf einmal gern nach Wolfsburg kommen.

„Das Kunstmuseum ist ein Highlight. Wenn große Ausstellungen sind, dann kommen die Leute aus Bielefeld, die kommen aus München und aus Berlin, die kommen wirklich aus ganz Deutschland und gucken sich die Ausstellung an." (Designer, 65 J.)

„Kollegen, die an anderen Standorten arbeiten, haben früher gesagt: ‚Wolfsburg, wie öde' und jetzt sagt man: ‚Da fahre ich gerne hin'. Es hat sich ins Positive verändert. Man kommt gerne hierher, weil es jetzt mehr zu gucken gibt oder es einfach schöner, moderner gemacht wurde. Es ist alles nicht mehr ganz so trist und langweilig." (Sachbearbeiterin, 22 J.)

Auch im Urlaub spürt man eine veränderte Einstellung gegenüber Wolfsburg:

„Wenn man mal im Urlaub auf Wolfsburg angesprochen wurde, wurde überwiegend gesagt, die Stadt ist trist. Das ist jetzt anders. Man wird nicht mehr so aufs Werk reduziert und kommt jetzt imagemäßig besser weg." (Rentnerin, 66 J.).

So ist der Großteil der Bewohner wie der Experten überzeugt, dass die Verbundenheit mit Wolfsburg seit der Phase der erlebnisorientierten Großprojekte zugenommen habe. Das Selbstbewusstsein der Wolfsburger sei deutlich gestiegen.

„Durch die ganzen neuen Angebote haben wir heute ein gewisses Selbstbewusstsein und Selbstwertgefühl, auch seitdem Wolfsburg 1997 aufgestiegen ist in die erste Fußballbundesliga und dann im Eissport auch aufgestiegen ist. Früher hatte man so nicht dieses Selbstbewusstsein. Das hat alles auf das Selbstbewusstsein der Wolfsburger enorm gewirkt." (ehem. ltd. Angestellter, 74 J.)

Früher hätten junge Wolfsburger ihre Herkunft mehr oder weniger verleugnet. Davon sei heute aber immer weniger zu spüren: *„Früher sagte man auf die Frage, wo kommst du her: aus der Nähe von Hannover, aber nicht: aus Wolfsburg".* Das sei heute auf Grund der ganzen Entwicklungen anders. Stattdessen sei man stolz auf die Stadt. Die Mehrheit der Bevölkerung habe inzwischen nach *„anfänglicher Kritik und Ungläubigkeit"* erkannt, dass Wolfsburg durch die erlebnisorientierten Großprojekte für sie selbst und für Fremde interessanter und spannender geworden sei und sieht positive Zeichen einer veränderten Außenwahrnehmung der Stadt, sei es durch mehr Touristen, durch stärkere Medienpräsenz oder durch Gespräche mit Auswärtigen.

Mehr als zwei Drittel der Befragten stimmen dem Statement zu, dass ‚die großen Projekte den Stolz der Bürger auf Wolfsburg erhöht haben (vgl. Abb. 12). Nur 13% sehen das nicht so. Zwar besagt die Aussage nicht, dass man selbst heute mehr Stolz auf seine Heimatstadt verspürt, aber davon ist wohl auszugehen. Also zumindest auf einer gefühlten Ebene, die in Wolfsburg immer etwas brüchig war, können die Großprojekte eindeutig als Erfolg betrachtet werden.

Abbildung 12: „Großprojekte haben den Stolz der Bürger auf die Stadt erhöht" (Auszug aus Statement-Batterie)[11]

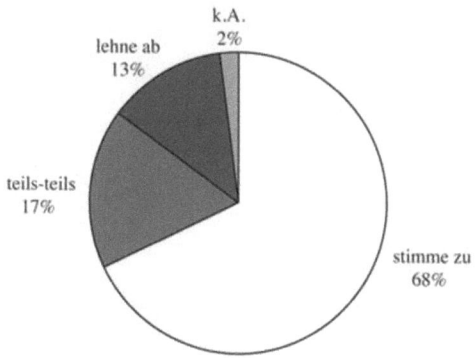

Frage: „Was halten Sie eigentlich insgesamt von der Strategie der vergangenen Jahre, Wolfsburg durch große Projekte aufzuwerten? Sagen Sie mir bitte jeweils, ob die folgenden Aussagen aus Ihrer Sicht zutreffen oder nicht" N= 972

Dass das Gros der Wolfsburger die erlebnisorientierten Großprojekte angenommen hat und auch ein wenig stolz darauf ist, lässt sich auch daran erkennen, dass sie für die meisten selbstverständlicher Bestandteil der Stadtbesichtigung mit Besuch sind. Die überragende Mehrheit von fast 80% würde Besuchern, die Wolfsburg noch nicht kennen, sowohl die Großprojekte als auch andere städtische Angebote zeigen. Knapp jeder Fünfte würde seinem Besuch sogar ausschließlich Großprojekte zeigen, nur 4% würden die Großprojekte aus ihrem Sightseeing-Programm vollkommen ausschließen. Gegenüber den vor Jahren noch eingeschränkten städtischen Attraktionen (VW-Werk, das Schloss, das Planetarium, Fallersleben etc.), sind durch die Großprojekte viele neue Besucherhighlights hinzugekommen.

In der Literatur wird vermutet, dass erlebnisorientierte Großprojekte wegen ihrer Größe, ihres Anspruchs, wegen ihrer Architektur, ihrer Ausrichtung auch auf Touristen möglicherweise von der einheimischen Bevölkerung irgendwie als Fremdkörper empfunden werden könnten (2.1). Das hat sich nicht bestätigt (vgl. Abb. 13): 60% der Befragten widersprachen dem State-

---

[11] Um in Erfahrung zu bringen, wie die Bevölkerung insgesamt die für Wolfsburg in den vergangenen Jahren zentrale Stadtentwicklung durch große Projekte beurteilt, haben wir den Befragten verschiedene Statements vorgelesen, mit der Bitte, zu sagen, ob sie ihnen zustimmen oder nicht (vgl. zur gesamten Statementbatterie 4.5.2).

ment „die großen Projekte passen nicht so recht zu Wolfsburg". Nur 15% sahen dagegen ein solches Missverhältnis. Tatsächlich sind die Großprojekte so angelegt, dass sie an das, was Wolfsburg ausmacht, anknüpfen. Die Autostadt setzt auf Mobilität und Qualität. Der Allerpark greift die Elemente ‚grün', ‚Sportlichkeit' und ‚Familienorientierung' auf und sogar das Kunstmuseum passt mit seinem modernen Konzept nahtlos in die junge Stadt.

Abbildung 13: „Die großen Projekte passen nicht so recht zu Wolfsburg" (Auszug aus Statement-Batterie)

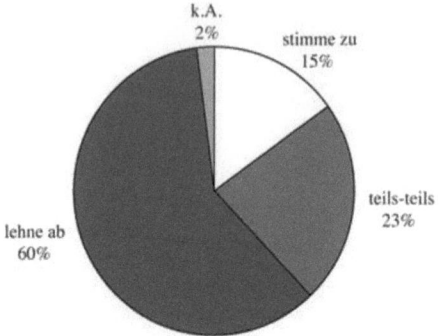

Ähnlich deutlich wurde auch die Aussage abgelehnt, Wolfsburg habe durch die großen Projekte ein bisschen von seiner Vertrautheit verloren (von 62%); gerade mal 17% stimmten ihr zu. Zu Fremden in der eigenen Stadt sind die Wolfsburger jedenfalls mehrheitlich nicht geworden, und dies obgleich immerhin ein Drittel der Bewohner meint, dass sich die Großprojekte vornehmlich an Touristen wenden (vgl. Abb. 14). Aber mehrheitlich wird die Meinung doch abgelehnt. Zusätzlich ist zu betonen, dass die Wolfsburger dem wachsenden Tourismus in ihrer Stadt sehr positiv gegenüberstehen. Immerhin über 80% beurteilen es positiv, dass seit einigen Jahren mehr Besucher nach Wolfsburg kommen. Die Bewohner anderer Städte sind da wesentlich kritischer und beklagen besonders Parkplatzprobleme und die Überfüllung der Innenstadt (Steinecke 2006, 135), beides Probleme, die in Wolfsburg nicht anfallen.

Der Befund einer identitätssteigernden und somit integrationsfördernden Wirkung der Großprojekte bestätigt sich mehrheitlich über alle Bevölkerungsgruppen hinweg; d. h. der Stolz auf die Stadt, die Identifikation mit der Stadt ist bei allen gewachsen. Aber es ist aus dem Datenmaterial heraus ein klarer Trend erkennbar: Menschen mit höherer Bildung, mit höherem Einkommen, in höherer Berufsposition sind eindeutig stolzer und zufriedener mit den Großprojekten als der Rest der Bevölkerung. Dies ist insofern von großer

Bedeutung, als gerade diese Personengruppe zu Wolfsburg immer in gewisser Distanz lebte. Man fühlte sich nicht recht aufgehoben in der Stadt: sozialstrukturell wie kulturell. Insofern ist es der Stadt mit ihrer erlebnisorientierten Großprojekt-Politik ganz offensichtlich gelungen, die Bessergestellten ein wenig stärker an die Stadt zu binden, ohne die schlechter Gestellten sozusagen zu verprellen. Im erlebnisorientierten Großprojektsortiment in Wolfsburg ist für jeden was dabei. Das wurde ja auch auf die Frage deutlich, welche Großprojekten den Bewohnern persönlich am besten gefallen.

Abbildung 14: „Die Großprojekte richten sich vor allem an Touristen?"
(Auszug aus Statement-Batterie)

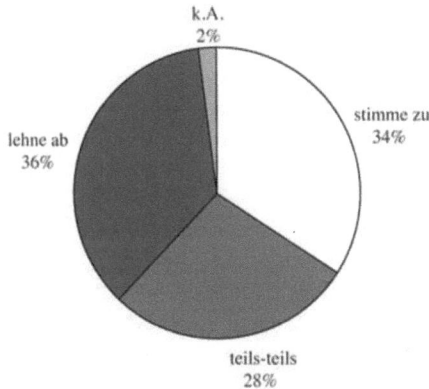

Die erlebnisorientierte Großprojektpolitik war als eine wettbewerbsorientierte Standortpolitik auch darauf gerichtet, gerade hoch qualifizierte Berufsgruppen leichter nach Wolfsburg locken zu können (und nicht nur mit überdurchschnittlichen Löhnen bei VW). Wenn man einen attraktiven Bundesligafußballklub, ein hochwertiges Kultur- und Erlebnisangebot in der Stadt zu bieten hätte, dann würde die Anwerbung anspruchsvollerer Fachkräfte (und ihre Familien) in jedem Fall leichter fallen, was in der Vergangenheit immer ein typisches Wolfsburger Problem war (Herlyn u. a. 1982, 106). Angeblich falle das auch heute tatsächlich leichter: Neben den attraktiven Arbeitsbedingungen, Aufstiegschancen und Löhnen bei VW habe nun auch die Stadt durchaus etwas zu bieten. Die amtliche Statistik lässt eine solche Schlussfolgerung allerdings nicht zu. Obwohl in den letzten 10 Jahren mehr als 20.000 Arbeitsplätze in Wolfsburg zusätzlich entstanden sind, hat sich die Einwohnerzahl der Stadt weiter verringert. Zugleich gibt es heute 20.000 Beschäftigte mehr, die von außerhalb nach Wolfsburg einpendeln! Das ist wohl nicht anders zu interpretieren, als dass es zwar unter Umständen leichter geworden ist, die

Arbeitsplätze in Wolfsburg zu besetzen, nur scheint es so zu sein, dass diese neuen Arbeitskräfte sich nach wie vor nicht gern in Wolfsburg niederlassen – und dies obwohl die Stadt insbesondere auf dem Eigenheimmarkt enorm aktiv war und viel Bauland ausgewiesen hat (1.4). Tatsächlich scheint die Stadt Wolfsburg für Touristen attraktiver geworden zu sein, auch für die bereits ansässigen Einwohner, aber für gut 60% der in Wolfsburg Beschäftigten reicht dies alles nicht aus: sie ziehen einen Wohnort im ländlichen Umland oder gar in Städten wie Gifhorn, Braunschweig, Hannover oder Berlin vor. Wolfsburg ist – vielleicht – als Arbeitsort attraktiver geworden, nicht aber als Wohnort! Immerhin: die bereits in Wolfsburg Ansässigen finden die Stadt attraktiver.

2.7 Fazit

Die erlebnisorientierte Großprojektpolitik wurde nicht explizit mit dem Ziel in Gang gesetzt, den gemeindlichen Integrationsprozess zu befördern. Eher ging es darum, im Kontext einer wettbewerbsorientierten Standortpolitik um Ziele wie die Steigerung kommunaler Attraktivität und Wettbewerbsfähigkeit in Bezug auf externe Akteure wie Investoren, zukunftsorientierte Unternehmen, hoch qualifizierte Arbeitskräfte und Touristen (Heinz 2008, 23). Und in diesem Kontext lebt die Diskussion um erlebnisorientierte Großprojekte eher davon, dass sie negative Auswirkungen auf die gemeindliche Integration befürchtet: Großprojekte würden ärmere Bevölkerungsgruppen selektiv ausgrenzen und die sozialen Ungleichheiten in der Stadt verschärfen. Die Einheimischen würden spüren, dass es nicht primär um sie gehe, sondern um Auswärtige. Die Großprojekte würden sie überfordern, sie ‚ihrer' Stadt entfremden, und die Großprojekte würden wie Fremdkörper in der ‚gewachsenen Stadt' wirken. Auch in der letzten Wolfsburg-Studie wurden entsprechende Befürchtungen geäußert (Harth u. a. 2000, 208ff.).

Knapp 10 Jahre später kann man konstatieren, dass all diese Befürchtungen sich mehrheitlich nicht bewahrheitet haben. Es wird zwar in der Bevölkerung gesehen, dass sich diese erlebnisorientierte Großprojektpolitik in Wolfsburg primär (auch) an Touristen wendet, aber man empfindet sich mehrheitlich nicht als ‚Opfer' dieser Politik, sondern sieht Vorteile auch für sich selbst, wobei einiges zusammenkommt:

- eine ausgeprägte auf Unterhaltung, Spaß, Kultur, Bildung und Selbstentfaltung bezogene Grundeinstellung in der Wolfsburger Bevölkerung (auch schon vorher),
- eine ‚ausgewogene' erlebnisorientierte Großprojektpolitik von Stadt, VW und Wolfsburg AG, in deren Kontext für fast jeden etwas dabei war,
- eine hinsichtlich Konzeption und Architektur immer qualitäts- und niveauvolle Ausgestaltung dieser Politik; d. h. man vermied es (bisher),

auf das Niveau von Freizeit- und Erlebnisparks herabzusinken, so dass kein erlebnisorientiertes Großprojekt für irgendwen ,peinlich' sein müsste (auch wenn es den eigenen Wünschen vielleicht nicht immer ganz entspricht) und schließlich:

- eine Großprojektpolitik, die doch recht gut zum Selbstverständnis der Stadt als einer modernen, mobilitäts- und technikorientierten Stadt passt, in der viel Geld erwirtschaftet und auf Qualität geachtet wird.

Entsprechend groß ist die Akzeptanz der erlebnisorientierten Großprojekte in der Bevölkerung. Die allermeisten Großprojekte werden von der Mehrheit der Wolfsburger hin und wieder oder gar regelmäßig aufgesucht, auch weil es den Anbietern bisher immer noch gelungen ist, ,neue Erlebnisse' zu bieten.

Lediglich das Phaeno und das Kunstmuseum sind (noch?) nicht mehrheitlich in das nicht-alltägliche Freizeitverhalten der Wolfsburger Bevölkerung aufgenommen worden. Dafür haben gerade diese beiden Projekte (neben der Autostadt) wesentlich dazu beigetragen, dass sich die höher Qualifizierten und Besserverdienenden vermehrt in der Stadt wohler fühlen. Für sie gab es bislang kein entsprechendes Kultur- und Erlebnisangebot; und da sie auch von den anderen Großprojekten profitieren, kann man sie eindeutig als ,Gewinner' dieser Politik bezeichnen, ohne dass der Rest der Bevölkerung zunächst einmal als Verlierer dastünde. Eine Gruppe von etwa einem Viertel kann den erlebnisorientierten Großprojekten nicht viel abgewinnen. Für sie hätte es all dessen nicht bedurft. Sie sehen einen kulturellen Aufbruch der Stadt, an dem sie nicht teilnehmen können oder wollen. Alle von ihnen als ,Opfer' zu bezeichnen, wäre jedoch falsch. Der Großteil von ihnen hat schlicht kein Interesse an solchen Angeboten.

Die in der entsprechenden wissenschaftlichen Diskussion immer wieder diskutierte Frage, inwieweit die erlebnisorientierte Großprojektpolitik ,sozial selektiv' sei, lässt sich vor dem Hintergrund der Wolfsburger Ergebnisse wie folgt beantworten:

- Zum einen handelt es sich dabei um kein Problem, das großprojektspezifisch wäre. Auch ganz ,normale' öffentliche Einrichtungen wie ein Freibad, eine Stadtbücherei, ein stadtgeschichtliches Museum, das herkömmliche Stadttheater, richten sich an bestimmte Bevölkerungsgruppen, ohne irgendwen ausschließen zu wollen. Und der Eindruck, der sich am Beispiel Wolfsburgs aufdrängt, ist der, dass die Anbieter erlebnisorientierter Großprojekte (gerade weil sie mehr von Besucherzahlen leben und um Marktanteile kämpfen) eher mehr dafür tun, neue Zielgruppen zu erschließen als die öffentlich budgetierten Einrichtungen.
- Zum anderen ist die soziale Selektivität erlebnisorientierter Großprojekte nur dann überhaupt kritisch zu sehen, wenn bestimmte Gruppen im städtischen Erlebnisangebot systematisch und überall ausgegrenzt und be-

nachteiligt würden. Die Analyse nur eines Großprojektes verführt gewissermaßen schnell zu einer Skandalisierung einer etwaigen gruppenspezifischen Ausgrenzung. Dagegen führt die hier durchgeführte Untersuchung mehr oder weniger aller erlebnisorientierten Großprojekte einer Stadt zu einer ausgewogeneren Beurteilung. Tatsächlich ist der erlebnisorientierten Großprojektpolitik Wolfsburgs zu attestieren, dass sie insgesamt gesehen (sozusagen trotz Phaeno und Kunstmuseum) vergleichsweise wenig sozial selektiv ist. Auf Grund der Wohlhabenheit der Stadt und der hohen Investitionsbereitschaft privaten Kapitals (mit VW im Rücken) konnte in Wolfsburg eine enorme Bandbreite an unterschiedlichsten Großprojekten für fast alle Interessenlagen und Portemonnaies realisiert werden: Die Menge macht's!

In der letzten Wolfsburg-Studie (Harth u. a. 2000, 34f.) wurden in Anlehnung an Franz (1997) drei Formen lokaler Integration unterschieden: die soziale Integration über Netzwerke und Kommunikationen ‚vor Ort', die systemische Integration, die sich auf den Grad der Benutzung städtischer Ressourcen bezieht und schließlich die symbolische Integration als Identifikation mit der Stadt. Die erlebnisorientierten Großprojekte sind integrationsfördernd auf allen drei Ebenen: sie fungieren als Treffpunkte, Orte der Kommunikation (und auch als Konversationsthemen), sie werden von der Mehrheit der Bevölkerung öfter aufgesucht, vor allem aber haben sie die Identifikation der Wolfsburger mit ihrer Stadt deutlich erhöht. Die Wolfsburger spüren, dass sie von außen nicht mehr allein als VW-Stadt oder Retortenstadt angesehen werden, sondern als Ort, der in einer Zeit, in der viele Städte von Stagnation oder gar Schrumpfung geprägt waren, einen enormen Entwicklungsschub vollzogen hat, ja, der zu einer stadttouristischen Destination geworden ist. Dieses gestiegene Selbstwertgefühl spürt man ganz deutlich und es ist nicht mehr primär über das VW-Werk vermittelt, sondern auch über die Großprojekte: Die Erlebnisqualität der Stadt ist deutlich gestiegen, was nicht wenig ist in einer Stadt, die bislang als ‚langweilig', ‚trist' und ‚abgehängt' angesehen wurde.

3   Großprojekte und städtische Urbanität

3.1   *Problemaufriss*

Die Diskussion um 'Urbanität' hat in der Stadtsoziologie bekanntlich eine lange Tradition – ja, sie lässt sich sogar als ihr eigentlicher Ausgangspunkt beschreiben (Häußermann/Siebel 2004, 33ff.). Die Ambivalenz des Urbanen zwischen Freiheitschancen und Desintegration, zwischen Unsicherheit und neuen Erfahrungen kam aber in der Planungsdiskussion mehr und mehr abhanden. Urbanität wurde immer stärker zu einem anzustrebenden Leitbild (Schroer 2005) und ist als stadtentwicklungspolitisches Ziel allgegenwärtig; sie ist ein „kritikresistentes Faszinosum" (Wüst 2004, 43). „Urbanität ist ein Zauberwort. Es beschwört Bilder von belebten Plätzen und Boulevards, vollen Cafés, kleinen Geschäften und 'bunten' Märkten. Es steht für das traditionelle europäische Stadtgefühl, die Sehnsucht nach Spontaneität und Vielfalt" (Schneider 1997, 17). Entsprechend wurde 'Urbanität' zu einem zentralen Feld der stadtsoziologischen und planungsbezogenen Debatte und ist es bis heute geblieben (Manderscheid 2004). Vom Beitrag Edgar Salins aus dem Jahr 1960, der den Auftakt der Nachkriegs-Debatte markiert, bis ins Jahr 2002 ermittelte Thomas Wüst (2004) in seiner Studie allein ca. 200 deutschsprachige Beiträge, in deren (Unter-)Titel das Wort 'Urbanität' auftaucht.

Wenn auch der Urbanitätsbegriff – zumal im jüngeren stadtsoziologischen Diskurs (Löw 2001, 44ff.; Schroer 2006; Nassehi 2002; Manderscheid 2004; Wüst 2004) – äußerst kontrovers diskutiert wird, so gibt es im Rahmen dieser Studie sozusagen 'Wolfsburg-immanente' Gründe, daran festzuhalten, war es doch immer gerade diese Frage, die den Kern und Reiz der Wolfsburg-Forschung ausmachte: Würde das 'zusammengewürfelte Volk' eine Stadtgesellschaft konstituieren – und könnte die 'Stadt vom Reißbrett' je städtische Qualitäten entwickeln? Durch das Leben im Werkstakt, durch die höchst einseitige Sozialstruktur, aber auch durch die dezentrale Siedlungsstruktur (eben nicht 'Urbanität durch Dichte') konnten sich Vielfalt, prinzipielle Offenheit und das Potential des Unerwarteten als zentrale Dimensionen von Urbanität in Wolfsburg nicht wie in gewachsenen Städten entfalten.

In der Fachliteratur werden großflächige Freizeiteinrichtungen wie Erlebnisparks und Urban Entertainment Center zum Teil recht kritisch gesehen (Hennings/Müller Hg. 1998, 8; Hatzfeld 1998, 32f.; Hennings 1998, 114f.; vgl. die Rezeption kritischer Anmerkungen bei Ronneberger 2000, 334ff.) und gelten als mit der Urbanität europäischer Städte unvereinbar. „Bis in die achtziger Jahre hinein galten Themenparks wie Disneyland oder Vergnügungstempel wie die Casinopaläste von Las Vegas als Inbegriff der amerikanischen Populärkultur, die – von Kulturkritikern gehasst, von Unternehmern bewundert – dem europäischen Verständnis von traditioneller Urbanität und umsichtiger Planung diametral entgegen zu stehen schienen" (Roost 2003a, 9). Es wird zudem zu bedenken gegeben, dass durch eine „Disneyfizierung der Städte" (Roost 2000), d. h. durch hochgradig standardisierte, künstliche und einseitig auf Freizeit und Konsum bezogene Erlebniswelten, die gewachsenen Städte überformt würden und der Charakter ihrer Einzigartigkeit verloren gehe. Diese könnten Fremdkörper in der Stadt bleiben, die sich der Aneignung entziehen und letztlich zu einem Verlust von Urbanität führen.

Die Frage aber, ob durch solche erlebnisbezogenen Inszenierungen nicht doch eine Art urbane Lebensweise befördert werden kann, blieb in der empirischen Forschung bislang weitgehend ausgeklammert. Aldo Legnaro und Almut Birenheide (2005) sprechen in diesem Zusammenhang immerhin von einer „Sonder-Urbanität" (ebenda, S. 283) oder „Simulation des Urbanen" (ebenda, S. 18); Erlebniswelten ermöglichten „urbane Erfahrung in einer risikolosen Form" (Ronneberger 2001, 95), d. h. unter Ausschluss von Gefährdungen und Unsicherheiten (vgl. auch Bolz 2004, 68). Peter Noller (1999) weist sogar darauf hin, dass man doch zumindest in Erwägung ziehen sollte, ob sich in der neuen Nutzung städtischer Räume, von Orten des Konsums und Selbstdarstellung, nicht doch auch so etwas wie ‚Stadtformung' (Edgar Salin) herausbilden könne: „Es besteht ja durchaus die Möglichkeit, dass Festivals, Stadt-Marathons, Tourismus, Reichstagsverhüllungen, Erlebniskonsum, multikulturelle Basars und Love-Parades, die massenhaft die Menschen anziehen, doch mehr sind als nur der schöne Schein der Konsumgesellschaft und stattdessen postmoderne Arenen für Sub-Politiken bilden, an denen die Aneignung des öffentlichen Raums als Ort der Toleranz und Differenz stattfindet" (Noller 1999, 48).

Im Rahmen dieser Studie wird davon ausgegangen, dass erlebnisorientierte Großprojekte zwar interessante, angenehme Erlebnisse bieten mögen, aber das Verhalten innerhalb dieser Großprojekte allein schon wegen ihrer Verhaltensreglementierungen nicht als ‚urban' bezeichnet werden kann. „Dabei handelt es sich um einen privaten Raum, der vorgibt, ein öffentlicher zu sein" (Hassenpflug 2006, 8). Insofern unterscheiden sich die hier untersuchten Großprojekte auch von jenen Events (Straßenfeste, Stadtmarathons, Love Parades etc.), die im öffentlichen, jedem frei zugänglichen Freiraum stattfinden. Die hier untersuchten Großprojekte führen zwar auch auf ihrem Gelände solche oder ähnliche ‚Events' durch, aber sie finden eben nicht im öffentlichen, jedem frei zugänglichen (Frei-)Raum statt.

„Für Urbanität sind unkontrollierte Räume essentiell wichtig, in denen sich Öffentlichkeit herstellen kann – Öffentlichkeit als etwas Soziales und

Politisches, das sich aus individuellen und kollektivem, aber aufeinanderbezogenem Handeln ergibt" (Häußermann 2006, 32). Unkontrollierte Räume ermöglichen eine Konfrontation mit dem Unvorhergesehenen, Ungeplanten, dem Überraschenden, nicht Erwartbaren und nicht Gewollten (vgl. auch Stamm 2007). Großprojekte zeichnen sich dagegen durch ein hohes Maß an Regelungsdichte, d. h. dadurch aus, dass sie einen risikolosen Genuss des Angebots durch Sicherheitsvorschriften, TÜV-Kontrollen, VideoÜberwachung oder die Vermeidung von Desorientierung gewährleisten (Goronzy 2006, 19). Sie sind „allenfalls semi-öffentliche Räume" (Hahn 2001, 24). „Das, was in (echten) Städten gemeinhin als unangenehm gilt – wie schlechtes Wetter, Schmutz, die Konfrontation mit Kriminalität, Armut und Obdachlosigkeit etc. – bleibt außen vor" (Löw u. a. 2007, 130). Die Gäste sollen zufrieden gestellt werden und ein Gefühl von Sicherheit vermittelt bekommen.

Hinzu kommt, dass es sich bei den in den Großprojekten angebotenen Events mehrheitlich um mehr oder weniger durchstrukturierte und reglementierte Veranstaltungen zu bestimmten Anlässen handelt (Willems 2000, 51). Events – und das gilt mehrheitlich auch für all das, was in den Großprojekten sonst noch abläuft – sind in ihrem Ablauf geregelt (z. B. Pausen) und es gibt normative Regelungen des Verhaltens. Während des Aufenthalts in den Erlebniseinrichtungen zeigen die Menschen einen hohen Grad an Verhaltenskonformität (für Shopping Malls Dörhöfer 2007, 70; vgl. auch Zingerle 2000, 192). „Nichts, weder der Ablauf noch der zu vermittelnde Sinn, darf außer Kontrolle geraten beziehungsweise uminterpretiert werden. Individuelle Gestaltungsspielräume, wenn überhaupt eingeplant, existieren nur innerhalb exakt definierter räumlicher und zeitlicher Grenzen" (Gebhardt 2000, 19). Dementsprechend ist auch das Verhaltensrepertoire, das man als Besucher in den meisten Großprojekten an den Tag legen darf, stark eingeschränkt. Das hängt auch damit zusammen, dass Großprojekte mehr oder weniger monothematisch fokussiert, d. h. auf bestimmte Musikarten, Konsumprodukte, Sport, Kunst etc. spezialisiert sind. Spontaneität und Unvorhergesehenes als wesentliche Elemente einer urbanen Situation sind kaum erwünscht. Alles verläuft in mehr oder weniger geordneten Bahnen, nach Plan! „In der inszenierten Stadt wird Urbanität lediglich simuliert, und deshalb bleibt sie letztlich immer steril" (Häußermann 2006, 35).

Urbanität bedeutet auch, dass verschiedene fremde Lebensweisen, Anschauungen und Kulturen aufeinander treffen, und dass „sich die Wege von Menschen, die mit verschiedensten Zielen und Zwecken unterwegs sind, überkreuzen und sich dadurch die unverhofftesten Kombinationen und Szenarien ergeben" (ebenda, S. 33). Auch dafür sind die Voraussetzungen in den meisten Großprojekten eher gering. Großprojekte sind keine milieuneutralen

Orte, sondern werden meist sozial selektiv genutzt (2.5.2). Durch die Inszenierungen von milieuspezifischen Atmosphären werden bestimmte soziale Gruppen angelockt und andere abgestoßen (Bittner 2001, 22f.), was die für Urbanität wichtigen Begegnungschancen verschiedener Lebensstilgruppen von vornherein einschränkt. Die Großprojekte sind keine öffentlichen Orte in dem Sinne, dass sie jedermann frei zugänglich sind. Denn selbst dann, wenn die Anbieter bewusst keine Personen von ihrem Erlebnisangebot ausschließen wollen, kann es zu selektiven Nutzungen und Ausgrenzungen kommen. Ausgeschlossen bleiben zumindest fast immer Arme, Drogenabhängige, Obdachlose usf. (vgl. auch Bürklin/Peterek 2006, 108). Auch insofern wird im Rahmen dieser Studie nicht nach Urbanitätseffekten innerhalb der erlebnisorientierten Großprojekte gesucht, sondern außerhalb von ihnen.

Die Wirkungen von Großprojekten auf ‚Urbanität' sind bislang vor allem für Shopping Center untersucht worden (z. B. Dörhöfer 2008; Junker u. a. 2008; Krüger/Walther 2007; Brune 2006), weil hier die Konkurrenzen für das öffentliche städtische Leben am unmittelbarsten sind und weil es von diesem Typ von Großprojekt am meisten gibt.

Hier stehen die negativen Wirkungen im Vordergrund. So ist den Befunden zu entnehmen, dass Shopping Center vor allem dann, wenn sie etwas abseits vom Zentrum gelegen sind und die Zentren gewisse Defizite aufweisen, die Innenstädte regelrecht ‚ausdörren' können. Besonders deutlich zeigen das die Entwicklungen in Oberhausen, die nach Ralf Bettges (2006) als durchaus typisch auch für andere Standorte gelten können. Hier sind im Zuge „der CentrO-Eröffnung im Herbst 1996 die Lichter nicht nur in der Oberhausener Innenstadt, sondern auch in den umliegenden Städten Mülheim und Bottrop langsam aber sicher ausgegangen" (S. 87). Dass Shopping Center der Urbanität einer (Innen-)Stadt abträglich sein können, zeigt auch Walter Brune (2006, 60) für Essen und Duisburg. Zu ähnlichen Befunden kommt Kerstin Dörhöfer im Rahmen ihrer Wirkungsanalyse großer innerstädtischer Shopping Malls und Einkaufszentren in Berlin (2008). Sie konstatiert, dass aus städtebaulicher Sicht mit ihnen Urbanitätsbegrenzungen einhergehen: Durch die Abnahme der Multifunktionalität der Innenstadt zu Gunsten der Dominanz der Handelsfunktion erfährt die urbane Lebendigkeit insgesamt erhebliche Einschränkungen. Dörhöfers Gesamtfazit der Wirkungsanalyse von Shopping Malls fällt denn auch mehr als ernüchternd aus: „Die Urbanität wird zerstört, weil die städtebauliche und architektonische Vernetzung mit dem Umfeld abgeschnitten ist, weil das Passieren der Einhausung gewichen ist, weil gesellschaftliche Öffentlichkeit und wirtschaftliche Privatheit miteinander verquickt werden, das Verhalten nicht durch Distanz und Höflichkeit, sondern durch Masse und Gedränge bestimmt ist und sich die Atmosphäre nicht auf die Intellektualität und Bildung, sondern auf die Verwirrung der Sinne richtet. Nicht Aufklärung und Distinktion sind der Zweck und die Wirkung dieser Gebäude, sondern Befriedigung und Ablenkung" (2008, 175f.).

Die jüngst vorgelegte Wirkungsanalyse von zwölf großen innerstädtischen Einkaufscentern in einer Vorher-Nachher-Untersuchung durch das Deutsche Institut für Urbanistik (Junker u. a. 2008) unterstützt diese Befunde weitgehend, macht aber auch deutlich, dass es trotz aller Risiken und negativer Folgen durchaus auch Chancen gibt: einerseits die Revitalisierung von bislang vernachlässigten Stadtarealen und andererseits eine Aufwertung des öffentlichen Raumes, wenn Center und Umfeld aufeinander abgestimmt neu gestaltet werden. Ansonsten drohe der Verlust öffentlicher Räume und ihrer Attraktivität.

Ob diese negativen Wirkungen eintreten, hängt offenbar von der Lage der Shopping Malls, ihrer Größe und insbesondere von der Funktionsmischung und Lebendigkeit der Innenstadt ab. Wenn Stadtzentren – das zeigen Studien für spanische Städte – eine ausgeprägte Nutzungsmischung von Freizeit, Handel, Kultur, Wohnen und Arbeiten und eine hohe Bebauungsdichte aufweisen, dann haben sie gute Voraussetzungen, um sich gegen die neuen Konsum- und Erlebnislandschaften (an der Peripherie) zu behaupten. „Diese Vielfalt erzeugt eine Urbanität, die die großflächigen Freizeit- und Handelseinrichtungen der Peripherie krampfhaft zu imitieren versuchen und doch niemals erreichen werden" (für Madrid vgl. Kleinefenn 2003). Für bundesrepublikanische Städte ist darüber hinaus nachgewiesen, dass Shopping Malls – wenn sie in den traditionellen Innenstadthandel integriert sind, d. h. eine gewisse Größe nicht überschreiten, nicht zu stark mit den Angeboten des vorhandenen innerstädtischen Einzelhandels in Konkurrenz treten und nicht in Randzonen, sondern in der Mitte der zentralen vorhandenen Handelsszenerie angesiedelt sind, die Urbanität der Innenstadt nicht behindern, sondern sogar zu einer Belebung beitragen können (Brune 2006; vgl. auch Junker u. a. 2008).

Auch andere Analysen enthalten Hinweise, dass Großprojekte ‚Urbanität' befördern können. So zeigt die Nutzung eines ehemaligen Fabrikgeländes am Rande der Stadt Zürich, dass Großprojekte zum kulturellen Impulsgeber der Stadt(teil)entwicklung avancieren können. Dort wurden ein Technopark, ein TV-Sender, eine Multiplexkino, ein Trend-Restaurant, ebenso Galerien und ein Theater angesiedelt und zusätzlich günstiger Wohnraum geschaffen. Das Gebiet, das ursprünglich einen schlechten Ruf hatte, entwickelte sich mehr und mehr „zu einer Insel mit einer bunten Mischung von Kommerz, Wohnen und Zwischennutzungen" (Wehrli-Schindler 2002, 7). Auch Michael Frehn komm in seiner Untersuchung über Revitalisierungschancen von Innenstädten zu der Schlussfolgerung, dass freizeitorientierte Großprojekte durchaus zu Kristallisations- und Ankerpunkten für Urbanität werden können, wenn sie „nicht nur binnenorientiert angelegt und gegenüber Nachbarnutzungen offen sind" (2004, 217).

Insgesamt legen die vorliegenden Befunde also den Schluss nahe, dass die erlebnisorientierte Großprojektpolitik zwar eher – aber keineswegs nur – urbanitätsbehindernd oder gar -zerstörend wirkt, aber auch ‚förderliche' Folgen für die urbane Entwicklung haben kann. Was – so ist also im Folgenden zu fragen – bedeutet die Stadtentwicklung durch erlebnisorientierte Großprojekte für die Urbanität in Wolfsburg, einer Stadt, die von jeher auf Grund ihrer Geschichte wenig Voraussetzungen für die Entstehung einer urbanen Stadtöffentlichkeit aufwies.

3.2 Das traditionelle Urbanitätsproblem Wolfsburgs

Noch in der Untersuchung von 1998 waren immerhin 40% der 1998 befragten Wolfsburger der Ansicht, dass die Stadt keine lebendige und städtische Atmosphäre habe, und 43% beurteilten die Innenstadt mit ihren Einkaufsmöglichkeiten negativ (Harth u. a. 2000, 89). In der verbreiteten Kritik an der Wolfsburger Innenstadt kamen im Wesentlichen drei (miteinander verknüpfte) Aspekte zusammen: erstens die Unzufriedenheit mit den Einkaufsmöglichkeiten, zweitens mit der Gestaltung der Hauptgeschäftsstraße als einer Fußgängerzone und drittens die Unzufriedenheit mit der Atmosphäre, dem Ambiente, der mangelnden ‚Urbanität'. Um diese so offenkundig gravierende Kritik an der Wolfsburger Innenstadt und ihrer mangelnden Urbanität richtig verstehen und einordnen zu können (und auf beides zielt die erlebnisorientierte Stadtentwicklungspolitik Wolfsburgs ab), ist es notwendig, in die Geschichte der Innenstadtentwicklung zurückzugehen.

Überlegungen zu einem kommerziellen Stadtzentrum, einer City spielten bei der Stadtgründung eigenartiger Weise kaum eine Rolle; der Stadtgrundriss weist keinen derartigen Ort aus (vgl. zu den damaligen Überlegungen: Uebler 1940, wiederabgedruckt in: Recker 1981, 123). Es war keine Rede von einem irgendwie gearteten Geschäftszentrum oder Citybereich. Auch ein zentraler Marktplatz, der doch für alle historischen Städte das Stadtzentrum symbolisiert, fehlt auffälligerweise in den Stadtgründungsplänen (Kautt 1983, 81). Eine „Stadt ohne Mitte" (Trogisch 2008, 95) – ein eigenartiger ‚Geburtsfehler' der Stadtgründung.

Entsprechend entwickelte sich zunächst einmal der Schachtweg (die Straße, die von der Stadt direkt ins Werk führte) zur Hauptgeschäftsstraße, wenn dort auch nur Verkaufsbaracken entstanden: In den 1950er Jahre vollzog sich allmählich eine Verlagerung zentraler Funktionen, insbesondere des Geschäftsbereichs der Stadt, in die Porschestraße, die 1955 in einem Gutach-

130

ten über den Stadtkern von Wolfsburg sozusagen offiziell als zukünftige Hauptgeschäftsstraße auserkoren wurde. Martin Schwonke und Ulfert Herlyn berichten in der ersten Wolfsburg-Studie: „Für Wolfsburg bildet das Jahr 1958 den ungefähren Zeitpunkt, an dem die Porschestraße diese Funktion zu erfüllen begann. 1959 (...) entwickelt die Hauptstraße mit dem Rathaus, der Polizei, der Post, dem Amtsgericht, einem Kaufhaus, drei Kinos und zahlreichen anderen leistungsfähigen Einkaufsstätten schon eine beträchtliche Anziehungskraft. In den folgenden Jahren kamen noch zwei Kaufhäuser hinzu, und die Umbauung des Marktplatzes (vor dem Rathaus gelegen; d. V.) fand mit der Eröffnung des von dem finnischen Architekten Aalto errichteten ‚Kulturzentrums' ihren Abschluss" (1967, 35). Aber zu jener Zeit, 1960/61, war die Bedeutung Wolfsburgs als Einkaufsstätte immer noch weit unterdurchschnittlich.

Mit Blick auf diese nicht zufrieden stellende Situation wurden Mitte der 1960er Jahre die Innenstadtplanungen intensiviert, deren wesentlicher Bestandteil die Umwandlung der Hauptgeschäftsstraße (Porschestraße) in eine Fußgängerzone (1980) war (Stadt Wolfsburg 2004).

Trotz der Bedeutsamkeit, die man auf Seiten der Bevölkerung der Umwandlung der Porschestraße in eine Fußgängerzone und dem Ausbau der Innenstadt einräumte, war doch eine eigenartige Gespaltenheit in der Beurteilung dieser Maßnahmen erkennbar: Nur rund die Hälfte der damals Befragten meinte, dass sie eindeutig positiv zu bewerten wären - für die Stadt wie für sich selbst. Die andere Hälfte der Befragten war sich da nicht so sicher. Die Ambivalenz der Beurteilung ist verständlich. Die Umwandlung einer Hauptgeschäftsstraße (in Wolfsburg gleichsam ein Autoboulevard noch dazu mit dem Namen „Porschestraße") in eine Fußgängerzone ist seinerzeit in allen Städten kontrovers diskutiert worden. Aber neben dieser allgemeinen Problematik spielte in Wolfsburg das besondere Erscheinungsbild dieser Fußgängerzone eine Rolle: die Randbebauung besteht überwiegend nicht aus repräsentativen oder gar imposanten, sondern aus höchst unscheinbaren, schlichten, eher niedriggeschossigen Gebäuden im Stil der 50er Jahre, und die Umbaumaßnahmen haben daran nicht viel geändert. Zugleich war die Porschestraße mit rund 40 Metern Breite so etwas wie ein Autoboulevard. Umgewandelt in eine Fußgängerzone (mit einer wenig attraktiven Randbebauung und wenig attraktiven Geschäften) wären sich die Leute wahrscheinlich verloren vorgekommen, und zugig wäre es wahrscheinlich auch gewesen. Deshalb (aber auch um externen Investoren Platz für ihre Investitionen zu schaffen) wurden in den Straßenraum eine Reihe von Kiosken und Pavillons eingebaut, dazu Skulpturen aufgestellt und eine Art Wasser- und Brunnenlandschaft angelegt, so dass die Fußgängerzone bis in die 1990er Jahre manchem eher als überladen und zu voll vorkam, so dass Thomas Assheuer (2005, 64) sie in der ZEIT gar zur „hässlichsten Fußgängerzone der Welt" erklärte. Und wirklich ‚urban' wirkte sie auch nicht.

Lässt man einmal die Frage auf sich beruhen, wo und in welchem Umfang in den modernen Großstädten heute überhaupt noch Urbanität im ‚klassischen' Sinne der alten europäischen Stadt stattfindet, so ist doch klar, dass es Orte noch gibt, wo zumindest etwas Derartiges anklingt: auf Märkten, an manchen Bahnhöfen, in den Fußgängerzonen, an historischen Plätzen etc.; wenn Wolfsburger daraufhin angesprochen wurden, dann verwiesen sie gern auf Braunschweig, ja selbst Fallersleben und Gifhorn wirken ihnen noch (wenn auch kleinstädtischer so doch) urbaner. Es sei dort interessanter, man verweile dort lieber, man fühle sich wohler. Das lag zum einen an den baulich-gestalterischen Gegebenheiten der Porschestraße: keine Fachwerkhäuser, Gründerzeitbauten, keine Kirchen, aber auch keine interessanten, moderne Bauten. Viele meinten in den früheren Studien auch, die Fußgängerzone sei mit über einem Kilometer Länge „zu lang": Das potenziell urbane Leben würde dadurch zu sehr gestreckt und ausgedünnt, das für Urbanität wichtige Dichtemoment ginge verloren. Mangelnde Multifunktionalität, ein häufig genannter Grund für fehlende Urbanität, ließ sich der Wolfsburger Fußgängerzone dagegen schon damals nur bedingt vorwerfen. Zwar dominierten Einzelhandelsgeschäfte, aber es gab auch bereits einige Restaurants, Cafes und andere Aufenthaltsmöglichkeiten im Freien, auch öffentliche Einrichtungen wie Rathaus, Post und Kunstmuseum oder einen Wochenmarkt, und auch die Wohnfunktion war im innenstadtnahen Bereich besser entwickelt als in vielen anderen Städten.

Will man die mangelnde Urbanität der Wolfsburger Innenstadt aber wirklich verstehen, dann reicht es nicht, sich nur die defizitäre Gestaltung und Funktionsmischung der Fußgängerzone anzuschauen, sondern man muss sich die Stadt insgesamt vergegenwärtigen:

Wolfsburg ist in seiner gesamtstädtischen Struktur im Stil des landschaftlichen Städtebaus dezentral angelegt worden, d. h. als eine lockere, gleichsam in die Landschaft verstreute Ansammlung von Wohnsiedlungen, Kleinstädten und Dörfern (Tessin 2007). Das, was allgemein als konstitutiv für Urbanität angesehen wird, der ausgeprägte Gegensatz von Stadt und Land, ist im Falle Wolfsburgs also gerade nicht gegeben.

Urbanität ist zudem wesentlich eine Eigenschaft der historischen Stadt, der Stadt des 19. Jahrhunderts und der Zeit davor und reicht nur noch als historisches Überbleibsel in die heutige Zeit hinein. Diese Traditionsbestände und historischen Anknüpfungspunkte gibt es freilich nur in jenen Städten, die diese stadtgeschichtliche Phase miterlebt haben. Wolfsburg als neue Stadt verfügt über diese urbanen Traditionsreste nicht, umso schwerer hat sie es, eine solche auszubilden.

Auch aus der seinerzeitigen Sozialstruktur der Stadt Wolfsburg als einer Arbeiterstadt erwuchs der Stadt nicht gerade ein Urbanitätspotential. Für die Arbeiterschaft war bis in die 1950er und 1960er Jahre typisch, sich vermehrt im Stadtteil, in der Nachbarschaft, im Verein aufzuhalten, wo man sich wechselseitig kannte. Dort fühlte man sich – sozusagen unter Seinesgleichen – wohler als in der anonymen Öffentlichkeit, wo man schnell spürte und man es einen merken ließ, dass man nicht dazugehörte, weil man nicht genügend Geld, keinen Stil, nicht genügend Mußefähigkeit, kein sicheres Auftreten aufzuweisen hatte. Auch wenn heute diese schichtspezifischen Unterschiede längst nicht mehr so eindeutig und ausgeprägt sind, und Wolfsburg selbst längst nicht mehr so eindeutig und ausschließlich Arbeiterstadt ist, so wirkt die sozialstrukturelle und soziokulturelle Basis der Stadt doch noch nach (und sei es auf der Vorurteilsebene), wie es in unserer Lebensstil-Studie von 1994 zum Ausdruck kommt:

„Also Braunschweig hat für mich zum Beispiel ganz andere Menschen. Also man kann wirklich schon 'n paar Kilometer von Wolfsburg wegfahren, und es sind schon ganz andere Menschen, nicht so dieses eingefahrene, diese Menschen mit Scheuklappen. Also ich finde, Wolfsburg ist 'ne furchtbare Stadt. Das hat auch mit den Menschen zu tun." (Angelernte Arbeiterin, 33 J.)

Damit ist zugleich ein weiterer Aspekt angesprochen, der verständlich macht, warum sich Wolfsburg in seiner Innenstadt schwer tut, eine urbane Atmosphäre auszubilden. In der Sphäre der Öffentlichkeit, wo – im Prinzip keiner keinen kennt – gibt es unbegrenzte Möglichkeiten zur (harmlosen) Täuschung, zum Spiel der Selbstinszenierung und Fremdinterpretation, was den eigenartigen Reiz von Urbanität ausmacht. In Wolfsburg wurde dieses Spiel der Selbstdarstellung zwar auch gespielt (Herlyn u. a. 1994, 216ff.), aber es war von vornherein reizlos, nicht weil jeder jeden persönlich kennen würde, wohl aber jeder den anderen mit großer Sicherheit kategorial richtig einstufen konnte, nämlich als VW-Beschäftigten:

„Die Menschen, die sich dort aufhalten, sind also hauptsächlich - man sieht es - die Leute arbeiten bei VW, man kann es förmlich sehen." (Angelernte Arbeiterin, 32 J.)

Für die höheren Angestellten bei VW stellt sich das Problem ihres Verhaltens in der Öffentlichkeit noch etwas anders dar, weil es für sie – ab einer bestimmten Stufe der Betriebshierarchie keine Anonymität in Wolfsburg gibt. Sie sind der Mehrheit der Anwesenden nicht nur kategorial als Werksangehörige, sondern oft genug namentlich bekannt – oft ein Grund für sie, sich ungern in der Wolfsburger Innenstadt aufzuhalten.

Urbanität lebt von der Begegnung mit dem Fremdem. Auswärtige kamen freilich lange Zeit nicht nach Wolfsburg und wenn, dann meist aus beruflichen Gründen. Von einem (Stadt)Tourismus konnte lange Zeit überhaupt keine Rede sein. Gerade er spielt aber im Zusammenhang von Urbanität eine große Rolle: urbane Orte werden gern von Touristen aufgesucht, zugleich tragen sie durch ihren Aufenthalt wesentlich zum Erhalt der Urbanität bei, nicht nur zu deren ökonomischer Basis, sondern auch kulturell, nicht nur weil sie das Fremde symbolisieren, sondern weil sie auch ein bisschen Müßiggang in das geschäftige Treiben einer Innenstadt bringen.

Auf Grund der spezifischen Struktur Wolfsburgs und der Stadtgründungsgeschichte lassen sich mit Blick auf die Wirkungen der Großprojekte für Urbanität folgende forschungsleitende Thesen formulieren:

- Zum einen ist davon auszugehen, dass die Großprojekte einen ‚urbanitätsfördernden' Effekt besitzen, allein schon deswegen, weil sie mehr Menschen und vielleicht auch ‚andere' Menschen nach Wolfsburg locken. Auf Grund der Bandbreite der Wolfsburger Großprojekte (Kunst, Sport, Konsum, Bildung etc.) kommen die unterschiedlichsten Touristen nach Wolfsburg. Auch wenn sich einzelne Großprojekte auf ein spezifisches Publikum konzentrieren, bringt der durch sie insgesamt forcierte Städtetourismus doch insgesamt mehr Menschen mit verschiedenen Lebensauffassungen und unterschiedlichsten Lebensstilen nach Wolfsburg und in die Innenstadt, was zunächst einmal die potenziellen Begegnungschancen mit ‚Fremden' erhöht.

- Eine urbanitätsfördernde Wirkung könnte auch davon ausgehen, dass die Großprojekte zu räumlichen Kristallisationspunkten bestimmter sozialer oder lebensstilbezogener Gruppen werden könnten. Vorhandene ‚Szenen' könnten dadurch an Sichtbarkeit gewinnen und Vielfältigkeit würde vermehrt erlebbar. In Wolfsburg fühlten sich ja gerade die schichthöheren, wie noch in der letzten Studie beschrieben, immer etwas fremd und wichen vielfach auf andere Städte aus, weil es ihnen in Wolfsburg schlicht an den aus ihrer Sicht passenden Gelegenheiten und Treffpunkten fehlte. Dies könnte sich durch bestimmte Großprojekt-Angebote geändert haben (Lesungen in Autostadt, Events im Phaeno oder dem Kunstmuseum), so dass sich gerade diese Gruppe vermehrt in der Stadt aufhält und öffentlich stärker wahrgenommen wird. Zusätzlich könnten auch neue ‚Szenen' entstanden sein, für die bestimmte Großprojekte oder Veranstaltungen eine räumliche Fokussierung darstellen könnten, z. B. eine Fußballfan-Szene.

- Eine Kernfrage ist, ob von den Großprojekten urbane Ausstrahlungseffekte in Bezug auf die Innenstadt ausgehen. Dies setzt voraus, dass Einheimische und Touristen die Innenstadt überhaupt vermehrt aufsuchen. Tun sie das nicht, wären die Voraussetzungen von Urbanität – eine Vielfältigkeit der Strukturen und Lebensweisen – allenfalls im nahen Außenbereich der Großprojekte gegeben. Urbanität würde sich dann (abweichend vom herkömmlichen Urbanitätsmuster) nicht als ubiquitäres, die

Innenstadt umfassendes, sondern weitaus eingeschränkter als ‚verinseltes' und (in Abhängigkeit von den Öffnungszeiten und Zeitpunkten der gebotenen Events) auch nicht als permanentes, sondern als temporäres stadtkulturelles Phänomen manifestieren.

- Diese ‚Verinselung' könnte auch dadurch begünstigt werden, dass die Erlebniswelten Wolfsburgs sich über die ganze (alte Kern-)Stadt verstreuen (wenn auch mit Schwerpunkt im nordöstlichen Randbereich der Innenstadt). Urbanität wird demgegenüber üblicherweise in Bezug auf bestimmte Bereiche der Stadt gesehen, die sich durch besondere Dichte auszeichnen: Das Geschäftsviertel, die Altstadt, ein Hafenviertel o. ä. sind in einer Stadt typischerweise die Orte entfalteter Urbanität. Die Nähe unterschiedlichster Einrichtungen auf relativ engem Raum – so die Urbanitätsideologie – mache das Urbane aus und überhaupt erst möglich. Vorausgesetzt, es entstehe also um die Wolfsburger Großprojekte herum so etwas wie Urbanität (indem sich z. B. gastronomische, kulturelle Angebote dort entfalten), lässt sich fragen: Kommt es zu dieser Art von ‚Verinselung' von urbanen Orten in der Stadt? Steckt in dieser räumlichen Verstreutheit von Urbanität auch eine Chance (etwa der kulturellen ‚Spezialisierung', der Szenenbildung), oder wird keiner dieser verstreuten Orte ‚richtig' urban, weil ihm die ‚kritische Masse', die notwendige Konzentration an Vielfalt und Dichte fehlt? Und was ist mit den Transiträumen dazwischen: werden sie zu ‚Durststrecken des Urbanen'? Wurde nicht schon immer in Bezug auf das begrenzte urbane Potenzial der Stadt die Länge der Fußgängerzone (vom Nord- bis zum Südkopf) kritisiert (Herlyn/Tessin 2000, 123)?

- Gegen urbanitätsfördernde Auswirkungen der Großprojekte spricht aber auch das grundsätzlich angebrachte Misstrauen gegenüber allen Strategien, die darauf hinauslaufen, Urbanität zu planen. „Gerade weil es geplante Strukturen und inszenierte Bilder sind, fehlt ihnen das, was die Qualität von Urbanität ausmacht: die Überraschung, das Unvorhergesehene, das Fremde" (Häußermann/Siebel 1998, 13). Wolfsburg als ‚Stadt vom Reißbrett' und ‚junge' Stadt hat ohnehin nur wenig historische Gebrauchsspuren aufzuweisen. Insofern besteht gerade hier die Gefahr, das zarte Ansätze urbaner Öffentlichkeit durch die inszenierten Großprojekte überformt und niedergedrückt werden. So stellt sich die Frage, ob nicht das, was in den Großprojekten inszeniert wird, und das ist ja durchaus (wie angedeutet) auch so etwas wie ‚Urbanität', ‚Spannung' und ‚Begegnung mit Neuartigem', nicht viel interessanter ist als das, was die (Innen-)Stadt zu bieten hat. Ist nicht in den Großprojekten viel leichter und angenehmer ‚Vielfalt' zu erleben und entfalten sie nicht darum eher eine Sogwirkung anstatt des erhofften Ausstrahleffekts? Dies könnte in besonderer Weise für die City Galerie gelten, die als mitten in der Fußgängerzone gelegenes Shopping Center die dort vorhandenen Einkaufsmöglichkeiten mit einem Schlage nicht nur deutlich erweiterte, sondern auch grundlegend verbesserte.

- Eine weitere für das bestehende Stadtzentrum ‚urbanitätseinschränkende' Rahmenbedingung könnte auch darin bestehen, dass sich in Folge des Baus der Großprojekte Veränderung der Zentralität ergeben, ja dass es sogar zu einer Verschiebung des Stadtzentrums kommt. Wie beschrieben konzentrieren sich ein paar erlebnisorientierte Großprojekte (Autostadt, Phaeno, Cinemaxx, DOW) räumlich am nordöstlichen Rand, im Bereich des sog. Nordkopfes der Innenstadt, dort, wo sich auch der Wolfsburger Bahnhof befindet. Dieser Bereich war über Jahrzehnte hinweg gleichsam urbanes ‚Niemandsland'. Eine Untersuchungsfrage wird es deshalb sein, ob sich hier aufgrund dieser Ansiedlung von mehreren erlebnisorientierten Großprojekten in Zukunft so etwas wie ein urbanes ‚Nebenzentrum' entwickeln wird, rund einen Kilometer entfernt vom eigentlichen Stadtzentrum in der Porschestraße. Wird sich langfristig vielleicht sogar gar das Wolfsburger Stadtzentrum in diesen Bereich verlagern? Dass das immerhin möglich erscheint, wird verständlich, wenn man sich anschaut, wie schwer sich die Stadt tat, überhaupt ein einigermaßen funktionierendes Stadtzentrum zu entwickeln.

Im Folgenden wird in Bezug auf die Wirkung der Stadtentwicklung durch erlebnisorientierte Großprojekte für die Urbanität Wolfsburgs zunächst einmal anhand unterschiedlicher Aspekte die Frage diskutiert, ob Wolfsburg sich auf dem Weg zu mehr Urbanität befindet (3.3). Ob die Stadt heute ‚urbaner' geworden ist, wird daran untersucht, ob erstens die Wolfsburger Bevölkerung das so empfindet (3.3.1), ob zweitens die Menschen heute häufiger Angebote in der Stadt nutzen (3.3.2) und schließlich ob ein Mehr an Vielfalt und sozialer Heterogenität öffentlich sichtbar wird (3.3.3). Auf die für Urbanität so wichtige Frage der Entwicklung des Stadtzentrum wird in einem gesonderten Abschnitt eingegangen (3.4), wobei behandelt wird, ob das Stadtzentrum heute belebter ist, ob einfach mehr Menschen sich dort aufhalten oder dorthin gehen (3.4.1). Danach wird gefragt, welche Sogwirkung von den Großprojekten ausgeht und ob besagter ‚Inselurbanismus' sich nachweisen lässt (3.4.2). Dies wird anhand der Wirkungen der City Galerie vertiefend diskutiert (3.4.3). Die Frage einer möglichen ‚Verschiebung' des Stadtzentrums bildet den Abschluss (3.5).

3.3.1 Wolfsburgs Urbanität aus Sicht der Bewohnerschaft

Zur Ermittlung des Bildes der Stadt aus Sicht ihrer Bürger und Bürgerinnen wurde ein Polaritätsprofil eingesetzt, in dem gegensätzliche Eigenschaften der Stadt bewertet werden sollten (vgl. Abb. 15).

Abbildung 15: Urbane Eigenschaften Wolfsburgs aus Sicht der Bewohnerschaft

	sehr	ziemlich	etwas	teils/ teils	etwas	ziemlich	sehr	
dynamisch				●				statisch
überheblich				●				bescheiden
abwechslungsreich				●				eintönig
eindrucksvoll				●				nichtssagend
bunt				●				grau
anspruchsvoll				●				schlicht
aufregend				●				langweilig
lebhaft				●				ruhig
anstrengend					●			gemütlich
großstädtisch					●			provinziell

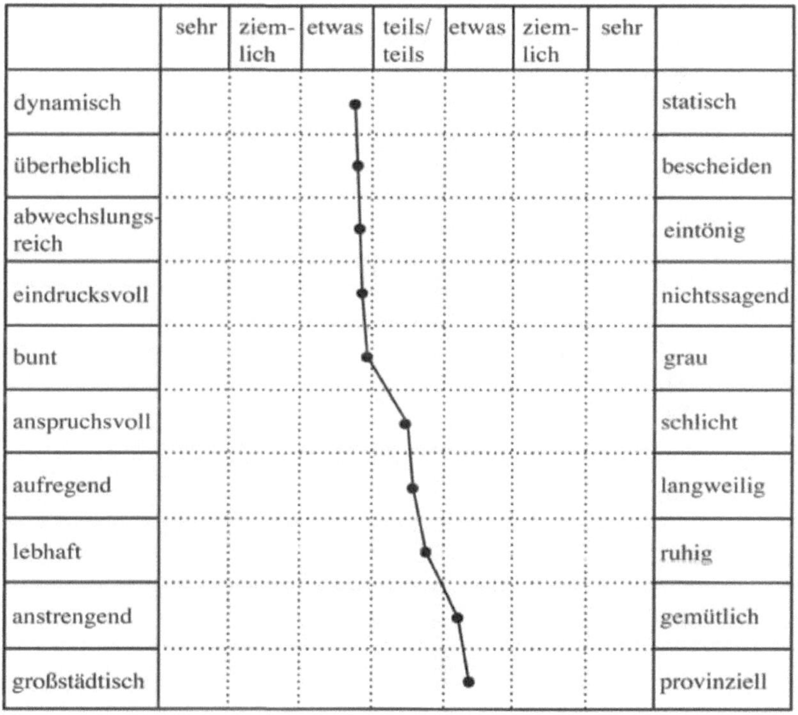

Frage: „Wie empfinden Sie Wolfsburg ganz allgemein? Ich habe hier eine Liste mit verschiedenen Eigenschaftspaaren. Bitte sagen Sie mir ganz spontan anhand dieser Eigenschaften, wie Sie Wolfsburg empfinden." (Siebenerskala); n=972, ohne „weiß nicht"/keine Angabe

Wolfsburg hat aus Sicht seiner Bewohnerschaft nach wie vor keineswegs ein besonders urbanes und durch soziale Heterogenität geprägtes Profil. Die Stadt wird ganz überwiegend im mittleren Bereich der Eigenschaften eingeordnet: Sie wird weder als besonders abwechslungsreich, bunt oder aufregend noch als besonders eintönig, grau oder langweilig erlebt. Am meisten vom Durchschnitt (aber auch nicht besonders deutlich) weichen noch die Bezeichnungen ‚provinziell' und ‚gemütlich' ab – nicht gerade Attribute für eine ‚erlebnisreiche Großstadt mit urbanem Flair', als die sich Wolfsburg in der Werbung so gerne charakterisiert.

Verantwortlich dafür wird nach wie vor u. a. die Prägung der Stadt und der Lebensläufe durch den Volkswagen-Konzern gemacht. Wir baten z. B. die Befragten sich zu entscheiden, welcher der beiden folgenden Aussagen sie eher zustimmen:

- „Die Stadt Wolfsburg ist nach wie vor durch und durch von VW geprägt. Der Konzern durchdringt das gesamte städtische Leben und bestimmt die Lebensweisen der Menschen nachhaltig" oder

- „Die Stadt Wolfsburg ist heute längst nicht mehr nur von VW geprägt. Das städtische Leben und die Lebensweisen der Menschen sind heute erheblich vielfältiger als noch von 10 oder 20 Jahren".

Immerhin fast zwei Drittel der Befragten (!) stimmten der ersten Aussage zu, nur ein Drittel der zweiten. Interessanter Weise sehen besonders die jüngeren Befragten das Wolfsburger Leben dominant durch Volkswagen geprägt (77% der unter 30-Jährigen), während mit zunehmendem Alter und Wohndauer die Stadt als vielfältiger wahrgenommen wird, wahrscheinlich weil man die Entwicklung im Laufe der Jahre hin zu mehr Heterogenität vor Augen hat. Man kennt Wolfsburg noch als wirklich ‚reine' Arbeiterstadt. Dennoch:

„Wolfsburg kann sich nur schwer verändern, allein wegen dieser Atmosphäre: Es ist immer noch ganz dolle von VW geprägt. So'n Mittelstand sieht man gar nicht. Man hat nicht diese Vielfalt, das ist ein bisschen einseitig. Ganz viele arbeiten am Band. Und das sieht man irgendwie, die Leute sind schon ein bisschen anders – auch von den Klamotten her. Ist vielleicht ein bisschen oberflächlich und ich weiß nicht, wie ich es genau beschreiben soll, aber man merkt's schon deutlich, wenn einer bei VW arbeitet." (Referendarin, 25 J.)

Die Wolfsburger charakterisieren die (fehlende) Urbanität der Stadt deutlich auf der Dimension sozialer Vielfalt und einer gewissen Anonymität. Eine städtische Atmosphäre bedeutet etwa für diese Referendarin, dass man *„viele unterschiedliche Menschen"* und eine *„Lockerheit des Verhaltens"* bis hin zu *„Extremen"* sieht. Eine 65-jährige ehemalige Sekretärin kennzeichnet es so: *„Man sieht viele junge Leute, ausländische Bewohner, Arme und Reiche, alles ist bunt und vielfältig".* Wichtig sei, dass eine Stadt *„belebt ist und man nicht jeden kennt"*, so eine 21-jährige Kosmetikerin. In Wolfsburg dagegen, so betonen viele Befragte, seien *„die Leute sehr VW-bezogen und alle sehen gleich aus"*; dies sei *„eintönig".* Eine bunte soziale Mischung sehe man kaum. Auch Fremdem und Andersartigem begegne man kaum, Anonymität fehle. Die Experten sehen das ähnlich. Der Entfaltung einer urbanen Atmosphäre stehe der im Vergleich zu anderen Städten geringere Grad der Anonymität entgegen: *„Es ist ein bisschen hoch gestochen hier von Urbanität sprechen zu wollen. Urbanität als Anonymität, das ist in Wolfsburg kaum vorstellbar. Die Arbeiter kennen sich vom Band, die etwas höher angesiedelt sind, kennen sich aus dem Werk. Man kennt sich hier. Hier bleibt nichts unbeobachtet. Da kann Urbanität gar nicht aufkommen"*, so ein langjähriger Beobachter der Stadt aus der Wohnungsbranche. Wenn man ständig damit rechnen muss, beim Besuch der Innenstadt Kollegen zu treffen, wenn also der Schutzschild der Anonymität permanent der Gefahr unterliegt, Risse zu bekommen, wenn soziale Distanziertheit umgehend in soziale Nähe umschlagen kann und das Spannungsverhältnis zwischen öffentlicher und privater Sphäre brüchig ist, dann kann kein urbanes Lebensgefühl aufkommen. Wolfsburg, so ein 46-jähriger Angestellter, sei *„ein Dorf, weil man sehr viele Leute kennt und man sich wirklich ständig über den Weg läuft"*, ständig treffe man Bekannte oder – schlimmer noch – Arbeitskollegen:

„Hier in Wolfsburg, wenn ich da durchgehe, kenne ich zu viele Leute. Dann stehen Sie vorm Geschäft und dann muss geredet werden. Man sieht sich schon auf der Arbeit, und wenn ich da raus bin aus dem Laden, wenn ich die Tür hinter mir zu habe, dann möchte ich Ruhe haben. Und die Rentner, die sitzen da, trinken bei Tchibo ihren Kaffee und warten auf ein Opfer: ,Und, wie läuft's jetzt bei der Arbeit?' Das passiert mir in anderen Städten nicht." (VW-Angestellter, 55 J.)

Das ist für einige Befragte auch ein Grund, zum Einkaufsbummel in andere Städte zu fahren. Sie fühle sich einfach freier, wenn sie in Braunschweig unterwegs sei und könne sich selbst auch ganz anders geben, so eine 37-jährige Erzieherin. Sie beschreibt damit Freiheitsgrade des Verhaltens und Individualisierungschancen, die sich aus der „unvollständigen Integration" in einer wirklich anonymen Stadt ergeben.

Die erlebnisorientierten Großprojekte haben nach Auffassung der Wolfsburger Bevölkerung aber doch deutlich zu einer wachsenden sozialen Vielfalt beigetragen (vgl. Abb. 16). So stimmten immerhin 71% der Befragten der folgenden Aussage zu: „Durch die Großprojekte ist das städtische Leben vielfältiger und bunter geworden" (nur 10% lehnten sie ab). Dabei wurde mit dem Adjektiv ,bunt' bewusst auf den Gegenbegriff zur ,grauen Stadt' zurückgegriffen, als die Wolfsburg ja lange Zeit galt und für manche heute immer noch gilt. Buntheit meint dabei die Sichtbarkeit unterschiedlicher Lebensweisen, sei es am Verhalten, an der Kleidung, am Konsumstil oder am Warenangebot.

Die Zustimmung zieht sich durch alle Sozialgruppen und liegt – außer bei den Arbeitslosen und denjenigen, die keines der neuen Angebote nutzen – immer über 60%, oft sogar weit darüber. Aus Sicht der Bevölkerung hat es also gemessen an Vielfalt und Buntheit einen deutlichen Urbanitätseffekt durch die erlebnisorientierten Großprojekte gegeben. Eine Befragte beschreibt ihr ‚Wolfsburg-Gefühl' als besonders durch die neuen Attraktionen geprägt:

„Das ist einfach so ein Gefühl: Wolfsburg ist heute mehr als VW. Sicherlich, natürlich: das ist unser Arbeitgeber, damit hat alles angefangen. Aber heute ist Wolfsburg viel mehr und das liegt an den Attraktionen. Da sagt man: jetzt geh' ich mal in die City Galerie oder die Autostadt. Naja, Autostadt ist ja auch VW, aber das empfindet man anders." (Sachbearbeiterin, 22 J.)

Abbildung 16: „Großprojekte haben das städtische Leben vielfältiger und bunter gemacht" (Auszug aus Statement-Batterie)

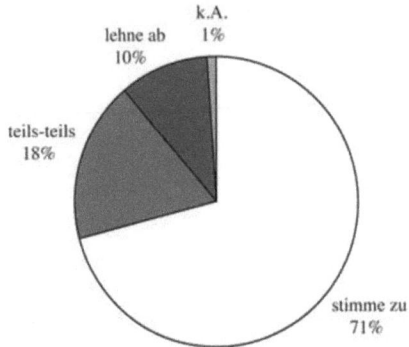

Die Anonymität sei größer geworden und man treffe häufiger auf augenscheinlich Auswärtige, so ein anderer Befragter:

„Früher war's ja so: Wenn man in die Stadt ging, kannte man eigentlich fast jeden oder irgendwo hat man ihn schon mal gesehen oder als Wolfsburger wahrgenommen. Jetzt nimmt man schon wahr, dass auch sehr viele da sind, die einem irgendwie anders vorkommen – Tagesbesucher zum Beispiel." (ltd. Angestellter, 51 J.)

Die Großprojekte haben also offenbar aus Sicht der Wolfsburger Bevölkerung einerseits durchaus die Vielfältigkeit und Buntheit der Stadt gesteigert, ohne freilich andererseits Wolfsburg schon zu einer ‚urbanen Stadt' zu machen. Wolfsburg sei eben eine kleine Großstadt, der durchaus weiterhin eine gewisse kleinstädtische Atmosphäre anhafte. Dieser Befund wird auch am folgenden Befragungsergebnis deutlich: Danach meinten 2007 (nur) 30% der Befragten, Wolfsburg habe eine ‚lebendige, städtische Atmosphäre', 70% konnten sich dieser Auffassung so nicht anschließen und sprachen von teilsteils, eher nicht bzw. überhaupt nicht (vgl. Tab. 16).

Zwar hat sich die Quote jener Wolfsburger, die der Stadt eine ‚lebendige, städtische Atmosphäre' attestieren, von 25% im Jahr 1998 (Harth u. a.

2000, 89) auf 30% erhöht, aber angesichts der enormen Investitionen in die sog. Erlebniswelt der Stadt, ist das schon ein etwas ernüchterndes Ergebnis, ein Ergebnis, das man im Auge behalten sollte, auch wenn es zunächst darum geht, warum Wolfsburg immerhin als etwas urbaner angesehen wird als noch vor Jahren.

Tabelle 16: Bewertung der urbanen Atmosphäre in Wolfsburg in %

In Wolfsburg gibt es eine lebendige, städtische Atmosphäre	%
trifft voll und ganz zu	6
trifft eher zu	24
teils/teils	35
trifft eher nicht zu	27
trifft überhaupt nicht zu	6
weiß nicht/keine Angabe	2
insgesamt	100
N	972

Frage: „Bitte sagen Sie mir jetzt, ob die folgende Bedingung aus Ihrer Sicht für Wolfsburg zutrifft oder nicht."

Dieser (eher geringe) Anstieg an ‚Urbanität' lässt sich vor allem an zwei Aspekten festmachen: Die Wolfsburger sind einerseits selbst mehr in der Stadt unterwegs (3.3.2) und andererseits bieten die erlebnisorientierten Großprojekte (bzw. einige von ihnen) Räume zur Selbstdarstellung und Selbstvergewisserung, so dass die durchaus ansatzweise vorhandene soziale Heterogenität der Stadt deutlich sichtbarer wird als noch vor Jahren (3.3.3).

3.3.2   Präsenz im öffentlichen Raum

Es ist bemerkenswert, dass sich die Wolfsburger selbst zu mehr als zwei Dritteln (69%) als Menschen beschreiben, „die – jenseits von Einkauf und Behördengang – die verschiedenen Angebote und Gelegenheiten in der Stadt aktiv nutzen und die gern am öffentlichen Leben teilnehmen". Besonders interessiert sind (nach eigenen Aussagen) die jüngeren bis 30-Jährigen (79%), aber auch von den über 60-Jährigen nehmen (nach eigenen Aussagen) noch 64% interessiert am öffentlichen Leben der Stadt teil. Befragte mit höheren Bildungs-, Berufs- und Einkommenspositionen sind besonders rege und auch Menschen, die nicht oder nur geringfügig ins Erwerbsleben eingebunden sind (in Elternzeit, arbeitslos, Rente).

Um die Veränderungen in der Nutzung bestimmter Gelegenheiten in der Stadt zu ermitteln, wurden die Wolfsburger gefragt, ob sie bestimmte Angebote – angefangen von den Einkaufsmöglichkeiten in der Innenstadt, über die Ausgehmöglichkeiten und die Kulturangebote (Ausstellungen, Konzerte und Vorträge) bis hin zu den Möglichkeiten, in Wolfsburg etwas Besonderes zu erleben (z. B. Veranstaltungen, open-air-Konzerte etc.), heute häufiger als vor einigen Jahren nutzen oder nicht. Ein häufigerer Besuch dieser Angebote würde bedeuten, dass sich die Wolfsburger vermehrt in der Innenstadt aufhalten: sie verlassen ihre Wohnung bzw. ihr Wohnquartier, um sich ,in der Stadt' aufzuhalten – ein Indikator für gestiegene ,Urbanität'.

Die Ergebnisse zeigen, dass die neuen Angebote einschließlich der erlebnisorientierten Großprojekte tatsächlich einen gewissen ,Aktivierungs- bzw. Mobilisierungsschub' ausgelöst haben: Rund 75% der befragten Wolfsburger nutzen heute zumindest ein Angebot in der eigenen Stadt mehr als noch vor zehn Jahren (vgl. Tab. 17 und auch Tab. 18).

Tabelle 17: Aufsuchen bestimmter Angebote in der Stadt im Vergleich zu früher in %

Nutzen Sie	ja	nein	k.A.	Insg.
...die Chancen, hier in Wolfsburg etwas Besonderes zu erleben?	42	55	3	100
..die Einkaufsmöglichkeiten in der Innenstadt häufiger als vor einigen Jahren?	41	57	2	100
...die Kulturangebote wie Ausstellungen, Konzerte, Vorträge häufiger?	34	64	2	100
...die Möglichkeiten zum Ausgehen hier Wolfsburg häufiger?	25	72	3	100

Frage: „Ich nenne Ihnen nun verschiedene Angebote in Wolfsburg, und Sie sagen mir bitte, ob Sie diese heute häufiger als vor einigen Jahren nutzen oder nicht." N=972

Vermehrt genutzt werden heute beispielsweise die Chancen, etwas Besonderes zu erleben. 42% der Wolfsburger nutzen heute diese neuen Erlebnis-Angebote in der Stadt öfter, insbesondere gilt das für Bildungshöhere im mittleren Alter (46 bis 60 Jahre). Mit den Großprojekten, so wird in den Gesprächen betont, seien *„viel mehr Attraktionen entstanden, auch für die Freizeit"*, das sei bezogen auf die Einwohnerzahl der Stadt schon beachtlich. Die ganzen Attraktionen hätten *„die Stadt sehr bereichert"*. Man müsse jetzt nicht mehr *„weiter wegfahren, weil man jetzt alles vor Ort hat"*.

„Man kann sehr viel in der Freizeit hier jetzt machen, also es gibt sehr viele Möglichkeiten. Das ist für mich das Wichtigste, was die Stadt auch sehr attraktiv macht. Für mich ist das perfekt. Man kann viel in der Stadt machen" (Referendarin, 25 J.)

„Ich finde das sehr positiv, weil ich hier ja lebe und wohne und auch arbeite und es macht für mich jetzt viele Sachen einfacher. Die Wege sind kürzer, man hat viele Möglichkeiten jetzt was zu unternehmen." (Sachbearbeiter, 31 J.)

Auch zum Einkauf verbleibt man, wie auch die Kaufkraft- und Zentralitätsziffern[12] ausweisen, deutlich mehr in der Stadt und nutzt die ortsansässigen

---

[12] So konnten nach Angaben der Gesellschaft für Konsumforschung die Umsätze im Einzelhandel von 650 Mio. € im Jahr 1997 auf 810 Mio. € im Jahr 2008 gesteigert werden. Die Zentrali-

Geschäfte. Immerhin 41% der Wolfsburger gaben an, die Einkaufsmöglichkeiten in der Innenstadt heute häufiger zu nutzen als noch vor einigen Jahren. Das ist schon ein bemerkenswertes Ergebnis, wenn man bedenkt, dass wir 1998 noch feststellten, dass nur die Hälfte der Wolfsburger und Wolfsburgerinnen besondere Anschaffungen überwiegend in Wolfsburg erledigte (Harth u. a. 2000, 90ff.). Noch bemerkenswerter ist dabei, dass besonders Jüngere, Familien und Statushöhere, die gerade diejenigen waren, die noch vor zehn Jahren regelmäßig die Einkaufsangebote außerhalb Wolfsburgs aufsuchten, heute deutlich häufiger die Einkaufsmöglichkeiten in der Stadt nutzen. Als Einkaufsstadt hat Wolfsburg also in den letzten zehn Jahren eine deutliche Attraktivitätssteigerung erfahren und zwar vor allem für die sozialen Gruppen, die der Stadt noch vor Jahren den Rücken zugewandt haben. Als wichtig für die Attraktivitätssteigerung der Innenstadt und das eigene veränderte Einkaufsverhalten wird von den Intensivinterviewten allerdings fast ausschließlich die City Galerie mit ihren vielfältigen Angeboten herausgestellt. Sie wird als so anregend und attraktiv empfunden, dass für die Bevölkerung die Notwendigkeit, zum Einkaufen nach Braunschweig oder Hannover zu fahren, heute nicht mehr in dem Maße besteht wie früher.

„Früher sind wir sehr häufig nach Braunschweig gefahren, auch zum Einkaufen. Das machen wir heute selten. Hier haben wir auch alles, das ist schön. Es hält einen einfach doch mehr jetzt hier in Wolfsburg, weil es auch Angebote gibt, die es vor fünfzehn Jahren eben hier nicht gab." (ehem. ltd. Angestellter, 66 J.)

„Ich liebe klassische Musik. Wir sind früher immer woanders hingefahren. Aber seitdem es die Autostadt gibt – das Angebot ist da ganz hervorragend – da brauchen wir das gar nicht mehr. Wir gehen natürlich zu den Pfingst- und Weihnachtskonzerten. Das Orchester ist ganz hervorragend und erstklassig, das gilt auch für die Diskussionen mit Fernsehgrößen, die sind schon interessant." (ehem. ltd. Angestellter, 74 J.)

Auch wegen der Kulturangebote und Ausgehmöglichkeiten wird die Stadt von einem guten Drittel der Wolfsburger häufiger genutzt als noch vor einigen Jahren, vor allem von älteren über 60-Jährigen und Wolfsburgern mit höherem Sozialstatus. Aber auch immerhin sogar ein Viertel der Befragten mit niedriger Bildung nutzt heute die Kulturangebote in Wolfsburg häufiger als noch vor einigen Jahren. Alles in allem haben sich die Erlebnischancen im kulturellen Bereich doch stark erweitert – und offenbar nicht nur für die hochkulturell orientierten Wolfsburger.

Auch die Möglichkeiten zum Ausgehen werden heute von einem Viertel der Wolfsburger häufiger genutzt. Dies gilt vor allem für Jüngere. *„Restaurants oder Bars gab es früher nicht wirklich, wo man sich hätte mal hinsetzen*

---

tätsziffer hat sich im gleichen Zeitraum von 98 (dies bedeutet Kaufkraftabfluss) auf 116 (also Kaufkraftzufluss) erhöht.

können. Inzwischen ist das ganz anders. Es gibt superviele Bars." (Referendarin, 25 J.)

„Im Kulturzentrum Hallenbad ist ein neues Restaurant, das gefällt mir sehr gut. Das ist ein bisschen feiner, ein bisschen kleiner, aber das ist ganz toll, man muss es halt nur erst mal alles kennen lernen. Wir sind auch das eine oder andere Mal in der Autostadt. Wir waren im Mondo-Club und mal im Ritz-Carlton zum Brunch. Die gastronomischen Angebote in der Autostadt sind sehr schön. Es sind Impulse dazu gekommen, weil eben so vieles oder Modernes entstanden ist." (Kaufm. Angest., 31 J.)

Diese ‚Mobilisierung' der Wolfsburger in Richtung Stadt wird besonders deutlich, wenn man untersucht, wie viele von ihnen mehrfach ‚stadtaktiver' geworden sind, z. B. die Innenstadt oder Kulturangebote in Wolfsburg häufiger als noch vor einigen Jahren nutzen.

Tabelle 18: Umfang der Aktivierung in den letzten Jahren nach Alter und Schulabschluss in %

	keines der vier Angebote wird häufiger genutzt	ein bis zwei Angebote werden heute häufiger genutzt	drei bis vier Angebote werden heute häufiger genutzt	Insg	N
Alter:					
18 – 30 Jahre	13	58	29	100	198
31 – 45 Jahre	26	56	18	100	260
46 – 60 Jahre	29	48	23	100	241
61 und älter	34	53	13	100	260
Schulabschluss:					
Kein/Hauptschule	39	49	12	100	312
Mittlere Reife/Fachabitur	22	56	22	100	395
Abitur/Hochschule	19	55	26	100	220
Insgesamt	26	54	20	100	

An 972 fehlende Fallzahlen: „weiß nicht"/keine Angabe

Immerhin jede(r) fünfte Befragte nutzt heute drei oder sogar vier der oben genannten vier Aktivitätsbereiche. Das ist schon beachtlich und betrifft vor allem junge Erwachsene, Befragte mit hohen Bildungsabschlüssen (vgl. Tab. 18), finanziell Bessergestellte, eben die ‚Urbanisten' mit Interesse an Kultur, Unterhaltung und Selbstverwirklichung. Genau jene sozialen Gruppen, die noch vor Jahren mit ihrem Wunsch nach stärkerer Urbanität in andere Städte ausgewichen sind, zeigen heute eine gestiegene Präsenz im öffentlichen Raum in Wolfsburg. Eingeschränkt gilt das auch noch für gut die Hälfte der Wolfsburger, die heute eins oder zwei der Angebote häufiger nutzt. Dagegen sucht lediglich ein gutes Viertel der Wolfsburger die Stadt heute nicht häufiger als in den letzten Jahren auf. Überwiegend sind das die ‚Häuslich-Unauffälligen', also ältere Personen über 60 Jahre, Personen mit niedriger

Bildung und jene in prekärer Erwerbssituation und mit geringen Einkommen, was nicht besonders erstaunt.

Insgesamt wird an den Befunden deutlich, dass Attraktivität und Anregungsgehalt Wolfsburgs als Einkaufs- Kultur-, Freizeit- und Erlebnisort in den letzten Jahren für die eigene Bewohnerschaft gesteigert werden konnte. Und urbanitätsrelevant ist daran vor allem zweierlei: dass zum einen die neuen Angebote bei der Bevölkerung ganz eindeutig einen Mobilisierungsschub in Richtung Stadt ausgelöst haben, und zum anderen, dass insbesondere die statushöheren Wolfsburger vermehrt die Stadt aufsuchen, die das Leben in der Innenstadt vielfältiger und sozialstrukturell heterogener machen, die gewissermaßen von ihrem ganzen Lebensstil her ‚urbaner' eingestellt sind.

3.3.3 Sichtbarkeit sozialer Vielfalt

Wolfsburg ist, so die bisherigen Befunde, aus Sicht der Bewohner nach wie vor noch keine urbane Stadt mit einer ‚lebendigen, städtischen Atmosphäre', aber sie ist in den letzten 10 Jahren durchaus ‚urbaner' geworden. Zum einen wird die Innenstadt von den Bewohnern häufiger aufgesucht (zum Einkaufen, zum Ausgehen, zu einer Veranstaltung etc.), zum anderen sind gerade die statushöheren Wolfsburger ‚stadtaktiver' geworden; d. h. der früher dominante Eindruck fehlender ‚Bevölkerungsheterogenität' z. B. in der Fußgängerzone könnte dadurch etwas abgebaut worden sein, zumal diese gewisse sozialstrukturelle ‚Aufwertung' und Differenzierung durch zwei weitere Aspekte noch gestützt wird: wie in Kapitel 1.7 gezeigt wurde, hat sich die Bevölkerung in Wolfsburg in den letzten Jahren und Jahrzehnten deutlich verändert: sie ist pluralistischer geworden, vor allem gibt es deutlich mehr Beschäftigte im Dienstleistungssektor, mehr Menschen mit höherem Schulabschluss und besserem Einkommen. Wenn es sich nun zeigt, dass gerade diese Bevölkerungsgruppe die Stadt vermehrt aufsucht, dann müsste sich die soziale Vielfalt im öffentlichen Raum der Stadt tatsächlich erhöht haben.

Eine weitere ‚Quelle' einer erhöhten Bevölkerungsheterogenität im öffentlichen Raum der Stadt könnten die Touristen sein. Es wurden die auswärtiger Besucher jener erlebnisorientierten Großprojekte hinsichtlich ihrer Schulbildung, ihres Altes sowie ihrer Erlebnisdispositionen befragt, die in besonderer Weise von Touristen besucht werden: das Kunstmuseum, das Phaeno und die Autostadt. Diese Werte wurden in Beziehung gesetzt zur Verteilung der höchsten Schulabschlüsse in der einheimischen Bevölkerung.

Tabelle 19 zeigt, dass zumindest in diesen Großprojekten die Wolfsburger auf andere Besucher treffen, die nicht nur Auswärtige und damit Fremde sind, sondern durchschnittlich ein höheres Bildungsniveau haben als sie selbst; d. h. sie können soziale Gruppen in Wolfsburg erleben, die es in der Stadt nicht so häufig gibt.

Tabelle 19: Höchster Schulabschluss der auswärtigen Besucher im Vergleich zur Wolfsburger Bevölkerung in %

Schulabschluss	Wolfsburger Bevölkerung	Besucher und Besucherinnen von:		
		Autostadt	Phaeno	Kunstmuseum
Volks-/Hauptschule	33	23	15	4
Mittlere Reife/Fachabitur	43	35	33	19
Abitur/Hochschule	24	42	52	77
Insgesamt (=100%)	940	88	93	75

Quelle: Eigene Befragungen: Bewohner- und Besucherstichprobe; ohne: noch SchülerIn/Sonstiges/keine Angabe

Insgesamt zeigt der Vergleich der erhobenen Sozialstrukturdaten von Besuchern und Einheimischen deutliche Unterschiede: Die Besucher sind jünger, gebildeter und stärker auf Kultur, Unterhaltung und besonders Selbstverwirklichung orientiert. Es kann deshalb davon ausgegangen werden, dass die soziale Vielfalt in Wolfsburg (zumindest temporär) tatsächlich in Folge der erlebnisorientierten Großprojekte zugenommen hat. Dies alles ist aber zunächst einmal nicht sonderlich verwunderlich und würde sich wohl auch in anderen Städten zeigen. Unter den WolfsburgerInnen sind eben auch solche, die z. B. aufgrund ihres Alters (und dann meist auch niedrigeren Bildungsabschlusses) überhaupt nie auf den Gedanken kämen (genau wie ihre Pendants anderenorts), eine Attraktion, und dann noch in einer anderen Stadt aufzusuchen. Städtetouristen zeichnen sich generell durch eine bestimmte Aufgeschlossenheit und auch besondere Bildungsaspirationen aus (Steinecke 2006, 125). Sie bringen aber damit immer auch einen frischen Wind, eine Art bildungs- und erlebnisorientierten Habitus in die Stadt ihrer Wahl. Dazu gehört auch die Begegnung mit Personen anderer regionaler Herkunft: Immerhin die Hälfte der befragten Besucher ist aus einer Entfernung von mehr als 70 Kilometern angereist und 35% waren vorher noch nie in Wolfsburg – und es hätte sie ohne das attraktive Erlebnisangebot wohl auch nicht dorthin verschlagen. Personen aus allen Teilen Deutschlands reisen nun nach Wolfsburg (vornehmlich in die Autostadt) und man hört schwäbische, bayerische oder sächsische Töne, sieht vielleicht andere Kleidungsstile oder begegnet Personen, die sich nicht auskennen, die einem *„irgendwie anders"* vorkommen und dadurch auch die Anonymität ein wenig vergrößern.

Es wurde eingangs ausgeführt, dass die Großprojekte zwar selbst keine urbanen Orte im klassischen Sinne sind (genau so wenig, wie es die traditionellen Theater, Museen oder Bibliotheken sind), aber eine Stadt, die solche unterschiedlichen Milieus ausbildet, wird man durchaus als ‚urban' bezeichnen können, unabhängig von der Frage, ob sich diese Milieus auch im frei zugänglichem öffentlichen Freiraum (etwa einer Fußgängerzone) begegnen und ‚mischen'. Die Frage, inwieweit die erlebnisorientierten Großprojekte etwa auf die Porschestraße ausstrahlen, wird im nächsten Abschnitt zu behandeln sein. Aber klar dürfte schon jetzt sein, dass die Wolfsburger, auch wenn sie sich außerhalb der Großprojekte, etwa in der Porschestraße, aufhalten, nicht mehr ganz so sicher sein können, nur ‚Ihresgleichen' zu begegnen. Denn sie wissen, dass sich (anders als noch vor Jahren) nicht nur Wolfsburger und ‚VW-ler' in der Stadt aufhalten. Allein dieses Bewusstsein dürfte ihnen ein Gefühl von gestiegener Urbanität vermitteln, weitgehend unabhängig davon, ob sich die Touristen nun tatsächlich in der Fußgängerzone aufhalten oder nicht.

Welche Milieus aus Einheimischen und Gästen sind nun in den Großprojekten entstanden bzw. in der Stadt sichtbarer geworden?

Für das 1994 eröffnete Kunstmuseum wurde bereits in der vorherigen Studie beschrieben, dass es für kultur- und bildungsinteressierte Wolfsburger zu einem regelrechten Kristallisationspunkt wurde (Harth u. a. 2000, 82f). War man vorher durchaus kulturell aktiv (wenn auch meist außerhalb der Stadt), das Theaterabonnement und die Teilnahme am Literaturkreis waren sozusagen Pflicht, so fand man nun endlich einen exponierten und zentralen Ort mit einem hervorragenden Renommee, um sich zu treffen und zu zeigen. Besonders auch das dortige Bistro wurde zum Treffpunkt. Mittlerweile hat sich das ‚Alleinstellungsmerkmal' des Kunstmuseums laut den dortigen Expertinnen aufgelöst und Wolfsburg sei *„insgesamt kulturell attraktiver und reichhaltiger geworden. Von dieser Anfangseuphorie der ersten Jahre können wir heute nicht mehr schöpfen"*. Das Kunstmuseum, dessen Adressaten primär im gesamten nationalen bis internationalen Raum liegen, erlebte einen Prozess der zunehmenden Öffnung und des Hineinwachsens in die Stadt und damit auch eine soziale Verbreiterung des Publikums. Durch ausstellungsbegleitende Angebote, durch Aktionen für Schulklassen, durch Kinderfreizeitangebote oder auch durch stärker auf den Wolfsburger Publikumsgeschmack bezogene Ausstellungen (z. B. die Ausstellung des bekannten Wolfsburger Fotografen Heinrich Heidersberger oder thematische Ausstellungen zur Mode oder zum Wohnen) ist es gelungen, ein breiteres Wolfsburger Publikum zu erreichen. Immerhin ein Drittel der Besucher sind Wolfsburger, die meist zum Stammpublikum gehören und bereits mehrere Ausstellungen besucht haben (Klein 2003, 8, 32). Zu den 2-3mal jährlich stattfindenden Tagen der offenen Tür (*„das sind unsere Dreh- und Angeltage, an denen das Museum komplett neu bespielt wird")* platze das Museum regelrecht aus allen Nähten.

Experten wie auch einige kulturinteressierte Bürger weisen darauf hin, dass die für eine Stadt dieser Größenordnung eigentlich schon immer ausgesprochen rege künstlerische Szene Wolfsburgs, die aber eher ein Nischenda-sein in kleinen, untereinander weitgehend bekannten Kreisen führte, durch die neuen Angebote (das Phaeno, die Autostadt, besonders aber das Kunst-museum, neuerdings auch das Hallenbad) einen regelrechten Schub erfahren hätte. Nicht nur habe eine qualitative Aufwertung stattgefunden, es habe auch einen Bedeutungsanstieg von Kultur im Allgemeinen in der Stadt gegeben. *„Wir waren ja immer schon in kleinen Zirkeln aktiv"*, so ein Kulturexperte der Politik, *„heute hat sich das Publikum erweitert. Ein Beispiel: Wir haben einen Literaturkreis seit 25 Jahren, der die Aula mit neuen deutschen Schrift-stellern mit 300-400 Leuten füllt. Mittlerweile macht die Autostadt auch Au-torenlesungen, da gehen auch Leute hin. Und dann haben wir noch das Zent-rum für junge Kultur, das Hallenbad, die machen auch Autorenlesungen und da kommen offensichtlich auch Leute, aber nicht unbedingt die gleichen Jahrgänge. Im Literaturkreis ist überwiegend 50 Plus, in der Autostadt ü-berwiegend 25 bis 45, und im Hallenbad vielleicht Jüngere. Das heißt, es werden neue Kreise erschlossen, die bisher von den alten Kulturangeboten nicht erfasst wurden."* Die hochwertigen Angebote zögen auch vermehrt auswärtige Besucher an, die das Publikum erweitern und auch zu einer Berei-cherung der teils schon etwas verkrusteten Kulturszene beigetragen hätten.

Offenbar haben das Kunstmuseum, wie auch Kulturangebote in anderen neuen Großprojekten, erheblich dazu beigetragen, dass die Kunst- und Kul-turszene in der Stadt sichtbarer wird, mehr Orte und Treffpunkte findet, sich aber auch erweitert hat. Auch scheinen sich die Zugangsbarrieren für zu-nächst einmal skeptische oder kulturferne Gruppen gesenkt zu haben, was auch von den Anbietern, auch denjenigen der traditionellen Einrichtungen (wie Städtische Galerie oder Kunstverein) gezielt verfolgt wird, so dass Be-gegnungen vermehrt stattfinden. Die an vielen Stellen hoch ambitionierten Angebote locken darüber hinaus viele kulturinteressierte Menschen aus ande-ren Städten nach Wolfsburg, was den heimischen Kunstliebhabern noch mehr Rückenwind gibt. Die Kunst- und Kulturszene ist ohne Zweifel durch die Entstehung neuer räumlicher Kristallisationspunkte in den vergangenen zehn Jahren in der Stadt sichtbarer und auch selbstbewusster geworden und hat damit die soziale Vielfalt erhöht.

Die Autostadt als das mit Abstand besucherstärkste erlebnisorientierte Großprojekt zieht seit Jahren die unterschiedlichsten sozialen Gruppen aus einem großen bundesweiten Einzugsbereich an. Die Wolfsburger selbst gehö-ren zu den eifrigsten Besuchern. Immerhin 30% unserer Befragten besitzen eine Dauerkarte und 84% haben die Autostadt mehrmals oder regelmäßig be-sucht. Dennoch hält sich die Erlebbarkeit sozialer Heterogenität in der Auto-stadt etwas in Grenzen: Bei den Auswärtigen Besuchern handelt es sich ja um Autoabholer und Tagestouristen. Die Wolfsburger nehmen denn auch deutlich wahr, dass Fremde in Besichtigungsbussen oder Autoabholer mit ihrem Nummernschild per Bahn anreisen oder bei den Veranstaltungen die Parkplätze voll mit Autos mit auswärtigen Nummernschildern sind. Insofern wäre auch hier an sich ein Potenzial für die Begegnung mit sozialer Heterogenität bzw. mit ‚Fremden' vorhanden. Allerdings scheint sich das Publikum zeitlich und räumlich weitgehend zu separieren. Ab früh morgens kommen, so die Beobachtungen der Wolfsburger, die Autoabholer und tagsüber die Besichtungstouristen, *„diese Kaffeefahrten wie Butterfahrten, also das sind die Landfrauen aus Uelzen oder so und die kommen hier an und dann gehen sie durch die Autostadt, sind fasziniert und nach drei Stunden heißt es, alle wieder antreten, einsteigen und los.“* Diese schauen sich dann auch die Markenpavillons, das Zeithaus usw. an, woran man als Wolfsburger nur noch bedingt Interesse habe (außer wenn Besuch kommt oder es wieder etwas Neues zu sehen gibt). Hier bleiben die Touristen also weitgehend unter sich.

Zu den Veranstaltungen am Abend oder Wochenende wiederum (zumindest zu den spezielleren) zieht es dagegen eher Einheimische oder Menschen aus dem näheren Umfeld, und man kennt sich häufig: *„Bei den Kulturveranstaltungen kenne ich zumindest vom Sehen fast neunzig Prozent“*, so ein 65-jähriger Kulturinteressierter. Auch wenn es bei Veranstaltungen wie den Wasserspielen oder dem Wintermärchen ab 18 Uhr freien Eintritt gibt, *„sind die Wolfsburger unter sich, da kennt sich jeder, also von meinem Alterskreis kenne ich 80 Prozent“*, so eine 21-Jährige. Anders ist es naturgemäß bei den größeren Veranstaltungen, wie Konzerten, Tanztheater oder Inszenierungen.

Die Autostadt bietet dennoch bestimmte Chancen, andersartigen Verhaltensmustern und Lebensstilen zu begegnen. Einmal sind die auswärtigen Besucher bildungshöher (vgl. Tab. 19). Zudem offeriert die Autostadt besondere Angebote, die es vormals in der Stadt nicht gab, wie z. B. trendige Bars, ein Nobelrestaurant oder eine Edel-Diskothek. Man wäre als Wolfsburger vielleicht niemals auf die Idee gekommen, ein derartiges Angebot in einer anderen Stadt aufzusuchen, aber hier – quasi auf vertrautem Terrain und als Heimspiel mit Freunden und Familie – wagt man einen Abend im Sternerestaurant oder isst Hummer zum Frühstück. Man erlebt sich einmal anders, lässt sich hofieren – zumal als es anfangs noch recht erschwinglich war: *„Wir waren früher oft zum Brunchen im Ritz. Da kann man Hummer essen. Sie haben einem den Wagen abgenommen und ihn geparkt. Aber das ist inzwischen schon recht teuer geworden“*, so ein mittlerer Angestellter, der sich aber unsicher ist, ob man Seinesgleichen dort überhaupt noch haben will oder eher die *„höher Gestellten“*. An diesen Orten werden offenbar auch die für urbane Atmosphären charakteristischen Verhaltensunsicherheiten erzeugt: In der Diskothek könne man nicht anziehen, was man wolle, so berichten jüngere Befragte, man werde an der Tür von oben bis unten betrachtet, *„na ja, so* *richtig großstadtmäßig halt"*; sicher sei, dass man keine Turnschuhe tragen dürfe, aber wie genau man sich zu kleiden habe, wisse man nicht: *„halt ein bisschen edler"*. Dort erleben die Befragten auch das Gefühl, Fremden und Personen mit anderen Lebensstilen zu begegnen. Von überall her – *„sogar aus Hamburg"* – kämen Menschen, die irgendwie anders seien: *„Ich will jetzt nicht sagen gehobener, das auf keinen Fall. Mehr anders vom Lebensstil, so ein bisschen moderner, sage ich mal, ja moderner und zeitgemäß, also wir können uns gut damit identifizieren, ja, und gehen da auch gerne hin"* (Sachbearbeiterin, 23 J.)

Die Autostadt schaffe durch die Einrichtung und das Niveau der Veranstaltungen eine besondere Atmosphäre, die andere Leute als die traditionellen Kneipen und Restaurants in der Kaufhofpassage anlocken würden. *„Beim Publikum der Autostadt merkt man, dass die Leute mehr Geld haben, dass die nicht jeden Penny zählen müssen"*, so eine Sachbearbeiterin. Für eine andere Befragte sind besonders die *„generationsübergreifenden Begegnungsmöglichkeiten von Jung und Alt oder eher Junggebliebenen"* bei den Musik- und Tanzveranstaltungen, z. B. beim Silvester-Event im Mondo-Club interessant. Soziale Heterogenität wird also erlebbar, wenn auch nur begrenzt auf einigermaßen Wohlsituierte und sich angepasst Verhaltende *„und sie haben alle Spaß dabei, es ist immer 'ne positive Stimmung. Das ist der Vorteil, das habe ich in der Stadt nicht. In der Stadt sehe ich ja auch Leute dasitzen mit 'nem Bettel-Becher in der Hand und sagen: Ich habe keinen, ich weiß nicht, wie ich meine nächste Mahlzeit bezahlen soll. Die habe ich natürlich in der Autostadt nicht, da habe ich das ganz normale Leben nicht. Das ist der große Unterschied"*, so ein 47-Jähriger.

Die Autostadt ermöglicht also partiell die Begegnung mit anderen sozialen Teilgruppen und konfrontiert durch die Art und Gestaltung ihrer gastronomischen und Veranstaltungsangebote die Wolfsburger zum Teil mit neuen Verhaltens- und Kleidungsstandards. Sie senkt Schwellenängste vor besonderen Angeboten, weil man sich im vertrauten Umfeld bewegt und weil das Meiste recht erschwinglich, manches sogar umsonst ist. Durch Veranstaltungen im Stadtraum, wie der Eröffnungsparade des Tanzfestivals Movimentos, werden vermehrt auch ganz normale Leute in der Stadt miteinbezogen. Die Autostadt ermöglicht es auch, dass sich ein modernes, eher junges Angestelltenmilieu jenseits von den traditionellen, eher auf junge Arbeiter ausgerichteten Angeboten der Kneipenmeile in der Kaufhofpassage trifft und präsentieren kann. Für diese gehört die besondere Atmosphäre, die mit den hohen ästhetischen Standards – *„hier finden Sie keinen Stuhl, der nicht von einem Designer gestaltet worden ist"*, so ein Experte der Autostadt – und erlesenen Programmangeboten hergestellt wird, zu einem wichtigen Teil der eigenen Statuspositionierung und Selbstvergewisserung.

Das Phaeno hat in Wolfsburg zunächst mehr durch seine Architektur ein Fremdheitsgefühl erzeugt als durch seine Besucherschaft. Interessierte Wolfsburger gingen ein-, zweimal hinein, um einen Eindruck zu gewinnen. Danach nicht mehr. Auch hier sind es die Begleitangebote wie z. B. das öffentlich zugängliche Bistro oder die verschiedenen Veranstaltungen, wie z. B. die Rilke-Nacht oder Tanztheater-Aufführungen, die das Phaeno für manche Wolfsburger regelrecht zu einer „Location" gemacht haben:

„Das Phaeno ist ja einmal das Science-Center, wo man Experimentieren kann. Das macht man einmal oder zweimal vielleicht, dann hat man alles durch. Aber das Phaeno macht ja auch kulturelle Veranstaltungen, zum Beispiel jetzt die Rilke-Nacht. Da haben Prominente aus Wolfsburg vorgetragen, richtig viel mit Licht, also nicht so doof, sondern richtig was draus gemacht, mit Lichteffekten ... wirklich Kultur auf sehr hohem Niveau, war wieder richtig was Schönes... Das war insgesamt eine runde Veranstaltung und super organisiert, das war schon Klasse. Das war ein Highlight und da waren schon interessante Leute da. Und das Café unten drin im Phaeno, das nehme ich jetzt auch als Location wahr, um mich mit neuen Fotomodellen zu treffen. Da ist man halt an einem neutralen, aber interessanten Ort, nicht weit vom Bahnhof. Da trifft man sich, trinkt Kaffee, guckt, wie man zusammen arbeiten kann." (Fotograf, 37 Jahre)

Der Allerpark wird laut einhelliger Meinung von Bewohnern und Experten von allen Wolfsburgern geliebt. Er schafft durch seine Freizeit-, Sport- und Gastronomieangebote Raum für unterschiedlichste Aktivitäten vom ruhigen Spaziergang bis hin zum Wasserski fahren, vom Chillen auf dem Sonnenponton bis zur heißen Salsa-Nacht. Er wird deswegen auch von den unterschiedlichsten sozialen Gruppen frequentiert (2.5.2). Durch die weitgehende Offenheit seiner Angebote, durch die vielfältigen Möglichkeiten zum räumlichen Wechsel und Aktivitätswechsel innerhalb des Areals, durch die insgesamt geringe soziale Kontrolle und die freizeitbezogene Nutzung ist der Allerpark prädestiniert für unverbindliche Begegnungen und Repräsentation. Er ist zwar kein urbaner Ort im Sinne eines Schnittfeldes unterschiedlicher Funktionen und Nutzungen, hat aber bei gutem Wetter und am Wochenende durchaus Qualitäten einer Bühne.

Insbesondere der kolumbianische Pavillon bietet mit seinen Angeboten offenbar das gewisse Flair, von dem sich das jüngere gleichermaßen genuss- und aufstiegsorientierte Angestelltenmilieu angesprochen fühlt. Was für die etablierten Kulturhedonisten die Angebote im Schloss sind, sind für diese die Treffpunkte am Allersee: Die Möglichkeit, sich zu treffen, sich zu zeigen, andere zu beobachten und sich damit gegenseitig zu vergewissern: Wir sind eine relevante Gruppe in Wolfsburg und wir pflegen einen besonderen Lebensstil.

Die City Galerie, ja (erstaunlicher Weise) ebenfalls ein Ort, wo sich die unterschiedlichsten sozialen Gruppen begegnen (2.5.2), scheint zumindest zum Teil eine Art Ersatzfunktion für die in weiten Teilen wenig attraktive und zum Aufenthalt nur begrenzt einladende Fußgängerzone zu bieten. Hier treffen sich Rentner und Familien, hier isst man zu Mittag oder schlürft seinen Cappuccino, wenn man in der City arbeitet und hier verbreiten die Italiener eine Art mediterranes Flair. Auch wenn expressives Verhalten dort nicht erwünscht ist und eine Hausordnung den Zugang für unerwünschte Personengruppen verbietet, auch wenn die Nutzung auf Konsum beschränkt ist, so haben doch viele Befragte das Gefühl einer gewissen Urbanität dort. Und in der Tat ist unverkennbar: Wenn irgendwo – rein durch die Frequentierung – eine gewisse notwendige Schwelle (Leere wirkt nun einmal nicht urban) im Stadtzentrum überschritten wird, so ist dies in der City Galerie. Selbst zu Zeiten, in denen die Geschäfte geschlossen sind, die Galerie aber noch offen, findet eine Art Flanieren und Zuschauen dort statt. Hier sieht man also eine gewisse soziale Vielfalt und wird Teil derselben.

Die Volkswagen Arena hat – in Zusammenhang mit der Stabilisierung des VfL in der ersten Fußball-Bundesliga, dessen Teilnahme an internationalen Wettbewerben und jüngst der Erringung der Deutscher Fußballmeisterschaft – zu einer deutlichen Belebung der Fankultur in Wolfsburg geführt. Zwar verliert sich das Häuflein einheimischer Fans bei gegnerischen Mannschaften mit starker Fangemeinde wie Schalke 04 oder Borussia Dortmund selbst im eigenen Stadion ein wenig. Immerhin aber ist doch so etwas wie eine Fußballfanszene entstanden, die gewissen Neuheiten in die Stadt bringt. Zum einen hat sich auch in Wolfsburg ein vollkommen neuer urbaner Lebensstil ausgeprägt: Die so genannte Ultra-Kultur. Dabei handelt es sich nach Expertenauskunft um etwa 50 zumeist männliche Personen, die sich sehr leidenschaftlich für den VfL Wolfsburg engagieren, die sich nicht alles vom Verein vorschreiben lassen, die sich anders kleiden als die herkömmlichen VfL-Fans, die weniger kommerziell orientiert seien, wenig VFL-Fan-Artikel kaufen und sich in der Öffentlichkeit lautstark für den VfL engagieren würden. *„Es sind natürlich auch diejenigen, die uns am lautstärksten unterstützen,"* so ein Experte. Wie die VfL-Fans insgesamt würden auch die Ultras definitiv zur Belebung der Innenstadt beitragen. Vor und nach dem Spiel würden sich viele in der Kneipenmeile Kaufhof oder in der Porschestraße treffen, um das Spiel Revue passieren zu lassen.

Darüber hinaus gewinnt auch der VIP-Fan-Bereich an Bedeutung: Es ist bei den Wolfsburger Eliten mittlerweile ‚in', sich im Stadion zu zeigen. Dauerkarten werden gegenseitig verschenkt. Es ist ein Zeichen der Lokalverbundenheit und gibt einem gleichzeitig die Möglichkeit, quasi auf Augenhöhe mit anderen fußballbegeisterten Eliten zusammenzutreffen. Die ‚normalen' Fans beobachten das auch nicht ohne Interesse, fühlt man sich doch auf diese

Weise jemandem sonst Unerreichbaren vom VW-Vorstand fast schulterklopferisch verbunden.

Alles in allem kann man sagen, dass einige Großprojekte, vor allem die kulturellen und die sportiven Angebote, zur Urbanität der Stadt beitragen, allein dadurch, als mehr städtische Vielfalt entstanden ist. Insbesondere jene Gruppen, die bislang in Wolfsburg keine ‚Bühne' hatten, zeigen sich nun vermehrt und werden sichtbar. Es sind also im Ansatz „Szenerien" entstanden als „Treffpunkte, wo man relativ sicher sein kann, seinesgleichen zu finden und von seinesgleichen gefunden zu werden" und als „Darstellungsorte für die gerade herrschenden symbolischen Moden" (Schulze 1994, 49). Es gibt nun so was wie Treffpunkte und Muss-Termine, wo man als Angehöriger eines bestimmten kulturellen Milieus erscheint und auch zu erscheinen hat. Gerade weil fast alle erlebnisorientierten Großprojekte jedoch relativ offen konzipiert sind, kommt es nicht so sehr zu einer ganz rigiden Abschottung der jeweiligen Milieus, sondern zu einer Art von urbaner Begegnung. Freilich: Die alltägliche urbane Öffentlichkeit ist nach wie vor sehr dispers und ‚Urbanität' ist an bestimmte Orte gebunden, die nicht alle frei öffentlich zugänglich sind in dem Sinne, dass sie eintrittsfrei wären. Aber allein die Tatsache, dass es nun immerhin diese Orte gibt, wo sich Leute treffen und wo man Leute sieht, die nicht ganz dem Wolfsburger Durchschnitt entsprechen, vermittelt ein Gefühl von gewachsener Urbanität. Andererseits ist es vielleicht genau dieser Aspekt, der die Wolfsburger zwar sagen lässt, ihre Stadt sei irgendwie urbaner, lebendiger, bunter geworden, aber sie sei nach wie vor keine ‚urbane' Stadt, so dass sich die Frage stellt, was von dieser erhöhten Präsenz der Bewohner in der Stadt bzw. der erhöhten Sichtbarkeit sozialer Heterogenität gebunden ist an die Orte der erlebnisorientierten Großprojekte und was davon sozusagen überschwappt auf die Innenstadt bzw. die zentrale Fußgängerzone.

3.4 Belebung der Innenstadt und ‚Inselurbanismus'

Das ‚Stadtzentrum' der Stadt Wolfsburg (etwa in Gestalt der zu einer Fußgängerzone umgewandelten Porschestraße) ist – wie ausgeführt (3.2) – eine Schwachstelle der Wolfsburger Stadtentwicklung. Wenn es um die Folgen der erlebnisorientierten Großprojekte für die Urbanität Wolfsburgs geht, so ist in besonderer Weise das Stadtzentrum als „urbanster Raum" (Behn u. a. 1989, 102) angesprochen: Haben die Großprojekte, wie es im Rahmen der erlebnisorientierten Großprojektpolitik immer verlautbart wurde, ‚Ausstrahlungseffekte' auf die Attraktivität gehabt und zu einer entsprechende Belebung der Innenstadt und der Fußgängerzone geführt? Oder ist die ‚Sogwirkung' der Großprojekte, ihr quasi-urbanes Versprechen von Erlebnis, Spannung und Anregung, doch stärker? Und welche Rolle spielt dabei das mitten in der Fußgängerzone gelegene Großprojekt City Galerie?

3.4.1 Nutzung des Stadtzentrums

Das AutoVision-Konzept (1.5) formulierte als eines der zentralen Ziele „die Anziehungskraft der (Innen-)Stadt erheblich" (1998, 12) zu steigern, um den Kaufkraftabfluss einzudämmen und neue Arbeitsplätze im Handels- und Dienstleistungsbereich zu schaffen. Dazu sollte eine „völlig neuartige Verknüpfung von Einkaufsmöglichkeiten mit attraktiven und anspruchsvollen Erlebnis- und Themenparkelementen" (ebenda, S. 20) geschaffen werden. Ausgehend von der Autostadt sollten über den Nordkopf, dem eine neue Drehscheiben- und Bindegliedfunktion zur Innenstadt zukommen sollte, deutliche Impulse für die Innenstadt gegeben werden. Die Stadt erhoffte sich, wenigstens einen Teil der Autostadt-Besucher zu motivieren, sich auch die Stadt anzuschauen und dort etwas zu konsumieren. Durch das Phaeno, die Designer Outlets Wolfsburg, das Kunstmuseum am anderen Ende der Fußgängerzone (Südkopf) und vor allem durch die City Galerie wurden interessante Angebote am Eingang zur bzw. direkt in der Innenstadt geschaffen, die die gewünschte Belebung des Stadtzentrums erreichen und dadurch auch mehr Urbanität erzeugen sollen. Es stellt sich also die Frage, ob in Folge der erlebnisorientierten Großprojekte eine Belebung der Wolfsburger Innenstadt und auch mehr urbanes Flair feststellbar ist.

Es wird zunächst deutlich, dass die Wolfsburger Innenstadt sowohl für Besucher von auswärts als auch für die Wolfsburger selbst in den vergangenen Jahren merklich an Attraktivität gewonnen hat. So zeigen zwei durch die Lokalzeitungen – Aller Zeitung (AZ) und Wolfsburger Allgemeine (WAZ) – in Auftrag gegebene Repräsentativbefragungen (Zufallsauswahl aus der deutschsprachigen Wohnbevölkerung ab 14 Jahren im Landkreis Gifhorn, Wolfsburg, Velpke und Lehre) aus den Jahren 2001 und 2006, dass deutlich mehr Befragte die Wolfsburger Innenstadt mindestens einmal im Monat aufsuchen (AZ/WAZ 2006). Während dies 2001 für gut die Hälfte aller Befragten galt, waren es 2006 immerhin 63%. Der Anstieg fällt bei den Landkreisbesuchern sogar etwas deutlicher aus (von 29% auf 39%) als bei den Wolfsburger Befragten, von denen 2006 fast alle (95% gegenüber 89%) die Innenstadt regelmäßig aufsuchen. Von den Befragten wird die verbesserte Einkaufssituation maßgeblich für die Attraktivitätssteigerung Wolfsburgs verantwortlich gemacht, aber auch dem Kunstmuseum wird ein gewisser Beitrag zur Attraktivitätssteigerung zuerkannt. Die gastronomischen Angebote (Cafés und Restaurants) werden ebenfalls so schlecht nicht bewertet, 56% halten sie für ausreichend.

Wolfsburg konnte seine regionale Kaufkraftbindung laut dieser Untersuchung zwischen 2001 und 2006 erheblich steigern: Der Anteil der Befragten aus Wolfsburg und dem Landkreis Gifhorn, der angibt, mindestens einmal im Monat in der Wolfsburger Innenstadt einzukaufen, hat sich innerhalb der fünf Jahre von 47% auf 54% erhöht; doch auch die Einkaufsanteile in Fallersleben, Vorsfelde und besonders dem neuen Gewerbegebiet Heinenkamp auf der ‚grünen Wiese' konnten gesteigert werden. Das Einkaufen in Braunschweig hat dagegen leicht an Attraktivität verloren und zwar von 34% auf 31%.

Maßgeblich zur erhöhten Anziehungskraft der Wolfsburger Innenstadt hat – wie ja auch unsere Befunde zeigen – die Ende 2001 eröffnete City Galerie beigetragen: Zwei Drittel der in Wolfsburg und im Umland Befragten jedenfalls sehen das so und ein Drittel kommt deswegen häufiger in die Wolfsburger Innenstadt als vorher. Von den Wolfsburger Befragten gab 2006 immerhin die Hälfte an, dort mindestens einmal in der Woche einzukaufen und weitere 28% ein- bis dreimal im Monat. Mehr als drei Viertel aller Wolfsburger über 14 Jahre besuchen also mehrmals im Monat die Innenstadt – ein ziemlich neues Phänomen in dieser Stadt, in der die City-Funktionen lange Zeit so unterentwickelt waren.

Unabhängig von den neuen Attraktionen wirkten sich auch andere Entwicklungen in der vergangenen Dekade als innenstadtbelebend aus: Zum einen haben die erheblichen internen Veränderungen bei Volkswagen – allem voran die Erosion des Schichtsystems, das vormals den gesamten Rhythmus der Stadt bestimmte, aber auch die Verschiebungen in Richtung weniger Produktion, mehr Dienstleistungen mit den entsprechenden flexibleren Arbeitszeiten – zu einer Entzerrung und gegenüber früher kontinuierlicheren Verteilung von Kunden- und Passantenströmen geführt. Zum anderen ist die ehemals ‚junge Stadt' fühlbar gealtert: Mittlerweile (2009) ist fast ein Viertel (23%) der Einwohner 65 Jahre oder älter, während dies 1996 nur für 15% galt. Entsprechend ist das Potenzial derer, die sich in der Fußgängerzone auch tagsüber aufhalten könnten, gestiegen. Und tatsächlich ist es auch augenfällig, dass am Tage viele Menschen im Rentenalter in der Porschestraße sichtbar sind: Sie sitzen auf Bänken, spielen auf dem Schachfeld oder kaufen eine Kleinigkeit ein. Urbane Spritzigkeit versprechen diese zwar nicht gerade, tragen aber zur Belebung und Steigerung der Passantenzahlen durchaus bei.

Das Großprojekt City Galerie hat also zweifellos sehr zur Steigerung der Anziehungskraft des Stadtzentrums beigetragen – insbesondere dadurch, dass es das ehemals sehr eingeschränkte Sortiment erweiterte (mehr Bekleidung, mehr Trendmarken, jüngeres Image) und den Erlebnischarakter des Einkaufens viel stärker betonte. Die atmosphärische Qualität der gesamten Innenstadt hingegen und damit auch so etwas wie das urbane Flair schneidet bei den Wolfsburger und Umland-Befragten immer noch ausgesprochen schlecht ab: nur 24% stimmten in der genannten Zeitungsbefragung 2006 der Aussage zu: „Die Atmosphäre in der Fußgängerzone lädt zum Bummeln und Verweilen ein" (AZ/WAZ 2006, 19). Dies entspricht in etwa unseren eigenen Befunden von 2007, wo ja nur jeweils etwa 30% der Wolfsburger ihrer Innenstadt ‚Attraktivität' und eine ‚lebendige städtische Atmosphäre' bescheinigten.

Es zeigt sich also eine gewisse Ambivalenz in der Bewertung der Wolfsburger Innenstadt: Die Angebote werden mittlerweile (vor allem in Folge der City Galerie) als weitgehend in Ordnung angesehen und auch genutzt. Wolfsburger wie Umlandbewohner gehen regelmäßig dort einkaufen, auch mal Kaffeetrinken oder etwas Essen, aber Flanieren, window-shopping oder urbane Atmosphäre genießen und sich einfach treiben lassen – das ist in den Augen der meisten Befragten in der Wolfsburger Innenstadt nach wie vor nur sehr bedingt möglich. Offenbar ist ein gewisser Belebungseffekt zwar eingetreten, so etwas wie urbanes Flair ist aber nach wie vor kaum spürbar. Dazu fehlt es an expressiven Lebensstilen, an attraktiven Geschäften entlang der gesamten Porschestraße und schlichtweg an Masse.

Dies könnte damit zusammen hängen, dass die Menschen mehr oder weniger ausschließlich in die City Galerie gehen und die sonstige Innenstadt nicht besuchen, sozusagen gar nicht ‚urbanitätsrelevant' werden (vgl. ausführlicher dazu 3.4.3). Dies ist aber keineswegs durchgängig der Fall. Zumindest im Bereich der mittleren Porschestraße hat es infolge der City Galerie einen deutlichen Publikumsanstieg gegeben. Dieser ist gerade an schönen Tagen auch durch die Außengastronomie, das Schachfeld und die Bänke deutlich wahrnehmbar und wird auch von vielen Experten so gesehen. Auch der schon seit längerem in Wolfsburgs Innenstadt erkennbare Trend, vor allem in der wärmeren Jahreszeit die Gastronomie verstärkt in den Außenbereich der Fußgängerzone hinein zu verlagern, kann als Reaktion auf den gestiegenen Wunsch der Menschen nach mehr Öffentlichkeit interpretiert werden. Ein Stück Urbanität werde durch die Italiener in der Porschestraße mit ihrer nach draußen in den städtischen Raum hinein orientierten Lebensweise begünstigt, so ein Experte. Zum einen könne man bei Eis oder Kaffee verweilen und zum anderen dem bunten Treiben zuschauen.

Auch die Ergebnisse einer von der damaligen Gesellschaft für Wirtschafts- und Beschäftigungsförderung (GWB) in Auftrag gegebenen Fußgängerzählung in der Porschestraße vom Oktober 2006 zeigen, dass der mittlere Bereich um die City Galerie der meistfrequentierte ist. Die Zählungen zeigen aber auch, dass bezogen auf die Gesamtlänge der Porschestraße das ‚Menschenaufkommen' insgesamt kaum eine ‚kritische Masse' erreicht, die ein

Gefühl von Dichte, Unübersichtlichkeit und Spannung erzeugen könnte. Im Verlaufe eines ganzen Wochentags wurden insgesamt ca. 92.000 Bewegungen an acht Zählstationen in beide Richtungen der Porschestraße gezählt. Das klingt zunächst einmal nach einer recht großen Menge, relativiert sich aber, wenn man auf den zeitlichen Ablauf schaut. Selbst zu den Höchstzeiten (zwischen 16 und 17 Uhr) wurden auf der gesamten Porschestraße insgesamt nicht mehr als knapp 3.000 Menschen gezählt, die sich innerhalb einer Viertelstunde an einer der Zählstationen entlang bewegten. Zu anderen Zeiten waren es so um die 2.000 und nach 19.30 Uhr sank die Zahl sogar unter 1.000 Menschen. Der am stärksten frequentierte Bereich war die mittlere Porschestraße zwischen City Galerie und dem Kaufhaus WKS, wo am ganzen Wochentag 30.000 Bewegungen gezählt wurden. Richtung Norden (Bahnhof, Phaeno) nahmen die Fußgängerströme immer mehr ab. Auch am Sonnabend gab es nicht wesentlich mehr Bewegungen durch die Porschestraße (insgesamt 107.000), die Zahl verteilte sich nur mehr über den ganzen Tag mit Schwerpunkt auf den späten Vormittagsstunden, abends war aber genau so wenig los wie wochentags. Entsprechend schneidet die Fußgängerzone Wolfsburgs bei Passantenzählungen eines Immobilienberatungsunternehmens regelmäßig im Vergleich zu anderen Städten ausgesprochen schlecht ab (WAZ 5.9.08).

Es kommen also zwar mehr Menschen in Wolfsburgs Innenstadt, ihre Zahl und ihr Gebaren reichen aber offenbar nicht aus, um einen fühlbaren atmosphärischen Wandel zu erreichen. Dies hängt auch damit zusammen, dass der Effekt der anderen erlebnisorientierten Großprojekte auf die Passantenzahlen in der Fußgängerzone nur sehr geringfügig ist. Die Porschestraße – so die befragten Bewohner und Experten – profitiere bislang von den auswärtigen Besucherströmen noch nicht so, wie man sich das ursprünglich erhofft hätte. Wer in die Autostadt, ins Phaeno oder in die DOW gehe, der bewege sich nur in diesem Radius. Dies wird auch sehr stark vom Wolfsburger Einzelhandel moniert. Eine städtische Expertin spricht deutlich aus: *„Die Erwartungen, die vor allem mit der Autostadt verknüpft wurden, sind bisher nicht in Erfüllung gegangen. Es ist relativ deutlich, dass die Leute drüben auf der anderen Seite des Kanals bleiben, die gehen nicht über die Stadtbrücke".* Dieser Eindruck basiert auch auf regelmäßig durchgeführten Fußgängerbefragungen in der Innenstadt, und einer Umfrage der Wolfsburg Marketing GmbH aus dem Jahr 2006, die gezeigt habe, dass nur ein sehr geringer Anteil von knapp 10% der von außen kommenden Autostadtbesucher auch die Innenstadt aufsucht (Steputat 2007, 12).

Das Phaeno wird ebenfalls eher gezielt angesteuert; auch unsere eigene Besucherbefragung zeigte, dass für 70% der dortigen Besucher das Phaeno der einzige Grund war, nach Wolfsburg zu kommen. Manche Gäste nutzen auch Kombitickets und besuchen Autostadt und Phaeno oder machen noch einen Abstecher in die benachbarten DOW. In die Porschestraße gehen dagegen offenbar nur wenige. Das Kunstmuseum hat aufgrund seiner Lage direkt in der Innenstadt zwar ein gewisses Belebungspotenzial, allerdings sind die Besucherzahlen ja insgesamt nicht so hoch (knapp 70.000 jährlich), dass ein fühlbarer Mengeneffekt auftreten könnte. Die Volkswagen Arena oder genauer gesagt der sportliche Erfolg der „Wölfe" hat zumindest an Spieltagen einen die Innenstadt belebenden Effekt: Horden von einheimischen und gegnerischen Fans laufen mehr oder weniger nüchtern, jedenfalls deutlich sichtbar und hörbar die Porschestraße entlang und gehen in Kneipen (meist in der nahe liegenden Kneipenmeile Kaufhofpassage). Diese Effekte treten allerdings nur sporadisch auf.

Die meisten der von uns befragten auswärtigen Besucher (81%) sind zudem ‚Tagestouristen', d. h. sie halten sich nicht länger als einen Tag in Wolfsburg auf, fast die Hälfte davon sogar weniger als einen halben Tag. Nur jede(r) fünfte Besucher hält sich länger als einen Tag in Wolfsburg auf und übernachtet auch in der Stadt. Nach Expertenauskunft handelt es sich dabei vielfach um Gäste mit Kombitickets für die Großprojekte. Die typischerweise auch in anderen Studien nachgewiesene kurze Aufenthaltsdauer in der Stadt (Steinecke 2006, 124) zeugt von einem instrumentellen Nutzerverhalten der Touristen, das kaum dazu angetan sein dürfte, die Voraussetzungen für Urbanität in der Stadt zu erhöhen: Man interessiert sich nahezu ausschließlich für die Leistungen der Erlebnisanbieter, geht dort noch essen oder trinkt einen Kaffee und begibt sich dann – ohne Umschweife und ohne sich für all das andere zu interessieren, was die Stadt noch zu bieten hat – auf den Heimweg.

Stadt und Stadtmarketing sind – um die Verweildauer zu erhöhen – sehr daran interessiert, dass die verschiedenen Erlebniseinrichtungen sich stärker vernetzen, d.h. z. B. gemeinsame Reisepakete anbieten, Veranstaltungen miteinander koordinieren, ein gemeinsames Marketing betreiben. Es gibt verhaltene Ansätze dazu, aber die ‚Großprojekte' stehen auch in einer gewissen Konkurrenz-Situation und wollen zunächst einmal die Gäste für sich gewinnen und auch möglichst lange im eigenen Terrain halten (vgl. auch 3.4.2).

Besondere Belebungshoffnungen richten sich nun auf die Designer Outlets, da man bei ihrer Kundschaft am ehesten eine *„einkaufs- und cityorientierte Interessenlage"* unterstellen könne, so ein Marketing-Experte. Die Autostadtbesucher wollen, so der Experte weiter, primär ihr Auto abholen, sich rund ums Auto informieren und dann möglichst schnell ihren neuen Wagen ausprobieren; die Phaeno-Besucher seien prinzipiell schon für die City interessierbar, insbesondere an Gastronomie und Freiraum; die DOW aber stellten einen *„einkaufsorientierten Reiseanlass"* dar und könnten regelrecht zu einem *„Kundenzuführer"* für die Fußgängerzone werden (und umgekehrt im

Sinne eines „*Frequenzaustausches*"). Deswegen seien die DOW von der Wolfsburger Händlerschaft auch nie so bekämpft worden, wie man das aus anderen Städten kennt. Allerdings scheinen sich diese Hoffnungen bislang (noch) nicht erfüllt zu haben: „Die Kundenzuführung zum innerstädtischen Einzelhandel, zur Gastronomie und Hotellerie fehlt noch", so das Ergebnis einer Zwischenbilanz der DOW und des Einzelhandelsverbandes (WN, 28.3.08). Die DOW-Kunden setzen ihren Einkaufsbummel also nicht in der Fußgängerzone fort. Als zentraler Grund wird vom Einzelhandelsverband und dem Centermanagement die mangelnde Attraktivität der verbindenden Straßenzüge gesehen. Dies soll sich aber – so hoffen nahezu einmütig die befragten Experten – in Zukunft deutlich ändern. Die umfangreichen realisierten und noch geplanten städtebaulichen Veränderungen am Nordkopf (vgl. 3.5) sowie die gestalterischen und freiraumbezogenen Maßnahmen in der Porschestraße sollen den ‚Frequenzaustausch' verstärken und dadurch auch mehr Urbanitätsgefühle bei den Menschen auslösen.

Bislang ist davon – so wurde ja schon mehrfach berichtet – bei den Wolfsburgern noch nicht viel zu spüren. Sie konzedieren zwar durchaus gewisse Veränderungen: Das städtische Leben sei durch die Großprojekte vielfältiger und bunter geworden, man selbst kaufe durch die City Galerie nun viel häufiger in der Wolfsburger Innenstadt ein und es kämen auch ein paar mehr Auswärtige in die Innenstadt. Aber „*dass sich das jetzt ausgewirkt hat in Richtung Lebendigkeit, das kann ich noch nicht so beobachten*", so bringt ein 37-jähriger Anlagetechniker die Haltung der meisten Befragten auf den Punkt. Immerhin sagt er – ähnlich wie die Experten – er könne es *noch* nicht beobachten!

3.4.2 Besuchsziel: Großprojekte und nicht ‚die Stadt'

Ein Grund für den bislang eher verhaltenen Effekt der erlebnisorientierten Großprojekte auf die Belebung der Innenstadt und die Steigerung ihres urbanen Flairs ist im Komplexitätsanspruch der Großprojekte zu sehen (Hahn 2001, 24), die eine breite Palette von Erlebnisangeboten abdecken und damit sehr unterschiedliche Interessenlagen beim einheimischen und auswärtigen Publikum ansprechen. Typisch für fast alle Großprojekte ist das Betonen eines vielfältigen, fast schon vollständigen Angebotes in den Einrichtungen (Hatzfeld 1997, 299). In den Großprojekten selbst soll es sein wie in einer eigenen kleinen Stadt, in der man alles für einen längeren Aufenthalt Notwendige vorfindet, was sich auch durch die häufig verwendete Urbanitätsrhetorik ausdrückt.

Die Autostadt-Betreiber operieren ganz bewusst mit der Stadtterminologie (Siegfried 2002, 110). Auch aus Sicht des Wolfsburger Stadtmarketings stellt sich die Autostadt als „eigener Stadtteil" dar, wo „urbane Elemente wie Marktplätze, Straßen, Verengungen und Erweiterungen ... ein lebendiges Stadtbild" schaffen (vgl. Wolfsburg von A-Z). Und die Autostadt GmbH selbst meint: „Für die Bewohner Wolfsburgs ist die Autostadt zu einem neuen Stadtteil, zu einer lebendigen Erweiterung ihres Heimatortes geworden" (Movimentos-Prospekt, Feb. 2007). Dennoch fehlen ihr selbstredend zentrale Elemente des Städtischen: „Niemand wohnt in dieser Stadt, es sei denn im Ritz Carlton; niemand produziert hier etwas, es sei denn in den Küchen der Restaurants und Cafeterias" (Maletzke 2007, R1). In der Autostadt wird nahezu die ganze Palette erlebnisorientierter Bedürfnisdispositionen vom Wohlfühlen, über Entspannung, Hochkultur, Bildung bis hin zur Unterhaltung und einem urbanen Feeling angesprochen (2.4.1). Das multifunktionale Angebot in der Autostadt wird werbewirksam vermarktet: „Ganz gleich, wonach Sie suchen, in der Autostadt werden Sie es finden", so verspricht die Werbung (Prospekt Autostadt 8/2005).

„Ich sehe von außen eine abgeschlossene Welt und wenn ich durch diese Flügeltüren gehe und dann in der Autostadt bin, dann bin ich in so'ner Mega-City. Das ist dann, als wenn ich auf einen wirklich großen Platz gegangen bin, in einer wirklichen Metropole bin." (Ang., 55 J.)

Auch die Designer Outlets basieren laut Centermanagement auf dem Konzept *„eine kleine Stadt in sich zu bauen"*. Es soll „dem Besucher einen Hauch edlen Metropolen-Charakters vermitteln" (WN, 11.9.2007). In der WAZ (12.2.2002) ist sogar zu lesen, dass die DOW „wie ein eigener Stadtteil" wirken und im Werbeprospekt der DOW wird der potenzielle Kunde aufgefordert „über die breite Flaniermeile" zu schlendern und „die relaxte Atmosphäre zu genießen". Ebenso wollte Zaha Hadid mit dem Phaeno-Bau eine „City in der City" entwerfen (Borgelt u. a. 2005, 11). Die City Galerie versteht sich gar als *„Kommunikationszentrum der Stadt"*. Das, was früher der Marktplatz gewesen sei, sei heute das Shopping Center: ein Ort, wo Menschen nicht nur Güter und Dienstleistungen gegen Geld eintauschen, sondern sich treffen und miteinander kommunizieren. *„Die Menschen treffen sich hier in der City Galerie"*, so ein Experte, *„das ist so wie der Marktplatz, wo man sich trifft. Man muss nicht immer einkaufen, man kann sich auch treffen, etwas trinken oder was essen. Das ist auch sehr wichtig. Das Center wird zum Marktplatz in der Innenstadt. Das Shopping Center in der Innenstadt übernimmt quasi den Marktplatz, übernimmt den Kommunikationsstandort. Denn es gibt nach wie vor bei den Leuten das Bedürfnis miteinander zu kommunizieren. Hier kommen sie zusammen. Hier haben sie eine angenehme Atmosphäre, es ist wetterunabhängig, was auch ein großer Vorteil eines Shopping Centers ist. Und das schätzen die Leute. Sie schätzen es immer mehr."* Die Kunden sollen nicht nur einkaufen, sondern auch etwas erleben, was durch einen angenehme

Atmosphäre, Sauberkeit, zusätzliche Unterhaltungsangebote und nach Expertenauskunft auch durch eine *„urbane Atmosphäre"* erreicht werden sollen (2.4.1).

„Das innere Flair in der City Galerie ist sehr gut ausgebaut, und viele Menschen laufen rum, da treffe ich mal den und jenen. Da ist alles in einem und auch gemütlich. Man geht einmal rum, man kann oben einmal rum gehen, Geschäfte sich angucken, was alles so gibt. Man kann auch gut verweilen, man kann sich überall hinsetzen." (Rentner, 67 J.)

Zur Komplexität zählt auch die Dichte des Angebots, welche in der Innenstadt vermisst wird, d. h. dass man ohne viel Lauferei unterschiedlichste Angebote vorfindet:

„Wenn ich zu H&M gehe, das ist ziemlich weit oben ist in der Stadt, und dann brauche ich was von C&A, dann laufe ich erst mal bis runter. Da bin ich nur am Hin und Her-Rennen. Da bin ich lieber in der City Galerie, fahre mit der Rolltreppe hoch, hab' da alles."(Kosmetikerin, 21 J.)

Von einigen Besuchern wird die City Galerie durchaus wie ein urbaner Ort erlebt: lebendig, bunt und interessant.

„Die City Galerie ist lebendig. In der City Galerie ist halt innen drin alles farbenfroh, es ist schön, freundlich, gemütlich. In die City Galerie können Sie sich den ganzen Tag hinsetzen, dann können Sie gucken. Menschen begucken, dass haben Sie eigentlich nur in der City Galerie." (Techn. Zeichnerin, 47 J.)

Gleichzeitig betont die Befragte bezeichnender Weise, dass die City Galerie auch *„freundlich"* und *„gemütlich"* sei. Sie macht damit auch deutlich, was offenbar auf besondere Art den Reiz dieser Großprojekte ausmacht: Sie bieten Sicherheit, Sauberkeit, Verhaltenssicherheit und dennoch passive Kontakte, unerwartete Reize und Begegnungen. „Die Shopping Mall als Innenraum im städtischen Außenraum scheint eine Teilnahme am öffentlichen Leben zu ermöglichen und bietet zugleich einen gewissen Schutz vor unliebsamen Begegnungen", so die Stadtplanerin Kerstin Dörhöfer im Fazit ihrer kürzlich erschienenen Untersuchung von unterschiedlichen Shopping Malls in Berlin (2008, 172).

Um den Besuchern den Aufenthalt so angenehm wie möglich zu machen, wird in allen Einrichtungen höchster Wert auf die Schaffung einer sicheren und sauberen Umgebung gelegt: „'Sicherheit, Sauberkeit, Service', die drei Begriffe, mit denen alle Shopping Malls ... werben", so Dörhöfer (ebenda, S. 171) – wie auch die anderen Großprojekte. So wüssten die VfL-Besucher nach Expertenangaben, dass sie hier sicher sind, dass sie in der Arena Komfort vorfinden, dass es ausreichend sanitäre Anlagen gibt, ein gutes Catering und dass es im Stadion so gut wie nie Randale gibt.

Ein längerer Aufenthalt in den Erlebniseinrichtungen wird auch durch die Loslösung von der Wetter- und Tageszeitabhängigkeit begünstigt. Egal ob es draußen regnet, schneit oder ob die Sonne scheint, in der Einrichtung merkt man nichts davon. Man muss sein Tun nicht unterbrechen und viele empfinden das als angenehm.

„Da ist auch klimatisiert, selbst im Sommer. Ich habe immer gedacht, da wirst du nie reingehen, im Gegenteil ich gehe nicht mehr raus im Sommer, weil es ist angenehm. Also ich gehe da nicht mehr raus. Auch Sauberkeit wird da sehr, sehr groß geschrieben. Die Kontrolleure rasen wirklich durch alle Ebenen durch und dann rufen die ihre Leute und dann zack, zack, zack, also es ist wirklich, also Sie finden wirklich nichts."(Technische Zeichnerin, 47 J.).

Zur Komplexität der Großprojekte zählt auch, dass alle mit großzügigen Parkflächen versehen sind. Die Großprojekte in innerstädtischer Lage verfügen über Tief- (z. B. Kunstmuseum, Phaeno) oder Hochgaragen (City Galerie) im Gebäude. Man kann die Attraktion also direkt anfahren, ohne dass die Notwendigkeit besteht, die Innenstadt überhaupt zu betreten. Auch dadurch wird eine Belebung der Innenstadt verhindert.

„Die City Galerie wird viel zum Parken benutzt, dann wird in der City Galerie rum gegangen und das wars, dann fährt man wieder nach Hause" (Pädagoge, 54 J.)

„Die ersten 30 Minuten Parken sind kostenlos in der City Galerie, die erste Stunde kostet 30 Cent. Also versuche ich das in einer Stunde abzuhandeln, für die Porschestraße hab' ich da gar keine Zeit." (Arbeitsloser, 47 J.)

In vielen Einrichtungen gibt es spezielle Unterhaltungsprogramme oder über den ganzen Tag verstreute Events, die ebenfalls darauf abzielen, den Aufenthalt in der Einrichtung zu verlängern. Ja, die erlebnisorientierten Großprojekte sind explizit darauf angelegt, dass die Menschen ihre Zeit in den Einrichtungen verbringen und nicht außerhalb. Allenfalls ist noch ein Besucheraustausch zwischen den Großprojekten erwünscht. Das alles führt dazu, dass ein Großteil der auswärtigen Gäste zwar die Großprojekte besucht, danach aber gleich wieder nach Hause fährt.

Die Befunde unserer Besucherbefragung bestätigen das. Die meisten der auswärtigen Erlebnisprojekt-Besucher (46% im Kunstmuseum, 58% in der Autostadt und sogar 70% der Besucher des Phaeno) sind ausschließlich wegen des besuchten Großprojektes nach Wolfsburg gekommen. Bei den anderen spielten Gründe, wie ein privater Besuch (33%) oder ein anderes Erlebnisprojekt (26%) eine Rolle. Kaum einer interessiert sich für die Innenstadt. Auf die Frage, warum man sich die Innenstadt nicht genauer angesehen habe, gaben denn auch die meisten Befragten ‚fehlende Zeit' an. Das ist ein durchaus typisches Verhaltensmuster von Städtetouristen. Ihr primäres Ziel ist etwas zu erleben. Nur ein kleiner Teil braucht dazu die authentische Innenstadt (Romeiß-Stracke 2007, 305).

So kann man also festhalten, dass die erlebnisorientierten Großprojekte durchaus insoweit ‚quasi-urbane' Qualitäten aufweisen, als sie ein gewisses

Spektrum unterschiedlicher Nutzungen ermöglichen oder auch nur glaubhaft vorgaukeln, es zu ermöglichen. Sie tun mit ihrem Angebot und ihrer Architektur jedenfalls alles, um das Publikum so lange wie möglich in ihrem Bereich zu halten, denn längere Aufenthaltsdauer bedeutet mehr Konsumpotenzial. Sie ziehen das Publikum in ihren Bann und lassen es dann nach Möglichkeit auch nicht wieder los. Sie kultivieren sich als Stadt in der Stadt, als eigene Entität, bei der man sich als Besucher fast die Augen reibt, wenn man wieder die normale Stadtöffentlichkeit betritt. Man soll in eine andere Welt eintauchen, sich selbst und seine Umwelt anders erleben und das Gefühl einer angenehmen und auch anregenden (wichtig sind neuerdings Bildungsangebote, bloßes Entertainment ist out) Erfahrung mit nach Hause nehmen. Die Großprojekte entfalten also eine erhebliche Anziehungskraft, der die Wolfsburger Innenstadt bislang offenbar nur wenig entgegenzusetzen hat.

Unsere Besucherbefragung zeigt, dass ein Drittel der auswärtigen Großprojekt-Besucher, die die Innenstadt nicht besuchen, sich auch gar nicht dafür interessieren. Die Wolfsburger Innenstadt sei *„hässlich"*, *„nicht interessant genug"*, *„eher langweilig und architektonisch nicht ansprechend"* bzw. *„im Gegensatz zur Innenstadt anderer Städte nicht so attraktiv"*. Es gebe *„nichts anzuschauen"*, so und ähnlich lautet die Kritik der Besucher.

Abbildung 17: „Das städtische Leben konzentriert sich fast nur noch auf die großen Projekte, woanders ist weniger los als vorher" (Auszug aus Statement-Batterie)

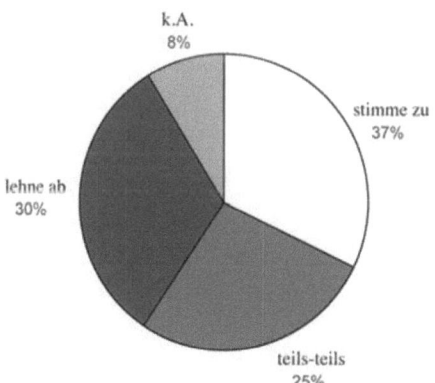

Bevor gleich noch gesondert auf die Ausstrahlungseffekte der City Galerie eingegangen wird, ist festzuhalten, dass die erlebnisorientierten Großprojekte bisher nur sehr bedingt auf die Belebung der Innenstadt ausstrahlen. Sie tun es – aber sehr in Grenzen: das liegt vor allem an ihrer Konzeption, die Besucher möglichst lange bei sich zu behalten, an der Lage einiger Großprojekte in relativ weiter Entfernung von der (alten) Innenstadt und an ihrer verkehrlichen Erschließung. Diese Einrichtungen (Autostadt, Volkswagen Arena, Allerpark, Badeland, DOW und auch das Phaeno) sind allesamt (von wem und von wo aus auch immer) so zu erreichen, dass man auf der Hin- und Rückfahrt nichts von der Innenstadt bzw. speziell der Porschestraße mitbekommen muss.

Entsprechend fallen auch die Antworten der Wolfsburger auf die Frage aus, inwieweit sich das städtische Leben sehr stark auf die erlebnisorientierten Großprojekte konzentriere und ob woanders weniger los sei als vorher (vgl. Abb. 17). Die Wolfsburger sehen ganz offensichtlich die Tendenz, dass sich die Belebung zunehmend auf die erlebnisorientierten Großprojekte verschoben hat. Gut zwei Drittel der Befragten sehen zumindest diese Tendenz, auch wenn sie vielleicht nicht alle so weit gehen und sagen würden, dass nun woanders weniger los sei. Auch das bestätigt noch einmal den grundsätzlichen Befund der Studie, dass die Stadt zwar insgesamt ‚urbaner' geworden ist, aber die Innenstadt und insbesondere die Fußgängerzone offenbar nicht so viel von den erlebnisorientierten Großprojekten profitiert hat.

3.4.3 Wirkung des innerstädtischen Shopping Centers

Wenn auch die erlebnisorientierten Großprojekte offenbar nicht allzu viel zur Belebung der Innenstadt insgesamt (zumal der Fußgängerzone) beigetragen haben, auch weil sie überwiegend woanders und nicht in unmittelbarer Nähe der Porschestraße angesiedelt wurden, so stellt sich die Frage für die City Galerie anders. Sie liegt an der Porschestraße. Und es wurde schon ausgeführt, dass die Porschestraße in puncto Belebtheit ganz offensichtlich von dem Einkaufszentrum profitiert hat (insbesondere in der Nähe der City Galerie). Im Folgenden soll untersucht werden, ob und inwieweit sich die Porschestraße in Folge der Ansiedlung der City Galerie verändert hat: Haben Geschäfte geschlossen, sind andere hinzugekommen? Wie hat sich die Qualität der Porschestraße als Einkaufsstraße verändert?

Generell wird die Wirkung von Shopping-Centern auf bestehende Innenstädte in der öffentlichen Diskussion recht kritisch gesehen. Insbesondere der Einzelhandel fürchtet die Konkurrenz nebenan, mehr noch die Einkaufszentren auf der ‚grünen Wiese'.

Die jüngst durch das Deutsche Institut für Urbanistik vorgelegte umfangreiche Wirkungsanalyse großer innerstädtischer Einkaufscenter (Junker u. a. 2008) zeigt, dass eine deutliche Ausweitung des innerstädtischen Geschäftsangebots zwar meist zu Zentralitätsgewinnen führt, gleichzeitig aber die Lagestrukturen im Hauptgeschäftsbereich deutlich verändert (Kühn 2008,

5). „Für die funktionale Struktur des bestehenden Hauptgeschäftszentrums sind dann die geringsten negativen Entwicklungen zu erwarten, wenn das Center in seiner Mitte liegt und es den Flächenbestand nur moderat erweitert – ein positiver Schub für 1a-Lagen wird in der Regel durch kleinere, integrierte Einkaufscenter ausgelöst" (Kühn 2008, 5).

Für Wolfsburg lässt sich nach den bisherigen Analysen konstatieren, dass ein erheblicher Zentralitätsgewinn in Folge der Ansiedelung des ECE-Einkaufscenters zustande kam. Im Folgenden geht es um die Frage, wie die Wirkungen auf die bestehende Geschäftsstruktur im Innenstadtbereich einzuschätzen sind – zumal diese ja im Falle Wolfsburgs vorher keineswegs stabil und zufrieden stellend entwickelt war. Die Wolfsburger City Galerie ist zwar in der Mitte der Handelsszenerie gelegen, stellt aber vom Gesamtkonzept keinesfalls ein kleineres, integriertes Shopping-Center dar. Integrierte Shopping Center zeichnen sich neben der innerstädtischen Lage durch eine bestimmte (im Verhältnis zur Einwohnerzahl bemessene) Verkaufsfläche (maximal 7000 m^2/100.000 Einwohner), vor allem aber dadurch aus, dass sie nur fehlende Sortimente aufnehmen und so das Gesamtangebot der Innenstadt bereichern und dadurch die Innenstadt neu beleben (Brune 2006, 60). Dagegen ist die Wolfsburger City Galerie mit 20.000 Quadratmetern bei etwa 122.000 Einwohnern gleichsam ‚viel zu groß'. Sie vermietet überwiegend an Filialisten und beinhaltet im Vergleich zum (vorher bestehenden bzw. noch verbliebenen) lokalen Einzelhandel viele konkurrierende Angebote. „Solche Projekte ersetzen die Stadt! Sie ziehen den gesamten Handel der Stadt in einem Punkt zusammen. Der wichtige Flaniereffekt des Stadtbesuchers findet nicht mehr statt (...). Damit sind diese Projekte der Urbanität einer lebendigen Innenstadt total abträglich und im Grunde genommen ein Missbrauch des Standortes!", so sehr kritisch der Architekt und Städteplaner Walter Brune (2006, 60), der selbst für den Bau von Shopping-Centern verantwortlich zeichnete. Die City Galerie selbst versteht sich als Ergänzung zum innerstädtischen Angebot und will auch zur Belebung der Innenstadt beitragen. Keinesfalls will man in Konkurrenz zur Innenstadt treten.

Doch scheint dies wenigstens zum Teil genau so wahrgenommen zu werden. Ein Befragter sieht eine sehr negative Entwicklung der Porschestraße seit der Eröffnung der City Galerie (die er aber selbst auch gern und häufig nutzt):

„Wir nutzen die City Galerie sehr oft und wir gehen auch in den Geschäften drin einkaufen. Wenn Sie die City Galerie wegnehmen, ist in der Innenstadt nichts mehr übrig geblieben, absolut nichts, die ist wirklich in den letzten Jahren immer schlechter geworden. Früher gab es in der Porschestraße noch ein paar Fachgeschäfte, die inzwischen alle ja Pleite gemacht haben. Ansonsten besteht die Innenstadt hier aus Ein-Euro-Läden, diese Ramschläden, also massenweise von solchen Geschäften; vernünftige Geschäfte überhaupt nicht und das war früher anders. Da gab's vernünftige

Schuhgeschäfte oder 'ne kleine Boutique oder ein Kunstgewerbeladen oder ist alles nicht mehr da, sondern nur noch in der City Galerie." (ehem. ltd. Angestellter, 67 J.)

Auf recht drastische Weise betont eine andere Befragte ihr Erleben des Gegensatzes von City Galerie und übriger Innenstadt:

„Die City Galerie ist ein Gefühl von Leben und wenn ich raus komme ist ein Gefühl von Tod. In der City Galerie ist halt innen drin alles farbenfroh, es ist schön, und wenn ich dann aber raus komme, dann erschlägt mich das einfach, weil einfach es ist alles weg." (Techn. Zeichnerin, 47 J.)

Ein anderer Befragter beobachtet dagegen positive Ausstrahleffekte für die Porschestraße; die City Galerie fungiere regelrecht als Zugpferd:

„Die City Galerie ist ein Mittelpunkt der Porschestraße, sie ist schon sehr ansehnlich und wird sehr gut angenommen. Sie ist ein Pluspunkt für die Porschestraße und belebt den Einzelhandel. Anders als die Einzelhändler vorher gesagt haben. In der City Galerie ist auch oft ein Wechsel, aber das ist in anderen Großstädten auch, dass in diesen Einkaufszentren dann die Läden ab und zu wechseln. Nee, nee, also das ist Zugpferd." (Designer, 65 J.)

Sie selbst steuere, so eine weitere Befragte, heute die Geschäfte in der mittleren Porschestraße rund um die City Galerie häufiger an. Anders als in Braunschweig, wo man entweder in die Schloss-Arkaden gehe oder in die Stadt, erzeuge die City Galerie gerade durch ihre integrierte Lage auch Besuche und Einkäufe in den umliegenden Geschäften.

„Man geht jetzt auch viel mehr in die anderen Geschäfte, weil es wirklich beieinander liegt. Das habe ich jetzt im Vergleich zu Braunschweig festgestellt. Ich bin ja nur nach Braunschweig gefahren, um die vielen Geschäfte da zu nutzen und wenn man jetzt in die Schloss-Arkaden fährt, dann nutzt man die anderen Geschäfte gar nicht mehr, weil es ja nicht so nah beieinander liegt, also dann ist man nur da. Ich fahre jetzt nicht mehr nach Braunschweig zu Karstadt oder irgendwo anders hin. Wenn ich in die Schloss-Arkaden gehe, dann renne ich da nicht noch in die Stadt. Hier in Wolfsburg, ja, wenn ich in der City Galerie bin und mal eben zu H&M will oder zu Drogerie Müller rüber gehe, das ist ja alles in der Nähe, da brauche ich ja nur drei Schritte hingehen." (arbeitslose Erzieherin, 56 J.)

Ähnlich widersprüchlich sind die Aussagen der Experten: Die Mehrzahl sieht in dem neuen Einkaufszentrum einen die Innenstadt *„belebenden Faktor. Da ist immer was los – drinnen und draußen"*, so betonen einige Kommunalpolitiker. Andere Experten führen dagegen aus, dass seit dem Bau der City Galerie die Qualität des Angebots *„in der Porschestraße deutlich gesunken"* sei, so ein Immobilienexperte. Die Fußgängerzone sei durch die totale Dominanz der City Galerie noch trister als vorher. Dort gebe es keine rechten Anlaufpunkte mehr, sondern viele Billigläden. Viele der größeren Geschäfte seien in die City Galerie gezogen und die frei gewordenen Geschäfte in der Porschestraße seien durch Ein-Euro-Shops ersetzt worden. Das grundsätzliche Problem sei, *„dass wir Leerstand haben in der Porschestraße, dass wir diese Bil-*

ligläden haben." Diese Geschäfte aber würden von einer bestimmten Klientel besucht und das sei die für Stadt negativ, so ein Pressebeobachter.

Es soll deswegen auf der Basis von Geschäftszählungen der Wolfsburger Marketing GmbH versucht werden, die Veränderungen in der Porschestraße in Folge der Eröffnung der City Galerie im Jahr 2001 zu analysieren. Laut Zählung gab es in der Porschestraße Ende 2007 insgesamt 173 Einkaufsgelegenheiten, wovon die meisten Bekleidung, Lebensmittel und Drogeriewaren führten (vgl. Tab. 20). Es gibt eine Konzentration des zentralen Einkaufsbereichs im mittleren Bereich der Porschestraße mit der City Galerie: Während sich am ‚Südkopf' lediglich 14 Geschäfte befinden und am ‚Nordkopf' lediglich 15, liegen mit 144 mehr als 80% aller Einkaufsgelegenheiten im mittleren Bereich – davon 56% in der City Galerie und 44% in der sie umgebenden Fußgängerzone. Dieser etwa 400 Meter lange Abschnitt mit dem sog. Hugo-Bork-Platz, der überdacht werden soll, in der Mitte, kann also als der zentrale Geschäftsbereich Wolfsburgs angesehen werden. Auch was die Sortimente angeht, so findet sich dort eine für innerstädtische Lagen typische Struktur und Mischung mit starker Betonung des Bekleidungsbereichs. Das Sortimentsprofil der City Galerie und ihres direkten Umfeldes unterscheidet sich insofern, als in der City Galerie die Dominanz des Bekleidungs- und Modebereichs noch deutlicher ausgeprägt ist. Südliche und nördliche Porschestraße wiesen 2007 trotz ihrer insgesamt geringen Geschäftszahlen eine relativ große Bandbreite des Angebots mit vielen Lebensmittelgeschäften auf.

Betrachtet man nun die Veränderungen im Zeitverlauf zwischen den Jahren 2000, 2002 und 2007 (vgl. Tab. 20), so zeigt sich die enorme Ausweitung des Angebots in Folge der Eröffnung der City Galerie. Die Zahl der Einkaufsgelegenheiten in der Porschestraße hat sich zwischen 2000 und 2002 sprunghaft von insgesamt 92 auf 170 erhöht, das bedeutet einen Anstieg um 85%! Besonders das Angebot im Bekleidungs- und Modebereich hat sich nahezu verdreifacht, aber auch in den anderen Sortimenten finden die Kunden heute mehr Angebote vor. Es handelt sich aber nicht nur um eine reine Zunahme, die durch die 71 neuen Geschäfte in der City Galerie zustande kam. Dahinter steht auch eine erhebliche Fluktuation in diesem Zeitraum: Geschäfte sind umgezogen, geschlossen und neu eröffnet worden. Nur ein knappes Drittel der Geschäfte, die sich 2007 in der Porschestraße (außerhalb der City Galerie) befanden, waren im Jahr 2000 schon dort; die Eröffnung der City Galerie hat die Einkaufslandschaft in der Porschestraße also innerhalb kürzester Zeit grundlegend verändert.

Im Zeitraum zwischen 2002 und 2007 zeigt sich dagegen in der Bilanz kaum eine Veränderung der Geschäftsmenge. Allerdings gab es auch in diesem Zeitraum eine nicht unerhebliche Fluktuation: Von den im Jahre 2007 gezählten 173 Geschäften waren nur gut die Hälfte bereits 2002 am gleichen Ort, die anderen sind neu hinzugekommen, sind umgezogen oder haben ihr Geschäft verändert. Die größte Fluktuation erlebte der Bekleidungsbereich.

Tabelle 20: Veränderungen der Einkaufsgelegenheiten in der Wolfsburger Fußgängerzone 2002 bis 2007

Sortiment	2000	2002	2007
Bekleidung/Mode	24	61	68
Lebensmittel	14	25	29
Gesundheitswesen/Kosmetik/Pflege/Optik	13	25	25
Multimedia/Mobilfunk/Kommunikation	10	17	17
Schuhe/Lederwaren	7	12	12
Bücher/Schreibwaren/Geschenke/Spiele	5	9	8
Schmuck/Uhren	8	9	5
Verschiedenes, z. B. Kaufhaus, 1-Euro-Shop	11	12	9
Insgesamt	92	170	173

Quelle: Wolfsburg Marketing: Einkaufswegweiser; eigene Berechnungen

Bezogen auf die unterschiedlichen Bereiche der Fußgängerzone zeigen sich nun interessante Unterschiede: Am stärksten war in den letzten fünf Betrachtungsjahren der Wechsel am Südkopf und am Nordkopf: Hier waren jeweils nur etwa 40% der Geschäfte bereits 2002 dort gewesen. Der gravierendste Einschnitt im nördlichen Bereich war sicherlich die von vielen Befragten bedauerte Schließung mit Teil-Abriss des Hertie-Kaufhauses Anfang 2007. Im gesamten nördlichen Bereich ist eine erhebliche Fluktuation zu beobachten, die sich vor allem im Billigbereich vollzieht: Da eröffnen Läden, die ein Jahr später schon wieder schließen, entsprechend anspruchslos fällt die Dekoration und Geschäftsgestaltung aus, gar nicht zu reden von Renovierungsarbeiten. Es gibt in diesem Bereich insgesamt weniger Geschäfte, vor allem im Bekleidungsbereich und auch Multimedia, dafür Erotikshops, Spielhallen und Leerstände. Auch am gegenüberliegenden Ende der Porschestraße war der Wechsel groß, was sich zum einen auf das Südkopfcenter bezieht, aber auch auf die wenigen Geschäfte rundherum. Es kamen in der Bilanz besonders Lebensmittelgeschäfte (Discounter und Bäcker) hinzu, Fachgeschäfte dagegen (z. B. Spielzeug, Porzellan, Buchhandlung) wurden geschlossen.

Im mittleren Porschestraßebereich (ohne City Galerie) waren immerhin 60% der Geschäfte, die 2007 dort waren, schon 2002 dort gewesen. Insgesamt ist ein leichter Anstieg der Geschäftszahlen festzustellen: Es gibt vor allem etliche neue Bekleidungsgeschäfte, teilweise aber auch Billigläden, die dem Bereich aufgrund ihrer aggressiven Auslagegestaltung eine basarhafte, mitunter auch Ramschladen-Atmosphäre verleihen, obgleich mit Abstand die meisten dortigen Geschäfte dem typischen bundesdeutschen Filialisten-Spektrum in den Innenstädten entsprechen (H&M, C&A, Tchibo, dm,...). Die

City Galerie hat – dafür, dass sie erst 2002 eröffnet wurde – bereits einen deutlichen Wechsel der Geschäfte erlebt: nur etwa zwei Drittel der Ursprungsmieter waren fünf Jahre später noch da. Das Sortiment hat sich allerdings dadurch dem Konzept entsprechend kaum gewandelt, aber die Anbieter vorwiegend im Bekleidungsbereich wechselten teilweise schnell. Außerdem gibt es mehr Angebote im Multimediabereich.

Für die Frage, ob die City Galerie denn nun eine Verödung der bestehenden Fußgängerzone begünstigt oder eher zu einer Belebung beigetragen hat, geben die genannten Daten nun verschiedene Hinweise. Für den mittleren Bereich der Porschestraße hat es in Folge der Eröffnung des Shopping Center ohne Zweifel positive Ausstrahleffekte gegeben: Es gab keinen quantitativen Verlust an Geschäften, Läden konnten also problemlos weitervermietet werden, auch an gängige, renommierte Marken. Die bestehenden Geschäfte, allen voran das eine Traditionskaufhaus, sehen und erwarten weiterhin offenbar eine positive Entwicklung und investieren in ihre Läden, um diese zeitgemäßen Ansprüchen entsprechend zu gestalten und von der Laufkundschaft der City Galerie zu profitieren. Auch in qualitativer Hinsicht konnte alles in allem kein ‚Niedergang' festgestellt werden. Problematisch scheinen allerdings dennoch einige Billig-Läden oder auch die bisweilen marktschreierisch wirkende Außenwerbung (mit Ständen voller Billigangebote, selbstfabrizierten Verkaufshinweisen und grölender Musik aus scheppernden Lautsprechern) selbst etablierter Geschäfte zu sein. Diese prägen für die Laufkundschaft einen negativen Eindruck und erzeugen auch einen gewissen Gegensatz des Erlebens von City Galerie, wo alles säuberlich geordnet, gut dosiert und in mittlerem eingängigem Niveau angenehm zu konsumieren ist.

Die gastronomischen Angebote im Umfeld haben offenbar ebenfalls von der City Galerie profitiert. Sie haben quantitativ zugenommen oder ihre Angebote verbessert, z. B. wurde erst jüngst eine anspruchsvoll gestaltete Espresso-Bar eröffnet, der Nordsee-Imbiss und das Eis-Café verbesserten ihre Außen-Tischangebote. Auch die – genau genommen schon zum nördlichen Bereich gehörenden – relativ neuen Bistrokneipen sind mit deutlichem (Sicht-)Bezug zur mittleren Porschestraße eingerichtet und auf deren Kundschaft im Zentrum der Stadt orientiert.

Zur Zeit unternimmt die Stadt gerade in diesem Bereich erhebliche Umgestaltungsmaßnahmen, die die Aufenthalts- und Einkaufsqualität erhöhen und die Menschen zu einem Flanieren einladen sollen. Die City Galerie ist zum Anlaufpunkt geworden und das hat vielfach überhaupt erst dazu geführt, dass die Menschen in Wolfsburg einkaufen. Sie hat so ein Potenzial erzeugt, dass jemand auch in andere Geschäfte der Innenstadt geht. Trotz ihrer im Verhältnis zur Einwohnerzahl und insbesondere zum unterentwickelten Geschäftsangebot in der Fußgängerzone gewaltigen Größe konnte die City Galerie alles in allem positive Wirkungen, d. h. Ausstrahleffekte für die Wolfsburger Innenstadt hervorrufen. Sozusagen in ihrem Schatten gedeihen die umliegenden Geschäfte, Cafés und Imbisse ganz gut. Zugespitzt kann man vielleicht formulieren: Das Shopping-Center konnte keine gewachsene Urbanität zerstören, weil es keine gab – es wurde fast im Gegenteil zu einem Kristallisationspunkt für urbane Ansätze im Stadtzentrum, weil es in seinem Umfeld eine gewisse Bevölkerungsdichte erzeugt, die für die Entstehung von Urbanität nun einmal Voraussetzung ist. Diese Aussage bezieht sich freilich ausschließlich auf den mittleren Bereich der Wolfsburger Fußgängerzone.

Anders scheint der Effekt dagegen für den südlichen und nördlichen Bereich der Innenstadt zu sein. Die City Galerie hat offenbar eine Zentralisierungswirkung: Warum sollte man sich auch auf den langen Weg zum Süd- oder Nordkopf machen, wenn dort keine attraktiven Geschäfte mehr locken? Eine Untersuchung der Auswirkungen innerstädtischer Shopping Center bestätigt für Wolfsburg, dass „tatsächlich eine signifikante Zentralitätssteigerung erreicht werden konnte", während die anderen Verkaufsflächen erheblich an Wert verloren haben (Krüger/Walther 2007, 197). Das Südkopf-Center hat sich im Zuge des Erfolgs der City Galerie zwischenzeitlich fast zu einem Problempunkt der Stadt entwickelt.

Für den Nordkopf gilt bislang trotz umfänglicher (geplanter) Maßnahmen Ähnliches. Das Geschäftsaufkommen ist gering und bis auf einige Ausnahmen von recht niedriger Qualität, die Atmosphäre ohne Flair. Dies trägt sicher erheblich dazu, dass bislang die Zuführung des Touristenstroms von den erlebnisorientierten Großprojekten im Nordkopfbereich in die Innenstadt nicht gelang. Autostadt, Phaeno und DOW entfalten also nicht nur Sogeffekte aus eigener Kraft, ihre ausbleibende Ausstrahlwirkung wird auch von der bislang mangelnden Attraktivität der Innenstadt, besonders aber des nördlichen Bereichs begünstigt, der derzeit eher als Riegel denn als ‚Einladung' wirkt.

3.5 Das ‚verschobene' Stadtzentrum

Die derzeitigen Schwierigkeiten mit dem sog. Süd- und Nordkopf, mit dem südlichen und nördlichen Ende der zu einer Fußgängerzone umgewandelten Porschestraße, hängen mit den sich abzeichnenden, z. T. weitreichenden Veränderungen in Bezug auf die Wolfsburger Innenstadt zusammen. Denn die Errichtung vieler erlebnisorientierter Großprojekte am nördlichen Rand der Innenstadt (Autostadt, Phaeno, DOW, Cinemaxx) hat erhebliche Impulse für die Entwicklung des gesamten zentralen Innenstadtbereichs ausgelöst, deren Folgen tiefgreifend und durchaus grundsätzlicher Natur für die gesamte Stadtstruktur sind und sein werden: Zum einen liegen sie in einer deutlichen und klaren Aufwertung der City gegenüber den Orts- und Stadtteilen, also in einer tendenziellen Abkehr von der dezentralen Stadtstruktur Wolfsburgs. Zum anderen vollzieht sich derzeit eine Verlagerung der Stadtmitte in Richtung Norden, respektive Richtung VW-Werk, hin zum so genannten Nordkopf.

Die Aufwertung der Innenstadt liegt zunächst einmal – und dies ist für Wolfsburg nicht unwichtig – eher auf einer Bekenntnisebene. Es gilt, das Zentrum als Träger des Stadtimages zu entwickeln, dies habe man als Botschaft der Großprojekte verstanden, so ein Experte aus der Stadtspitze. So schön Wolfsburg in vielen Außenbereichen sei und so interessante Sehenswürdigkeiten es dort gebe, Stadtbesucher würden sich nun einmal zunächst und vorrangig auf das Zentrum hin orientieren und den dabei gewonnenen Eindruck mit nach Hause nehmen – ob einem das nun passe oder nicht. Jedenfalls müsse man dieser Erwartungshaltung entsprechen, natürlich ohne die anderen Teile Wolfsburgs zu vernachlässigen. Denn erst aufgrund eines positiven Innenstadteindrucks kämen die Besucher dann vielleicht ein zweites oder drittes Mal nach Wolfsburg, um sich auch andere Bereiche der Stadt anzuschauen. Auch der erhebliche Einsatz von Finanzmitteln zeigt die besondere Bedeutung, die die Stadtpolitik neuerdings der Innenstadt einräumt. So belaufen sich die Gesamtkosten der Porschestraßen-Umgestaltung auf fast 6 Mio. €. Dies führt bei Kommunalpolitikern der traditionell starken Ortsteile, besonders in den ehemaligen Kleinstädten Fallersleben und Vorsfelde, durchaus zu scharfer Kritik. Zu viele Mittel seien bereits in die von niemandem geliebte City geflossen, dezentrale Einkaufsmöglichkeiten und Infrastrukturangebote seien dagegen vernachlässigt worden oder hätten sogar schließen müssen. Die alten Stadtkerne (in Fallersleben und Vorsfelde) seien viel attraktiver und würden von entsprechenden Maßnahmen viel mehr profitieren, so wird betont. Das Leben der Menschen fände vor Ort statt, und nicht in der ‚künstlichen' Porschestraße, die man ohnehin besser als Auto-Boulevard hätte belassen sollen. Von anderer Seite wird kritisiert, dass auch für eher benachteiligte Stadtteile in der Kernstadt (Westhagen, Laagberg) zu wenig Mittel flössen.

Tatsächlich besteht jedoch in Bezug auf die Innenstadt Handlungsbedarf, hat sich doch angesichts der neuen, schicken, hochmodernen, gleichsam künstlerisch wertvollen Architektur der erlebnisorientierten Großprojekte der ästhetische Eindruck von der Innenstadt relativ verschlechtert. Der ohnehin sehr diskrete Charme der Nachkriegsarchitektur der 1950er Jahre wirkt nun angesichts der neuen Architekturen umso reizloser und provinzieller. Der Handlungsbedarf, im Bereich Innenstadt nachzubessern, scheint daher unabweisbar. Hier kommt nun die Verlagerung bzw. Neuausrichtung der Wolfsburger Stadtmitte in Richtung Nordkopf ins Spiel.

Von Seiten der Stadt wird in diesem Zusammenhang inzwischen gar von einem „zweiten Umbruch der Stadtstruktur" (Thomas 2008, 3) gesprochen: Sah die ursprünglich geplante Stadt einerseits eine klare Funktionstrennung zwischen Werk und Wohnstadt mit dem Mittellandkanal als Trennungs- und Demarkationslinie zwischen den beiden Bereichen und andererseits eine Gegenüberstellung einer nationalsozialistisch geprägten ‚Stadtkrone' als Gegenpol zum Werksgebäude vor (vgl. hierzu den Gesamtbebauungsplan für die ‚Stadt des KdF-Wagens' in: Herlyn/Tessin 2000, 19), so wurde – dies war der erste grundlegende Umbruch – nach dem Zweiten Weltkrieg das Zentrum in die Wohnstadt integriert, was mit der Umwandlung der Porschestraße in eine Fußgängerzone seinen besonderen Ausdruck fand. Es blieb dabei aber bei der Vorstellung der Wolfsburger Stadtplanung, die Stadt müsse sich gewissermaßen vom VW-Werk abgrenzen, ja, abwenden, um ein ‚eigenes Gewicht' zu erlangen: man müsse sich selbstbewusst gegenüber dem Werk positionieren. Das hatte zur Folge, dass entlang des Kanals einerseits die imposante Schaufront des VW-Werks (jenseits des Kanals), andererseits gleichsam die Rückseite der (Innen-) Stadt (diesseits des Kanals) aufeinander stießen und eine höchst unerfreuliche ‚Zwischenzone' entstand mit riesigen Parkplatzbereichen, einem kleineren Gewerbegebiet, ein paar Kleingartenkolonien. Der Mittellandkanal sollte, so die damalige Vorstellung, die Grenze bilden, eine Trennlinie markieren einerseits zwischen Berufsarbeit und Privatleben der Wolfsburger, andererseits zwischen Werk und Stadt (vgl. hierzu schon Schwonke/Herlyn 1967, 41).

Seit Ende der 1990er Jahre erfolgte nun als Konsequenz der verstärkten Kooperation und Annäherung zwischen Stadt und Werk im Rahmen der Wolfsburg AG (1.3.2), besonders aber als Folge der Eröffnung der Autostadt, der zweite große städtebauliche Umbruch: „Die Mitte der Stadt rückt seitdem an die Nahtstelle zwischen Werk und Stadt" (Thomas 2008). Mit anderen Worten: Der Nordkopf soll zum neuen Zentrum der Stadt entwickelt werden. Hieß es im AutoVision-Konzept von 1998 (S. 20) noch, dass der Nordkopf „zu einem attraktiven Einkaufs- und Erlebniszentrum" und damit zur „Drehscheibe und Bindeglied" zwischen Autostadt, Innenstadt und den Erlebnisangeboten entwickelt werden soll, so soll er jetzt „eine neue Stadtmitte" (ebenda), ein lebendiges Zentrum mit Funktionsmischung werden. Dadurch will man „Urbanität gewinnen", so der Titel der städtischen Zwischenbilanz der derzeit laufenden umfangreichen städtebaulichen Maßnahmen am Nordkopf (Stadt Wolfsburg 2008).

Bis Mitte der 1990er Jahre war die Innenstadtentwicklung Wolfsburgs dagegen nahezu ausschließlich auf den südlichen und mittleren Bereich der Porschestraße bezogen, der nördliche Bereich zwischen Bahn, ZOB und Einfallsstraßen war, wie bereits angedeutet, „das vergessene Land", ein „Unort"

(Stadt Wolfsburg 2008, 5). Wurde im mittleren Bereich eine Einkaufsland-schaft mit Pavillons, Brunnen und Schachfeld entwickelt, so entstanden grö-ßere Einzelbauten primär am „Südkopf", wo in möglichst weiter Entfernung zum Werk eine Art stadtkultureller Gegenpol zum Werk entwickelt wurde: Rathaus, Kulturzentrum, Stadthalle, Theater, Planetarium und das noch 1994 erbaute Kunstmuseum. Das Kunstmuseum, das benachbarte neue Haus der Stadtverwaltung und der angrenzende großzügig neu gestaltete Stadtplatz (Hollerplatz) können fast als städtebaulicher Höhepunkt einer bürgerstadtbe-zogenen Entwicklung der Innenstadt gedeutet werden. Am Südkopf ent-wickelten sich in dieser Zeit deutlich wahrnehmbare urbane Ansätze: Auf dem Hollerplatz ist zweimal wöchentlich Markt, auch Kundgebungen oder andere öffentlichkeitsorientierte Veranstaltungen finden dort gern statt. Men-schen erledigen ihre Behördengänge oder Einkäufe im nahe gelegenen Süd-kopf-Center (Eröffnung 1990), in den kleineren Geschäften (z. B. Buchhand-lung) oder in den in Seitenstraßen neu entstandenen spezielleren Lädchen z. B. Kinderspielzeug, Weinhandlung. Sie essen bürgerlich oder mediterran, trinken einen Espresso in einer der verschiedenen Cafébars und beobachten dabei von drinnen oder vom Außenbereich die Passanten. Hier kauft man seine Theaterkarte, besucht eine Ausstellung im Kunstmuseum oder besucht einen VHS-Kurs im Kulturhaus.

Mittlerweile hat sich, wie schon angedeutet, die Situation am Südkopf, insbesondere die Situation des sog. Südkopf-Centers ziemlich verändert. Nach einem deutlichen Einbruch in Folge der Eröffnung der City Galerie, wurde das ursprüngliche Markthallen-Konzept verändert und man setzte stär-ker auf Discounter (Real, Aldi, Schlecker). Wenn einer dieser großen Le-bensmittel-Discounter das Südkopf-Center wieder verlässt, was absehbar ist, dann wird es dort kaum noch Kundenmagneten geben. Es gibt zwar Pläne, das Center zu stärker kulturbezogenen Zwecken umzunutzen (z. B. eine Kunsthalle für Wanderausstellungen), aber trotz der Nähe zum Kunstmuse-um, zum Theater und zum Planetarium wird dies eine große Zahl an Men-schen dauerhaft kaum anziehen. Man sieht auch im Umfeld bereits Ge-schäftsaufgaben, z. B. hat eine Buchhandlung ebenso geschlossen wie ein ita-lienisches Wein- und Feinkostgeschäft und eine Espressobar. Seit der Eröff-nung der City Galerie konzentriert sich, wie beschrieben, das Konsumerleb-nis auf den mittleren Bereich der Porschestraße, was ja durchaus im Erleb-niswelt-Masterplan auch so vorgesehen war: Der südliche Bereich soll für „Kunst, Kultur und Lebensgefühl" entwickelt werden. Inwieweit dies gelingt, insbesondere ob der Ansatz urbanen Flairs dort erhalten werden kann, wenn die Nutzungsvielfalt und damit auch die ‚Laufkundschaft' immer weniger werden würde, wird nicht zuletzt auch von der weiteren Entwicklung der ge-samten Porschestraße abhängen.

Mit der 2002 eröffneten City Galerie rückte die mittlere Porschestraße verstärkt in den Fokus. Wie dargestellt (3.4.3), gehen von diesem Großprojekt deutliche Ausstrahleffekte aus. Auf diesen Bereich konzentrieren sich auch die umfänglichen, im Wesentlichen stadtgestalterischen Umbaumaßnahmen: Es wurde ein neuer (teurer und sehr umstrittener) Natursteinbelag verlegt, eine Baumallee mit Sitzgelegenheiten geschaffen, ein Pavillon abgerissen und eine neue Wasserlandschaft angelegt. Geplant ist außerdem die Überdachung eines zentralen Bereichs, um das geschützte Einkaufsgefühl der City Galerie in den Außenraum zu verlängern. Auch private Investoren und Geschäftsbetreiber haben sich zu erheblichen Umbaumaßnahmen entschlossen, was als deutliches Zeichen für positive Geschäftserwartungen einzuschätzen ist. Wenn es auch verkürzt wäre, diese sehr beachtlichen Investitionen der Stadt nun ausschließlich auf das Großprojekt City Galerie zurückzuführen, so ist doch deren positive Geschäftsentwicklung und die Akzeptanz des Shopping Centers durch die Bevölkerung eine wesentliche Triebfeder und Rahmenbedingung der dortigen Anstrengungen.

Die Ziele der Masterplanung Porschestraße sind in der Tat hoch angesetzt (Stadt Wolfsburg 2003): die Porschestraße soll durch die Baumallee „mediterranes Flair" erhalten und zu einem „Ort öffentlichen Lebens mit Spaß, Spiel und Lebensfreude" werden, an dem „man sich wohl fühlt und gerne aufhält". Die nächtliche Beleuchtung soll eine „Großstadtatmosphäre" schaffen und den „abendlichen Besuch zu einem Erlebnis" werden lassen. Darüber hinaus wird an einer Verbreiterung des Flanier- und Shoppingbereichs in die benachbarten kleineren Straßen gearbeitet, um das *„europäische Stadterleben"* zu verbessern. Allerdings unterliegen die Umgestaltungsmaßnahmen in der Porschestraße gewissen grundsätzlichen Einschränkungen, die dazu führen, dass die Ziele, die mit ihr verbunden werden, möglicherweise nicht erreicht werden (können).

Zum einen gibt es einen grundsätzlichen Zweifel an der Planbarkeit eines urbanen Zentrums. Keine Stadt könne es schaffen, ein urbanes Zentrum zu planen, so eine Expertin für Planungsfragen. Es sei etwas anderes, ob man ein großes Projekt realisiere oder eine ganze Fußgängerzone (um-) gestalte. Es gebe so viele Rahmenbedingungen (Gebäude, Eigentumsstrukturen), die einer wirklich durchgreifenden Veränderung im Wege stünden, und den so wichtigen Geschäftsbesatz könne man letztlich auch nicht planen. Und gerade in Bezug auf die vorhandene Eigentümer- und Unternehmerstruktur in der Porschestraße wird seit den 1960er Jahren seitens der Stadtplanung immer wieder beklagt, dass es hier an Investitionsbereitschaft fehle.

Zum anderen gibt es in der Wolfsburger Fußgängerzone stadtspezifische Besonderheiten, die geplanten Veränderungen enge Grenzen setzen: Dazu gehört nicht nur das weitgehende Fehlen der für ‚Urbanität' so wichtigen

Dichte durch die ‚übermäßige' Länge der Fußgängerzone, die jetzt auch noch in die Breite entwickelt wird. Als Barriere wirken insbesondere auch die Besitzverhältnisse: Die Grundstücke in der Porschestraße sind nahezu alle Erbbaugrundstücke, was – wie städtische Experten beschreiben – dazu führe, dass in die alten Häuser niemand mehr investiere. Investoren haben daran kein Interesse, da ihnen die Grundstücke nicht gehören. Die Stadt versucht zunehmend Grundstücke zu erwerben, was aber sehr viel Geld koste. So würde der Kauf einzelner Pavillons so viel Geld kosten wie der Umbau der gesamten Porschestraße. Man habe sich deshalb mit den Gestaltungsmaßnahmen für eine *„Kompromisslösung"* entschieden. Tatsächlich gibt es einige Experten, die von einer wirklichen Verbesserung der Situation in der Porschestraße erst für den Zeitpunkt ausgehen, an dem die Erbbauverträge auslaufen, also in etwa 20 Jahren! So gelungen auch die stadt- bzw. straßengestalterischen Maßnahmen im Bereich der Porschestraße (Laternen, Baumreihen, Pflasterungen etc.) sein werden, ihre ästhetische Wirkung wird im Kontext der vorhandenen, reizlosen Randbebauung bescheiden bleiben.

Anders dagegen die Situation am Nordkopf: Hier kann wesentlich einfacher umgestaltet und großzügig geplant werden, da dort *„fast ausschließlich städtische Flächen sind, wo die Stadt auch die Steuerung in der Hand hat, wo sie auch Ansiedlungspolitik machen kann, im Unterschied zur Porschestraße"*, so ein Experte aus der Immobilienbranche. Hier sind bereits umfänglich städtebauliche Maßnahmen vorgenommen worden und weitere sind geplant. Initialzündung für diese Entwicklung waren eindeutig die erlebnisorientierten Großprojekte, allen voran die Autostadt: „Die Errichtung der VW-Autostadt mit Stadtbrücke über den Kanal hebt die Trennung von Stadt und Werk auf und rückt den Nordkopf in den Fokus der Stadtentwicklung. (...) Die Mitte der Stadt rückt nach Norden, an die Nahtstelle zwischen Stadt und Werk", so heißt es in der Stadt-Broschüre (Stadt Wolfsburg 2008, 7). Die Autostadt und die von ihr mit ausgelösten beiden anderen erlebnisorientierten Großprojekte auf städtischer Seite (Phaeno und DOW) fungieren als Kerne dieses nach dem Motto ‚Entdeckungsreise Kultur, Technik und Unterhaltung' gestalteten Stadtbereichs. Wegen der weitreichenden Umgestaltungen, die von unterschiedlichen Akteuren (Stadt, private Investoren, Wolfsburg AG, verschiedene Planungsbüros, Stadtwerke) getragen wird und für die 2005 ein eigener Masterplan Nordkopf entwickelt wurde, gilt der Nordkopf städtischerseits inzwischen selbst als „Großprojekt". Bereits realisiert sind neben dem Cinemaxx, dem Phaeno und den DOW Maßnahmen wie das Bürogebäude einer Versicherung mit Gastronomie im Erdgeschoss als sog. ‚urbaner Sockel' (2005), die Gestaltung des Bahnhofsvorplatzes (2005), eine ‚Landschaft auf Zeit' (BMVBS 2008) als wandernde temporäre Freiraumgestaltung der Brachflächen (seit 2006), der Platz an der Stadtbrücke als Übergang zwischen DOW/Phaeno und Porschestraße, der die Gestaltung der mittleren Porschestraße aufgreift (2007), das JobCenter, einem Bürogebäude (u. a. Arbeitsagentur und Personalserviceagentur der Wolfsburg AG) mit Einzelhandel im Erdgeschoss (2008). In Zukunft geplant sind darüber hinaus:

- Markthalle: Auf dem Areal eines abgerissenen Kaufhauses soll im stehen gelassenen Gebäude der ehemaligen Lebensmittelabteilung eine Markthalle entstehen. Träger ist die Wolfsburger Wohnungsbaugesellschaft Neuland, aber ob sich Mieter finden, ist noch ungewiss (geplant 2009).

- Hotel am Hauptbahnhof: Es gibt einen Entwurf und offenbar auch einen Investor für die Errichtung eines Hotelgebäudes direkt gegenüber dem Bahnhof, dessen unteren Bereich man durchqueren könnte, um in die Innenstadt zu gelangen (geplant 2009).

- Bürogebäude des örtlichen Energieversorgers: Der Entwurf einer ‚Dominante am Nordkopf' liegt vor. Es handelt sich um ein verschachteltes Hochhaus, das ein Pendant zu den Kraftwerkstürmen von VW darstellen soll (geplant 2010).

- Diskutiert wird außerdem der Bau eines ‚Gesundheitszentrums', in dem neben Praxis- und Ladenflächen für Ärzte, Apotheken, Sanitätshäuser u. ä. auch Angebote für Rehabilitation und Prävention angesiedelt werden sollen. Auch dafür gibt es bereits einen Investor.

- Zudem ist eine bessere Vernetzung zwischen Porschestraße und Nordkopf durch Gestaltung der Zwischenzone geplant. Dieser Bereich ist mit Rahmenplanungen überzogen und man verfügt dort auch über viele Grundstücke und wartet nur noch auf geeignete Investoren.

Obgleich die Entwicklung am Nordkopf in den vergangenen Jahren rasant verlaufen ist, wirkt der Charakter des Gesamtareals nach wie vor ausgesprochen uneinheitlich. Die Einzelbauten nehmen nur wenig Bezug aufeinander und wirken bislang eher wie Solitäre; der Bahnhof, der ja in den vergangenen Jahren (nach seiner Aufwertung zum ICE-Haltepunkt auf der Strecke Hannover-Berlin) eine erhebliche Nutzungssteigerung erfahren hat, wirkt marginalisiert und in seiner denkmalgeschützten 50er-Jahre-Ästhetik etwas verloren in der ‚schönen, neuen Welt' der Investorenarchitektur; der Anschluss an die Porschestraße ist weder vom Phaeno/DOW noch vom Bahnhof aus deutlich erkennbar. Die Verkehrsführung, für die 2007 ein Verkehrskonzept entwickelt wurde, trägt erheblich zu diesem Eindruck bei. Man merkt der autogerechten Stadt gerade dort die Fixierung auf den motorisierten Individualverkehr deutlich an: Es gibt großzügige Straßen, sogar eine Untertunnelung vor dem Bahnhof, ausreichend ober- und unterirdische Stellplätze (1.100 bewirtschaftete Stellplätze). Die Fußwegeführung ist dagegen nur wenig entwickelt und schlecht ablesbar, der ZOB liegt ohne Sichtbezüge ein ganzes Stück weg vom Bahnhof und die Haltepunkte verteilen sich auf unterschiedliche Bereiche. Bislang sind auch die Stadtkanten noch nicht deutlich erkennbar, da an entscheidenden Stellen die drei bislang erst im Planungsstadium befindlichen (und durchaus nicht unumstrittenen) Gebäude stehen. Ob diese tatsächlich kommen und davon, wie sie am Ende aussehen werden, wird Vieles abhängen. Die geplante Markthalle stellt das für die Frage der Urbanität sicherlich wichtigste Projekt dar, sie ist nicht nur ein ‚historisches‘ und Identität stiftendes Gebäude, sondern nimmt auch für den Übergang zur Porschestraße eine zentrale Rolle ein. Sie könnte durch ihre einkaufsbezogene und gastronomische Nutzung auch die funktionale Vielfalt im Areal erhöhen und das quantitativ hohe Menschenaufkommen in eine andere Qualität und Atmosphäre transformieren. Auch das geplante Hotel vis-á-vis des Bahnhofs besitzt für die urbane Qualität des Nordkopfs eine besondere Bedeutung: Verriegelt es den Zugang zur Stadt noch mehr? Und begünstigt es weiter ein Fernbleiben der Touristen von der Fußgängerzone, wie manche Experten befürchten? Sie befürchten, das der geplante Bau des Kongresshotels die ersehnte Belebung der Innenstadt behindern werde: „*Die Menschen kommen aus dem Bahnhof, peilen aus dem Zug gleich ins Kongresshotel, haben rundherum alle möglichen Vergnügungen, so dass sie gar keine Notwendigkeit mehr sehen, weiter in die Stadt zu gehen*", so eine Kommunalpolitikerin.

Andererseits ruhen auf dem ‚Großprojekt Nordkopf‘ viele Hoffnungen. Wenn es gelänge, im Bereich des Nordkopfes eine Verdichtung unterschiedlichster Einrichtungen auf relativ engem Raum zu schaffen – „*wenn guter Besatz kommt und eine gute Fassadengestaltung*", dann, so lautet die optimistische Zukunftsprognose der städtischen Experten, werden auch mehr Touristen in die Porschestraße gehen. Diese Position wird aber nicht von allen Experten geteilt. Einige halten dem kritisch entgegen, dass der Nordkopf mit seinen Einkaufs-, Erlebnis- und Aufenthaltsqualitäten sowie den Arbeitsplatzangeboten schon jetzt eine Konkurrenz zur Innenstadt darstelle. Wenn zukünftig noch weitere attraktive Projekte hinzukämen – ein Kongresshotel mit Gastronomie, die Markthalle und ein interessanter Einzelhändler, die Verwaltungszentrale der LSW, die Erweiterung der Designer Outlets, die Gestaltung einer Piazza im Bereich der Markthalle – dann werde die Entwicklung nicht in Richtung Belebung der Innenstadt, sondern auf Grund der konkurrierenden Angebote ganz klar in Richtung eines weiteren Ausblutens der Porschestraße mit einer Verlagerung der Zentralitätsfunktion in den Bereich des Nordkopfes gehen. Die Wolfsburger jedenfalls stimmten dem Statement in einer Emnid-Umfrage „Der Nordkopf soll das neue Zentrum in Wolfsburg werden" zu zwei Dritteln zu (WN, 16.5.08). Schon heute wird die Konkurrenz zwischen den Designer Outlets am Nordkopf und dem Einzelhandel in der Porschestraße, auch der City Galerie, sichtbarer und es wird mit härteren Bandagen gekämpft. „Seit das Fabrikverkaufszentrum im Dezember

2007 in Wolfsburg eröffnet hat, wehren sich namhafte Einzelhandelsgeschäfte in der Innenstadt gegen die neue Konkurrenz am Nordkopf" (vgl. WN, 2.4.08). Als sich herausstellte, dass die DOW dadurch, dass es in einer wegen Autostadt, Bahnhof und Phaeno als ,touristisches Sondergebiet' ausgewiesenen Zone liegt (was beim Bau noch gar nicht bekannt gewesen sei), und dass es deswegen bis zu 40 verkaufsoffene Sonntage jährlich veranstalten dürfe, ging der Einzelhandel in der Porschestraße auf die Barrikaden bzw. zog vor Gericht. Auch wenn man versöhnliche Signale von Seiten der DOW hört und man das Kontingent verkaufsoffener Sonntage freiwillig längst nicht ausschöpfte, so zeigt dieser Streit doch, wie schwierig es sein wird bzw. womit zu rechnen wäre, wenn tatsächlich der Nordkopf-Bereich sich als Zentrum der Stadt durchsetzen würde.

3.6 Fazit

Die erlebnisorientierte Großprojektpolitik der Stadt hatte als eine zentrale Zielsetzung die Vorstellung, durch diese Erlebniswelten die Urbanität der Stadt insgesamt zu erhöhen. Man hoffte auf Touristenströme, die nach dem Besuch eines der erlebnisorientierten Großprojekte in die Wolfsburger Innenstadt gehen würden und somit dort zu mehr Bevölkerungsdichte und Bevölkerungsheterogenität beitragen würden.

Tatsächlich sind Urbanitätseffekte der erlebnisorientierten Großprojekte festzustellen. Sie beziehen sich zum einen auf die Stadt insgesamt, die aufgrund ihres nun enorm ausgeweiteten Angebotes an Freizeit- und Kultureinrichtungen in gehobener bzw. höchster Qualität gleichsam ,Großstadtformat' erreicht hat. Allein das Vorhandensein dieser Einrichtungen macht Wolfsburg ein bisschen ,urbaner' im Sinne von ,großstädtischer', ganz zu schweigen von den Touristen, die nun die Stadt besuchen. Die erlebnisorientierten Großprojekte selbst haben sich zum Teil zu Orten entwickelt, wo Menschen unterschiedlicher Herkunft zusammenkommen. Gerade die ,gehobenen' erlebnisorientierten Großprojekte wie Autostadt, Phaeno und Kunstmuseum präsentieren sich darüber hinaus als Orte, an denen sich insbesondere auch statushöhere Personen treffen, so dass hier Publikum zusammenkommt, das in Wolfsburg bisher so nicht in Erscheinung trat. Dieses ,in-Erscheinungtreten' von Personengruppen, die nicht sofort als ,typisch Wolfsburg', ,typisch VW' erkennbar sind, auch das hat die Stadt ein Stück weit ,urbaner' gemacht. Da sich die Sozialstruktur Wolfsburgs ohnehin in den letzten Jahren und Jahrzehnten pluralisiert hat und diese gewachsene Bevölkerungsheterogenität an den entsprechenden Orten in der Stadt nun auch sichtbar wird, wirkt Wolfsburg ,als Stadt' tatsächlich urbaner. Insgesamt hat die erlebnisorientierte Großprojektpolitik also zu einer gewissen Belebung der Stadt geführt. Wolfsburger haben nun vermehrt Orte in der Stadt, die sie außerhalb ihres Wohnquartiers aufsuchen.

Auch wenn sich die Befragten ziemlich einig sind, dass die Stadt ‚urbaner' geworden sei, so ist für die Mehrheit von ihnen klar, dass Wolfsburg (noch) keine urbane Stadt ist. Dies hängt wesentlich damit zusammen, dass die erlebnisorientierten Großprojekte, die meist eher am Rande der Innenstadt liegen, kaum Ausstrahlungseffekte auf die Innenstadt, insbesondere die Fußgängerzone gehabt haben. Die Touristen besuchen nur zu sehr geringen Teilen die ‚eigentliche' Innenstadt Wolfsburgs. Das hängt mit verschiedenen Gründen zusammen: Vor allem sind die ‚Erlebniswelten' selbst das Reiseziel und nicht die Stadt Wolfsburg, diese setzen alles daran, die Touristen so lange wie möglich in ihren Einrichtungen zu halten. Zudem liegen viele der erlebnisorientierten Großprojekte am Rande oder gar deutlich außerhalb der Innenstadt und sind verkehrlich auch so erschlossen, dass man an der Innenstadt Wolfsburgs regelrecht vorbeigeführt wird. Gegenüber der Erlebnisqualität der Großprojekte und ihrer qualitativ hochwertigen Architektur fällt die Innenstadt deutlich ab; sie wirkt kleinstädtisch und bieder, so dass auch kein besonderer Anreiz besteht, sie aufzusuchen.

Allein die in der Porschestraße angesiedelte City Galerie hat unmittelbar ‚urbanitätsstiftende' Wirkung auf das Umfeld. Sie verlockt mehr Wolfsburger zum Einkaufen in der eigenen Stadt und zieht auch Leute aus dem Umland an. Aber dieser Belebungseffekt bleibt doch weitgehend auf den unmittelbaren Umkreis des Shopping Centers beschränkt.

Man muss bei der Frage der Urbanitätsauswirkungen der erlebnisorientierten Großprojektpolitik zudem die ‚anti-urbanen' Strukturmerkmale der Stadt berücksichtigen:

- Wolfsburg ist eine relativ kleine Großstadt geblieben (wie Pforzheim, Bottrop, Erlangen, Heilbronn etc.) noch dazu in einem wenig verdichtet-urbanisierten Umland; ja, Wolfsburg hat in den letzten Jahren deutlich an Bevölkerung verloren. Für eine Stadt dieser Größenordnung und dieser Lage ist das, was Wolfsburg an Urbanität bietet, durchaus nicht wenig, aber gemessen an einem historisch gewachsenen Großstadtniveau eben doch defizitär.

- Wolfsburg selbst ist eine relativ locker bebaute Stadtlandschaft geblieben mit kaum mehr als 60.000 EinwohnerInnen im (alten) Kernstadtbereich (als innenstadtnaher Bevölkerung); es hat demzufolge eine Tradition des ‚Wohnens im Grünen' entwickelt und vor diesem Hintergrund verwundert es nicht, dass die Befragten auf die Frage ‚was gefällt Ihnen an Wolfsburg' am besten, als zentralen Vorteil der Stadt nach wie vor die ‚landschaftliche Einbindung' nennen.

- Wolfsburg hat die seit der Stadtgründung bestehende Schwäche einer fehlenden ‚City' nicht nur nicht überwunden, sondern durch die Konzentrierung der Großprojekte am nördlichen Rand der Innenstadt, am sog. Nordkopf, eher zu einer ‚Verschiebung' der Stadtmitte in Richtung Nordkopf beigetragen und insoweit zu einer grundlegenden Veränderung der Stadtentwicklung. War bis in die 1990er Jahre der Mittellandkanal so etwas wie eine Demarkationslinie zwischen Werk und Stadt und hatte sich bis dahin die Stadt eigentlich vom Werksgelände eher abgewandt, so vollzieht sich derzeit geradezu ein Paradigmenwechsel. Der Nordkopf, früher das ‚Ende' bzw. die ‚Rückseite' der Stadt wird zum Scharnier zwischen Stadt und Autostadt, und damit zur neuen Stadtmitte. Folge dieser sich bereits abzeichnenden und gewollten ‚Neuausrichtung' der Stadtmitte in Richtung Nordkopf ist eine Auszehrung der City-Ansätze insbesondere im Bereich des Südkopfes.
- Zwar hat sich die Beschäftigungsstruktur der Stadt enorm diversifiziert und tertiärisiert, aber es ist doch insgesamt noch keine Wirtschafts- und Betriebsstruktur entstanden, wie sie für andere Großstädte typisch ist, deren ökonomische Basis breiter gestreut ist. Zwar gibt es in den erlebnisorientierten Großprojekten nun mehr sozusagen ‚Kulturschaffende', aber ihre Zahl bewegt sich doch noch in relativ kleinem Rahmen.
- Wolfsburg hat als Stadtneugründung und als ‚Stadt im Grünen' immer den Image-Makel einer nicht gewachsenen, nicht urbanen Stadt gehabt. Obwohl sich real daran durchaus viel geändert hat, bleibt das Image doch sozusagen weitgehend resistent in Bezug auf diese Veränderungen. (Vor-) Urteile sind langlebig, zumal man die (veränderte) Wirklichkeit beliebig vorurteilsgemäß interpretieren kann (alles ‚bloß' eingekaufte Urbanität, Inselurbanität, veranstaltete Urbanität).

4 Großprojekte und lokale Demokratie

4.1 Problemaufriss

Die Debatte um eine ‚Stadtentwicklung über Großprojekte', wie sie in Wolfsburg in der hier untersuchten Phase geradezu exemplarisch zum Ausdruck kommt, kreist auch um ihre möglichen kommunal- und planungspolitischen Chancen und Risiken. Und da die Großprojekte häufig als Public Private Partnerships (PPP) durchgeführt werden, rankt sich die Diskussion sehr stark um diese spezielle Politikform (z. B. Selle 1993). Dabei werden in Bezug auf die Stadtentwicklung die folgenden Erwartungen und Befürchtungen im Wesentlichen diskutiert:

Erstens erwartet man, dass die zukünftige Stadtentwicklung in einer ganz neuen und weitaus dynamischeren Dimension erfolgen kann, insofern als eine Umsetzung der geplanten komplexen Großprojekte überhaupt nur möglich sei mit einem potenten Partner an der Seite. Zweitens verspricht man sich eine Beschleunigung der Stadtentwicklung, da die Entscheidungswege verkürzt werden. Die Experten erwarten ein neues Verhältnis zwischen Politik und Verwaltung mit einer völligen Veränderung der Entscheidungswege. Während bei klassischem Verwaltungsvorgehen viel Zeit ins Land gehe, bis Entscheidungen schließlich getroffen werden, sollen im Rahmen von PPPs Entscheidungen schneller und ‚auf kurzem Dienstweg' für die Politik vorbereitet werden, die dann nur noch quasi ‚wasserdichte' Vorlagen erhalte. In kleinem Kreise werde durch ständige Kooperation und Abstimmung eine Konsensfindung im Vorfeld erreicht, die dann durch die Beteiligten in die jeweiligen Gremien der politischen Willensbildung getragen werden, so dass die letztendliche Entscheidung relativ konfliktfrei vonstatten gehen könne. Drittens erhofft man sich in Bezug auf die Kommunalverwaltung einen Zugang zu effektiveren Management-Methoden, Erfolgsorientierung und damit eine stärkere Betonung betriebswirtschaftlicher Handlungslogiken. Viertens sieht man eine Möglichkeit, die Verwaltung zu entlasten, indem verschiedene Aufgaben schlichtweg ausgegliedert werden. Fünftens verspricht man sich nicht nur eine Mobilisierung privaten Kapitals für die Realisierung der Vorhaben, sondern auch eine Erwirtschaftung von Gewinnen.

Mit Public Private Partnerships verbinden sich jedoch nicht nur große Hoffnungen, sondern auch Risiken. Den Vorteilen solcher Kooperationsformen stehen gewichtige Nachteile gegenüber (Heinz 2008, 262):

Ein in der Literatur immer wieder diskutierter Konfliktpunkt der Kooperation zwischen öffentlichen und privaten Akteuren ist das Machtverhältnis zwischen beiden. Es werden Einschränkungen bei der kommunalen Gestaltungshoheit, sogar bis hin zur Gefahr einer „Refeudalisierung der Stadtpolitik" (Häußermann/Siebel 1993; vgl. auch Häußermann 2008, 583) befürchtet. So würden „die intermediären Instanzen des politischen Systems geschwächt, die Wirksamkeit bürgerlicher demokratischer Organisation ausgetrocknet und die institutionalisierten Formen der gesellschaftlichen Selbstregulierung langfristig ausgehöhlt" (Häußermann/Siebel 1993, 30; vgl. auch Mayer 2008, 133). Klaus Selle (1992) verweist außerdem auf das Risiko der Sozialisierung möglicher Folgelasten und Werner Heinz (1998, 233) führt „politische Akzeptanzprobleme durch Vermischung öffentlicher Gemeinwohl- und privater Gewinninteressen (insbesondere im Falle gemischt-wirtschaftlicher Gesellschaften)" als einen weiteren möglichen Nachteil an. Kommunen fungieren aus der Sicht der privaten Akteure als „risk-minimizer", während die Privaten für die Kommunen im gelingenden Fall „profit-maximizer" sein können (Haughton/Whitney 1989, zit. nach Heinz 1998, 217). Schließlich macht Heinz darauf aufmerksam (ebenda, S. 231), dass die privaten Unternehmen an solchen Flaggschiff-Projekten oft nur solange Interesse haben, wie ein ‚generelles Umfeld des Erfolges' gegeben ist; anderenfalls ziehen sie zurück.

Doch diese Untersuchung versteht sich ja nicht als Evaluationsstudie von Public Private Partnerships (am Beispiel der Wolfsburg AG), sondern sie versucht, vor dem Hintergrund der besonderen kommunalpolitischen Verhältnisse in Wolfsburg (4.2.) den stadtkulturellen Auswirkungen einer erlebnisorientierten Stadtentwicklungspolitik nachzugehen, wobei zunächst einmal die Frage interessiert, wie sich das Verhältnis von VW und Stadt im Rahmen der Wolfsburg AG bzw. der erlebnisorientierten Großprojektpolitik entwickelt hat (4.3). Dieses Thema des kommunalpolitischen Einflusses von VW auf die Stadtentwicklung von Wolfsburg war ja seit Beginn unserer Wolfsburg-Studien eines der Standardthemen, und so liegt es nahe zu schauen, inwieweit sich dieses Verhältnis verändert hat, nachdem sich Stadt und VW ‚ganz offiziell' in der Wolfsburg AG zusammengetan haben, um Stadtentwicklungsprojekte in Gang zu setzen. Hat man im Gegensatz zur vorherigen Situation, in der die Stadtverwaltung manchmal eher wie ein „Zaungast" bei der Stadtentwicklung wirkte (Pohl 2005, 644), mit der Wolfsburg AG eine neue Form der institutionalisierten Zusammenarbeit auf Augenhöhe gefunden? Gibt es Hinweise für mehr Gestaltungsmacht auf städtischer Seite oder doch eher für die in der Literatur vermutete ‚Refeudalisierung' der kommunalen Entscheidungskompetenzen? Hat sich mit Gründung der Wolfsburg AG die Abhängigkeit der Stadt von ihrem industriellen Impulsgeber vertieft oder gelockert? Wurden hoheitliche Aufgaben der Stadtplanung gar machtpolitisch durch den VW-Konzern ausgehöhlt? Wurde und wird die Stadt von Volkswagen ‚an die Wand gespielt'? Ist die Wolfsburg AG zum stadtentwicklungspolitischen Entscheidungszentrum avanciert und ist der Rat der Stadt nur noch bloßes „Akklamationsorgan" (Tessin 2003, 147), wie teilweise gemutmaßt wurde? Und wie erklärt es sich, dass die Wolfsburg AG heute eine sehr viel geringere stadtentwicklungspolitische Bedeutung zu haben scheint als noch vor 10 Jahren?

In allen bisherigen Wolfsburg-Studien wurde nun neben dem VW-Einfluss immer auch dem kommunalpolitischen Interesse und Engagement der Bevölkerung große Beachtung geschenkt, weil es nicht zuletzt auch als Indikator für ihre gemeindliche Integration anzusehen ist, einem Schlüsselthema der bisherigen Wolfsburg-Studien. Wer sich für kommunalpolitische Themen interessiert und engagiert, der identifiziert sich auch ein Stück weit mit seiner Stadt. Insofern ist zu untersuchen, welche Rolle die Bevölkerung im Rahmen der erlebnisorientierten Großprojektpolitik gespielt hat (4.4).

In der Fachliteratur wird in diesem Zusammenhang nahezu einhellig davon ausgegangen, dass die Großprojektpolitik fast gänzlich ohne bürgerschaftliche Partizipation auskomme und langfristige Vorplanungen unter weitgehendem Ausschluss der Öffentlichkeit stattfänden (Häußermann/Siebel 1993; Selle 1993; Behnke/Maisenhälder 1998, 155; Wood 2003, 83f., 158; Mückenberger 2004; Pump-Uhlmann 2006, 2007). Je mehr sich alles auf ein immer zwangsläufiger werdendes Ziel zuspitze, desto mehr würden andere Interessen ‚unter den Teppich gekehrt'. Wegen der zumeist engen Zeitvorgaben bei der Projektierung und der Größenordnung der Investitionssummen schreckt man auf der Seite der Projektakteure häufig davor zurück, sich die großen Konzepte im Vorfeld klein reden zu lassen. Auch angesichts der interkommunalen Konkurrenz seien die Verantwortlichen an Geheimhaltung interessiert und wollten möglichst schnell zu Ergebnissen kommen: Bürgeraktivierungs- und -beteiligungsprozesse sind da hinderlich, weil sie eher langwierig sind (Brand u. a. 1986). Selbst die demokratisch gewählten Vertreter der Stadt werden manchmal übergangen (vgl. für das Oberhausener CentrO: Basten 1998, 193ff.). Zumeist handelt sich bei der erlebnisorientierten Umgestaltung der Städte auch um einen so massiven Eingriff in die bisherige Stadtentwicklung, dass man es den Bewohnern als Laien gar nicht zutraut, die Bedeutung der anvisierten Maßnahmen für die Zukunftsfähigkeit der Städte auch nur annähernd zu würdigen.

Gegen diese vorherrschende These von der tendenziellen Aushöhlung (basis-) demokratischer Prozesse im Rahmen der Stadtpolitik durch Großprojekte sprechen allerdings die Befunde von Frank und Roth (2000, 203f.). Sie zeigen, dass sich innerhalb der Bevölkerung durchaus Widerstand gegen das Event formieren kann. In Weimar war das der Fall, als ein Platz (der Weimarer Rollplatz), der bisher von den Bewohnern als Parkfläche genutzt wurde, im ‚Kulturstadtjahr' mit einem Kunstwerk versehen werden sollte. Die Bewohner waren aber nicht bereit für das Kulturstadtereignis einen Ort, der durch die alltägliche Nutzung für sie eine Bedeutung erhalten hatte, zu opfern. Sie formulierten ihren Protest und hatten Erfolg. Der Stadtrat folgte dem Bürgerwillen und lehnte das Kunstwerk auf dem Parkplatz ab. Frank und Roth folgern daraus: „Wie das Weimarer Beispiel zeigt, kann der Ausschluss der Bevölkerung aus der eventisierten Politik unter Umständen gerade zur Politisierung selbst bislang politisch nicht Aktiver führen. Nämlich dann, wenn die Festivalisierung als Verletzung lokaler Identität und Gemeinschaft wahrgenommen und skandalisiert wird" (2000, 218f.).

Diese Aussage führt schließlich zur dritten Fragestellung, die in diesem Kapitel untersucht werden soll, zur Frage nämlich der Akzeptanz der erlebnisorientierten Stadtentwicklungspolitik in der Bevölkerung (4.5). Mobilisiert diese Art von an sich ja sehr stark ‚nach außen' (Touristen, externe Investoren etc.) gerichteter Politik nur dann bürgerschaftliches Engagement, wenn sie als Verletzung lokaler Identität und Gemeinschaft wahrgenommen wird und daher skandalisiert werden kann? Oder anders: akzeptiert die Bevölkerung eine solche erlebnisorientierte Großprojektpolitik, wenn sie eine solche Gefahr nicht erkennen kann und vielleicht gar eigene Vorteile sieht, zumindest keine gravierenden Nachteile? Es wird ja in diesem Zusammenhang auch immer die Frage diskutiert, inwieweit diese Art von Stadtentwicklungspolitik nicht auf Kosten anderer Ziele und anderer Maßnahmen der Kommune ginge, etwa, dass sie eher nicht ökologisch-nachhaltig angelegt sei, die kommunale Verschuldungsquote sich erhöhe, sie in Bezug auf bestimmte Teilgruppen und Teilräume der Stadt unerwünschte Aufwertungs- und Verdrängungseffekte hätte oder gar zu Lasten der alltäglichen Daseinsvorsorge ginge. Insbesondere bei einmaligen, zeitlich befristeten Großprojekten wie etwa bei einer EXPO, einer IBA oder einer Gartenbauausstellung wird vielfach bezweifelt, dass sie von nachhaltigem Nutzen für die Stadt seien und dass sie deshalb möglicherweise auf mehr Akzeptanzprobleme in der Bevölkerung stoßen als erlebnisorientierte Großprojekte, die (wie in Wolfsburg) als Dauereinrichtungen geplant sind. Wenn es um die Beantwortung der Frage der stadtkulturellen Auswirkungen von erlebnisorientierten Großprojekten geht, dann stellt sich also abschließend die Frage, inwieweit diese Art von Stadtentwicklungspolitik ‚getragen' wird von einem breiten Konsens in der Bevölkerung (selbst wenn diese Politik weitgehend über ihre Köpfe hinweg durchgeführt worden sein sollte), oder ob hier eine Bevölkerungsmehrheit schlichtweg übergangen wurde, und zwar nicht nur im Verfahren, sondern auch in der generellen Zielsetzung und Ausrichtung.

4.2 Lokale Politik im Schatten von VW

Will man am Beispiel Wolfsburgs dem Zusammenhang nachgehen zwischen den erlebnisorientierten Großprojekten und der lokalen Politik, so ist es erforderlich, kurz auf die besonderen Bedingungen der kommunalen Politik in der ‚Volkswagen-Stadt' einzugehen. Die Diskussion des kommunalpolitischen Einflusses von VW bewegt sich (vgl. hierzu schon Herlyn u. a. 1982, 101ff.) zwischen den Polen einer strukturellen Abhängigkeit der Stadt einerseits und persönlicher Einflussnahme bestimmter Personen andererseits.

Die Stadt Wolfsburg verdankt bereits ihre Gründung im Jahre 1938 der Entscheidung der damaligen Machthaber, einen Volkswagen ‚für alle Deutschen' zu bauen und diesen nicht bei den damals vorhandenen Automobilfirmen herstellen zu lassen, sondern in einem eigens dafür neu gegründeten Werk. Wolfsburg wurde als ‚Stadt des KdF-Wagens' gegründet, und sie ist bis heute die ‚Stadt des Volkswagens' geblieben.

Die strukturelle Abhängigkeit und Determiniertheit der Wolfsburger Kommunalpolitik von und durch VW ist offenkundig; VW setzte von Beginn an bis heute die entscheidenden Rahmenbedingungen für die Stadtentwicklung. VW produziert die zentralen Problemstellungen der Stadt, die die Kommunalpolitik aufzuarbeiten hat, eröffnet oder schafft aber zugleich auch außergewöhnliche Problemlösungskapazitäten, deren sich die Kommunalpolitik bedienen kann, was in der hier untersuchten erlebnisorientierten Großprojektpolitik in den letzten Jahren kulminiert. Dies soll an einigen ausgewählten Beispielen aus der Vergangenheit illustriert werden:

Schon 1953 sah sich VW z. B. gezwungen (entgegen der Meinung der damaligen Stadtverwaltung), eine eigene Wohnungsbaugesellschaft zu gründen, und erwarb Anfang der 1960er Jahre noch Anteile an der städtischen Wohnungsbaugesellschaft. Da mehr oder weniger nur diese beiden Wohnungsbaugesellschaften Wohnungen in Wolfsburg erstellten, zudem VW über Baudarlehen, Mietzuschüsse usf. den Wohnungsbau unterstützte und damit auch Belegungsrechte erwarb, hatte VW vor allem bis in die 60er Jahre hinein eine zentrale Stellung im Wohnungswesen der Stadt inne (Hilterscheid 1970, 199).

VW war und ist selbstverständlich (direkt oder indirekt) nicht nur die einkommensmäßige Basis für die Mehrheit der Wolfsburger Erwerbstätigen, sondern war und ist zugleich rahmensetzend für die finanzielle Lage der Stadt. Die Stadt Wolfsburg stand und steht hinsichtlich der Gewerbesteueraufbringungskraft je Einwohner mit an der Spitze der kreisfreien Städte in Deutschland. Wolfsburg war spätestens seit Mitte der 1950er Jahre also eine reiche Stadt, wenn auch eine mit hohem Investitionsbedarf, denn es galt ja noch, die Stadt überhaupt erst auf- und auszubauen. Zugleich aber hat diese gewerbesteuermäßige Abhängigkeit der Stadt von VW die kommunale Haus-haltslage auch immer abhängig gemacht von der Automobilkonjunktur. Das war bis in die 1960er Jahre hinein jedoch kein reales Problem, insofern VW fast ununterbrochen Wachstumsraten auswies. Erst die drei Krisen 1966/67, 1971/72 und 1974/75 und dann die große Krise 1992/93 machten die gesamte Tragweite der gewerbesteuermäßigen Abhängigkeit der Stadt von VW deut-lich, als bei VW in Wolfsburg innerhalb weniger Jahre rund 16.000 Arbeits-plätze abgebaut wurden – mehr als 20% aller Arbeitsplätze in der Stadt.

Die Stadt ist über VW immer stärker von der globalen Automobilindust-rie, ja sogar von der globalen Weltwirtschaft abhängig. Dies zeigt gerade die jüngste Debatte um die ‚Kooperation' von Porsche und Volkswagen, wo sich quasi über Nacht die Machtverhältnisse völlig ins Gegenteil verkehrt zu ha-ben scheinen. Hing die Angst, Wolfsburg könne den Konzernsitz an Zuffen-hausen verlieren, wie ein Damoklesschwert über der Stadt, so haben sich durch die Finanzkrise ganz neue Perspektiven eröffnet. Man hofft nun, dass VW die Führung der gemeinsamen Holding übernimmt und dadurch für die Stadt höchst positive Wirkungen abfallen könnten, insbesondere ein gestei-gertes Interesse auswärtiger Investoren.

So gut es sich also für Wolfsburg finanziell mit VW leben ließ (und nach wie vor leben lässt), so einleuchtend ist andererseits, dass die gleichsam totale ökonomische Abhängigkeit der Stadt von VW große konjunkturelle Risiken birgt. Ziel der kommunalen Wirtschaftsförderungspolitik war und ist es deshalb seit jeher, die VW-bestimmte Monostruktur der Stadt zu lockern. Ihr Problem war es zugleich von Anfang an, dass im Schatten von VW kein anderer Industriebetrieb gedeihen konnte. Das Lohnniveau und die sonstigen Sozialleistungen bei VW waren und sind so überdurchschnittlich, dass kein ‚normaler' Betrieb daneben existieren konnte. Selbst eine VW-bezogene Zu-liefererindustrie hatte sich lange Zeit im Wolfsburger Raum nur ansatzweise entwickelt. Dies ist erst durch die eingangs erläuterte ‚AutoVision-Politik' (1.3) geändert worden (auf ausdrücklichen Wunsch von VW).

VW bestimmt als Automobilkonzern die Sozialstruktur der Stadt (früher als einer ‚reinen Arbeiterstadt', heute als einer Arbeiter- und Angestellten-stadt) und ist damit rahmensetzend für die kommunale Politik im Schul-, Kultur- und Freizeitbereich. Es galt, für die beim Werk Beschäftigten optima-le Lebensbedingungen zu schaffen und ein spezifisches Kultur- und Bil-dungsprogramm zu entwickeln, das von breiten Schichten der Bevölkerung akzeptiert wird; zugleich war es aber auch notwendig, gerade für die höheren Angestellten bei VW, bestimmte Schul-, Kultur- und Freizeitstandards zu er-füllen, sollte es gelingen, diese Gruppe längerfristig an das Werk bzw. die Stadt zu binden und die Standortnachteile Wolfsburgs (vor der Wiederverei-nigung Zonenrandlage, keine attraktive Großstadt, keine Universität etc.) etwas abzumildern. VW hat denn auch nie einen Zweifel an der Bedeutung gelassen, die man diesem Bereich beimisst und wichtige Infrastruktureinrichtungen finanziell unterstützt, z. T. ‚geschenkt' (z. B. Stadthalle, Theater, VW-Bad, Planetarium, Kulturzentrum, Kunsthalle) und auch für kulturelle Highlights gesorgt (z. B. durch Kunstausstellungen, vgl. Junge-Gent 1994). Das VW-Engagement im Kontext der aktuellen erlebnisorientierten Großprojektpolitik hat also durchaus Tradition (wenn auch nicht in dieser Größenordnung).

Eine Kommune hat zur Regelung ihrer örtlichen Angelegenheiten ja auch immer mit Nachbargemeinden, mit übergeordneten staatlichen Behörden, mit der Bezirks- und Landesregierung zu tun. Ob sie in diesen Kontakten und Verhandlungen ihre Interessen durchsetzen kann, hängt sehr wesentlich von ihrer Verhandlungsmacht ab. Hier nun spielte VW direkt oder indirekt, gewollt oder ungewollt, eine bisweilen entscheidende Rolle. Als durch VW reiche Stadt konnte sich Wolfsburg viele Dinge einfach ‚erkaufen' (z. B. die Auskreisung 1951, die sog. ‚kommerziellen Umgemeindungen' Ende der 1950er, Anfang der 60er Jahre und die Zustimmung vieler Gemeinden zur großen Gebietsreform 1972). Dass die Stadt Wolfsburg schließlich oft als gebietskörperschaftliche Interessenvertretung von VW und seiner von ihm ausgelösten Sachzwänge in die Verhandlungen mit wem auch immer eintreten konnte, hat die Position Wolfsburgs zusätzlich gestärkt. Der Autobahnanschluss Wolfsburgs, die Aufwertung Wolfsburgs zum ICE-Haltepunkt auf der Strecke Hannover-Berlin in den 1990er Jahren und des Wolfsburger Bahnhofs als ‚Hauptbahnhof' (2007) sowie die Gründung der Fachhochschule für Fahrzeugbau und Betriebswirtschaftslehre in Wolfsburg in den 1980er Jahren wären ohne (Hinweis auf) VW und seiner Interessen wohl nicht denkbar gewesen.

VW ist nicht zuletzt auch ‚ideologisch' rahmensetzend für die Kommunalpolitik. VW ist weltweit bekannter als die Stadt Wolfsburg, die deshalb immer versucht hat, das Image einer Werkssiedlung abzulegen und städtische Identifikationspunkte außerhalb des VW-Bereiches zu schaffen (City, Kulturbauten etc.). Die Befürchtung war auf Seiten der Stadt immer groß, dass sich die Wolfsburger mehr mit VW identifizieren, sich mehr als ‚VW-ler' sähen denn als ‚Wolfsburger'.

VW ist darüber hinaus als großzügiger und blendend organisierter Betrieb prägend für die – so ein Ratsmitglied – „*enorm hohe Anspruchshaltung der Wolfsburger Bevölkerung auch gegenüber der Stadt*". Das Verhältnis der Mehrheit der Wolfsburger zum Rathaus (dazu später noch mehr; vgl. 4.4) ist, ein Zitat von Jürgen Habermas aufnehmend, „nicht in erster Linie politische Beteiligung, sondern eine allgemeine Forderungshaltung, die Versorgung erwartet" (1971, 250). Die Gemeinde wird rein als Dienstleistungsbetrieb gesehen (Wehling 1975, 283).

Mit diesen Hinweisen sollte deutlich geworden sein, dass die Frage nach dem Einfluss von VW auf die Stadtentwicklungs- und Kommunalpolitik in Wolfsburg, sofern damit nur die persönliche werksseitige Einflussnahme auf kommunale Entscheidungsprozesse gemeint ist, zu kurz greift. Tatsächlich wirkt das Werk nicht sozusagen von außen auf die Wolfsburger Kommunalpolitik ein, sondern es ist immer schon von Vornherein deren integraler Bestandteil, d. h. in den sich entwickelnden materiellen und normativen Strukturen der Stadt ist das Werksinteresse immer schon enthalten und aufgehoben und braucht nur von Fall zu Fall durch direkte, persönliche Intervention in die Kommunalpolitik eingebracht werden: ‚Was gut ist für das Werk, ist gut für die Stadt' - das ist ganz allgemeine Auffassung in Wolfsburg in der Politik wie in der Bevölkerung.

Selbstverständlich gab und gibt es jedoch diese persönliche, direkte Einflussnahme von Seiten von VW auf die Stadtentwicklung und Kommunalpolitik. Gab es in der Zeit der 1950er und 60er Jahre, der sog. Nordhoff-Ära (1948-1968) noch eklatante Beispiele, wo sich werksseitig eingemischt wurde in Dinge, die dem Werk an sich hätten ziemlich egal sein können, so war hiervon später immer weniger zu spüren. Die zahlenmäßig meisten Entscheidungen der Stadt Wolfsburg wurden vom Volkswagen Werk nicht beeinflusst, so der zentrale Befund einer auf diesen Aspekt abzielenden Studie (Hilterscheid 1970, 308). Verschiedene, in die 1950er, 60er Jahre zurückreichende amerikanische Studien (vgl. hierzu z. B. Warren 1963, 253) hatten feststellen können, dass die ökonomischen Eliten sich aus der Kommunalpolitik zurückziehen würden, wenn die Gesellschaften ‚absentee-owned' oder stark in den nationalen oder gar internationalen Markt integriert seien. Das schien genau das zu sein, so die Erkenntnis der zweiten Wolfsburg-Studie, was in Wolfsburg im Zuge des Aufstiegs von VW zu einem internationalen Konzern und ‚global player' passiert war. Insgesamt hatten sich die Beziehungen zwischen Stadt und VW entkrampft, versachlicht. Die Bevölkerung war überwiegend deshalb damals auch der Auffassung, dass der Einfluss von VW auf die Kommunalpolitik (im Vergleich zur Nordhoff-Ära) nachgelassen habe. Im Prinzip aber galt und gilt nach wie vor die Aussage eines Ratsmitgliedes aus dem Jahre 1980: *„Wenn das Werk zu einer bestimmten Meinung kommt, dann kann der Rat der Stadt letztlich nur mit dem Kopf nicken; da sollte man sich nichts vormachen. Wer das nicht akzeptiert, ist ein Illusionär oder sollte aufhören in Wolfsburg Politik zu machen."*

Es ist klar, dass in diesem Kontext in Wolfsburg das Potenzial etwa für Bürgerbeteiligung immer schon unterentwickelt war (vgl. auch Mückenberger 2004, 127). Der Bevölkerung wurde von jeher eine Art passiver Konsumentenhaltung unterstellt. Schon in der zweiten Wolfsburg-Studie war die Rede von einer Art „anspruchsvollen Gleichgültigkeit" der Bewohnerschaft (Herlyn u. a. 1982, 221). Als Konsequenz der überdurchschnittlichen Versorgungslage der Stadt, sei die Haltung der Mehrheit der Bevölkerung zur Stadtverwaltung nicht vorrangig durch den Wunsch nach politischer Beteiligung, sondern nach Ansicht der städtischen Experten durch eine allgemeine Forderungshaltung – eine „Versorgungsmentalität" und eine „Nörgelhaltung" gekennzeichnet (ebenda, S. 220). Ein Teil der Bewohner sieht Letzteres noch heute so: *„Das ist eine ganz besondere Wolfsburger Art. Es wird hier nicht so richtig protestiert. Es wird gemault."*

Als weitere Barriere kam hinzu, dass sich im Schatten des Volkswagen-Werkes auch eine funktionierende (bürgerliche) politische Öffentlichkeit nie so richtig hat entfalten können (ebenda, S. 229). Bildungsbürger als zentrale Adressaten und Multiplikatoren der Meinungsbildung (Opinion Leader) stellten in Wolfsburg lange Zeit die Ausnahme dar und Kritik an VW ist in Wolfsburg ohnehin ein riskantes Unterfangen nach dem Motto ‚wessen Brot ich esse, dessen Lied ich singe', in jedem Fall ist es unüblich.

Auch in der Presse – in Wolfsburg gibt es immerhin zwei Tageszeitungen aus unterschiedlichen Verlagen: die Wolfsburger Nachrichten (WN) und die Wolfsburger Allgemeine Zeitung (WAZ) – hält sich der kontroverse Diskurs in Grenzen. Zwar gibt es nach Auskunft der Presse-Experten durchaus eine kritische Berichterstattung, die sich aber eher gegen die Stadt richte. Schwieriger sei es dagegen, Personen zu finden, die sich VW gegenüber kritisch äußern würden (Harth u. a. 2000, 186). Der Konkurrenzkampf der beiden Zeitungen hat aber zur Folge, dass sehr breit berichtet wird. Das befördert eine umfassende Information der Bürger und Bürgerinnen und eine Teilhabe an allen Prozessen insofern, als sie zumindest davon wissen können. Gleichwohl beurteilen es einige aktuell befragte Journalisten als schwierig, in Wolfsburg kritischen Journalismus zu betreiben: *„Man stellt große Empfindlichkeiten fest. Dinge, die einem von außen kommendem Journalisten sofort auffallen und aufstoßen, sind für Wolfsburger selbstverständlich, auch für Administrative. Die sind eher irritiert und fragen sich, warum das überhaupt ein Thema ist."*

Eine kritische Haltung der Bevölkerung (auch der Politik) gegenüber VW ist auf Grund der Monostruktur gleichsam ‚naturgemäß' schwach ausgeprägt und insofern besteht eine große Bereitschaft, sich dem Konzern zu fügen, was den Menschen nicht schwer zu fallen scheint, denn bisher hat VW sie nicht enttäuscht. Symptomatisch für das Vertrauen, dass die Menschen VW entgegenbringen, ist, dass es in Wolfsburg nie Streiks oder andere Formen von Protest z. B. gegen geplante Entlassungen bei VW oder gegen neue Arbeitsmodelle mit deutlichen Einschnitten bei der Entlohnung gab (wohl aber einen von der Gewerkschaft organisierten Protest gegen die beabsichtigte Porscheübernahme). Stattdessen herrscht der unverbrüchliche Glaube vor, dass wenn VW Einschnitte vornimmt, diese auch gerechtfertigt seien. Und VW ging mit seiner Belegschaft gerade in Zeiten schwerer Krisen immer eher behutsam und gleichsam paternalistisch um, indem etwa alles daran gesetzt wurde, im Vorfeld das wahre Ausmaß einer Krise vor der Belegschaft geheim zu halten und bloß nicht zu dramatisieren, eine Strategie, die zur Zeit der 1992/93er Krise (Harth u. a. 2000, 134) und schon Mitte der 70er Jahre angewandt wurde (Herlyn u. a. 1982, 81). So ein ‚über-die-Köpfe-hinweg-Krisenmanagement' (auch wenn es im Kern sozialverträglich und mit der Gewerkschaft jeweils mit ausgehandelt war) ist aber nicht gerade dazu angetan, die Belegschaft zu politisieren oder dazu zu bewegen, für den eigenen Arbeitsplatzerhalt oder den der Kollegen zu kämpfen. Eher fördert die Vorgehensweise die schon angesprochene Versorgungshaltung: ‚VW wird's schon richten'.

Einerseits werden die Bewohner also ‚in Watte gepackt', andererseits sind die wenigen Erfahrungen mit Beteiligung für die Wolfsburger nicht immer glücklich verlaufen. War Bürgerbeteiligung in Zeiten der größten Not während des Leitbildprozesses zentrales Element der Stadtentwicklung (Harth u. a. 2000, 183), so nahm das Interesse an den Bürgern und Bürgerinnen ein jähes Ende, als es mit Volkswagen wieder aufwärts ging, die Gewerbesteuereinnahmen erneut flossen und die Krise überwunden schien. *„Da hat man sich dann sofort auf die Großprojekte konzentriert. Das ist wirklich in dem Augenblick fallen gelassen worden, als es auf der anderen Seite bergauf ging"*, so ein Beteiligter am sog. ‚Runden Tisch'. Kleine Ansätze ‚von unten' wurden von großen ‚von oben' überrannt, was Frustrationen hinterlässt. Dazu derselbe Befragte:

„Ich habe das Interesse an Kommunalpolitik, das ich hatte, verloren in der Zeit, in der ich hier lebe, weil ich denke, hier ist nichts zu machen. Das erschlägt mich immer wieder, mit welcher Einfältigkeit und teilweise Arroganz diese Wolfsburger Kommunalpolitiker mit den Interessen der Bürger umgehen. Da gibt's, das ist mir nie in anderen Städten so aufgefallen, so 'ne ganz kleine Clique, die immer wieder irgendwo auftauchen und ihr Süppchen kochen, und über Parteigrenzen hinweg sind die alle so am mauscheln. Man hat das Gefühl, die hängen alle zusammen und klüngeln." (Pädagoge, 54 J.)

Bisher – das kann man wohl festhalten – wurden die Bewohner also (abgesehen von wenigen Ausnahmen) nicht gerade in dem Glauben bestärkt, dass Volkswagen und den politisch Verantwortlichen (außer vielleicht vor Wahlen) wirklich etwas an ihrer Meinung gelegen sei. *„Man hat über die Jahre miterleben müssen, ob ich was sage oder nicht, es hört keiner drauf und es will auch keiner von mir wissen"*, so ein Rentner.

Vor diesem speziellen kommunalpolitischem Hintergrund soll im Folgenden nun der Frage nachgegangen werden, wie sich einerseits das Verhältnis zwischen VW und Stadt im Rahmen der Wolfsburg AG entwickelt hat (4.3), welche Rolle andererseits die bürgerschaftlicher Partizipation im Prozess der erlebnisorientierten Großprojektpolitik spielte (4.4) und schließlich wie diese Stadtentwicklungspolitik von der Bevölkerungsmehrheit gesehen und bewertet wird, nachdem sich deren Folgen nun gezeigt haben (4.5).

4.3 Das Verhältnis von Stadt und VW in der Wolfsburg AG

Im Folgenden geht es darum, ob die Wolfsburg AG tatsächlich zum ‚Motor', zum zentralen Akteur der Stadtentwicklung geworden ist und inwieweit die Hoffnungen (z. B. eine Beschleunigung der Entscheidungswege oder eine bessere Anregung von Investitionen) oder Befürchtungen (z. B. dass der Rat der Stadt zum ‚Akklamationsorgan' verkomme und die Kommune das Gros der Risiken trage) sich erfüllt haben. Folgt man den Expertenaussagen, dann hat die Kooperation zwischen Stadt und Volkswagen, wie sie in der Wolfsburg AG verankert ist, verschiedene Phasen durchlaufen: Einer Anfangs- und Erfolgsphase mit partnerschaftlicher Zusammenarbeit (4.3.1) folgte eine Phase, in der die Risiken von Public Private Partnerships und damit auch die Interessendivergenzen zwischen beiden Partnern nur allzu deutlich wurden und die Partnerschaft redefiniert wurde (4.3.2). Inzwischen gibt es seitens des Volkswagen Konzerns Versuche, gleichsam die Geschäftsgrundlage der Wolfsburg AG insofern zu verändern, als das ‚Erfolgsmodell' über die VW-Stadt Wolfsburg hinaus ausgeweitet werden soll auf die gesamte VW-Region, also unter Einschluss von Braunschweig und Salzgitter (4.3.3).

4.3.1 Erfolgsphase und partnerschaftliche Zusammenarbeit

Nachdem VW mit dem AutoVision-Konzept den entscheidenden Impuls gegeben hatte, durchlief die Wolfsburg AG eine regelrechte Erfolgsphase, die von beiden Seiten von einer ‚Euphorie-Rhetorik' begleitet wurde:

- Die Kooperation von Volkswagen und Stadt fand in der Wolfsburg AG eine ganz neue Form der Institutionalisierung. Allein dass Volkswagen und Stadt sich regelmäßig trafen und über die Belange der Stadt austauschten (was vorher nur äußerst sporadisch der Fall war) wird von Experten als Erfolg verbucht. In der Wolfsburg AG habe der Konzern Verantwortung für die Stadt übernommen und sich in das Thema Stadtentwicklung eingebracht. Dieser *„Schulterschluss"* sei *„einer der wesentlichen Erfolgsfaktoren für die Entwicklung in den letzten Jahren gewesen".*

- Durch die Finanzkraft und mit VW im Rücken konnte man in ganz anderen Dimensionen denken und planen und auch Investoren gewinnen. Ein zentraler Beitrag der Kooperation mit VW ist nach Ansicht der Experten der Wolfsburg AG auch darin zu sehen, dass in den Anfangsjahren bei den Vertretern der Stadt ein anderes Denken (‚think big'), ein anderes Selbstbewusstsein und stärker unternehmerisches Denken initiiert wurde. Was für VW schon lange selbstverständlich war, nämlich *„in größeren Dimensionen zu denken"*, hätte die Stadt erst noch lernen müssen. Die Stadt hätte anfangs die *„ganze Entwicklung, die der Konzern genommen hatte, in ihrem Denken und Handeln noch nicht nachvollzogen gehabt. Bestenfalls wurde da in einem regionalen Raum gedacht, nicht bundesweit und schon gar nicht weltweit."* Dass sich die Stadt im Denken und Handeln modernisiert und sich so ein Projekt wie das Phaeno überhaupt zugetraut habe, sei ohne VW nicht denkbar gewesen.
- Die Wolfsburg AG hat als ‚Job-Maschine' und ‚Ansiedlungs-Motor' funktioniert. So konnte die Arbeitslosigkeit innerhalb kürzester Zeit um die Hälfte reduziert werden. Das Gründungsgeschehen, insbesondere von Zulieferfirmen, konnte erheblich intensiviert werden. Insgesamt wurden in kurzer Zeit mehr als 15.000 neue Arbeitsplätze geschaffen, ein riesiger Erfolg!
- Durch die Wolfsburg AG hat sich in der Stadt auch eine ganz andere Haltung gegenüber Investoren entwickelt, denen gegenüber sie umfangreiche Dienstleistungen erbringt, sei es, dass ihnen schnellstmöglich Grundstücke zur Verfügung gestellt oder Kontakte verschafft werden oder auch in enger Kooperation mit der Verwaltung für einen Beschleunigung von Antragsvorlagen gesorgt wird.
- Darüber hinaus ist es auch zu der erhofften beschleunigten Abwicklung von Ratsbeschlüssen gekommen (dazu später genauer vgl. 4.4.2).

In den ersten Jahren nach Gründung der Wolfsburg AG hat Wolfsburg in allen Breichen eine enorme Entwicklung genommen. Wolfsburg, früher eine „verschlafene Stadt", habe sich zur „Boomtown" entwickelt. Bis zum Jahr 2003/2004 habe die Stadt einen „gefühlten Boom" und einen „realen – baulichen und medialen – Boom" erlebt (Krebs 2004, 93). Die Bilanz der Wolfsburg AG in den ersten Jahren war so positiv, dass in der nationalen Presse Wolfsburg in dieser Zeit gemeinhin als *die* Stadt galt, die eine der schwersten Konjunkturkrisen mit innovativen Mitteln überwunden hat (Pohl 2005). Der Oberbürgermeister Rolf Schnellecke spricht gar vom ‚Wunder von Wolfsburg' (Willenbrock 2005, 61), und durch die erzielten Erfolge sei die mediale Präsenz Wolfsburgs dramatisch erhöht worden: Heute Journal, Tagesthemen, *„alle waren hier und haben sich das Job-Wunder Wolfsburg angeguckt".* Symbolträchtiges Zeichen dieser neuer Verbundenheit von Stadt und Volkswagen war sicherlich die siebenwöchige ‚Umbenennung' von Wolfsburg in „Golfsburg" im Jahr 2003 durch den Oberbürgermeister. Anlass war, dass erstmals in der Geschichte der neue Golf 5 in Wolfsburg – und nicht wie seine Vorläufer in München oder Bonn – der Weltöffentlichkeit präsentiert wurde. Diesmal sollte die „Hauptstadt, die Heimat von Volkswagen" (so der damalige VW-Chef) im Mittelpunkt der öffentlichen Aufmerksamkeit stehen.

Dies alles zeigt die Erfolge der Wolfsburg AG als Initiator, Motor und Beschleuniger von investiven Vorgängen, bei der Wirtschaftsförderung und Stadtentwicklung und auch als Marketinginstrument. Die wesentlichen Erfolge der Wolfsburg AG liegen eindeutig im Bereich Wirtschafts- und Arbeitsmarktentwicklung. Stadt und VW zogen an einem Strang, handelten koordiniert und erzeugten in der Folge einen äußerst beachtlichen Entwicklungsschub in diesen ja für beide Seiten existenziellen Bereichen.

Dagegen nehmen sich die Ergebnisse in Bezug auf die Gestaltung der ‚Erlebniswelt' eher bescheiden aus. Was sich in diesem Kontext tat, was angeschoben wurde, lag überwiegend in der Hand entweder von VW (Autostadt) oder der Stadt (z. B. City Galerie, Badeland). Die Stadt hat neben den von der Wolfsburg AG angeschobenen Projekten auch vollkommen selbständig Großprojekte geplant und finanziert. Sie hat den Umbau der Innenstadt in Angriff genommen, hat eigenständig nach Investoren gesucht und war dabei auch erfolgreich, wofür die City Galerie mitten in der Innenstadt und die Designer Outlets Wolfsburg am Nordkopf Beispiele sind. Es ist also festzustellen, dass die erlebnisorientierte Großprojektpolitik zwar in der Wolfsburg AG konkretisiert und angeschoben wurde, diese aber nur einige Großprojekte selbst durchgeführt und umgesetzt hat.

4.3.2 Interessenkonflikte und Re-Definition der Partnerschaft

Schon bald zeichnete sich ab, dass die Wolfsburg AG Gefahr lief, durch VW für eigene Interessen benutzt zu werden (Krebs 2004, 94). Dieser Interessenkonflikt lässt sich besonders deutlich am Beispiel der AutoUni sowie der sogenannten AutoVision GmbH aufzeigen.

Konflikte um die AutoUni

Eigentlich wollte der Konzern selbst den zentralen Bereich des MobileLife-Campus samt Universität für VW-Mitarbeiter und weitere Studierende finanzieren und bauen. Angesichts enger gewordener finanzieller Spielräume des Konzerns, auch aufgrund personeller Veränderungen innerhalb der VW-Führungsspitze (neuer Arbeitsdirektor) wurde dann die Wolfsburg AG zwischenzeitlich Investor, Bauherr und Betreiber des MobileLifeCampus. Die Verantwortlichkeit für den MobileLifeCampus wurde von VW auf die Wolfsburg AG und somit mittelbar auf die Stadt übertragen. Beide Partner mussten ihre Kapitaleinlage in der Wolfsburg AG aufstocken. „Die Stadt sprang Volkswagen zur Seite, um eine Investition zu finanzieren – ein für Wolfsburg aus historischer Sicht ungewöhnliches Ereignis" (Krebs 2004, 94). Auch wenn man bedenkt, dass der MobileLifeCampus inklusive AutoUni sicher erheblich zu einer Stärkung der Wettbewerbsfähigkeit der Stadt beigetragen hätte und insofern sicher auch im städtischen Interesse lag, so wird an diesem Beispiel doch deutlich, wie schnell der öffentliche Akteur von finanziellen Zumutungen des privaten Partners überrollt werden kann. Ändern sich die wirtschaftlichen Rahmenbedingungen und gibt es noch dazu Veränderungen innerhalb der Führungsebene, scheuen sich private Akteure offensichtlich nicht davor, selbst bis zur Umsetzungsreife gebrachte Groß- und für das eigene Unternehmen zentrale Prestigeprojekte quasi von heute auf morgen zu kippen. Die Stadt muss dann in solchen ‚Notfällen' tatsächlich als ‚riskminimizer' einspringen.

Konflikte um die AutoVision GmbH

Ein weiteres Beispiel für Verflechtungen von Konzerninteressen mit denen der Wolfsburg AG ist die sogenannte AutoVision GmbH (nicht zu verwechseln mit dem sog. ‚AutoVision-Konzept', das Basis der Wolfsburg AG ist; vgl. 1.5). Schon relativ kurze Zeit nach Gründung der Wolfsburg AG stellte man bei Volkswagen fest, dass manches, das für Wolfsburg im AutoVision-Konzept entwickelt worden war, auch für den gesamten Konzern und seine Restrukturierung genutzt werden konnte, insbesondere im Leiharbeits- und Outsourcing-Bereich als Instrument der internen Personalsteuerung. Die Wolfsburg AG ist in ihren Marktfeldern eingeschränkt, sie darf als halbstädtische Gesellschaft nur in Wolfsburg tätig werden. Weil der Konzern diese Personaldienstleistungen aber auch an anderen Standorten benötigt, wurde bereits 2001 die sog. ‚AutoVision GmbH' als hundertprozentige VW-Tochter gegründet. Grund für die Gründung seien außerdem Bedenken bei Volkswagen gewesen, *„dass bestimmte sehr stark in die Kernkompetenz von Volkswagen orientierte Dienstleistungen von der Wolfsburg AG gemacht wurden"*. Es gab Befürchtungen, dass die Konzernstrategie zu transparent würde und man habe sich gesagt, *„da werden wir uns von der Stadt nicht reingucken lassen"*.

So weit – so nachvollziehbar. Problematisch erwies sich aber in der Folgezeit, dass die Abtrennung von der (privatwirtschaftlichen und nicht ortsgebundenen) AutoVision GmbH und der (dem Gemeinwohl in Wolfsburg verpflichteten halbstädtischen) Wolfsburg AG nicht deutlich und klar vollzogen wurde. Schwierig waren nicht nur die inhaltlichen Überschneidungen, sondern auch, dass AutoVision GmbH und Wolfsburg AG zunächst in Personalunion geführt wurden, d. h. die Unternehmensleitungen waren nahezu identisch. Auch bei den Zuständigkeiten der Mitarbeiterschaft gab es Überschneidungen, Grauzonen und Unklarheiten: Man saß im gleichen Gebäude, nutzte dieselben Räume und Sekretariate und arbeitete manchmal sogar an denselben Dingen, z. B. wenn es um Personaldienstleistungen in Wolfsburg ging.

2005/2006 kam Kritik an der engen Verflechtung von AutoVision GmbH und Wolfsburg AG auf, vor allem von städtischer Seite, die die größeren Probleme mit der Personalunion hatte. Hier befürchtete man, dass der ursprüngliche Auftrag der Wolfsburg AG *„ein Stück weit torpediert wird. Die Sorge war, dass der Konzern zu stark auch städtische Belange steuert"*, so ein hochrangiger Vertreter der Stadt.

Am Anfang war die Aufgabenstellung der Wolfsburg AG (die Reduzierung der Arbeitslosigkeit in Wolfsburg) ebenso wie die Arbeitsteilung zwischen städtischen Akteuren und VW in der Wolfsburg AG relativ klar gewesen: VW ist der Partner, der Ideen generiert und das internationale Know-How einbringt, der Investoren und Betreiber für die Großprojekte gewinnt und die Projektsteuerung (alles immer in Rückkoppelung zum Masterplan) übernimmt, während die Stadt das (planungs-)rechtliche Know-How einbringt, Kosten für notwendige Infrastrukturmaßnahmen trägt und die verwaltungsmäßige Bearbeitung z. B. bei Unternehmensgründungen (beschleunigt) abwickelt. Diese Klarheit verschwand laut Expertenangaben aber immer mehr. Gerade die Erfolge im Hinblick auf die Unternehmensansiedlung und die Zeitarbeit führten dazu, dass die stadtentwickungsrelevanten Aufgaben immer mehr ins Hintertreffen gerieten. *„Die Wolfsburg AG war aber eigentlich als Motor für Wolfsburg gedacht. Die Aufgabenstellung wurde dann aber eine ganz andere"*, so ein Vertreter der Stadtspitze. Durch die Verflechtung mit der AutoVision GmbH sei die Wolfsburg AG in Arbeitsfelder hineingegangen, die sich von ihrem ursprünglichen Auftrag entfernt haben, *„so dass sie letztendlich nicht mehr nur für die Stadt und VW da waren, sondern stärker nur für VW oder sogar für ganz andere Auftraggeber"*, so ein Vertreter der Wolfsburg AG.

In diesem Zusammenhang ist auch nicht ganz unwichtig, dass seit 2003 auf Grund der gestiegenen Mitarbeiterzahl der Wolfsburg AG zusätzlich eine Arbeitnehmervertretung in den Aufsichtsrat aufgenommen wurde (Peitsch 2004), *„die auch über VW besetzt wurde und auch deren Interessen vertritt"*, so eine städtische Expertin.

Diese beiden Beispiele machen deutlich, wie schnell es zu einer Vermischung öffentlicher Gemeinwohl- und privater Wirtschafts- und Gewinninteressen kommen kann und wie groß die Gefahr ist, dass entgegen den ursprünglichen Zielabsprachen, *„etwas für Wolfsburg zu tun"*, der private Akteur in einer Kooperationsbeziehung dazu übergehen kann, die Public Private Partnership verstärkt für eigene Interessen zu nutzen.

Die Beziehung zwischen Stadt und VW, wie sie in der Wolfsburg AG verankert ist, unterlag dann im weiteren Verlauf einem „*Re-Definitionsprozess*" – und zwar von beiden Seiten. Seit etwa 2004/05 gab es nach Ansicht der Experten Anzeichen für ein verändertes Verhältnis der beiden Akteure. Das Klima habe sich komplett geändert. Beide Partner würden wieder stärker nach Abstand und eigenen Wegen suchen. „*Das Verhältnis ist nicht mehr so intensiv wie vor fünf Jahren und hat sich komplett geändert*", so fast gleichlautend ein städtischer und ein VW-Experte. Jeder der beiden Partner wendet sich verstärkt wieder den eigenen Kernaufgaben zu. Volkswagen lässt die Stadt ‚links liegen' und hat sich aus der Stadtentwicklung mehr oder weniger komplett zurückgezogen. Nicht ganz unwichtig dabei war auch, dass die ‚Koalition der Macher' zerfiel. VW kämpfte mit einer erneuten Absatzkrise und der sogenannten ‚Rotlicht-Affäre'. Nachrückende Personen brachten nicht mehr in dem Maße wie ihre Vorgänger Interesse für den Standort auf.

Was den Gesellschafter Stadt betrifft, kann man sagen, dass er sich wieder mehr Einfluss innerhalb der Wolfsburg AG zurück erkämpft hat. Das lässt sich an den beiden schon erwähnten Beispielen verdeutlichen:

- Erstens: Als erkennbar war, dass die AutoUni nicht wie ursprünglich geplant, als ‚richtige Universität' realisiert wird, sondern als Weiterbildungseinrichtung für Mitarbeiter des Volkswagen-Konzerns dient, hat die Stadt ihr Geld zurück verlangt. *"Es kann ja nicht sein, dass die Stadt Geld gibt für eine private Immobilie"*, so eine Expertin der Stadt.

- Zweitens hat auf massives Betreiben der Stadt, die 2006 und 2007 den Vorsitz im Aufsichtsrat der Wolfsburg AG übernahm, eine Entflechtung zwischen AutoVision GmbH und Wolfsburg AG stattgefunden. Ende 2006 wurde beschlossen, beide Unternehmen personell und räumlich zu trennen, die formale Entflechtung fand am 1.1.2007 statt. Die Zahl der Beschäftigten der Wolfsburg AG ging auf Grund der Trennung deutlich zurück. Nach Ansicht eines Experten der Wolfsburg AG habe sich einerseits „*der Gesellschafter Stadt wieder Einfluss zurück erkämpft. Wir sind also wieder viel näher in das Aufgabenfeld der Stadt zurück gerückt, machen mehr Strukturentwicklung und Strukturaufbau.*" Andererseits braucht sich auch VW nicht mehr von der Stadt in zentrale Entscheidungen hineinreden zu lassen, denn die AutoVision GmbH ist nicht mehr an die Wolfsburg AG und damit an deren städtischen Einfluss gebunden.

Diese Beispiele zeigen, dass die städtischen Akteure nicht die reaktiven und passiven Kooperationspartner sein müssen, als die sie in der Literatur immer dargestellt werden, sondern (und dies ist immer auch abhängig von den Persönlichkeiten auf beiden Seiten) durchaus für ihre Rechte kämpfen und sie durchsetzen können, vor allem dann, wenn sie das Kooperationsverhältnis sachlich betrachten und wenn sie sich auf die vertraglichen Vereinbarungen als Maßstab beziehen.

4.3.3 Zukunftsperspektiven: Ausweitung der Wolfsburg AG auf die VW-Region?

Trotz der Rückbesinnung auf die ursprünglichen Ziele, Strukturentwicklung in Wolfsburg zu betreiben, bleibt die Wolfsburg AG den schwankenden Interessenlagen des privaten Akteurs in durchaus gravierender Weise unterworfen. Ein neuer Dissens zwischen den beiden Kooperationspartnern Stadt und VW bahnt sich an. Volkswagen hat mittlerweile großes Interesse an einer Fusion der 2004 auf Initiative von VW gegründeten, aber nicht so erfolgreichen Projektregion Braunschweig GmbH mit der erfolgreicheren Wolfsburg AG bekundet. Volkswagen als Weltkonzern sei ausdrücklich gegen *„Kleinstaaterei"* und sehe die Wolfsburg AG in der Verantwortung für die Region. *„Wir haben eine kraftvolle Wolfsburg AG und wir haben eine kleine Projektregion Braunschweig GmbH. Das muss doch nicht sein! Da machen wir mal eins draus."* Alle Aufgaben von der Standortentwicklung bis hin zur lebenswerten Gestaltung der Stadt, um die sich bisher die Wolfsburg AG (aber eben gemäß ihrem Auftrag und ihrer Gründungsidee nur für Wolfsburg!) gekümmert hat, sollen nun – ginge es nach Volkswagen – auf die VW-Region in Südostniedersachsen übertragen werden und dann soll auch noch akzeptiert werden, dass Braunschweig das Oberzentrum dieser Region sei (Wachs 2008).

Grund für dieses Begehren ist, dass Volkswagen in Zukunft die qualifizierten Lohnarbeiter, die qualifizierten Manager vorfinden will, die VW zukünftig benötigt. Da sich der Personalbedarf längst nicht mehr nur am Standort Wolfsburg rekrutieren lässt, müssten in der gesamten ‚VW-Region' lebenswertere Bedingungen geschaffen werden, um gegenüber den Standorten der Konkurrenz (BMW, Mercedes, Audi, Porsche) – Leipzig, Ingolstadt, München oder Stuttgart – attraktiver zu werden. Der Hintergrund dieses Wunsches ist klar und auch einsichtig. Im ersten Kapitel wurde berichtet, dass sich die Quote jener Beschäftigten, die bei VW arbeiten und in Wolfsburg wohnen, in den Jahren zwischen 1996 und 2008 von 42% auf unter 36% verringert hat; d. h. fast 65% der bei VW in Wolfsburg Beschäftigten wohnen nicht in Wolfsburg, sondern in der durchaus weiteren Region (auch noch jenseits von Braunschweig, Hannover oder sogar in Berlin). VW denkt naturgemäß in erster Linie an ‚seine' Beschäftigten und es ist vor diesem Hintergrund nicht ganz einleuchtend, warum es seine ‚kulturellen' Wohltaten allein auf die Stadt beschränken sollte, leben doch die meisten seiner Beschäftigten nicht in der Stadt. Deshalb wurde ja die Projektregion Braunschweig GmbH gegründet, wobei Braunschweig ja selbst VW-Produktionsstandort ist. So gesehen macht es von Seiten des Volkswagen Konzerns durchaus Sinn, an eine Zusammenlegung von Wolfsburg AG und Projektregion Braunschweig GmbH zu denken.

Die Stadt habe denn auch, so die entsprechenden Auskünfte, durchaus Verständnis für diese Position, dass man nur als große Region langfristig zukunftsfähig sei. Und sicherlich steht dieses großmaßstäblichere Denken auch im Zusammenhang der neueren regionalplanerischen Diskussion um Metropolregionen (Deutsche Akademie für Städtebau und Landesplanung 2008), in deren Kontext auch die Metropolregion Braunschweig, Göttingen, Hannover und Wolfsburg diskutiert wird. Zusammen mit der Stadt Salzgitter, die ebenfalls dazu gehören würde, wären damit vier VW-Produktionsstädte (Braunschweig, Hannover, Salzgitter, Wolfsburg) in Südostniedersachsen in dieser Metropolregion zusammengefasst – aus Sicht von VW sicherlich eine einleuchtende Perspektive. Und trotz des in den genannten Städten vorhandenen Lokalpatriotismus wird man sich diesem Gedanken der ‚Bündelung von Ressourcen' wohl nicht ganz verschließen können, auch wenn man derzeit noch weit von dem Gefühl entfernt ist, in einer gemeinsamen Metropolregion zu leben (Priebs in ebenda, S. 119).

Entsprechend ist die Meinung der Stadt Wolfsburg in dieser Angelegenheit abwägend: *„Das Entscheidende ist für mich"* – so ein hochrangiger Stadtexperte – *„dass wir uns stärker gemeinsam auf den Weg machen und mehr zusammenrücken, mehr gemeinsame regionale Identität entwickeln, mehr Synergien auch haben. Das wird das wichtige Ziel sein. Ob das dann formal zu einem Zusammenschluss dieser Größenordnung kommt, das lasse ich mal dahingestellt. Aber es geht nichts an vermehrter Kooperation vorbei. Wirtschaftlich sind wir ohnehin schon eine Achse: Wolfsburg, Braunschweig, Salzgitter. Wir haben viele gemeinsame Probleme, wir haben aber auch viele gemeinsame Chancen. Das muss stärker gemeinsam betrieben werden"*. Dennoch lege die Stadt allergrößten Wert darauf, dass an dem *„Geschenk Wolfsburg AG von VW an die Stadt"* festgehalten wird; es könne doch nicht sein, dass *„man uns nach zehn Jahren erst das Geschenk wegnimmt und es uns dann noch einmal schenkt, gleichzeitig aber auch einem Anderen"*. Die Stadt Wolfsburg fürchtet also ein bisschen um ihre privilegierte Stellung als ‚Hauptstadt des VW-Imperiums' und die damit verbundene Sonderstellung in Bezug auf das Kultur- und Sportsponsoring des Konzerns am Standort. Der Ausgang des Konflikts ist noch ungewiss.

Dass VW auch jenseits der Wolfsburg AG versucht, eigene Interessen durchzusetzen (Sicherung des langfristigen Bedarfs an qualifizierten Arbeitskräften) und dadurch immer mal wieder die kommunale Infrastruktur maßgeblich beeinflusst und noch dazu die Stadt gehörig in Zugzwang bringt, belegt auch das jüngste ‚Geschenk' von VW an die Stadt anlässlich des 70sten

Stadtgeburtstags. 2008 ‚schenkte' VW der Stadt nicht ganz uneigennützig eine Internationale Schule und die Stadt musste innerhalb kürzester Zeit sehen, wo sie die Schule unterbringt und wie sie das Projekt im Rahmen gesetzlicher Vorgaben genehmigungsreif entwickelt. Aber es ist wie immer: Was VW am Standort Wolfsburg möchte, ist für die Stadt Gebot. Eine Internationale Schule ist für die sich zunehmend internationalisierende Belegschaft von VW sehr nahe liegend, wenn nicht gar zwingend erforderlich und für die Stadt ist es das auch, will man verhindern, dass sich diese spezielle Klientel in Hannover, Berlin oder Braunschweig niederlässt und die Kinder dort zur Schule schickt.

Die Bevölkerung ist sich angesichts dieser komplizierten Sachlage nicht ganz einig, ob sich der Einfluss von VW auf die Kommunalpolitik in den letzten Jahren verändert hat. Angesichts der realen Bedeutung von VW für die Stadt ist klar, dass dieser Einfluss immer schon als sehr hoch eingeschätzt wurde. Es gab und gibt immer Phasen, wo das mal deutlicher und mal weniger deutlich zum Tragen kam und kommt. So meinten in der 1998er Befragung über 60% der Wolfsburger, dass die Abhängigkeit der Stadt von VW in den (Krisen-)Jahren zuvor keineswegs gesunken sei (vgl. Abb. 18).

Abbildung 18: Veränderung des Einflusses von VW auf die
Kommunalpolitik in den letzten Jahren in %

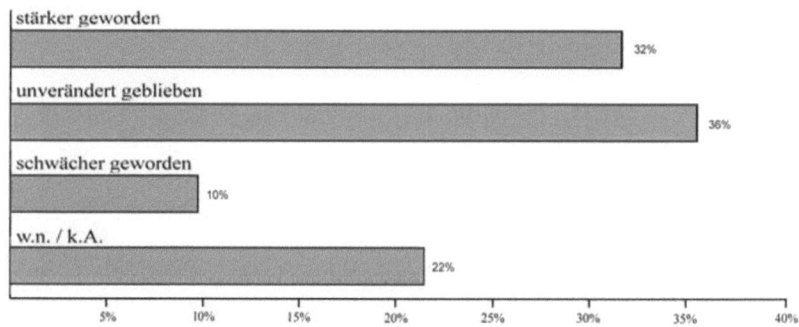

Frage: „Ist Ihrer Meinung nach der Einfluss von VW auf die Kommunalpolitik in den letzten Jahren stärker oder schwächer geworden oder hat sich gar nichts verändert?"

36% der Befragten vertraten 2007 die Meinung, dass sich der Einfluss in den letzten Jahren nicht verändert habe, während 42% von einem Wandel ausgingen: Ein knappes Drittel meinte, dass der Einfluss von VW auf die Kommunalpolitik stärker geworden sei. Auf die Nachfrage, wie sie dies bewerten, gaben die meisten an, diesen Trend eher negativ zu einzuschätzen.

Die unterschiedlichen Wahrnehmungen hinsichtlich der Veränderung des Einflusses von VW auf die Kommunalpolitik in den letzten Jahren müssen sich durchaus nicht widersprechen: Wer hauptsächlich den ‚offiziellen'

Einstieg von VW in die Wolfsburger Stadtentwicklungspolitik im Rahmen der Gründung der Wolfsburg AG im Blick hatte, wird von einem stärker gewordenen Einfluss sprechen, wer die allerletzten Jahre betrachtete, wird zu Recht von einem (vordergründig) wieder schwindenden (sichtbaren) VW-Einfluss sprechen können.

Alles in allem lässt sich zum Verhältnis von Stadt und VW im Rahmen der Wolfsburg AG festhalten, dass die Befürchtung, der Volkswagen Konzern bestimme fortan die Leitlinien der Stadtentwicklung, in diesem Umfang nicht eingetreten ist. Zu Beginn der Gründung der Wolfsburg AG sahen auch wir in der letzten Studie mit Bezug auf die Fachliteratur (Häußermann/Siebel 1993, 27) ein generelles Risiko darin, „dass die Stadt und ihre demokratisch gewählten Repräsentanten genuin städtische Kompetenzen an einen ganz anderen Zielen und Handlungslogiken verpflichteten Wirtschaftskonzern" abtrete (Harth u. a. 2000, 196f.). Aus heutiger Sicht kann man wohl sagen, dass die Wolfsburg AG ihre primären und doch beachtlichen Erfolge im Bereich der Arbeitsmarkt- und Wirtschaftsförderung (vor allem Unternehmensgründungen und Lieferantenansiedlungen) erzielt hat. Dagegen sind die eigentlichen stadtrelevanten Maßnahmen im Modul der Erlebniswelt eher im konzeptionellen Bereich zu sehen. Tatsächlich selbst projektiert und umgesetzt hat die Wolfsburg AG kaum ein Projekt. Weder das Phaeno, die DOW, das Cinemaxx noch die City Galerie oder das Badeland sind durch die Wolfsburg AG initiiert und projektiert worden. Kritisch zugespitzt wird von Seiten maßgeblicher städtischer Expertenseite sogar angemerkt, dass die Wolfsburg AG „*eigentlich nur die Wakeboard Anlage im Allerpark gemacht hat, auch wenn sie selbst in ihrem Wahnsinnsmarketing weitaus mehr Erfolge für sich verbucht"*. Alle anderen Großprojekte seien von städtischer Seite oder VW initiiert und entschieden worden. Die ursprünglichen Befürchtungen (aber auch die visionären Hoffnungen) sind also längst nicht in erwartetem Umfang eingetroffen. Die stärkste Bedeutung kann wohl im ‚Commitment' von VW gesehen werden, das die Stadt ermutigt hat, in neuen Dimensionen zu denken und zu handeln. Ähnlich wie bereits Hilterscheid (1970) für die Vergangenheit feststellte, dass der Konzern nur die Entscheidungen beeinflusste, die seine genuinen Interessen betrafen, hat sich der Volkswagen Konzern im Rahmen der Wolfsburg AG vornehmlich für die ihn betreffenden Aspekte der Personalvermittlung und Lieferantenansiedlung stark gemacht. Als diese unternehmensbezogenen Dienstleistungen dann im Rahmen der konzerneigenen AutoVision GmbH ausgegliedert waren, ging das Interesse von VW an den stadtbezogenen Aufgaben der Wolfsburg AG merklich zurück. Die jüngsten Bestrebungen der Regionalisierung der Wolfsburg AG gehen ohnehin weit über den städtischen Entscheidungs- und Planungsrahmen hinaus. Für Volkswagen ist Wolfsburg eben primär ‚Standort' und nicht ‚Stadt'.

4.4 Die Rolle der Bürgerschaft im Prozess der Großprojektpolitik

Im folgenden Kapitel soll einerseits der Rolle der Bürgerbeteiligung (4.4.1), andererseits der Rolle der kommunalpolitischen Gremien, insbesondere des Rates der Stadt, im Prozess der erlebnisorientierten Stadtentwicklungspolitik nachgegangen werden (4.4.2).

4.4.1 Bürgerbeteiligung

Von den Expertinnen und Experten, von Journalisten, Experten aus sozialen Einrichtungen, Vertretern der politischen Opposition, aber auch den politisch Verantwortlichen, wird nahezu einhellig betont, dass Bürgerbeteiligung in der Phase der erlebnisorientierten Stadtentwicklungspolitik keine große Rolle gespielt habe. Die Großprojekte seien im Prinzip ohne direkte Bürgerbeteiligung entwickelt worden. Es habe seitens der politisch Verantwortlichen kaum Interesse daran gegeben, die Bevölkerung mit ins Boot zu nehmen, was sich anhand von kleineren Umfragen auf der Straße und in Leserbriefen erkennen ließe, die gezeigt hätten, dass sich Teile der Bevölkerung übergangen fühlten. Zugespitzt formuliert ein Sozialexperte, dass der Bürger dem Trend zu folgen habe, er werde gar nicht gefragt oder gar als Mitgestalter gesehen, der sich aktiv an kommunalen Entwicklungen beteiligt. Die beiden großen Parteien wollten die Projekte durchsetzen. Ihr Argument war, so ein Journalist, *„die Leute können sich das doch nicht vorstellen, die wissen nicht, was gut für sie ist."*

In der Anfangsphase wurde Bürgerpartizipation sogar als hinderlich betrachtet. Es gab seitens der planenden Akteure Befürchtungen, dass die erst in Konturen sichtbaren Projekte ,zerredet' werden könnten. Entsprechend versuchte man, möglichst schnell und mehr oder weniger hinter verschlossenen Türen die Konzepte zu konkretisieren. Weil eine reibungslose Umsetzung der Großprojekte erwünscht war, fiel die Informationspolitik eher zurückhaltend aus (Harth u. a. 2000, 185). „Die Idee wird geboren in kleinen Zirkeln aus Politik und Wirtschaft, unter möglichst strikter Geheimhaltung ausgearbeitet und erst, wenn man sich der Unterstützung der relevanten Akteure sicher ist, an die Öffentlichkeit gebracht", so auch Hartmut Häußermann und Walter Siebel (1993, 30). Die Informationspolitik war denn auch eher durch vage Versprechungen, unklare Andeutungen und die Bitte um Vertrauen, dass die Politiker schon nichts in die Wege leiten würden, was den Bürgern schade, gekennzeichnet als durch klare Aussagen (Harth u. a. 2000, 184).

Zwar schrieb man sich von Anfang an eine Beteiligung der Bürger auf die Fahne – so heißt es in der ,Erlebniswelt'-Broschüre: „Die Bürger werden bei der Planung beteiligt, denn die ErlebnisWelt Wolfsburg entsteht mitten in der Stadt. Für alle sichtbar und erlebbar" (Wolfsburg AG 1999, 11). Dabei ging es allerdings weniger um eine Partizipation im Sinne einer Mitgestaltung und Mitentscheidung, als um die Erzeugung einer akzeptierenden Grundhaltung bei der Bevölkerung, um zu einer ‚reibungslosen' Umsetzung der Projekte zu kommen. Entsprechend wurde eher auf passive Verfahren gesetzt, bei denen die Bürger informiert bzw. überzeugt werden sollten: die Aufstellung einer Info-Box, die Verteilung einer Broschüre an alle Haushalte, in der über die bevorstehenden Veränderungen der Stadt berichtet wurde, ein regelmäßig erscheinendes Erlebniswelt-Journal, eine Homepage im Internet und die Aufstellung großflächiger Transparente an markanten Orten in der Stadt. Die stärker auf Dialog orientierten Kommunikationsformen beschränkten sich auf kleinere Bürger-Foren[13] zur Information sowie einen Wettbewerb zur Vergabe von Namen für die verschiedenen Erlebnisdistrikte. Dabei ging es aber nicht darum, wie die Erlebniswelt ausgestaltet werden sollte, sondern lediglich um deren Benennung. Die aufwändige Kommunikationsstrategie war nicht darauf angelegt, die Einmischung der Bürgerschaft anzuregen, sondern darauf, ihnen verständlich zu machen, *„was da passiert"*.

Viele erlebnisorientierte Großprojekte, zum Beispiel der Bau des Badelands, der DOW, des Phaeno, der Volkswagen Arena oder der Multifunktionsarena mit Skiturm sind nach Auskunft der Experten ohne Bürgerbeteiligung beschlossen worden. Auch als die Wolfsburger deutliche Kritik (in Leserbriefen oder Zeitungsumfragen) z. B. an der Schließung des Hallenbades zugunsten des Badelands übten, sei ihre Kritik folgenlos geblieben. Expertinnen und Experten aus der Verwaltung beklagen, dass – wenn überhaupt beteiligt wurde – die Ergebnisse ignoriert worden seien. Als Beispiel wird die Umgestaltung der Innenstadt angeführt. Während der Rat sich mit den Wasserelementen besonders Familienfreundlichkeit auf die Fahne schriebe, hätten Analysen gezeigt, dass gerade Familien mit kleineren Kindern Bereiche ohne Brunnen favorisieren, damit sie nicht ständig aufpassen müssten. Die Wasserelemente kamen trotzdem und werden als besonders familienfreundlich vermarktet.

Die sehr deutliche Kritik am Phaeno (*„Warum gibt die Stadt unsere Steuergelder dafür aus? Es gibt andere Ecken, an denen sie mehr tun müsste")* hat ebenfalls nichts daran geändert, dass es trotzdem gebaut wurde und gespart wurde auch nicht. Immerhin ist beim Phaeno ein beschränkter Architekten-Wettbewerb ausgerufen worden, dessen Ergebnisse von den Bürgern bei einer Ausstellung bewertet werden konnten. Außerdem wurde der Entstehungs- und Bauprozess durch das städtische ‚Forum Architektur' kontinuier-

---

[13] Bis Ende 1999 wurden zwei Bürgerforen und ein sogenannter Bürgerworkshop durchgeführt, wo Interessierte in Kleingruppen diskutieren und Vorschläge unterbreiten konnten (vgl. Wolfsburg AG 1999a, 6).

lich öffentlich begleitet. Von Fachtagungen für Architekten und Ingenieure bis hin zu Kindertanzgruppen – mehr als 30.000 Baustellenbesucher betraten in den zweieinhalb Jahren vor der Eröffnung den Rohbau. Diese Öffnung und Teilnahme am Entstehungsprozess habe „entscheidend zur Akzeptanz in der regionalen Öffentlichkeit" beigetragen (Froberg 2007, 51).

Im Rahmen der Stadtentwicklung durch erlebnisorientierte Großprojekte setzten die Verantwortlichen insgesamt also nicht so sehr auf Beteiligung, sondern darauf, dass sich eine Gewöhnung oder sogar Begeisterung schon einstellen werde, wenn erst einmal konkrete Erlebniswelt-Bausteine in der Stadt sichtbar sein würden. *„Die Devise hieß: Augen zu und durch".* Es sei – so ein beteiligter Politiker – ganz gut gewesen, dass alles so schnell gegangen sei und man *„eine Entscheidung nach der anderen gefällt hat und nicht diese langen Diskussionen waren, sondern dass es schnell ging. Als die Leute gesehen haben, wie sich das entwickelt, da haben die Lust auf mehr bekommen".* Ein Vertreter der Stadtspitze sieht das ganz ähnlich: *„Die beste Überzeugung ist, wenn etwas sichtbar wird, wenn etwas plötzlich da und fertig ist und dann auch Zuspruch, Anerkennung und Mitgehen findet."*

Ein Grund für die geringe Bürgerbeteiligung lag nach Auskunft der Experten vor allem darin, dass die Komplexität der Planungen den Bürgern nur schwer zu vermitteln war und seitens der planenden Akteure die Befürchtung bestand, die Großprojekte könnten wegen der hohen Kosten und der damit unter Umständen verbundenen Vernachlässigung der traditionellen kommunalen Aufgaben zu früh zerredet werden. Es sei schwierig gewesen – so ein Politiker – die Menschen für die ersten Bauten zu gewinnen, *„weil das einfach auch was total Neues für die Stadt war und Schwellenangst vor dem Neuem da war. Man kannte einfach nur Volkswagen, dann hatte man die Wochenenden und fuhr in Urlaub und das war's. Diese Stadtentwicklung war jetzt was Neues."* Die Bevölkerung habe sich auch nicht so richtig vorstellen können, dass ihr Wolfsburg, das immer schon unter einem negativen Fremdimage zu leiden hatte, auf einmal zur touristischen Attraktion avancieren sollte. Ein Bewohner schildert die damalige Stimmung:

„Damals hat man gesagt: Was der Piëch hier vor hat, das wurde ja damals Piëch-Town genannt, das konnte man sich eigentlich nicht vorstellen. Dass da groß Besucher nach Wolfsburg kommen werden über die Zeit, das Konzept hat man schon infrage gestellt, weil es hier doch nicht so attraktiv ist, um unbedingt nach Wolfsburg zu kommen." (Leitender Angestellter, 51 J.)

Nicht nur die Bürger waren ängstlich und skeptisch, auch die städtischen Vertreter waren nach eigenem Bekunden anfangs hin und her gerissen und von Zweifeln geplagt. Neben all der Euphorie, die das AutoVision-Konzept und die damit verbundene Erwartung, *„einen neuen Weg zu beschreiten und die Kraft aus dem Schulterschluss mit Volkswagen zu nehmen, um Wolfsburg* *zukunftsfähig aufzustellen"*, bei den politisch Verantwortlichen auslösten, habe auch auf der städtischen Seite *„eine größere Skepsis gegenüber den Großprojekten"* bestanden. *„Die ganzen Erlebnisweltprojekte waren von Anfang an die umstrittensten aus dem ganzen AutoVision-Konzept"*, so ein Experte der Wolfsburg AG. Man war äußerst skeptisch, ob Wolfsburg wirklich zur Freizeitdestination taugte. *„Wolfsburg und das Thema ‚Freizeit' und ‚Tourismus', das wird nie funktionieren"*, so dachten damals nicht wenige. Wie konnte man da – selbst zweifelnd – solche verwegenen Pläne selbstbewusst gegenüber der Bewohnerschaft vertreten?

Einen weiteren Grund für die geringe Bewohnerbeteiligung (neben Komplexität der Projekte und der eigenen Unsicherheit) sieht ein Teil der städtischen Experten und Expertinnen aber auch in dem geringen Interesse der Bewohnerschaft selbst. Bei unterschiedlichsten Planungsvorhaben habe man immer wieder festgestellt, dass die tatsächliche Beteiligung relativ gering war. Meistens handelte es sich um direkt Betroffene. In der öffentlichen Diskussion werde fälschlicherweise der Eindruck erweckt, *„die warten alle nur darauf, sich mit in die Selbstverwaltungsbelange einer Stadt einzubringen. Das war aber insgesamt sehr bescheiden. In den Ortsteilen noch eher als in der Stadt."* Das Interesse der Wolfsburger an der Entwicklung ihrer Stadt sei – so ist auch von anderen Experten zu hören – *„nicht besonders ausgeprägt gewesen"*. Die Stadt müsse immer eine Art Hebammenfunktion übernehmen, müsse selber Prozesse anstoßen, wenig käme ‚von unten' von den Menschen selbst. Aktives Einbringen durch die Bewohnerschaft habe nachgelassen, was daran liege, dass sich die Generation, die am Aufbau der Stadt beteiligt war, mehr zurückziehe und – als Folge der Eigenheimpolitik – in den 1980er und 90er Jahren junge Engagierte in die umliegenden Landkreise ausgewichen seien. Diese Leute fehlten nun in der Kernstadt. In den Ortsteilen, wo es auch Neubaugebiete gibt, würden sich eher Bürgerinitiativen bilden. In Vorsfelde gab es z. B. Protestaktionen gegen die Aufstellung eines Mobilfunkmastes. In Fallersleben wird über die Radwegeanbindung, die Anbindung an den Öffentlichen Personennahverkehr oder die Versorgung mit Kindergartenplätzen diskutiert. Auch im Rahmen der Schulpolitik schlossen sich engagierte junge Eltern zusammen, stellten was auf die Beine und protestierten. Die Eltern hätten nach Auskunft von Experten ein großes Interesse daran, dass an den Schulen optimale Bedingungen für ihre Kinder vorherrschen und engagierten sich stark. Es geht dabei aber immer um konkrete Einzelprobleme, nicht aber um Stadtentwicklung insgesamt.

Das vermeintlich nicht so ausgeprägte Bewohnerinteresse an Bürgerversammlungen und Informationsveranstaltungen zu den Großprojekten hängt möglicherweise auch damit zusammen, dass diese Art von Stadtentwicklungspolitik die ureigensten Interessen, also den Alltag der Bürger nur indirekt (über Investitionsrückstände im Bereich Schulen, Kindergärten, Straßen, Bibliotheken etc.) und nicht wie z. B. die konkrete Schulpolitik oder das Angebot an Kindergartenplätzen oder die Radwege, der Anschluss der Ortsteile an den ÖPNV, direkt berührt (vgl. hierzu noch weiter unten 4.5.1). Wie sehen die Wolfsburger selbst die Rolle, die sie im Entscheidungsprozess spielten? Zunächst einmal ist festzuhalten, dass sich in den Intensivinterviews ein ausgesprochen großes Interesse der Wolfsburger an den Großprojekten erkennen lässt. Wie wir schon in der dritten Studie feststellen konnten, sind die Wolfsburger überwiegend ausgesprochen gut informiert über lokale Entwicklungen. Die meisten gaben an, sich intensiv in der lokalen Tagespresse darüber zu informieren, was in der Stadt passiert. Sie wissen auch über die neuesten Entwicklungen in Wolfsburg recht gut Bescheid. In der aktuellen Studie gab jeder zehnte Befragte an kommunalpolitisch, d. h. in einer Partei, einem Ehrenamt oder einer Bürgerinitiative aktiv zu sein, und immerhin fast 70% der Bewohner beschrieben sich selbst als Personen, die gerne am öffentlichen Leben teilnehmen. Dies alles spricht zunächst einmal nicht gerade für die von Experten nach wie vor beklagte angeblich desinteressierte Haltung und Passivität der Wolfsburger.

Abbildung 19: „Die großen Projekte wurden über die Köpfe der Bürger hinweg geplant." (Auszug aus Statement-Batterie)

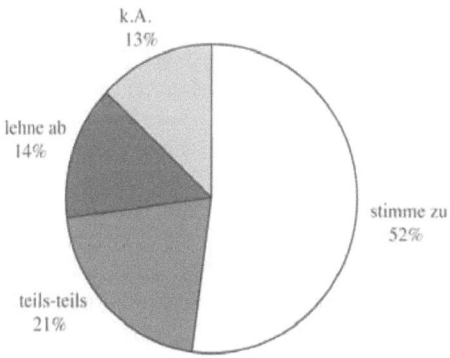

Ein Teil der Bürger gibt denn auch die Kritik zurück an die Politik, von der sie mehr Partizipationsmöglichkeiten erwartet hätte. Fragt man die Wolfsburger, ob sie das Gefühl hätten, die Großprojekte seien ‚über ihre Köpfe hinweg geplant' worden, so sah das mehr als die Hälfte der Befragten als ‚zutreffend' an. Von allen 10 Statements, die den Befragten vorgelegt wurden, um zu ermitteln, wie sie die erlebnisorientierte Großprojektpolitik der Stadt beurteilen (vgl. hierzu noch Kap. 4.5.2), stößt dieser Aspekt auf die größte

Kritik von allen. Nur 14% der Befragten lehnten die betreffende Aussage ab (vgl. Abb. 19).

Auch in den Intensivgesprächen wurde berichtet, erst relativ spät von konkreten Bauplänen erfahren zu haben. Bei den Großvorhaben hätten etliche Bürger den Eindruck gehabt, nicht ausreichend informiert und beteiligt worden zu sein. Man habe, so eine typische Meinung, immer erst aus der Presse erfahren, dass ein neues Großprojekt gebaut werde, *„wenn es hieß, da wird der Grundstein gelegt"*. Dann sei es ohnehin zu spät gewesen. Man hätte wenigstens *„vorher ankündigen können: Wir haben das und das vor und dazu gibt es die und die Alternativen"*. Das sei aber nicht passiert.

Ähnlich äußert sich eine ehemaliger VW-Betriebsrat: Das Phaeno sei *„irgendwie aus dem Nichts entstanden. Mit einem Male war alles geregelt und alles klar und dann ging es lediglich um den ersten Spatenstich"*. Bewusst habe man nicht mitbekommen *„dass da wirklich jetzt so große Sachen entstehen"*. Auch in der Presse sei *„eine öffentliche Diskussion über das, was hier in großem Stil passiert, nicht geführt worden"*, kritisiert ein Sozialarbeiter. Wer sich kritisch gegenüber den Großprojekten geäußert hätte, hätte in Wolfsburg ohnehin als *„Bremser oder notorischer Neinsager"* gegolten, so ein Rentner. Andere Gesprächspartner meinten ganz grundsätzlich, dass *„das Demokratieverständnis hier gleich Null ist"* und waren leicht resigniert davon überzeugt, dass Kritik ohnehin nichts gebracht hätte: *„Trotz Kritik wird das durchgezogen. Das wird einfach gemacht und fertig"*.

Als ein Beispiel für die Missachtung von Bürgerinteressen wird der Bau der Volkswagen Arena angeführt. Ein Teil der Bürger hätte nicht eingesehen, *„dass der VfL als Profiverein und Wirtschaftsunternehmen praktisch die Volkswagen Arena mit finanzieller Unterstützung der Stadt da hingesetzt bekommt und dass dann auch noch von der Stadt die ganze Infrastruktur bereit gestellt wird"*. Die Proteste der Kleingärtner, die dort ihre Parzellen hatten, seien von der Stadtplanung nicht berücksichtigt worden. Die städtischen Vertreter hätten ohnehin gegenüber Volkswagen keine Chance gehabt und mussten *„mit ins Boot springen"*. Kritische Diskussionen, die aufkamen, seien mit dem Argument abgetan worden: *„Nun bitteschön freuen wir uns doch, dass wir jetzt hier zusammen mit VW Wolfsburg bekannter machen können. In dem neuen Stadion gibt es sicher auch mal ein Länderspiel"*, so erinnert sich ein Bewohner.

Betrachtet man die sozialgruppenspezifische Differenzierung der Einstellungsgruppen, so sind es nicht die üblicherweise an Bürgerbeteiligung interessierten Gruppen, die Partizipationsdefizite kritisierten, also die Statushöheren, sondern diejenigen in niedrigen Bildungs- und Berufspositionen und die ‚Häuslich-Unauffälligen'. Die erlebnisorientierten Großprojekte haben mit ihrem Alltag so gut wie nichts zu tun, und das kommt in der Kritik an der defizitären Bürgerbeteiligung zum Ausdruck. Vielleicht handelt es sich bei ihnen auch um die sogenannten ‚Nörgler', Bewohner, die sich nicht informieren, an keiner Informationsveranstaltung teilnehmen, weil sie im Vorfeld meinen, *„dass das doch nichts bringt"*.

Tatsächlich kann man das obige Befragungsergebnis (vgl. Abb. 19) auch etwas anders interpretieren. Wenn über 50% der Befragten der Aussage zustimmten, die Großprojekte seien ‚über die Köpfe der Bürger hinweg geplant' worden, so muss das nicht unbedingt bedeuten, dass alle, die das bestätigen, dies auch kritisieren. Es ist einfach eine unstrittige Tatsache, dass so (ohne Bürgerbeteiligung) geplant wurde. Teilweise wird sogar ein gewisses Verständnis für die mangelnde Beteiligung zumindest bestimmter sozialer Gruppen geäußert und angemerkt, dass man derartige Projekte gar nicht anders planen könne. Dennoch bleibt festzuhalten, dass die Bewohner Defizite in Sachen Bürgerbeteiligung bei der Planung und Durchführung der erlebnisorientierten Großprojektpolitik sehen, aber offen bleibt natürlich die Frage, wie viele Wolfsburger sich tatsächlich partizipativ engagiert hätten, wenn es mehr Möglichkeiten zur Bürgerbeteiligung gegeben hätte.

Während man also in der Anfangsphase der Politik der erlebnisorientierten Großprojektpolitik die Bürger nur wenig beteiligt hat, scheint man inzwischen darum bemüht, die Bürger an die Großprojekte heranzuführen und wenigstens korrektiv die von den Bürgern hauptsächlich vorgebrachten Kritikpunkte nachträglich zu bearbeiten. Die Kritik von Teilen der Bewohnerschaft an den erlebnisorientierten Großprojekten wurde mittlerweile zumindest partiell aufgegriffen. Seit 2005/06, seit der Wende zum Konzept der sogenannten ‚Wohlfühlstadt' (vgl. dazu genauer 4.5.1) wird politischerseits wieder stärker die Nähe zum Bürger gesucht. Die Rückbesinnung auf die Bewohner schien auch dringend notwendig. Ein Teil der Bürger war unzufrieden mit der Entwicklung und inzwischen war auch Kritik an einer Vernachlässigung der kommunalen Alltagsbelange im Zuge der neuen Politik aufgekommen (vgl. dazu noch Kap. 4.5.1) und die Kritik am Phaeno schien nicht enden zu wollen. Im Ganzen gibt es ein stärkeres Bemühen, möglichst breite Schichten der Bevölkerung einzubeziehen, wofür Baustellenbesichtigungen und die Tage der offenen Tür, die inzwischen viele Großprojekte anbieten, ein beredtes Zeugnis sind. Inzwischen (Stand: Sommer 2009) wird auch auf die immer wieder von Bürgerseite vorgebrachte Kritik an der Gestaltung des Phaeno-Vorplatzes eingegangen, den viele Bewohner von Anfang an als zu *„grau"* und *„schmutzig"* empfanden. Vertreter der Oppositionsparteien drückten stellvertretend für die Bürger deren Groll gegenüber dem grauen Vorplatz durch die Bepflanzung eines künstlich angelegten Blumenbeets vor dem Phaeno aus (WN 4.3.08). Tatsächlich beschloss der Rat der Stadt wenig später (nach fast zweijährigen Verhandlungen mit der Architektin, die künstlerische Urheberrechte für sich reklamiert) die Neugestaltung des Phaeno-Vorplatzes: Der Asphalt wird durch Natursteingranulat in freundlicherem gelb-grauen Farbton ersetzt und die von der Architektin Zaha Hadid erwünschte, aber von der Bewohnerschaft kritisierte Tristesse wird zumindest an drei Standorten mit Sitzgelegenheiten aufgelockert, die zum Verweilen eingeladen (WN 4.9.08).

4.4.2   Der Rat der Stadt als Entscheidungs- und Kontrollinstanz

Der Festivalisierung der Stadtpolitik werden ja verschiedene positive Effekte zugeschrieben, insbesondere auch jener, dass divergierende Interessen jenseits eingefahrener Konflikte gebündelt und Konsens hergestellt werden könne (Selle 1993, 184). „Das große Ereignis schafft einen Kristallisationspunkt, auf den hin divergierende Interessen jenseits eingefahrener Konflikte gebündelt werden können (...), und es bietet Visionen, vor denen lokale Widerstände gegen den Umbau der Stadt als kleinkarierter Eigennutz erscheinen" (Häußermann/Siebel 1993, 23). Wie sind kommunale Entscheidungen hinsichtlich der städtischen Großprojekte abgelaufen? Wurden die erlebnisorientierten Großprojekte wenigstens im Rat kontrovers diskutiert oder waren sich alle einig?

Das Gros der befragten Experten und Expertinnen und auch der Intensivbefragten, die sich zu dieser Thematik geäußert haben, meint, dass in Wolfsburg generell so etwas wie eine *„muntere Opposition"* allerhöchstens in Ansätzen entfaltet sei. Vor dem Hintergrund des eingangs erwähnten strukturbestimmenden und rahmensetzenden Einflusses von VW und des fehlenden Bildungsbürgertums konnte sich in Wolfsburg oppositionelle Politik nicht so recht entfalten. Denn noch der Kritischste muss einsehen, dass man an bestimmten Interessenlagen und Strukturbedingungen in Wolfsburg einfach nicht vorbei kommt. Ansonsten wird man schnell zum *„Nestbeschmutzer"*, der aus der *„konsensualen Wolfsburger Gesellschaft"* ausbricht.

In der Phase der Großprojekt-Politik, darauf wird in den Expertengesprächen immer wieder und einhellig verwiesen, wurden die meisten Entscheidungen im Rat einstimmig – auf jeden Fall aber mit einer überragenden Mehrheit von bis zu 90% – beschlossen. Große politische Streitpunkte, geschweige denn ernstzunehmende Gegenstimmen seien in dieser Phase nicht erkennbar gewesen. Die Unabhängigen (PUG) und die Grünen hätten allenfalls versucht, kleinere Veränderungen in ihrem Sinne durchzusetzen. Nur die Linken haben gegen die erlebnisorientierten Großprojekte Stellung bezogen. Ihrer Ansicht nach ist die Politik der Großprojekte *„eine Politik für die Geschäftswelt"* wohingegen die Stadtteile verkommen oder die Schulpolitik vernachlässigt worden sei. Die großen Fraktionen innerhalb des Rates seien sich in Bezug auf die Stadtentwicklung aber weitgehend einig gewesen *„Es wurde ein bisschen gestritten, ob das den Finanzrahmen sprengt, aber im Großen wurde die gesamte Stadtpolitik von der überwiegenden Mehrheit des Rates getragen. Das war wichtig, weil die Leute gemerkt haben, dass das eine gewollte Stadtpolitik von Seiten des Rates war, aber auch von der Verwaltung"*, so formuliert es ein beteiligter Politiker.

Die Experteninterviews zeigen sehr deutlich, dass sehr schnell Zugzwänge des Handelns einsetzten und man den Eindruck gewann, den einmal beschrittenen Weg gar nicht mehr verlassen zu können. Das rasche Erreichen eines „point-of-no-return" ist durchaus typisch für Großprojekte (Häußermann/Simons 2000, 66). Als mit dem Gewerbesteuereinbruch 2003 die Großprojektbefürworterfront zu bröckeln begann, wurden die ‚Abweichler' schnell wieder auf Kurs gebracht, indem man darauf verwies, dass man die einmal begonnene Politikausrichtung auf Großprojekte im Ganzen gefährde, wenn man einzelne Vorhaben aufgebe. Stets wurde an das *„Gemeinsamkeitsgefühl appelliert"*.

Der Oberbürgermeister habe seine in der neuen Kommunalverfassung von 2001 sehr starke Stellung dazu benutzt, *„mittels der Verwaltung, den Rat dazu zu bringen, alles gut zu finden, was die Verwaltung vorsieht"*, so ein Oppositionspolitiker. Er setze sich im Bereich Stadtentwicklung stark durch und gebe die Richtlinien vor. Zusätzlich wird darauf hingewiesen, dass manchmal im Rat beschlossene Anträge nicht umgesetzt würden. Die Verwaltung ‚sitze vieles aus', was bei den Oppositionellen mitunter ein Gefühl der Ohnmacht erzeuge. Entscheidungen würden hinter verschlossenen Türen und nur von einigen wenigen getroffen und die Konzepte stünden, wenn sie präsentiert werden, meistens schon fest und sind so ‚wasserdicht', dass man kaum Ansatzpunkte für Kritik finde.

Ein Ratsmitglied beschreibt, wie relevante Entscheidungsträger in kleinen Kreisen im Vorfeld wichtiger Entscheidungen regelrecht auf Einigkeit eingeschworen werden. Dort werde immer gesagt, *„wir sitzen doch alle in einem Boot"*, das sei eine politische Zwangslage. *„Wir wollen doch alle, dass Wolfsburg vorankommt. Wer dagegen ist, der ist gegen Wolfsburg. Das ist ein Projekt, das ist unter schwierigsten Umständen zustande gekommen, das hat lange Verhandlungen gegeben und der Investor ist empfindlich"*. Dann stehe man natürlich erheblich unter Druck, wenn man dagegen votiere. Manchmal reiche auch die Zeit nicht aus, um sich in eine Thematik einzuarbeiten. Als Oppositionspolitiker befinde man sich dann in der wenig beneidenswerten Lage, zum präsentierten Konzept Stellung beziehen zu müssen, ohne ausreichend Hintergrundinformationen zu haben. Journalisten und Politiker, die sich selbst als kritisch bezeichnen, gehen auch davon aus, dass ihnen Informationen über die Großprojekte vorenthalten bzw. zu spät (als

Tischvorlage) übermittelt wurden. Selbst als Ratsmitglied beziehe man „*viele Informationen über die Presse"*. Ein Journalist berichtet gar: „*Ich muss aushalten, dass auf verschiedenen Ebenen versucht wird, freien und wie auch immer gearteten kritischen Journalismus zu unterbinden. Da wird intrigiert, da wird gehetzt, da wird hinter dem Rücken kolportiert"*.

Dass kontroverse parlamentarische Debatten während der Phase der Stadtentwicklung durch Großprojekte Seltenheitswert haben und das nicht nur in Wolfsburg, bestätigen auch andere Studien. Am Beispiel der Planung der Weltausstellung in Hannover konstatiert z. B. Selle (1993, 167ff.), dass parlamentarische Gremien erst relativ spät an das Thema herangeführt wurden, dass man bestrebt war, monatelange Diskussionen im Rat über die Expo-Idee zu vermeiden und dass der Antrag zur Expo erst drei Wochen vor Meldeschluss in den Stadtrat eingebracht wurde, so dass den parlamentarischen Gremien nur wenig Zeit zur Beratung blieb.

Festzuhalten ist, dass alle jene Fragen, die in Bezug auf die erlebnisorientierte Großprojektpolitik zu stellen gewesen wären, zwar schon in den Köpfen der Stadtverordneten waren, aber darüber (fast) nicht öffentlich debattiert wurde. Obwohl – eingestandenermaßen – da sehr viel Unsicherheit war (Kann das gelingen? Passt das zu Wolfsburg? Was kostet das? etc.), wurde davon nur wenig öffentlich verhandelt. Es war die Zeit der ‚Macher' und alle kritischen oder auch nur problematisierenden Fragen wurden seitens der Stadtspitze als ‚Bedenkenträgerei' abgetan. Tatsächlich wirkte der Hinweis, dass dies alles im Grundsatz im VW- und damit im Stadt-Interesse getan werde, das VW ‚hinter allem stünde', jederzeit wie ein ‚Totschlagargument'. Es fehlte der ‚stillen' Opposition auch an Alternativen oder gar Visionen. Es kommt hinzu, dass man auch gar nicht so sehr viel gegen die Ziele der erlebnisorientierten Stadtentwicklungspolitik vorzubringen hatte. Die Autostadt als erstes Großprojekt hatte ja funktioniert. Es wurde der Stadt ja auch nichts ‚Schlimmes' versucht schmackhaft zu machen (wie etwa ein Kraftwerk, eine Mülldeponie oder Aluminiumhütte), sondern etwas, was (vom Prinzip her) auf Wohlwollen stoßen musste: ein Park, ein Freizeit- und Erlebnisbad, ein Fußballstadion, ein Einkaufszentrum. Man konnte skeptisch sein, ob dass gelingen würde, ob sich Investoren finden würden, aber nachdem die Finanzierung ‚stand', war auch ein Teil dieser Bedenken entkräftet. Zumal es auch keine direkten Opfer zu geben schien: Es wurden keine Bewohner vertrieben (allenfalls ein paar Kleingärtner), man baute auf Seiten der Stadt auf Flächen, die nicht sonderlich wertgeschätzt waren bzw. im stadtentwicklungspolitischen Abseits lagen und die ins Auge gefassten erlebnisorientierten Großprojekte stellten in jedem Fall eine ‚Aufwertung' der Flächennutzung dar – und, wie gesagt, sozusagen niemand musste ‚enteignet' oder ‚vertrieben' werden. Die Großprojektpolitik stieß vielleicht vielerorts auf Bedenken, aber auf keine direkt negative, geschweige denn existenzielle Betroffenheit. Auch das hat die politische Diskussion um die erlebnisorientierten Großprojekte ‚entschärft'.

4.5 Akzeptanz der erlebnisorientierten Stadtentwicklungspolitik

Auch wenn bei der Wolfsburger Bevölkerung ein ausgeprägtes Interesse an aus dem Alltag herausragenden Erlebnissen und eine rege Nutzung der Großprojekte festgestellt wurde und sich das Selbstwertgefühl der Wolfsburger erhöht hat (Kap. 2), die Stadt urbaner, wenn auch noch nicht urban geworden ist, immerhin aber so etwas wie Ansätze einer deutlich erhöhten Bevölkerungsheterogenität an bestimmten Orten sich feststellen lassen (Kap. 3), so heißt das noch nicht zwangsläufig, dass die Großprojekte auch im Gesamtkontext der städtischen Lebensbedingungen allzu bedeutsam sein müssten. Welche Bedeutung die Menschen den Großprojekten im Kontext der gesamten städtischen Lebensbedingungen zuschreiben, lässt sich erst im Vergleich mit all dem anderen klären, was sonst noch in Wolfsburg passiert ist, und vor dem Hintergrund der Frage, ob die Menschen das Gefühl haben, dass ihre alltäglichen Versorgungsbelange vernachlässigt wurden (4.5.1). Erst auf dieser Basis lassen sich die Meinungen der Wolfsburger zu einzelnen Aspekten der erlebnisorientierten Großprojektpolitik (4.5.2) richtig einordnen und in Beziehung setzen zu den entsprechenden Erwartungen unterschiedlicher Bevölkerungsgruppen.

4.5.1 Großprojekte im Kontext der kommunalen Daseinsvorsorge

Obgleich in Wolfsburg in den vergangenen Jahren neben den erlebnisorientierten Großprojekten mit dem Umbau der Innenstadt, dem Ausbau des Klinikums, der Ansiedlung neuer Unternehmen, der Auswcisung neuer Baugebiete, der großflächigen Wohnungsmodernisierung, der Sanierung von Stadt- und Ortsteilen etc. noch viele andere größere und kleinere Veränderungen stattfanden, zeigt sich zunächst einmal, dass die Wolfsburger tatsächlich den im Zentrum der Stadtpolitik stehenden Großprojekten einen herausragenden Stellenwert für die Stadtentwicklung zuschreiben. Auf die offen gestellte Frage, was ihrer Ansicht nach „die bedeutendsten Veränderungen in der Stadt in den letzten Jahren, etwa seit dem Jahr 2000" waren, nannten mehr als drei Viertel die Großprojekte und ihre Auswirkungen als markanteste Veränderung. Alle anderen Aspekte – häufiger genannt werden z. B. der Aufstieg des VfL Wolfsburg in die erste Fußball-Bundesliga, die Ausweisung von Bauland, der Ausbau der Fachhochschule oder die Eröffnung neuer Restaurants und Cafés – treten dagegen völlig in den Hintergrund. Man ist zwar in

Wolfsburg grundsätzlich an ständige Neuerungen gewöhnt („*Wolfsburg ist doch eigentlich eine Dauer-Baustelle*", so ein 54-jähriger Bewohner), aber Umfang und Dynamik der städtischen Veränderungen durch die großen Projekte heben sich doch deutlich von all dem anderen ab, was sonst noch passiert ist. Welchen Stellenwert die Großprojekte im Gesamtkontext der städtischen Lebensbedingungen einnehmen, lässt sich jedoch am besten im Vergleich mit dem klären, was die Bewohner insgesamt an ihrer Stadt schätzen und was sie nicht so gut finden.

So sehr der bisherige Fokus der Untersuchung auf die erlebnisorientierten Großprojekte und ihre stadtkulturellen Folgen gerichtet war, so zeigt die darüber hinausgehende Analyse: Wolfsburg ist für seine Bevölkerung weit mehr als die augenfälligen Großprojekte. Ohne Vorgaben danach gefragt, was ihnen an ihrer Stadt besonders gefällt, fällt den Wolfsburgern eine Menge ein. Die Fülle der unterschiedlichen Nennungen lässt sich auf drei Dimensionen verdichten, die etwa gleich häufig genannt werden (es waren Mehrfachnennungen möglich):

- Die Bevölkerung schätzt erstens (und nach wie vor) das Grün in der Stadt und die schöne Umgebung (48%). Man sei immer schnell im Grünen, dies gäbe der Stadt einen angenehmen Charakter im Alltag und gleichzeitig einen hohen Freizeit- und Erholungswert für Ausflüge und Betätigungen im Freien.

- Gleichermaßen positiv finden die Wolfsburger zweitens die Überschaubarkeit und die fast kleinstädtische Atmosphäre (44%). Wolfsburg, so eine Befragte, habe eine ideale Größe, sei nicht Dorf und nicht Großstadt. Für viele Wolfsburger ist die Stadt so attraktiv, weil man in Wolfsburg alles zum Leben Notwendige bekäme.

  „Was ich an Wolfsburg schätze, es ist überschaubar, es ist nicht so'n Gewusel. Wenn man in andere Städte geht, Berlin, da ist ja soviel Kundenfrequenz. Das überfordert mich teilweise schon. Das Angebot ist natürlich hier auch gewissermaßen begrenzt, das macht es dann aber für mich persönlich auch einfacher einzukaufen. Das ist für mich angenehm. Die Wege sind kurz. Es ist alles in der Nähe: Schule, Einkaufsmöglichkeiten, Kindergarten ist alles in unmittelbarer Nähe, kann man alles zu Fuß erreichen in wenigen Minuten. Das ist schon ein erheblicher Vorteil." (Angestellter, 31 J.)

- Drittens schätzen die Wolfsburger ihr gutes Infrastrukturangebot (40%). Sie heben besonders die Angebote im Sportbereich, bei den sozialen Einrichtungen und im Freizeitbereich hervor, aber auch die Bildungs- und Kulturangebote und die gute ärztliche und klinische Versorgung in der Stadt.

Das sind die Punkte, die den Alltag der Wolfsburger vorrangig berühren und die sie an ihrer Stadt schätzen. Die Großprojekte und deren Angebote belegen dagegen für die Bevölkerung einen niedrigeren, aber auch nicht vollkommen unwichtigen Rangplatz. Immerhin ein Viertel sieht die erlebnisorientierten Großprojekte als besonderen Vorteil der Stadt an: Dabei wird besonders auf das hervorragende Kulturangebot, das seinesgleichen suche, und die verbesserten Einkaufsmöglichkeiten hingewiesen. Es wird betont, dass die Großprojekte gut zur modernen Stadt Wolfsburg passen würden und dass sie ein Ausdruck der Devise *„etwas wagen"* seien, die die Stadt von Anfang an begleitet habe oder schlicht und einfach betont: *„Das neue Wolfsburg ist gut".*

Bei den Nachteilen der Stadt aus Sicht der Bevölkerung fallen die Großprojekte und deren Auswirkungen kaum ins Gewicht: Nur 7% fühlen sich dadurch gestört. Vielen Wolfsburgern missfallen dagegen nach wie vor die Einkaufsmöglichkeiten, sowohl in der Innenstadt – es gäbe zu viele ‚Ramschläden', zu wenig Vielfalt und das Angebot sei zu sehr auf junge Leute ausgerichtet – als auch in den Stadtteilen. Es wird generell eine unzureichende Ausrichtung auf die Belange älterer Menschen, aber auch von Jugendlichen kritisiert. Die Innenstadt steht nach wie vor im Zentrum der Kritik: Ihr fehle es an Atmosphäre und Flair, sie reize weder zum Bummeln noch zum Aufenthalt und sie wird als zu wenig belebt empfunden (vgl. dazu ausführlich Kap. 3.4). Schließlich missfällt auch einigen eine gewisse Wolfsburger Mentalität, die als *„Neureichen-Lifestyle"* bezeichnet wird (und die durch die erlebnisorientierten Großprojekte nun ein bisschen mehr in Erscheinung tritt, vgl. Kap. 3.3.3).

Alles in allem sehen die Wolfsburger aber deutlich mehr Vorteile als Nachteile an ihrer Stadt und fühlen sich zum großen Teil auch heimisch dort.

Auch die Auswertung der Frage zu den eigenen Ansprüchen und Erwartungen an die Stadt macht deutlich, dass den Menschen zunächst einmal Anderes wichtiger ist als das, wofür die Großprojekte stehen.

- 81% der Befragten hielten ‚krisensichere Arbeitsplätze' für sehr wichtig, 71% ‚soziale Einrichtungen, z. B. Kindergärten und Alteneinrichtungen', und 68% gaben an, dass ‚viel Grün in der Stadt und eine schöne Umgebung' für sie sehr wichtig seien.

- Von den mehr erlebnisbezogenen Ansprüchen erreichte nur die ‚attraktive Innenstadt mit guten Einkaufsmöglichkeiten' (mit 45%) vergleichbare Werte – und hier sind ja mit den Einkaufsmöglichkeiten auch gebrauchswertorientierte Aspekte angesprochen.

- Die enger mit den Großprojekten in Beziehung stehenden erlebnisorientierten Ansprüche werden dagegen nicht von der Mehrheit der Bevölkerung für sehr wichtig gehalten. Zwar sind durchaus die erlebnisorientierten Ansprüche gestiegen (wie in Kap 2.3 gezeigt). In Relation zu den oben genannten Basisansprüchen, fällt der Anteil derer, die solche Ansprüche für *sehr* wichtig halten, deutlich niedriger aus: So hielten nur

15% der Befragten ‚herausragende Ereignisse im städtischen Leben' für sehr wichtig, 28% eine ‚lebendige städtische Atmosphäre', 16% ‚viele Ausgehmöglichkeiten', 24% ‚kulturelle Angebote' und 21% ‚Möglichkeiten, etwas Interessantes zu erleben'.

Diese Aspekte des städtischen Lebens werden durchaus nicht als unwichtig bezeichnet, aber stehen in ihrer Wichtigkeit deutlich hinter den Dingen des alltäglichen Lebens. Vor diesem Hintergrund relativiert sich der Stellenwert der erlebnisorientierten Großprojekte doch ein wenig. Das alltägliche Leben der Wolfsburger zirkuliert eben nicht vorrangig um die erlebnisorientierten Großprojekte, was nun auch nicht besonders verwundert. Die Gesamtstadt wird in erster Linie nach ihrem Gebrauchsnutzen bewertet, und erst in zweiter oder dritter Linie nach ihrem Erlebniswert. Dass man mit der Familie ins Badeland gehen, im Sommer die Wasser- und Lichtshows in der Autostadt oder im Winter die Eis Arena besuchen kann, ist schön, bringt Abwechslung in den Alltag, verändert aber nicht grundlegend den eigenen Lebensalltag, für den Faktoren wie Wohnungs- und soziales Infrastrukturangebot, wohnungsnahe Einkaufsmöglichkeiten, das Grün und die Überschaubarkeit der Stadt erheblich bedeutsamer sind (ganz zu schweigen von einem sicheren Arbeitsplatz oder beruflichen Aufstiegschancen).

Man fühlt sich etwas an die Maslow'sche Bedürfnishierarchie erinnert (Maslow 1954): Großprojekte befriedigen sog. ‚höherwertige' Bedürfnisse, sie sind das ‚Sahnehäubchen oben drauf': für die allermeisten nicht besonders wichtig, aber – im Sinne Maslow – umso erfreulicher bzw. befriedigender, wenn sie da sind.

Nun gibt es im Zusammenhang mit der Fokussierung der stadtentwicklungspolitischen Aktivitäten auf das Besondere und Großartige aber gerade die Befürchtung, dass sie auf Kosten der alltagsrelevanten kommunalen Daseinsvorsorge gehe (4.1). Für alltagsrelevante städtische Lebensbereiche – wie Grünflächen, Jugendzentren oder Schulgebäude – blieben nicht mehr genug Mittel übrig und die erhofften indirekten Sickereffekte – die Großprojekte erhöhen die Attraktivität als Reiseziel, Wirtschafts- und Wohnstandort, dadurch erhöhen sich die Einnahmen der Stadt, so dass am Ende auch mehr Geld für die Alltagsbelange der Bürger da sei – würden viel zu spät, in ganz anderen Bereichen oder gar nicht eintreten. Es wurden deshalb die Wolfsburger direkt danach gefragt, ob Ihrer Ansicht nach für die Großprojekte zuviel Geld ausgegeben wurde und anderes Wichtiges vernachlässigt wurde (vgl. Abb. 20). Offensichtlich hat man mehrheitlich tatsächlich den Eindruck, dass über die Hinwendung zu erlebnisorientierten Großprojekten, den Prestigeobjekten, andere bedeutsame städtische Aufgaben zu kurz gekommen seien.

Abbildung 20: „Für die großen Projekte wurde zuviel Geld ausgegeben und anderes Wichtiges vernachlässigt." (Auszug aus Statement-Batterie)

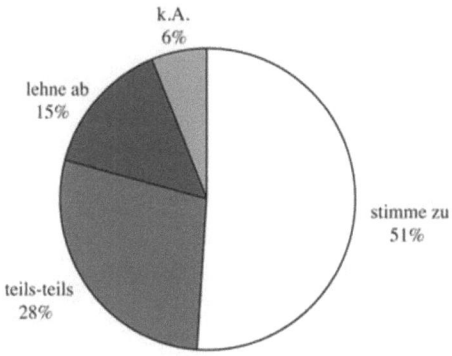

Prüft man, welche Bevölkerungsgruppen besonders häufig dieser Ansicht sind, so sind es Menschen in niedrigeren Sozialstatuspositionen (Hauptschulabschluss, arbeitslos oder allenfalls in unsicheren Beschäftigungsverhältnissen, Arbeiter mit niedrigen Pro-Kopf-Einkommen), also einerseits jene, die wie die ‚Häuslich-Unauffälligen' an den Großprojekten vergleichsweise wenig partizipieren (2.5.2), andererseits jene, für die die alltägliche kommunale Daseinsvorsorge erheblich wichtiger ist als für die Statushöheren, die das anders sehen: Sie widersprechen dem vorgelegten Statement überproportional häufig, aber doch auch nicht mehrheitlich. Das heißt, für alle Bevölkerungsgruppen in Wolfsburg ist zumindest ‚was dran' an der These von der Vernachlässigung der Alltagsbelange in Folge der Fokussierung auf die erlebnisorientierten Großprojekte.

Trotz der interessierten Aufnahme und recht breiten Nutzung der Großprojekte und der durchaus vorhandenen Erlebnisorientierung der Wolfsburger besteht also auch ein recht verbreitetes Gefühl, dass Alltagsbelange vernachlässigt worden seien und man sich vielleicht ein wenig zu sehr darauf konzentriert habe, Wolfsburg als ‚Destination' für den Tourismus zu entwickeln. Obgleich man in Wolfsburg eine Komplementärstrategie verfolgt und neben den Großprojekten auch die traditionellen kommunalen Aufgaben nicht gänzlich aus den Augen verloren hatte[14], wurden Investitionsversäumnisse und

---

[14] Es wurden u. a. verschiedene Maßnahmen zur Aufwertung in den Orts- und Stadtteilen ergriffen. Das Klinikum wurde saniert (die drittgrößte städtische Investition nach dem Bau des Phaeno und der Volkswagen Arena), der Ausbau der stationären und ambulanten Betreuungsangebote für Ältere vorangetrieben, ein Hospizhaus eingerichtet und die Freibäder in Fallersleben und Almke und das VW-Bad (2000 bis 2003) saniert.

Vernachlässigungen in bestimmten Bereichen immer offensichtlicher, wie auch von den städtischen Experten und Expertinnen eingeräumt wird. Mitverantwortlich dafür war, dass die Gewerbesteuereinnahmen 2003 förmlich einbrachen: Waren im Jahr 2002 noch 146 Mio. € eingenommen worden, so sank dieser Betrag im Folgejahr auf 67 Mio. (1.7). Aus Sicht der Bewohnerschaft entstand dadurch eine Schieflage einerseits zwischen den hohen Investitionen, die trotzdem weiterhin in die Großprojekte flossen und den schrumpfenden Mitteln für die kommunale Daseinsvorsorge andererseits (z. B. wurden in dieser Zeit die städtischen Ausgaben für Kultur pauschal um 30% gekürzt).

Experten und Bewohner beschreiben die Situation plastisch. Die Infrastruktur sei in die Jahre gekommen, was sich an Zustand und Ausstattung der Kindergärten, Sportplätze und Sporthallen, kleineren Schwimmbädern für Vereins- oder Schulschwimmen zeige. Die Dinge, die wichtig seien für das ganz normale Alltagsleben, seien zu teuer geworden, man müsse richtiggehend darauf sparen:

„Vom Schulsport und Schulschwimmen her ist ziemlich alles abgebaut. Wir haben nur das Badeland, nur das Spaßbad. Aber jemand, der einfach nur Schwimmen will, hat keine Möglichkeit. Oder Schulsport findet nicht mehr statt. Vor allen Dingen es ist nicht mehr bezahlbar, man muss regelrecht drauf sparen. Sparen kann man auf ein Haus, auf ein Auto oder eine größere Anschaffung, aber nicht auf ein normales Leben. Wichtig sind die Dinge, die man zum Leben braucht, um sich wohl zu fühlen. Da bringt es mir nichts, da durch die Stadt zu gehen, mir die Volkswagen Arena anzugucken, 'nen Blick auf die Autostadt zu werfen." (Rentner, vormals Facharbeiter, 61 J.)

Am Zustand der Straßen und Gehwege seien Vernachlässigungen erkennbar; auch Radwege seien an vielen Stellen unzureichend. Es werde zu wenig für die Grünflächen getan, die Gestaltung und Pflege lasse zum Teil zu wünschen übrig, Waldwege seien zugewuchert.

„Im Sommer, wenn Sie die Straßen lang fahren, da wächst der Rasen meterhoch oder in den Bürgersteigen. Da ist überall Unkraut dazwischen, da wird wenig gemacht. Man merkt es auch am allgemeinen Stadtbild. Gucken Sie, also es verkommt regelrecht, es verkommt wirklich: die Straßenzustände, die Bürgersteige. Also da sieht man schon, dass an Grünflächen, an allem was so da ist, dass da doch gespart wird, sehr stark gespart wird." (ehem. ltd. Ang. 67 J.)

Weiter werden die schlechteren Möglichkeiten und Verteuerungen bei der Abfallentsorgung kritisiert. Zu wenig Geld sei auch in die Vereine und kleineren Projekte geflossen. Die Bürger bemerken Einschränkungen bei der Bücherei, was die Bücherbusse, die Öffnungszeiten und das Literaturangebot angeht.

„Wir lesen sehr viel in der Familie. Und da sehe ich, dass es erhebliche Einschränkungen gibt: a) von der Auswahl der Bücher und b) das finde ich ganz, ganz schlimm, dass die Bürger aufgefordert werden zu spenden: Kauft uns Bücher, damit wir sie ver-

leihen können, das ist 'ne Katastrophe und c) die Öffnungszeiten der Bücherei, dass das alles eingeschränkt wird." (Rentner, vormals Angestellter, 65 J.)

Auch im Sozial- und Wohnbereich wurden die Probleme offensichtlich: Westhagen und Detmerode waren und sind nach wie vor Stadtteile mit gehäuftem Auftreten von Problemlagen und weitere (Laagberg, Wohltberg, Hageberg und Teile der Innenstadt) waren auf Grund des Zuzugs von Menschen in prekären Einkommensverhältnissen und Älterer (und des Wegzugs anderer) hinzugekommen. Mancher Ortsteilbewohner meint, es sei zu wenig Geld in die Stadtteile geflossen. Ein Ortsteilbewohner bringt den Tenor der Kritik auf den Punkt:

„Es wird alles in die City reingepumpt und die äußeren Bezirke bleiben liegen. In der Stadt wird alles hübsch gemacht. Da wird was gebaut, da kommt eine neue Beleuchtung hin, obwohl die alte ja noch ausreichend war, nur weil es schöner aussieht. Aber hier in den Stadtteilen passiert gar nichts. Die Stadtteile werden vernachlässigt. Wenn sich hier nicht einige Interessenten für das Einkaufszentrum hier ein bisschen stark gemacht hätten, dann wäre das auch schon verkommen." (kaufm. Angestellte, 53 J.)

Es gibt aber auch (wenige) Gegenstimmen, die ausdrücken, dass die Großprojekte durchaus einen positiven Effekt auch für kleinere oder alltagsbezogenen Einrichtungen gehabt hätten. So habe sich das ‚Hallenbad' als Kultur- und Gastronomieeinrichtung etablieren können und auch die Familienbildungsstätten hätten sich verbessert. In Wolfsburg sei genug Geld, um Großes und Kleines gleichermaßen zu fördern: *„ Wenn etwas dringend notwendig ist, dann hat es in dieser Stadt noch nie gefehlt, dann hat man immer Mittel und Wege gefunden, das auch zu befriedigen"*, so ein ehemaliger leitender Angestellter.

Die meisten Befragten sehen aber doch eher Einschränkungen zu Gunsten der Großprojekte: *„Kleine Sachen, kleine Dinge, die also die Bürger bewegen und alles drum rum, das wird echt vernachlässigt, absolut vernachlässigt, die haben nur die Großprojekte da im Auge"*, so ein Rentner. Manche Menschen haben sogar das Gefühl, dass die Einheimischen bei all dem gar *„auf der Strecke bleiben"*.

Das deutlichste Missverhältnis zwischen den prestigeträchtigen Großprojekten und der alltagsrelevanten Daseinsvorsorge wurde aber im sozialen Bereich gesehen. Vor allem die Schulen befanden sich – so sind Experten und Bewohner ziemlich einig – in einem teilweise erbärmlichen Zustand, weil *„notwendige Investitionen für die Sanierung über Jahre vernachlässigt worden waren"*. Weder der Brandschutz noch die sanitären Anlagen oder die technische Ausstattung z. B. mit Computern, die Reinigung u.v.a.m. entsprachen – so die zuständigen Experten – den Standards und auch hinsichtlich der Schulstrukturen war ein Modernisierungsrückstand (z. B. gab es nicht genügend integrierte Gesamtschulen) erkennbar.

„In den letzten Jahren ist alles nur in die Großprojekte, besonders das Phaeno, geflossen. Das, was die Stadt eigentlich hätte leisten sollen, Schulen sanieren, sich um Kindergärten, Sportplätze und Vereine zu kümmern, hat sie nicht gemacht. Dann hat man das Egebnis, dass die Schulen total runter gekommen sind." (Pädagoge, 54 J.)

Am meisten schockiert waren die städtischen Vertreter nach eigenen Angaben aber, als sie plötzlich zur Kenntnis nehmen mussten, dass in einer Stadt, die einen Weltkonzern beheimatet und die jahrzehntelang an der Spitze des Fortschritts und Wohlstands gestanden hatte, *„knapp 25 Prozent der Kinder unter der Armutsgrenze leben"*. Auf die Armutsproblematik wurde man (wegen eines Mangels an eigenen Stadtstudien[15]) erst relativ spät aufmerksam. LehrerInnen hätten darauf hingewiesen, dass Kinder ohne Schulhefte in die Schulen kämen oder bis nach Schulschluss noch nichts gegessen hätten. Aus den Kindergärten wurde berichtet, dass man montags wesentlich mehr kochen müsse als an den anderen Wochentagen, weil die Kinder ausgehungert in die Kindergärten kämen. Es gab Meldungen, *„die uns ein Stück weit schockiert und wachgerüttelt haben"*, so ein Experte der Stadtspitze. Der Anstieg der Armut (mehr als 4.000 Haushalte, davon ein Drittel mit Kindern, beziehen Leistungen nach dem SGB II) hängt nach Expertenauffassung nicht zuletzt mit der Ausweitung des Niedriglohnsektors auch in Wolfsburg und der Aufweichung des VW Haustarifs zusammen.

Anlässlich der 2006 anstehenden Kommunalwahlen entzündete sich dann eine heftige Kritik an der bisherigen Politik der Großprojekte. Vor dem Hintergrund der immer deutlicher zu Tage tretenden Vernachlässigungen in bestimmten kommunalen Aufgabenbereichen seien die Großprojekte *„in der Öffentlichkeit zunehmend kritisch hinterfragt worden"* und *„die Akzeptanz in der Bevölkerung"* sei zurückgegangen, so sind sich die ExpertInnen weitgehend einig. Die Oppositionsparteien machten zudem Stimmung gegen die Großprojekte und legten den Finger in die offene Wunde. Besonders das Ende 2005 eröffnete Phaeno mit seiner modernen Architektur war von Anfang an ein Reizthema und stieß in vielen Leserbriefen auf Ablehnung. Die Großprojekte wurden jetzt als *„Prestigeprojekte"* etikettiert und es wurde die Frage aufgeworden, *„warum kann das Geld nicht für uns Wolfsburger ausgegeben werden, z. B. für Schulen und Kindergärten"*. Es kam der Vorwurf auf, dass die Stadt nur noch in den Kategorien von Großprojekten denke und andere Anliegen vernachlässige.

Zudem verlor die Stadt (nach einer kurzen Phase leichten Einwohnerzuwachses 2000-2003) erneut an EinwohnerInnen und seit 2005 auch an Ar-

---

[15] Man habe in der Phase der Großprojekte *„so atemlos agiert"* – so Experten der Verwaltungsspitze – dass man keine Zeit zur Reflexion und Analyse gehabt habe. So sind in den letzten Jahren beispielsweise fast keine Analysen zur Stadtentwicklung oder Sozialberichte mehr erstellt worden, und das letzte statistische Jahrbuch stammt aus dem Jahr 2005/2006.

beitsplätzen. Hinzu kamen düstere Bevölkerungsprognosen, die Wolfsburg in absehbarer Zeit ein Schicksal als schrumpfende und überalterte Stadt bescheinigten. Kurzum: Nachdem man sich ausgiebig um die Wirtschafts- und Beschäftigungsperspektiven und die Ankurbelung des Städtetourismus gekümmert hatte, wurde klar, dass Wolfsburg nun unbedingt atmosphärisch als Lebensmittelpunkt für seine Bewohner und die, die es werden sollen, zulegen musste, einerseits um durch Wanderungsgewinne die Stadtbevölkerung zu stabilisieren und andererseits um zu gewährleisten, dass VW seine zunehmend benötigten Fach- und Führungskräfte auch bekommt, die bislang lieber zur Konkurrenz gingen, weil in Stuttgart, Sindelfingen oder Leipzig die Wohn-, Freizeit-, Bildungs- und Kulturangebote attraktiver sind als in Wolfsburg.

Bereits 2003/2004 zeichnete sich außerdem ab, dass die „Boomphase" (Krebs 2004) nicht umstandslos fortzusetzen war, weil sich die Mobilisierung privaten Kapitals für die Realisierung der Großprojekte auf Grund der Verschlechterung der allgemeinen wirtschaftlichen Situation immer schwieriger gestaltete. Es gelang nach Expertenauskunft kaum noch Investoren zu begeistern, weil die Banken nicht mehr so ohne weiteres bereit waren, Kredite für Großprojekte zu gewähren. Das hatte zur Folge, dass – wie beschrieben (4.3.2) – verschiedene prestigeträchtige Großprojekte (Multidome und Multifunktionsarena), die zum Teil schon bis zur Umsetzungsreife (bis zum ersten Spatenstich) entwickelt waren, scheiterten, weil Investoren und Betreiber im letzten Moment absprangen. Mehr und mehr wich die Euphorie der nüchternen Erfahrung, dass Großprojekte keine Investorenmagneten, geschweige denn Erfolgsgaranten sind. Vor allem war es die gescheiterte AutoUni, die auf städtischer Seite einen Reflexionsprozess ausgelöste: Wenn ein so potentes Wirtschaftsunternehmen wie Volkswagen von einem seiner ambitioniertesten Prestigeprojekte Abstand nahm, sollte man sich dann nicht auch als Stadt wieder stärker auf sein ‚Kerngeschäft' konzentrieren?

Mehrere gescheiterte bzw. nicht in vollem Umfang realisierte Großprojekte verbunden mit der Erkenntnis, dass die Investoren in Wolfsburg nicht Schlange stehen und es immer schwieriger werden würde, privates Kapital zu mobilisieren, schwindende Gewerbesteuereinnahmen, hohe Schulden, Vernachlässigungen traditioneller kommunaler Aufgabenbereiche, die abnehmende Akzeptanz neuer Großprojekte in der Bevölkerung, die Kritik der Oppositionsparteien an der vermeintlichen ausschließlichen Großprojektorientierung und die bevorstehende Kommunalwahl führten dazu, dass die Stimmung in der Stadt umschlug. „Dem wollten wir begegnen", so ein Experte der Stadtspitze und man habe man sich überlegt, dass „weiche Themen besser ankommen und weniger Geld kosten".

Unter den befragten Experten und Expertinnen besteht weitgehend Konsens, dass die intensive Phase der Großprojekte 2004/05 mehr oder weniger zum Abschluss gekommen sei. *„Das eine oder andere Erlebnisprojekt wird es noch geben",* so lässt man verlauten, aber zukünftige Projekte sollten längst nicht mehr in der Größenordnung und mit dem Finanzvolumen durchgeführt werden wie in der Anfangsphase, sondern *„modifizierter",* *„kleinteiliger"* und *„weniger spektakulär".* Es wurde ein Trend *„weg vom Gigantischen hin zu kleineren Erlebnisweltprojekten"* – hier ein Klettergerüst und da eine Bowlingbahn – eingeleitet. Man hatte den Eindruck, dass der Wolfsburger Erlebnismarkt weitgehend gesättigt war. Die Rede ist von einer notwendigen *„Normalisierung"* und *„Konsolidierung".* Es wuchs die Erkenntnis, *„dass es auch mal wieder eine Ruhezeit geben muss. Man darf das nicht übertreiben".* Man habe die Menschen sehr gefordert. Die Boomjahre seien – so ein Experte der Stadtspitze – eine *„schwierige und durchaus auch kritische Phase gewesen, in der wir parallel sehr viele Dinge neu angegangen sind, die Unruhe in die Stadt brachten und die die Menschen so schnell nicht begreifen konnten. Besonders die Älteren haben es schwer gehabt zu folgen."* Es wurde klar, dass man die Bewohner und Bewohnerinnen nicht länger durch zusätzliche Großprojekte fordern dürfe, sondern ihnen Zeit einräumen müsse, sich an die Neuerungen zu gewöhnen, sie anzunehmen und kennen zu lernen. *„Jetzt muss eine Phase der Beruhigung, der Stabilisierung in die Stadt kommen".* Jetzt gehe es darum, das Potenzial der vorhandenen Großprojekte auszuschöpfen, sie zu vermarkten und die Besucherzahlen zu optimieren und sich wieder stärker auf eine bewohnerorientierte Innenpolitik zu konzentrieren. In den Worten eines Experten der Stadtspitze kam dann *„der Paradigmenwechsel zur inneren Stärkung, sprich: wichtig wurden Bildung, Jugend, Familie".* Das Projekt ‚Wohlfühlstadt' wurde eingeleitet. Es bekam *„allererste Priorität"* und wurde öffentlichkeitswirksam zu den 2006 anstehenden Kommunalwahlen als Marschroute der zukünftigen Stadtentwicklung präsentiert.

Die Stärkung Wolfsburgs als Wirtschaftsstandort war nach Ansicht mehrerer Experten 2004/05 *„weitgehend abgearbeitet".* Nun war klar, *„dass wir andere Faktoren in unserer Stadt in den Vordergrund stellen mussten",* so ein Experte der Stadtspitze *„Wir müssen etwas für die Bevölkerung, insbesondere für die Demographie tun und weniger für die Wirtschaft. Diese Position hat sich danach kontinuierlich durchgesetzt",* so ein städtischer Experte. Das übergeordnete Ziel der ‚Wohlfühlstadt' besteht darin, den durch rückläufige Geburtenzahlen und hohe Abwanderungen verursachten Einwohnerschwund langfristig zu stoppen (Wolfsburg-Saga 2008, 490ff.). Das Gesamtprojekt ‚Wohlfühlstadt' wird unter der direkten Federführung des Verwaltungsvorstandes koordiniert, was die herausgehobene Bedeutung verdeutlicht, und umfasst im Wesentlichen folgende Maßnahmen:

- Ein großangelegtes und finanziell gut ausgestattetes Projekt zur Sanierung und Modernisierung aller Wolfsburger Schulen. Darüber hinaus gibt es weitere Maßnahmen zur Familienförderung:
- Auflage eines neuen Familien-Bauförderungsprogramms, z. B. durch zinsgünstige Baudarlehen,
- Verbesserung des Betreuungsangebots für unter 3-Jährige und Kinder im schulpflichtigen Alter, z. B. durch Tagesmütter oder Schulspeisungen
- Verringerung der Elternbeiträge für Kinderbetreuungseinrichtungen,
- Maßnahmen zur Profilierung von Kindertagesstätten und Schulen z. B. in Richtung vermehrter bilingualer Angebote,
- Um all die Maßnahmen auch werbewirksam bekannt zu machen, wird ein intensives projektbegleitendes Marketing unter dem Motto „Lust an Familie" durchgeführt. *„Wir haben das hier in Wolfsburg als selbstverständlich angesehen und vielleicht ein bisschen versäumt, die Vorzüge, die Wolfsburg hat, den sogenannten Wolfsburger Standard, der hier als selbstverständlich akzeptiert worden ist, nach außen zu kommunizieren"*, so ein Vertreter der Stadtspitze.

4.5.2 Erlebnisorientierte Großprojektpolitik im Urteil der Bewohnerschaft

Auch wenn Kritik an der Großprojekt-Politik also durchaus geäußert wurde und sich im Kontext der alltägliche Dinge die Bedeutung der erlebnisorientierte Großprojekte für die meisten Wolfsburger doch stark relativiert, so findet sie insgesamt mehrheitlich und deutlich Zuspruch. Dies wird klar bei der Analyse der Antworten auf die Frage: „Was halten Sie eigentlich insgesamt von der Strategie der vergangenen Jahre, Wolfsburg durch große Projekte aufzuwerten? Sagen Sie mir bitte jeweils ob die folgenden Aussagen aus Ihrer Sicht zutreffen oder nicht?" In der folgenden Tabelle werden die Haltungen der Befragten zu der Großprojektpolitik zusammenfassend dargestellt, die schon in den jeweiligen Kapiteln separat behandelt wurden (vgl. Tab. 21).

Im Ganzen zeigt sich eine recht positive Bewertung der Strategie der Großprojekte durch die Wolfsburger. So wird nicht nur den positiv formulierten Statements stark zugestimmt, sondern – was angesichts einer aus Umfragen bekannten generellen Zustimmungstendenz noch bedeutsamer ist – es wird auch den negativ formulierten zum Teil (deutlich) widersprochen.

Die Wolfsburger sind ganz überwiegend der Meinung (78%), dass die Großprojekte den Wirtschaftsstandort Wolfsburg gestärkt haben. Von allen Aussagen stößt diese auf die deutlichste Zustimmung: Die Impulse, die von der neuen Stadtentwicklung ausgingen, die Ansiedlung von Zulieferbetrieben, die Unternehmensneugründungen, die Schaffung von Arbeitsplätzen im Dienstleistungsbereich, die Verringerung der Arbeitslosigkeit und das Bekenntnis von VW zum Standort Wolfsburg werden von den Menschen durchaus sehr deutlich zur Kenntnis genommen.

Tabelle 21: Statements zu den Konsequenzen der Strategie der erlebnisorientierte Großprojekte, Antworten in %

	stimme zu	teils/ teils	lehne ab	w.n./ k.A	Insg.
Die Großprojekte haben den Wirtschaftsstandort gestärkt.	78	11	6	5	100
Die Großprojekte haben das städtische Leben vielfältiger und bunter gemacht.	71	18	9	2	100
Die Großprojekte haben das Ansehen der Stadt enorm erhöht.	70	18	8	4	100
Die Großprojekte haben den Stolz der Bürger auf die Stadt erhöht.	68	17	13	2	100
Die Großprojekte passen nicht so recht zu Wolfsburg.	15	23	60	2	100
Durch die Großprojekte hat Wolfsburg an Vertrautheit verloren.	17	16	62	5	100
Die Großprojekte richten sich vor allem an Touristen.	34	28	36	2	100
Städtisches Leben konzentriert sich fast nur noch auf die Großprojekte.	37	25	30	8	100
Zu viel Geld für Großprojekte, anderes Wichtige kommt zu kurz.	51	28	15	6	100
Die Großprojekte wurden über die Köpfe der Bürger hinweg geplant.	52	21	14	13	100

N= 972

Die mit den Großprojekten verbundene Hoffnung, die Stadt bunter und vielfältiger zu machen, hat sich aus Sicht der Wolfsburger ebenfalls erfüllt, wenn auch (3.3 und 3.4) die Stadt immer noch nicht als wirklich ,urban' bezeichnet wird. Aber es sei besser geworden, so die Meinung der Bevölkerung.

Jenseits der sichtbaren Wirkungen auf die Angebotsvielfalt, die architektonische Ausgestaltung, die Belebung der Innenstadt oder einzelner Bereiche haben Großprojekte vor allem auch eine Wirkung auf symbolischer Ebene entfaltet (2.6). Mit der Strategie der Großprojekte war in Wolfsburg in besonderem Maße das Ziel verbunden, das Fremdimage der Stadt zu verbessern und zu differenzieren. Wolfsburg wurde zwar als erfolgreicher und ökonomisch starker VW-Standort wahrgenommen, das sonstige Image der Stadt war aber eher grau bis negativ. So ließen sich Fußballspieler selbst mit attraktiven Angeboten nicht zum VfL locken und nicht wenige Personen in höheren Berufspositionen nahmen ihren Wohnsitz außerhalb der Stadt, im Umland, ja, in Braunschweig, Berlin oder Hannover. Dem Statement „Wolfsburg hat durch die Großen Projekte enorm an Ansehen gewonnen" stimmten 70% zu; nur 8% widersprachen. Mit der Frage der Stärkung des Wirtschaftsstandortes ist dieser Image-Aspekt derjenige mit der allergrößten Zustimmung.

Die Strategie der Großprojekte hat außerdem und wie auch in anderen Städten (Wood 1993) zu einer positiven Veränderung des Selbstwertgefühls als Wolfsburger beigetragen (2.6). Mehr als zwei Drittel der Befragten stimmten dem Statement: „Die großen Projekte haben den Stolz der Wolfsburger erhöht" zu, nur 13% sahen das nicht so. Das ändert aber nichts am Gesamtbefund, dass die erlebnisorientierten Großprojekte zumindest auf einer gefühlten Ebene das Selbstwertgefühl, das ja in Wolfsburg immer etwas brüchig war, ganz eindeutig gestärkt haben.

Die Wolfsburger sind also der Ansicht, dass die Stadt erheblich von den Großprojekten profitiert hat. Das gilt nach Ansicht der Bewohnerschaft auch weitgehend für sie selbst. Die auch von uns in der vorherigen Studie geäußerte Befürchtung, die großen Projekte könnten als Fremdkörper empfunden werden, die zum Charakter der Stadt eigentlich gar nicht passen, bestätigte sich nicht. Jedenfalls sehen die Wolfsburger das mehrheitlich nicht so: 60% widersprachen dem Statement „die großen Projekte passen nicht so recht zu Wolfsburg". Nur 15% sahen dagegen ein solches Missverhältnis. Ähnlich deutlich wurde die Aussage „Wolfsburg hat durch die Großprojekte ein bisschen von seiner Vertrautheit verloren" (von 62%) abgelehnt; gerade mal 17% stimmten ihr zu. Zu Fremden in der eigenen Stadt – wie Eckert (2001) behauptet – sind die Wolfsburger jedenfalls mehrheitlich nicht geworden.

Mit der Schaffung der unterschiedlichen Großprojekte war insbesondere auch das Ziel verbunden, mehr Touristen nach Wolfsburg zu locken, Wolfsburg zu einer ‚Destination' zu entwickeln. Dass Wolfsburg dabei auf einem guten Weg ist, ließ sich ja bereits anhand des Anstiegs der Tagesgäste zeigen (1.7). In anderen Studien hat sich aber gezeigt, dass der verstärkte Zustrom auswärtiger Gäste als ‚Überfremdung' erlebt wurde (Wood 2003, 197ff.). Wie sehen das die Wolfsburger? In dieser Hinsicht ist die Haltung gespalten: Ein gutes Drittel der Befragten ist der Meinung, dass „die Großprojekte sich vor allem an Touristen und nicht so sehr an die Wolfsburger selbst richten" – fast genau so viele halten diese Aussage aber für falsch. Ebenso gespalten sind die Wolfsburger im Hinblick auf die Beurteilung der Frage, ob sich das städtische Leben heute nur noch im Bereich der Großprojekte konzentriert. Während knapp 40% dies so sehen, lehnen gut 30% das Statement ab.

Noch kritischer sind sie mit Blick auf die Frage, ob die Großprojekte über die Köpfe der Bürger hinweg geplant wurden und ob für die großen Projekte zu viel Geld ausgegeben und anderes Wichtige vernachlässigt wurde. Jeweils über die Hälfte der Befragten stimmten der betreffenden Aussage zu, auch wenn die Kritik teilweise relativiert wurde.

Alles in allem zeigt sich eine positive Bewertung der Strategie der Großprojekte durch die Wolfsburger Bevölkerung. Auch wenn sich die meisten Wolfsburger eine ausgewogenere Mittelverteilung auf Großprojekte einerseits und Alltagsbelange andererseits sowie eine stärkere Beteiligung gewünscht hätten, so besteht ganz überwiegend der Eindruck, dass die Großprojekte die Stadt enorm vorangebracht hätten: Über zwei Drittel der Befragten sehen positive Auswirkungen auf den Wirtschaftsstandort, die Urbanität, das Image und den Stolz. Die Großprojekte werden ganz überwiegend als passend zur Stadt und nicht vertrautheitsstörend wahrgenommen.

Ausschlaggebend für die überwiegend positive Beurteilung sind die real erzielten Erfolge in den vergangenen Jahren: der Rückgang der Arbeitslosigkeit, die Diversifizierung der Wirtschaft, die steigenden Besucherzahlen, das positive Abschneiden in den Medien, das positive Feedback, das man vom eigenen Besuch als signifikanter Bezugsgruppe erhält und besonders die eigene Nutzung der neuen Angebote. Wer die erlebnisorientierten Großprojekte regelmäßig nutzt – und das sind die meisten Wolfsburger – bei dem wird sich nur schwer eine Antihaltung ausbilden. Hinzu kommt, dass all das Erreichte ja auch immer werbewirksam in den städtischen Marketingmaßnahmen und der regionalen Tagespresse kundgetan wird. Entsprechend ist man hinsichtlich der Frage, ob man es in Bezug auf die erlebnisorientierten Großprojekte beim derzeitigen Stand belassen oder man auf diesem Weg weiter zügig voranschreiten und weitere neue Projekte bauen sollte, mehrheitlich für ‚Fortsetzung' (vgl. Abb. 21).

Abbildung 21: „Sollte man es Ihrer Meinung nach bei diesen Projekten bewenden lassen oder sollte man auf diesem Weg zügig weiter fortschreiten und weitere neue Projekte bauen?"

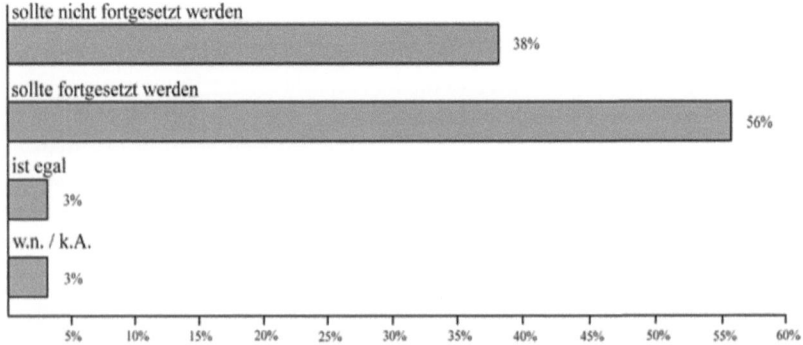

Man muss konzedieren, dass eine Ablehnung der erlebnisorientierten Großprojektpolitik in der Bevölkerung anders aussähe. Auch wenn eine beachtliche Quote von fast 40% der Meinung ist, dass man mit dieser Art von Politik besser aufhören sollte, so sprechen sich doch mehr als die Hälfte für eine Fortführung aus. Das ist – angesichts der ja durchaus auch vorhandenen Kritik und der letztlich ja nur relativen Bedeutung der erlebnisorientierten Großprojekte für das Alltagsleben – eine sehr hohe Quote. Das liegt ganz offensichtlich auch daran, dass das Konzept dieser Politik recht ausgewogen ist: Es ist für jede Bevölkerungsgruppe irgendetwas dabei, mit dem sie etwas anfangen konnte und kann. Für viele ist sogar sehr viel dabei. Und selbst jenen Großprojekten, mit denen man selbst nicht so viel anfangen kann (Phaeno, Kunstmuseum, Volkswagen Arena), wird doch konzediert, dass sie zumindest für die Stadt einigermaßen wichtig wären. Die folgende Tabelle zeigt die jeweilige Rangfolge der Großprojekte in Bezug auf ihre ‚Wichtigkeit für die Stadt' bzw. auf die ‚persönliche Präferenz' (vgl. Tab. 22):

Tabelle 22: Rangskala der Großprojekte im Urteil der Befragten

Großprojekt	wichtig für Stadt	mir am liebsten
Autostadt	1	1
Volkswagen Arena	2	6
Phaeno	3	7
City Galerie	4	3
Kunstmuseum	5	8
Badeland	6	5
Schlosspark	7	4
Allerpark	8	2
Eis Arena	9	10
Cinemaxx	10	9

Frage: „Bitte suchen Sie die Karten der großen Projekte heraus, die Ihnen persönlich am besten gefallen. Wählen Sie maximal 3 Karten" *(Int.: Kartensatz Großprojekte geben)* und „Und zum Schluss suchen Sie bitte die großen Projekte heraus, die Ihrer Meinung nach für die Stadt Wolfsburg am wichtigsten sind – unabhängig davon, ob sie Ihnen selbst gefallen oder nicht. Wieder maximal 3."; n = 972

Die Autostadt ist also klar und mit großem Abstand die Nummer 1 in der Rangskala der erlebnisorientierten Großprojekte – in beiden Skalen: Sie ist das beliebteste Großprojekt und zugleich jenes, das als besonders wichtig für die Stadt angesehen wird. Das Phaeno wird als einigermaßen wichtig für die Stadt angesehen (Rang 3), ist aber nicht besonders ‚beliebt' (nur Rang 7); die City Galerie kommt in beiden Skalen ganz gut weg, wohingegen der Allerpark sehr ‚beliebt' ist (Rang 2), aber als nicht besonders wichtig für die Stadt angesehen wird (Rang 8). Dennoch ist es der Großprojektpolitik gerade durch dieses Projekt gelungen, ihre Akzeptanz in der Bevölkerung deutlich zu erhöhen.

Wenn man zusätzlich den Paradigmenwechsel in der Wolfsburger Stadtentwicklungspolitik der letzten Jahre betrachtet (ein bisschen weg vom Konzept der Erlebnis- hin zur Wohlfühlstadt, in der ja auch durchaus Platz ist für weitere, vielleicht auch kleinere Großprojekte), dann ist festzustellen, dass Wolfsburg auf dem richtigen Weg ist bzw. auf dem Weg, den sich die Bevölkerung mehrheitlich wünscht.

Bleibt abschließend die Frage, bei wem die erlebnisorientierte Stadtentwicklungspolitik besonders gut ankommt und bei wem weniger. Klar ist: sie kommt bei allen Bevölkerungsgruppen mehrheitlich an. Für die Haltung gegenüber den Großprojekten (gemessen an den Antworten im Kontext von Tab. 21) sind vor allem die Sozialstatusposition und der Lebensstil ausschlaggebend. Befragte mit höheren Bildungs-, Berufs- und Einkommenspositionen gehören überproportional häufig zu den starken Befürwortern der erlebnisorientierten Stadtentwicklungspolitik. Sie sehen deutliche Verbesserungen, loben die Auswirkungen und sind weniger kritisch als die Wolfsburger am anderen, unteren Ende der sozialen Skala: Arbeitslose, Bildungsferne und Menschen mit (sehr) wenig Geld sind angesichts ihrer eigenen schwierigen Lebenssituation deutlich ablehnender und fühlen sich zum Teil auch nicht angemessen berücksichtigt. Ganz eindeutig kann man also die Gruppe der Bessergestellten als die ‚Gewinner' der erlebnisorientierten Stadtentwicklungspolitik bezeichnen und dies, obwohl diese Politik gar nicht so ‚exklusiv' angelegt war und mit den meisten Großprojekten (City Galerie, Badeland, Allerpark, Autostadt) durchaus den Geschmack breiter Bevölkerungsschichten traf.

Ob man zu den ‚Kritischsten' oder jenen gehört, die den Großprojekten am positivsten gegenüberstehen, hängt auch vom eigenen Lebensstil ab. Befragte, die sich generell durch eine aktive und aufgeschlossene Teilnahme am öffentlichen Leben charakterisieren (die ‚Urbanisten') sind in ihren Beurteilungen überproportional positiv. Kritischer sind dagegen Menschen mit einer eher auf das private Umfeld konzentrierten Lebensweise (die ‚Häuslich-Unauffälligen').

Wie schon die Befunde zur Nutzung zeigten (2.5), bestätigt sich auch für die Bewertung der erlebnisorientierten Stadtentwicklungspolitik, dass sie keine ganz schichtneutrale Angelegenheit ist. Zwar erreicht die Wolfsburger Großprojektpolitik die Mehrheit der Bewohner und Bewohnerinnen in allen Statusgruppen und wird jeweils auch von der Mehrheit mitgetragen, aber diese Politik stößt in den sozialen Gruppen auf ein unterschiedliches Feedback. Dass statushöhere Bewohner der Strategie der Großprojekte eher positiver gegenüberstehen, hängt wohl entscheidend damit zusammen, dass sie überproportional von den neuen Angeboten profitieren. Bestimmte Einrichtungen wie das Kunstmuseum, das Phaeno und auch die Autostadt greifen ihre Erlebnisdispositionen auf. Hinzu kommt, dass ihr Lebensstil eher öffentlichkeitsorientiert ist und sie als diejenigen, die jahrelang nicht im Fokus der politischen Bemühungen standen, über jedes zusätzliche Freizeitangebot froh sind. Sie honorieren die neue Stadtpolitik nicht nur mit einer überdurchschnittlich hohen Akzeptanz, sondern sprechen sich auch überproportional häufig für eine Fortführung aus.

Menschen mit (sehr) niedrigem Sozialstatus bringen dagegen etwas weniger Verständnis für diese Art von Stadtentwicklungspolitik auf. Einem Teil von ihnen ist das gebrauchswertbezogene Angebot einer Stadt verständlicherweise wichtiger. Wenn sozusagen trotzdem auch sie mehrheitlich die erlebnisorientierte Stadtentwicklungspolitik mittragen oder gar befürworten, dann vor allem deshalb, weil sie sehen, dass sich das Image der Stadt deutlich verbessert hat, real sozusagen als Wirtschaftsstandort, symbolisch als Stadt, ,wo was passiert', ,wo es aufwärts geht' – selbst wenn für sie selbst nicht so schrecklich viel abfällt, zumindest weniger als für die Statushöheren.

4.6   Fazit

Die lokalpolitischen Implikationen der erlebnisorientierten Stadtentwicklungspolitik über Großprojekte wurden unter drei Perspektiven untersucht: Wie hat sich das Zusammenspiel von VW und Stadt im Rahmen der Wolfsburg AG als einer Public Private Partnership entwickelt, welche politische Rolle spielte einerseits die Bevölkerung, andererseits der Rat der Stadt im Rahmen der Umsetzung dieser Politik und schließlich, drittens, auf welche Akzeptanz stieß diese Politik in der Bevölkerung, nachdem sie umgesetzt worden war.

Insgesamt kann man feststellen, dass die Stadt in den letzten Jahren einen erheblichen Modernisierungsschub erfahren hat. Das war möglich, weil alle Akteure – Stadt, VW und Wolfsburg AG – mehr oder weniger an einem Strang gezogen haben. Besonders in den Anfangsjahren ist die Wolfsburg AG zum entscheidenden Impulsgeber der Wirtschafts- und Stadtentwicklung geworden. Daneben aber hat auch die Stadt viele Großprojekte in Eigenregie initiiert. Bei VW ebbte dann aber sehr schnell das Interesse an der Stadtentwicklung im engeren Sinne ab. Man konzentrierte sich wieder mehr auf die Wirtschafts- und Beschäftigungsförderung. Die erlebnisorientierte Stadtentwicklungspolitik ist zwar ein ,Kind' der Wolfsburg AG, insofern hier die Zielrichtung entwickelt wurde, aber die Konkretisierung und Umsetzung dieser Politik erfolgte doch auch weitgehend in Eigenregie der Stadt (DOW, City Galerie, Allerpark, Badeland etc.).

Die Befürchtung, der VW-Konzern könne über die Institution der Wolfsburg AG gleichsam zukünftig ,bestimmen', was in der Wolfsburger Stadtentwicklungspolitik zu geschehen habe, hat sich daher nicht bestätigt; freilich hat es VW (mangels Interesse) auch nicht wirklich versucht und vermutlich auch nie vorgehabt; d. h. der Stadt blieben sehr viele Felder (auch innerhalb der Großprojektpolitik) überlassen, einfach weil das den VW Konzern auch nicht wirklich berührte oder interessieren musste. Allein im räumlichen Einzugsbereich und in Sichtweite der Autostadt, also im Bereich des Nordkopfes, ist man seitens VW sehr an einer *„qualitätsvollen"* Entwicklung interessiert, um den Erfolg der eigenen Einrichtung nicht zu gefährden. Die Autostadt brauchte ein ent- und ansprechendes Umfeld ‚mit Niveau', das aber andererseits ihr auch nicht die ‚Show' stehlen darf, was auch wenig wahrscheinlich ist. Aber in diesem Bereich der Autostadt ist man schon wachsam, dass auf dem städtischem Territorium unmittelbar jenseits Kanals, in Sichtweite der Autostadt, nichts ‚anbrennt'.

Es war weiter befürchtet worden, dass sich die Wolfsburg AG verselbständigen könnte gegenüber dem Rat der Stadt. Dieses Risiko war dadurch etwas eingeschränkt, dass der Aufsichtsrat der Wolfsburg AG paritätisch durch Vertreter von VW und der Stadt besetzt war und ist und die Vertreter der Wolfsburg AG *„zu jedem Großprojekt einen Ratsbeschluss eingeholt haben."* Man gehe, so heißt es, regelmäßig in den Strategieausschuss der Stadt, berichte dort über aktuelle Projektentwicklungen usw., um so ganz einfach das Vertrauen auch aufrecht zu erhalten und weiter aufzubauen. Wichtig sei, so heißt es weiter, dass man den demokratischen Entscheidungsprozess – sprich: Entscheidung liegt beim Rat – tatsächlich einhalte. Außerdem habe die Wolfsburg AG *„einen sehr engen Draht zur Stadtverwaltung"*. Man sei nicht *„irgendwie VW-lastig"*.

Wenn man sich dann aber vergegenwärtigt, dass es – wie von Ratsmitgliedern berichtet wurde – kaum kontroverse Diskussionen im Rat gab, sondern das Hauptbestreben des Rates darin bestand, Beschlüsse möglichst schnell und einvernehmlich *„durchzuwinken"* noch dazu, ohne die Bürger großartig in die Pläne einzuweihen, dann ist das schon ein deutlicher Beleg für die in der Literatur geäußerte Befürchtung einer gewissen ‚Entdemokratisierung' bzw. dafür, dass die intermediären Instanzen des politischen Systems in der Phase der ‚Festivalisierung der Stadtpolitik' erheblich geschwächt und die Wirksamkeit bürgerlicher demokratischer Organisationen ausgehöhlt werden (Häußermann/Siebel 1993, 30).

Ein viel diskutiertes, anderes Risiko von Public Private Partnerships besteht in der Wechselhaftigkeit und bisweilen Unkalkulierbarkeit des privaten Akteurs. Personelle Wechsel in der Führungsspitze bei VW (und damit auch in der Wolfsburg AG) oder eine Verschlechterung der wirtschaftlichen Situation hatten tatsächlich zur Folge, dass Großprojekte kurzfristig gekippt wurden und/oder die Stadt über die Wolfsburg AG Volkswagen zur Seite stehen musste; d. h. diese Gefahr der Public Private Partnerships hat sich im Fall Wolfsburgs durchaus bestätigt. Gleichwohl hat sich gezeigt (anders als befürchtet), dass die Stadt durchaus selbstbewusst innerhalb der Wolfsburg AG agiert, es dort kein blindes Akzeptieren gab und die Stadt die Möglichkeiten, die sich ihr durch die Wolfsburg AG boten, genutzt hat. Die Re-Definition der Aufgaben der Wolfsburg AG, die Aus- und Rückgliederung bestimmter Aufgabenbereiche in den ‚ureigensten' VW-Bereich und damit die Rückkehr zum ursprünglichen Auftrag der Wolfsburg AG kann als Indiz für diese durchaus selbständige Position der Stadt in der Wolfburg AG gewertet werden.

Es wurde schon angedeutet, dass der Rat der Stadt Wolfsburg und die Bevölkerung in diesem Prozess der erlebnisorientierten Stadtentwicklungspolitik zwar informiert (häufig über die Presse), aber an Entscheidungsprozessen nicht wirklich beteiligt wurden. Das ist aber, wie Erfahrungen aus anderen Städten zeigen, durchaus nicht wolfsburgspezifisch (Bischoff u. a. 1996; Wood 2003). Erst wenn das Konzept steht, ein Investor gefunden ist, geht man an die Öffentlichkeit und man ist dann auch bereit, kleinere Korrekturen vorzunehmen, um die Bürger wenigstens im Nachhinein zufrieden zu stellen. Im Ganzen entspricht die ‚Augen-zu-und-durch'-Großprojektstrategie aber auch der von den Experten kritisierten Wolfsburger ‚Konsumentenmentalität' und verstärkt das ohnehin schon ausgeprägte Gefühl der Bewohnerschaft, nur ein winziges Rädchen im großen Getriebe zu sein. Vorhandene Interessen an Beteiligung dürften durch diese Vorgehensweise jedenfalls nicht ermutigt worden sein und die viel beklagte Nörgelmentalität der Wolfsburger könnte angesichts dieser Befunde zumindest zum Teil auch Ausdruck fehlender Partizipationschancen und -erfolge sein. Im Rat der Stadt als politischem Entscheidungsgremium hat es nach Aussagen der Beteiligten ebenfalls keine grundlegenden politischen Kontroversen gegeben, was aber ebenfalls typisch für diese Art von Politik ist (Selle 1993).

Die erlebnisorientierte Großprojektpolitik konnte vor allem deshalb relativ reibungslos durchgesetzt werden, weil:

- sie im VW-Interesse zu liegen schien (und tatsächlich auch lag),
- sie tatsächlich erfolgreich war und dadurch zum ‚Selbstläufer' wurde, indem es leichter wurde, weitere Investoren für neue Projekte anzulocken,
- sie ‚verlockend' genug war, d. h. es ging nicht um Mülldeponien, Flughafenerweiterungen, Kohlekraftwerke, sondern um Parks, Museen, Fußballstadien etc.,
- keine unmittelbaren Opfer verlangt wurden (außer von ein paar Kleingärtnern, die ihre Parzelle aufgeben mussten), d. h. die Großprojekte konnten in der Stadt auf quasi ‚Freiflächen' so platziert werden, dass kaum Bewohner- oder Anwohnerkonflikte entstanden,

- sie relativ alternativlos war und auch als ‚einmalige Chance' für die Stadt Wolfsburg gesehen wurde und jede Kritik so als ‚lästige Bedenkenträgerei' abgekanzelt werden konnte,
- weil ein Defizit an Freizeit-, Konsum- und Kultureinrichtungen, speziell für die Erlebnisdispositionen Höhergestellter bestand und sie so breit gefächert angelegt war, dass für jeden Erlebnisanspruch letztlich doch was dabei war und
- über die große Aufmerksamkeit, die dieser stadtentwicklungspolitische Ansatz außerhalb von Wolfsburg auslöste, letzte Unsicherheiten und Bedenken in der Bevölkerung und im Rat der Stadt verdrängt bzw. ausgeräumt werden konnten.

Versucht man eine Bilanz der ‚Augen zu und durch'-Strategie, könnte man zunächst meinen, dass sie sich bewährt hat. „Die Bevölkerung hat sich die Projekte vorsetzen lassen und viele haben das auch kritisiert, aber jetzt wo es läuft, sind sie zufrieden", so beschreibt ein Wolfsburger rückblickend den Prozess. Und unsere Befunde scheinen das zu bestätigen: Die Wolfsburger haben die meisten Großprojekte als besondere Events in ihren Alltag integriert. Sie nutzen sie ab und an, zeigen sie stolz ihrem Besuch und viele sind selbst begeistert. Die Bewohner und Bewohnerinnen nehmen wahr, dass die Stadt in den letzten Jahren einen großen Schritt nach vorne gemacht hat und haben ein neues Selbstbewusstsein entwickelt. Tatsächlich zeigt sich eine überwiegend wohlwollende bis positive Bewertung der Strategie der Großprojekte in allen Schichten der Wolfsburger Bevölkerung. Ja, mehrheitlich hätte man nichts dagegen, wenn man auf diesem Weg fortschreiten würde. Auch wenn die erlebnisorientierten Großprojekte mehrheitlich positiv aufgenommen werden, so ist festzuhalten, dass sie mehr als ‚Sahnestückchen' im Alltag der Wolfsburger Bevölkerung fungieren: Es bedurfte dieser Großprojekte nicht unbedingt, aber jetzt, wo sie da sind, ist es schön, dass sie da sind.

Das ist Mehrheitsmeinung in allen Bevölkerungsgruppen. Aber deutlich wird auch, dass die erlebnisorientierte Stadtentwicklungspolitik mit Hilfe von Großprojekten bei den Bessergestellten auf deutlich mehr positive Resonanz stößt als bei den unteren Bevölkerungsschichten. Die Bessergestellten profitieren nahezu von allen, die schlechter Gestellten nur von einigen Großprojekten, manche gar nicht. Zudem sehen sie, dass die Großprojektpolitik doch auch auf Kosten anderer Bereiche der kommunalen Daseinsvorsorge ging (Straßen, Büchereien, Schulen), die für sie in ihrem Lebensalltag noch wichtiger sind. So gesehen stellt die Entscheidung der Stadt, konzeptionell stärker auf eine innenorientierte Bewohnerpolitik, also nicht mehr auf eine ‚Erlebnisstadt', sondern mehr auf eine ‚Wohlfühlstadt' zu setzen, eine richtige Weichenstellung und Korrektur dar, zumal ja auch eine Wohlfühlstadt nicht zwangsläufig weitere erlebnisorientierte Großprojekte ausschließen muss.

Schlussbetrachtung

Die Stadt Wolfsburg hat in dem hier betrachteten Zeitraum (1998-2008) einen weiteren großen Entwicklungsschritt vollzogen. Dieser Zeitraum war insbesondere geprägt durch die Planung und Inbetriebnahme einer ganzen Reihe von sogenannten erlebnisorientierten Großprojekten (Autostadt, Phaeno, Badeland, Allerpark, City Galerie etc.). Ziel dieser Stadtentwicklungspolitik war die Steigerung der kommunalen Attraktivität und Wettbewerbsfähigkeit in Bezug auf externe Akteure wie Investoren, zukunftsorientierte Unternehmen, hochqualifizierte Arbeitskräfte wie auch Touristinnen und Touristen. Heinz (2008, 23) bezeichnet diese Politik als „wettbewerbsorientierte Standortpolitik", worunter er Maßnahmen fasst wie den Bau von Technologie- und Wissenschaftsparks, Imagekampagnen, den Bau von aufmerksamkeitswirksamen ‚Leuchtturmprojekten' (vor allem im Kulturbereich), attraktiver Sport- und Unterhaltungseinrichtungen sowie die Durchführung von Großveranstaltungen und (Mega-) Events usf.; insoweit ist das, was sich in Wolfsburg getan hat, paradigmatisch und Sonderfall zugleich. Paradigmatisch insofern, als im betrachteten Zeitraum in vielen Städten auf diese Strategie der wettbewerbsorientierten Standortpolitik gesetzt wurde, Sonderfall insofern, als es kaum eine Stadt in Deutschland geben dürfte, in der diese Politik so umfassend und tatkräftig umgesetzt wurde wie gerade in Wolfsburg. Insofern bietet Wolfsburg wieder einmal die Chance, bestimmte stadtentwicklungspolitische Trends in ihren Ursachen und Folgen zu untersuchen, gleichsam in ‚Reinkultur'. Das, was in anderen Städten meist nur auf ein paar wenige Großprojekte oder Großveranstaltungen hinauslief (etwa Hannover mit seiner EXPO) und dort lediglich eine Art von Akzentsetzung war, ist in Wolfsburg viel mehr gewesen. Aussagen wie „eine neue Gründerzeit" oder „eine Stadt erfindet sich neu" zeigen bei aller Übertreibung diesen anderen Ansatz und Anspruch.

Wenn in Hamburg die Hafencity gebaut wird mit der Elbphilharmonie als kulturellem Highlight, dann ist das vom Finanzvolumen her sicherlich vergleichbar, aber das findet in einer Großstadt, ja, in einer Metropole statt, eingebunden in ein bereits bestehendes breites Kultur-, Sport- und Unterhaltungsangebot von zumindest nationalem, wenn nicht gar internationalem Niveau (vgl. Brühl u. a. 2005, 251ff.). In Wolfsburg fand all das in der ‚Provinz' statt, in einem kulturellen ‚Niemandsland'. Man kann sich vorstellen, welchen Mut, aber vor allem auch welcher Anstrengung es bedurfte, einer solchen Stadt (ursprünglich eine Industrie- und Arbeiterstadt) auch kulturell ‚Geltung' zu verschaffen, sie gar zu einer stadttouristischen Destination zu entwickeln.

Waren so gesehen die Voraussetzungen für eine solche wettbewerbsorientierte Standortpolitik in Wolfsburg also denkbar schlecht, so waren andere Voraussetzungen denkbar günstig: Wolfsburg als Sitz eines ‚global players', als ‚Hauptstadt' des VW-Imperiums! Und dieser Tatbestand hatte schon in der Vergangenheit Vieles möglich gemacht, was andernorts an sich politisch und finanziell völlig undenkbar war.

Tatsächlich verdankt sich der Entwicklungsschub der Stadt Wolfsburg im betrachteten Zeitraum nahezu ausschließlich der Entscheidung bei VW, sich am Standort auch ‚stadtentwicklungspolitisch' zu engagieren, mit der Stadt in Gestalt der sogenannten Wolfsburg AG eine Public Private Partnership einzugehen und auf dem Werksgelände die sogenannte Autostadt zu bauen, in der die VW-Kunden ihre neu gekauften Autos abholen und wie andere BesucherInnen so beeindruckt werden sollten, dass sie ein Leben lang ‚VW-Fan' bleiben. Notwendig war aus VW-Sicht also, das Autoabholen bzw. den Autostadt-Besuch zu einem positiven ‚Erlebnis' zu machen, wozu (neben der Konzern-Inszenierung in der Autostadt selbst) auch gehören musste, den Innenstadtbereich und vorrangig das unmittelbare städtische Umfeld etwas aufzuwerten, damit die VW-Kunden und Autostadt-Besucher nicht abgeschreckt werden würden von der Tristesse gerade dieses Bereiches der Stadt Wolfsburg. Tatsächlich hat sich die Wolfsburger Großprojektpolitik denn bisher auch sehr stark auf den am nordöstlichen Rand der Innenstadt gelegenen städtischen Teilbereich bezogen, der das Umfeld und Sichtfeld der Autostadt ausmacht (DOW, Phaeno, Volkswagen Arena, Allerpark, Badeland).

Abgesehen davon, dass in diesem zentralen Bereich auch die größten Potenziale (z. B. Freiflächen) vorhanden waren, zeigt dies noch mal, wie sich im Falle Wolfsburgs die ökonomische Macht gleichsam hinter dem Rücken der Akteure durchsetzt. Denn unsere Untersuchungen in Bezug auf das Verhältnis von VW und Stadt im Rahmen der Wolfsburg AG zeigen eigentlich (im untersuchten Zeitraum) ein recht ‚partnerschaftliches Verhältnis' zwischen beiden Akteuren, in dem sich die Stadt in Einzelfragen durchaus behaupten konnte. Aber wenn es das Ziel der Großprojektpolitik war, als Stadt (gegenüber VW) ein Stück weit ein selbständigeres Profil zu gewinnen, so ist das nur sehr bedingt gelungen. Und wenn es heißt „Wolfsburg – der Ort neben der Autostadt" (Mehlin 2006, 108), so ist das zwar polemisch, auch falsch, aber doch auch ein wenig zutreffend: Denn so wie die Stadt Wolfsburg ihre Existenz dem VW-Werk verdankt, so verdanken die vielen städtischen Großprojekte ihre Existenz letztendlich dem Bau der Autostadt durch VW als einer Art ‚Initialzündung'.

Die erlebnisorientierte Großprojektpolitik ist das Ergebnis einer völlig neuartigen Zusammenarbeit von VW und Stadt in der Wolfsburg AG (auch wenn die Mehrheit der Großprojekte dann von der Stadt selbst durchgeführt oder initiiert wurde); die Untersuchung zeigt, dass diese Public Private Partnership in der Anfangsphase recht erfolgreich war, aber im Laufe der Zeit die Interessen der beiden Akteure doch wieder etwas auseinander gingen und die Aufgabenfelder auch teilweise neu definiert wurden. In diesem Prozess hat sich die Stadt durchaus selbstbewusst behauptet, wenn man auch nicht sagen kann, sie hätte sich dabei regelrecht gegen die Interessen von VW durchgesetzt oder durchsetzen wollen.

Die Großprojektpolitik wurde in Wolfsburg (wie auch in anderen Städten) weitgehend ohne Bürgerbeteiligung durchgeführt. Dieser Tatbestand ist weitgehend unbestritten, wenn sich auch in der Bewertung große Meinungsunterschiede zeigen: Die einen kritisieren das, die anderen zeigen Verständnis, manche finden es gar richtig, anders könne man das gar nicht machen. Auch die Rolle des Rates der Stadt als Entscheidungs- und Kontrollorgan war begrenzt: Man wurde informiert, man musste auch formal die entsprechenden Beschlüsse fassen, aber politische Kontroversen (schon gar grundsätzlicher Art) waren selten.

Die erlebnisorientierte Großprojektpolitik konnte vor allem deshalb relativ reibungslos durchgesetzt werden, weil

- sie im VW-Interesse zu liegen schien (und tatsächlich auch lag),
- im Trend der Zeit lag und tatsächlich ‚erfolgreich' war und dadurch zum ‚Selbstläufer' wurde, indem es (zumindest in der Anfangsphase) leichter wurde, Investoren für neue Projekte anzulocken,
- sie ‚verlockend' genug war, d. h. es ging nicht um Mülldeponien, Flughafenerweiterungen, Kohlekraftwerke, sondern um Parks, Museen, Fußballstadien etc.,
- keine unmittelbaren Opfer verlangt wurden (außer von ein paar Kleingärtnern, die ihre Parzelle aufgeben mussten), d. h. die Großprojekte konnten in der Stadt auf quasi ‚Freiflächen' so platziert werden, dass kaum Bewohner- oder Anwohnerkonflikte entstanden,
- sie relativ alternativlos war und auch als ‚einmalige Chance' für die Stadt Wolfsburg gesehen wurde und jede Kritik so als ‚lästige Bedenkenträgerei' abgekanzelt werden konnte,
- ein Defizit an Freizeit-, Konsum- und Kultureinrichtungen speziell für die Erlebnisdispositionen Höhergestellter bestand und sie so breit gefächert angelegt war, dass für jeden Erlebnisanspruch letztlich doch was dabei war,
- mit der Autostadt gleich ein imposantes und erfolgreiches Startsignal für diese Art von Politik gesetzt wurde und dadurch auch gewisse ‚Zugzwänge' entstanden und

- über die große Aufmerksamkeit, die dieser stadtentwicklungspolitische Ansatz außerhalb von Wolfsburg auslöste, letzte Unsicherheiten und Bedenken in der Bevölkerung und im Rat der Stadt verdrängt bzw. ausgeräumt werden konnten.

Tatsächlich war nicht so sehr strittig, ob diese Großprojekte für die Entwicklung der Stadt wünschenswert wären oder nicht, sondern ob sie in einer Stadt wie Wolfsburg ‚funktionieren' würden und wie sie zu finanzieren wären. Als nach einer ersten, sehr erfolgreichen Phase einige Investoren für weiter geplante Großprojekte ‚absprangen', die Gewerbesteuern mal wieder rückläufig waren und sich die Verschuldung der Stadt innerhalb weniger Jahre verdreifacht hatte (und Kommunalwahlen bevorstanden), wurde dann auch schnell das Tempo dieser dynamischen, erlebnisorientierten Stadtentwicklungspolitik gedrosselt und vom Konzept der ‚Erlebnisstadt' auf das Konzept der ‚Wohlfühlstadt' umgestellt. Dennoch ist unbestritten sehr viel vom ursprünglichen ‚Erlebnisstadt-Konzept' realisiert worden.

Die Untersuchung hat sich darauf beschränkt, die stadtkulturellen Auswirkungen dieser Großprojektpolitik (und nicht etwa deren kommunal- und finanzwirtschaftlichen Folgen) zu untersuchen, wobei es (neben der ‚politischen Kultur' in Wolfsburg im Schatten von VW) vor allem um zwei Aspekte ging: die Wirkungen der erlebnisorientierten Großprojekte zum einen auf die gemeindliche Integration (a), zum anderen auf die städtische Urbanität (b). Diese beiden Aspekte standen im Mittelpunkt aller bisherigen Wolfsburg-Studien, und beide Aspekte waren in der Stadt bisher nicht befriedigend gelöst worden.

ad a)

Die vorherigen Studien hatten gezeigt, dass sich die nach dem 2. Weltkrieg nach Wolfsburg gezogenen Menschen (die allermeisten Flüchtlinge, Vertriebene ‚aus dem Osten': das „zusammengewürfelte Volk"; Schwonke/Herlyn 1967, 64) recht schnell in der neuen Heimat Wolfsburg eingelebt hatte. Die Stadt bot schon bald alles, was zum Leben notwendig war (und z. T. deutlich mehr), vor allem im VW-Werk einen sicheren und gut bezahlten Arbeitsplatz. Dennoch gab es immer bestimmte Vorbehalte gegenüber der Stadt: zum einen bei jenen, die sich mit der Stadt als einer ‚Arbeiterstadt' nicht identifizieren konnten, zum anderen bei jenen, die Schwierigkeiten hatten mit dem Image der Stadt als einer ‚Retortenstadt', einer ‚Goldgräberstadt', als ‚VW-Werkssiedlung' usf.; man schien sich entschuldigen zu müssen dafür, dass man ausgerechnet in Wolfsburg lebte.

Die erlebnisorientierte Großprojektpolitik wurde nicht explizit mit dem Ziel in Gang gesetzt, den gemeindlichen Integrationsprozess zu befördern, und die fachliche Diskussion um erlebnisorientierte Großprojekte geht ja

auch davon aus, dass eher negative Auswirkungen auf die gemeindliche Integration zu erwarten seien: Die Einheimischen würden spüren, dass es nicht
primär um sie gehe, sondern um Auswärtige. Die Großprojekte würden sie
überfordern, sie ‚ihrer' Stadt entfremden und die Großprojekte würden wie
Fremdkörper in der ‚gewachsenen Stadt' wirken. Auch in der letzten Wolfsburg-Studie (Harth u. a. 2000, 208ff.) wurden entsprechende Befürchtungen
geäußert.

Knapp 10 Jahre später kann man konstatieren, dass all diese Befürchtungen sich mehrheitlich nicht bewahrheitet haben. Es wird zwar in der Bevölkerung gesehen, dass sich diese erlebnisorientierte Großprojektpolitik in
Wolfsburg primär (auch) an Touristen wendet, aber man empfindet sich
mehrheitlich nicht als ‚Opfer' dieser Politik, sondern sieht Vorteile auch für
sich selbst, wobei einiges zusammenkommt:

- eine ausgeprägte konsum- und erlebnisorientierte Grundeinstellung in
  der Wolfsburger Bevölkerung, die aber bisher weitgehend ‚unbefriedigt'
  war (‚Nachholbedarf'),
- eine sehr ‚ausgewogene', sozusagen pluralistische erlebnisorientierte
  Großprojektpolitik von Stadt, VW und Wolfsburg AG, in deren Kontext
  für fast jeden etwas dabei und auch leidlich finanziell erschwinglich war,
- eine Großprojektpolitik, die doch recht gut zum Selbstverständnis der
  Stadt als einer modernen, mobilitäts- und technikorientierten Stadt passt,
  in der (dank VW) ‚viel Geld' erwirtschaftet und auf ‚Qualität' geachtet
  wird.

Entsprechend groß ist die Akzeptanz der erlebnisorientierten Großprojekte in
der Bevölkerung. Die allermeisten Großprojekte werden von der Mehrheit
der Wolfsburger hin und wieder oder gar regelmäßig aufgesucht, nicht zuletzt
weil es den Anbietern bisher immer noch gelungen ist, auch für die Einheimischen stets ‚neue Erlebnisse' zu bieten – wobei natürlich von vornherein
klar war und ist, dass die Großprojekte (mit Ausnahme der City Galerie in
der Innenstadt) nicht Bestandteil des Alltagslebens der Wolfsburger Bevölkerung geworden sind, sondern zu deren mehr sporadischem Freizeitverhalten
gehören.

Lediglich das Phaeno und das Kunstmuseum sind mehrheitlich nicht in
das nicht-alltägliche Freizeitverhalten der Wolfsburger Bevölkerung aufgenommen worden. Dafür haben gerade diese beiden Projekte (neben der Autostadt) jedoch wesentlich dazu beigetragen, dass sich die höher Qualifizierten
und Besserverdienenden in der Stadt wohler fühlen. Für sie gab es bislang in
Wolfsburg kein entsprechendes Kultur- und Erlebnisangebot; und da sie auch
von den anderen Großprojekten profitieren, kann man sie eindeutig als ‚Gewinner' dieser Politik bezeichnen, ohne dass der Rest der Bevölkerung zunächst einmal als Verlierer dastünde.

Bezüglich der in der entsprechenden wissenschaftlichen Diskussion immer wieder diskutierten Frage, inwieweit die erlebnisorientierte Großprojektpolitik ,sozial selektiv' sei, ist zunächst zu betonen, dass es sich dabei um kein Problem handelt, das großprojektspezifisch wäre. Auch ganz normale öffentliche Einrichtungen wie ein Freibad, eine Stadtbücherei, ein stadtgeschichtliches Museum, das herkömmliche Stadttheater richten sich an bestimmte Bevölkerungsgruppen, ohne irgendwen ausschließen zu wollen. Und der Eindruck, der sich am Beispiel Wolfsburgs aufdrängt, ist der, dass die Anbieter erlebnisorientierter Großprojekte (gerade weil sie mehr von Besucherzahlen leben und um Marktanteile kämpfen) eher mehr dafür tun, neue Zielgruppen zu erschließen als die traditionellen öffentlichen Einrichtungen. Der Wolfsburger Großprojektpolitik ist zu attestieren, dass zwar auch sozial hochselektive Einrichtungen geschaffen wurden (Phaeno, Kunstmuseum), aber eben auch andere, nicht sehr ,exklusive' (Allerpark, City Galerie etc.). Immerhin: eine Minderheit von etwa einem Viertel der Wolfsburger Bevölkerung fühlt sich von der erlebnisorientierten Großprojektpolitik nicht angesprochen und bleibt sozusagen ,außen vor', weil man zu alt, zu arm, zu wenig gebildet ist oder zu wenig an Spaß, Kultur, Unterhaltung oder Selbstverwirklichung interessiert ist und weil der Lebensstil auf den häuslichen Bereich konzentriert ist. Das heißt aber keineswegs, dass diese Gruppe von den Großprojekten ,ausgegrenzt' wäre oder dass man ihnen besonders kritisch gegenüber stünde. Dies trifft allenfalls für etwa 5% der Befragten zu. Angesichts der neuen ,Glamour- und Glitzerwelt' stellen sich ihre Lebenssituation und ihre Teilhabechancen als noch bedrückender als vorher dar. Für ihr Leben hat die Politik der Großprojekte nichts gebracht.

Aber jenseits des ,realen' Nutzens der erlebnisorientierten Großprojekte für ganz viele in Wolfsburg, ergibt sich ein symbolischer für fast alle: Die Großprojekte haben den Stolz so gut wie aller Wolfsburger deutlich erhöht. Es ist nicht mehr bzw. deutlich weniger ,peinlich' in Wolfsburg zu leben als vorher, ja, man ist bisweilen regelrecht ,stolz': Die Autostadt ist in aller Munde, Touristen kommen nach Wolfsburg, das Phaeno gehört zu den bedeutendsten aktuellen Bauwerken weltweit. 2009 wurde der VfL Wolfsburg deutscher Fußballmeister! Stadtmarketing-Untersuchungen haben ergeben, dass sich bundesweit das Image der Stadt Wolfsburg in der Zeit der erlebnisorientierten Großprojektpolitik deutlich positiv verändert hat.

ad b)

Sind die Auswirkungen der Großprojektpolitik auf die gemeindliche Integration mehrheitlich eher positiv, zumindest weit weniger negativ als befürchtet, so verhält es sich in Bezug auf die städtische Urbanität eher anders. Unsere bisherigen Untersuchungen zu Wolfsburg kamen unisono zu dem Ergebnis eines „Mangels an Urbanität". Die Größe der Stadt, ihre (,antiurbane') dezentrale Siedlungsstruktur, die Bevölkerungsstruktur (hoher Arbeiteranteil), die fehlende Anonymität (hoher Anteil von VW-Beschäftigten), das Fehlen großer Kaufhäuser, die Nähe zu attraktiveren Städten wie Braunschweig oder Gifhorn, die etwas missglückte Fußgängerzone in Wolfsburg, all das machte die Stadt nicht sonderlich urban.

Umso mehr setzte man auf ‚Urbanitätseffekte' der erlebnisorientierten Großprojektpolitik. Diese erwarteten und auch erhofften positiven Auswirkungen haben sich nur bedingt eingestellt. Wolfsburg ist zwar urbaner geworden, aber noch nicht ‚urban'. Es gibt jetzt Orte in der Stadt, wo auch mal Nicht-Wolfsburger auftauchen, eine gewisse Bevölkerungsheterogenität sichtbar wird bzw. Bevölkerungsgruppen sich zeigen, die man sonst in Wolfsburg bisher so nicht sah. Es gibt verstärkt Ansätze von Szenen und Milieus, aber insbesondere die Innenstadt bzw. die Fußgängerzone zeigt kaum mehr ‚urbanes Flair' als vorher. Auch wenn sich nahezu alle befragten Wolfsburger und Wolfsburgerinnen einig sind, dass die Stadt bunter und vielfältiger geworden sei, so ist für die Mehrheit von ihnen klar, dass Wolfsburg nach wie vor keine urbane Stadt ist und kein ‚urbanes Flair' hat. Dies hängt wesentlich damit zusammen, dass die erlebnisorientierten Großprojekte kaum Ausstrahlungseffekte auf die Innenstadt, insbesondere die Fußgängerzone, gehabt haben. Die Touristen, die sich (was Sozialstatus, Alter und Erlebnisorientierungen betrifft) durchaus vom Durchschnitt der Wolfsburger Bevölkerung unterscheiden, besuchen nur zum kleineren Teil die ‚eigentliche' Innenstadt Wolfsburgs. Das hängt mit verschiedenen Gründen zusammen: vor allem sind die ‚Erlebniswelten' meist selbst das alleinige Reiseziel und nicht die Stadt Wolfsburg. Zudem liegen viele der erlebnisorientierten Großprojekte am Rande oder gar deutlich außerhalb der Innenstadt und sind verkehrlich auch so erschlossen, dass man an der Innenstadt Wolfsburgs regelrecht vorbeigeführt wird.

Gegenüber der Erlebnisqualität der Großprojekte und ihrer qualitativ hochwertigen Architektur fällt die Innenstadt überdies deutlich ab; sie wirkt kleinstädtisch und bieder, so dass auch kein besonderer Anreiz besteht, sie aufzusuchen. Allein die in der Porschestraße angesiedelte City Galerie hat unmittelbar ‚urbanitätsstiftende' Wirkung auf das Umfeld. Sie verlockt mehr Wolfsburger zum Einkaufen in der eigenen Stadt und zieht auch Leute aus dem Umland an. Aber dieser Belebungseffekt bleibt doch weitgehend auf den unmittelbaren Umkreis des Shopping Centers beschränkt.

Schichthöhere Wolfsburger und schichthöhere Auswärtige halten sich mehr in den gehobenen erlebnisorientierten Großprojekten auf, besuchen vor allem sie und beleben daher nicht so sehr die Fußgängerzone, die in bestimmten Teilbereichen (am Süd- und Nordende) sogar Ansätze ‚urbanen Verfalls' aufweist.

Diese Entwicklung ist einer grundlegenden Neuorientierung in der Innenstadt-Planung geschuldet. In Wolfsburg spricht man in diesem Zusammenhang inzwischen gar von einem zweiten Umbruch der Stadtstruktur: Sah der ursprüngliche Stadtgrundriss von 1938 einerseits eine klare Funktionstrennung zwischen Werk und Wohnstadt vor mit dem Mittellandkanal als Trennungs- und Demarkationslinie zwischen den beiden Bereichen und andererseits eine Gegenüberstellung einer nationalsozialistisch geprägten ‚Stadtkrone' als Gegenpol zum Werksgebäude, so wurde – dies war der erste grundlegende Umbruch – nach dem Zweiten Weltkrieg das Stadtzentrum in die Wohnstadt integriert, was mit der Umwandlung der Porschestraße in eine Fußgängerzone seinen besonderen Ausdruck fand. Es blieb dabei aber bei der Vorstellung der Wolfsburger Stadtplanung, die Stadt müsse sich gewissermaßen vom VW-Werk abgrenzen, ja, abwenden, um ein ‚eigenes Gewicht' zu erlangen: man müsse sich selbstbewusst gegenüber dem Werk positionieren. Das hatte zur Folge, dass entlang des Kanals einerseits die imposante Schaufront des VW-Werks (von der Stadt aus gesehen: jenseits des Kanals), andererseits gleichsam die Rückseite der (Innen-) Stadt (diesseits des Kanals) aufeinander stießen und eine höchst unerfreuliche ‚Zwischenzone' entstand mit riesigen Parkplatzbereichen, einem kleineren Gewerbegebiet, ein paar Kleingartenkolonien. Seit Ende der 1990er Jahre erfolgte nun als Konsequenz der verstärkten Kooperation und Annäherung zwischen Stadt und VW im Rahmen der Wolfsburg AG, besonders aber als Folge der Eröffnung der Autostadt, der zweite große städtebauliche Umbruch: Die Mitte der Stadt rückt seitdem an die Nahtstelle zwischen Werk und Stadt, an den sogenannten ‚Nordkopf' der Fußgängerzone. Hieß es zu Beginn der erlebnisorientierten Großprojektpolitik 1998 noch, dass der Nordkopf „zu einem attraktiven Einkaufs- und Erlebniszentrum" und damit zur „Drehscheibe und Bindeglied" zwischen Autostadt, Innenstadt und den Erlebnisangeboten entwickelt werden soll, so soll er jetzt „eine neue Stadtmitte", ein lebendiges Zentrum mit Funktionsmischung werden. Dadurch will man (wieder einmal) mehr „Urbanität gewinnen", so der Titel der städtischen Zwischenbilanz der derzeit laufenden umfangreichen städtebaulichen Maßnahmen am Nordkopf, die natürlich zur Folge haben (werden), dass bestimmte Bereiche der Fußgängerzone, insbesondere am ‚Südkopf', an urbaner Standortgunst und damit mittel- bis langfristig an Attraktivität verlieren werden.

Dennoch ist diese Verlagerung der Stadtmitte an den Nordkopf, an die Nahtstelle zwischen Stadt und Werk nicht unplausibel: Hier gibt es durch die Häufung von erlebnisorientierten Großprojekten (Autostadt, Phaeno, DOW, Cinemaxx etc.) und den Bahnhof gewisse urbane Anknüpfungspunkte, zudem noch erhebliches räumliches Entwicklungspotenzial und eine gewisse Lagegunst in Gestalt des Mittellandkanals ganz im Sinne des stadtplanerischen Trends, städtische Wasserflächen und Flussufer ganz bewusst in stadt-räumliche Aufwertungsstrategien einzubeziehen (Heinz 2008, 23). Insbeson-dere könnte man sich aber relativ elegant des (heute etwas peinlichen) städte-baulichen Erbes aus den 1950er und 60er Jahren ,entledigen': Die schlichte, kleinstädtische Randbebauung weiter Teile der Porschestraße, die sich auf-grund noch langfristig laufender Erbpachtverträge einer stadtplanerischen In-tervention entziehen, träte ins zweite Glied zurück und wäre nicht mehr das ,Schaufenster Wolfsburgs', sondern bliebe die ruhige, etwas langweilige In-nenstadt für die Bewohner, während sich der Nordkopf zum Zentrum für Touristen und das dort beschäftigte junge Angestelltenmilieu entwickeln könnte. Aber es ist noch zu früh, die Erfolgsaussichten des ,Großprojektes Nordkopf' abzuschätzen. Skepsis ist sicherlich angebracht auch vor dem Hin-tergrund der Frage, ob so etwas wie ,Urbanität' überhaupt plan- und herstell-bar ist.

„Dort, wo sich günstige Voraussetzungen bieten, wo wesentliche Betei-ligte zum Schritt nach vorn bereit sind, werden exemplarische Lösungen rea-lisiert. Damit können die zähesten Vorbehalte der ,Routinekartelle' (,...das geht doch nicht, das rechnet sich nicht, das haben wir noch nie so gemacht') sozusagen experimentell widerlegt werden" (Selle 1992, 39). Ist Wolfsburg eine solche ,exemplarische Lösung' und ,experimentelle Widerlegung'? Tat-sächlich hat sich mit der Entscheidung von VW, in Wolfsburg die Autostadt zu bauen, für die Stadt ein ,window of opportunity' geöffnet, das man ent-schlossen genutzt hat. ,Win-Win'-Situationen sind in Planung und Politik e-her selten; hier könnte jedoch eine vorliegen. Denn auch die Bevölkerung trägt diese Stadtentwicklungspolitik durchaus mehrheitlich mit.

Auch wenn die Bevölkerung durchaus sieht, dass diese erlebnisorien-tierte Großprojektpolitik sozusagen schon auf Kosten anderer notwendiger Investitionen etwa im Schul- und Stadtteilbereich ging, dass sie selbst an die-ser Stadtentwicklungspolitik nicht beteiligt wurde, und erlebt, dass diese er-lebnisorientierten Großprojekte letztlich gleichsam nur Sahnestückchen in ih-rem Alltag sind, der sich eben nicht um diese Großprojekte rankt, so ist man doch ,stolz' auf das Erreichte, weshalb diese Stadtentwicklungspolitik in der Bevölkerung durchaus auf breite Akzeptanz stößt. Vor allem gibt es kaum Kritik in der Art, wie sie insbesondere in der Fachliteratur häufig gegenüber erlebnisorientierten Großprojekten und entsprechenden ,Festivalisierungsten-denzen' geäußert wird. Dass all das nicht ,wirklich urban', alles ,inszeniert und kontrolliert', alles ,schöner Schein' sei, dass bestimmte Bevölkerungs-gruppen ,ausgegrenzt' würden, die Großprojekte sie zu bloßen ,Erlebniskon-sumenten' machen, all das ist aus Sicht der Bevölkerung nicht nur weitge-hend irrelevant, sondern all das macht gerade eher den Erfolg der erlebnisori-entierte Großprojektpolitik in der Bevölkerung aus. Das macht diese Art von bildungsbürgerlicher Kulturkritik ja nicht falsch, auch nicht irrelevant, aber eben gesellschaftlich so folgenlos, zumal in Wolfsburg all das auf sozusagen ‚gehobenem Unterhaltungsniveau' angeboten wird – deutlich ‚oberhalb' des bisherigen stadtkulturellen Milieus Wolfsburgs. Hier ist kein ‚kultureller Niedergang' zu konstatieren, keine reine ‚Spaßkultur', sondern gehobenes Niveau bis hin zur Hochkultur, die freilich mehrheitsfähig inszeniert wird.

Wie es weitergeht, ob dieses kulturelle Niveau langfristig gehalten und finanziert werden kann, ob sich die Großprojekte dauerhaft als Touristenmagneten behaupten, wird man sehen. Und eines ist in Bezug auf diese Phase der erlebnisorientierten Stadtentwicklungsprojekte zu bedenken: Es ist zwar gelungen jährlich Hunderttausende von Touristen nach Wolfsburg zu locken, aber nicht den Rückgang der Einwohnerzahl Wolfsburgs zu verhindern und dies, obwohl sich in demselben Zeitraum die Zahl der sozialversicherungspflichtigen Beschäftigten in der Stadt um mehr als 20.000 erhöht hat. Wolfsburg ist attraktiver geworden für Touristen, auch für die Einheimischen, aber offenbar nicht für jene, die lieber nach wie vor nach Wolfsburg zur Arbeit einpendeln, aber dort nicht wohnen wollen: Im Gegenteil: ihre Zahl hat sich ebenfalls um gut 20.000 erhöht. Wolfsburg: eine attraktive Stadt zum Arbeiten und nun auch zum Besuchen, aber keine besonders attraktive Stadt zum Wohnen?

Mit der hier vorgelegten Untersuchung, die sich einreiht in eine Abfolge von nun insgesamt vier Studien (verteilt über einen Zeitraum von rund 50 Jahren) zur Entwicklung der Stadt Wolfsburg, endet zunächst einmal dieses in der Stadtsoziologie sicherlich einmalige ‚Forschungsprojekt'. Es wäre zu hoffen, dass es ‚irgendwie' fortgeführt werden könnte, denn einerseits ist der Untersuchungsgegenstand einfach zu interessant, andererseits der Untersuchungsansatz u. E. nach wie vor ergiebig: die Analyse eines Stadtentwicklungsprozesses über einen längeren Zeitraum hinweg aus Sicht sowohl der handelnden Experten und Akteure als auch der ‚betroffenen' Bevölkerung. Gerade die Interpretation der Stadtentwicklung vor dem Hintergrund des lokalen Lebenszusammenhangs der Bevölkerung scheint uns eine ‚conditio sine qua non' stadtsoziologischer Forschung.

Literatur:

Ackers, Walter 2000: Lernen von Wolfsburg. Der EQ als Standortfaktor. In: Deutsche Akademie für Städtebau: Wer plant die Stadt? Wer baut die Stadt? Berlin, S. 68ff.

Altrock, Uwe/Simon, Günter/Huning, Sandra/Peters, Deike Hg. 2003: Mega-Projekte und Stadtentwicklung. Cottbus

Aring, Jürgen/Reuther, Iris Hg. 2008: Regiopolen. Die kleinen Großstädte in Zeiten der Globalisierung. Berlin

Assheuer, Thomas 2005: Die Werk-Stadt. Metropole Provinz. Wolfsburg hat keine Geschichte und steckt doch voller Vergangenheit. Eine Rundfahrt. In: DIE ZEIT: Triumph der Stadt, Nr. 3, 2005, S. 64-67

AutoUni – Programm Herbst/Winter 2008

AutoVision-Broschüre 1998: Halbierung der Arbeitslosigkeit in Wolfsburg, hg. von der Volkswagen AG. Wolfsburg

AZ/WAZ: Aller Zeitung/Wolfsburger Allgemeine 2001: Markt Media Analyse 2001

AZ/WAZ: Aller Zeitung/Wolfsburger Allgemeine 2006: Markt Media Analyse 2006

Bahrdt, Hans-Paul 1998 (1961, 1969): Herlyn, Ulfert Hg.: Die moderne Großstadt. Soziologische Überlegungen zum Städtebau. Opladen

Baldauf, Anette 2008: Entertainment Cities. Stadtentwicklung und Unterhaltungskultur. Wien/New York

Band, Henri 1994: Rezension der Erlebnisgesellschaft von Gerhard Schulze. In: Berliner Debatte, Heft 2, S. 112-117

Basten, Ludger 1998: Die Neue Mitte Oberhausen. Ein Großprojekt der Stadtentwicklung im Spannungsfeld von Politik und Planung. Basel/Boston/Berlin 1998

Bauer, Eckart 1971: Die Hilflosigkeit der Soziologie im Städtebau. In: Bauer, Eckart/Brake, Klaus/Gude, Sigmar/Korte, Hermann Hg.: Zur Politisierung der Stadtplanung. Gütersloh, S. 9-84

Beck, Ulrich 1986: Risikogesellschaft. Auf dem Weg in eine andere Moderne. Frankfurt a.m.

Beckmann, Sven 2005: Wolfsburg. Eine Stadt fällt aus dem Rahmen. Wolfsburg

Behn, Olav/Friedrichs, Jürgen/Kirchberg, Volker 1989: Die City von Wolfsburg. Bewertung und Bedeutung eines Stadtzentrums, Frankfurt a. M.

Behnke, Marcus/Maisenhälder, Christof 1998: Kommerzielle Musical-Theater in Deutschland. In: Hennigs, Gert/Müller, Sebastian Hg. 1998: Kunstwelten. Künstliche Erlebniswelten und Planung. Universität Dortmund, S. 134-160

Beier, Rosenmarie Hg. 1997: aufbau west aufbau ost – Die Planstädte Wolfsburg und Eisenhüttenstadt in der Nachkriegszeit. Berlin

Berking, Helmuth/Löw, Martina Hg. 2008: Die Eigenlogik der Städte. Neue Wege für die Stadtforschung. Frankfurt a. M.

Beschäftigungsprognose Niedersachsen 2011 des Forschungsinstituts für Regional- und Clustermanagement GmbH. Balve

Bettges, Ralf 2006: Shopping-Center können keine Citys ersetzen – Stadtplanung nur noch durch Centerentwicklung? In: Brune, Walter/Junker, Rolfs/Pump-Uhlmann, Holger Hg.: Angriff auf die City. Düsseldorf, S. 85-92

Beyer, Susanne/von Festenberg, Nikolaus/Matussek, Matthias 2006: Ein Schiff wird kommen. In: DER SPIEGEL, H. 3, S. 140/144

Bischoff, A./Selle, K./Sinning, H. 1996: Informieren, Beteiligen, Kooperieren. Kommunikation in Planungsprozessen. Eine Übersicht zu Formen, Verfahren, Methoden und Techniken, 2. Aufl., Dortmund

Bittner, Regina 2001: Die Stadt als Event. In: Bittner, Regina Hg.: Die Stadt als Event. Zur Konstruktion Urbaner Erlebnisräume. Frankfurt a.M./New York, S. 15-24

Bittner, Regina Hg. 2001: Die Stadt als Event. Zur Konstruktion Urbaner Erlebnisräume. Frankfurt a.M./New York

BMVBS (Bundesministerium für Verkehr, Bau und Stadtentwicklung) 2008: Zwischennutzungen und Nischen im Städtebau als Beitrag für eine nachhaltige Stadtentwicklung. Werkstatt: Praxis, H. 57

Bolz, Norbert 2004: Was heißt Urbanität? In: Kufeld, Klaus Hg.: Wir bauen die Städte zusammen. Die Bürgerregion als Utopie? Freiburg/München, S. 59-70

Borgelt, Christiane/Jost, Regina/Froberg, Nicole/Nägeli, Walter 2005: Architektur in Wolfsburg von Alvar Aalto bis Zaha Hadid, Die Neuen Architekturführer Nr. 75. Berlin

Bosse, Axel 2007: Vom Kreis zum Kegel – Stadtplanung am Wolfsburger Nordkopf. In: Kaltwasser, Martin/Majewska, Ewa/Szreder, Jakub Hg. 2008: Industriefuturismus. 100 Jahre Wolfsburg/Nowa Huta. Wolfsburg, S. 310-329

Brand, K.-W./Büsser, D./Rucht, D. 1986: Aufbruch in eine andere Gesellschaft. Neue soziale Bewegungen in der Bundesrepublik, Frankfurt a.M./New York

Brandt, Arno/Hesse, Anja 2008; Kulturelle Leuchttürme in der Metropolregion Hannover-Braunschweig-Göttingen. Rostock

Brühl, Hasso/Echter, Claus-Peter/Frölich von Bodelschwingh, Franciska/Jekel, Gregor 2005: Wohnen in der Innenstadt – eine Renaissance?, Berlin

Brune, Walter 2006. Integriert oder nicht integriert? – Ein bedeutender Unterschied. In: Brune, Walter/Junker, Rolf/Pump-Uhlmann, Holger Hg.: Angriff auf die City. Düsseldorf, S. 55-63

Brune, Walter/Junker, Rolf/Pump-Uhlmann, Holger Hg. 2006: Angriff auf die City. Düsseldorf

Bundesanstalt für Arbeit, Nürnberg: Arbeitslosenquote der abhängig zivilen Erwerbspersonen

Bürklin, Thorsten/Peterek, Michael 2006: Lokale Identitäten in der globalen Stadtregion. „Alltagsrelevante Orte" im Ballungsraum Rhein-Main. Frankfurt a.M./London

Cauers, Christian/Strauß, Werner 2008: Modernes Wohnen im Grünen. In: Stölzl, Christoph Hg. 2008: Die Wolfsburg-Saga. Stuttgart, S. 486-489

Deutsche Akademie für Städtebau und Landesplanung Hg. 2008: Metropolregionen. Neue Dimensionen der europäischen Stadt, Berlin

Dierkes, Klaus 2002: Das Projekt AutoVision von Volkswagen und der Stadt Wolfsburg. In: Müchenberger, Urich/Menzel, Marcus Hg. 2002: Der Global Player und das Territorium. Opladen, S. 200-213

Doderer, Yvonne P.: 2006: Deltavilles. Europäische Stadtentwicklung im Zeichen der Ökonomisierung, Entdemokratisierung und Inszenierung. In: Bielánska, Jolante/Birne, Torsten/Eckhardt, Frank/Fraueneder, Hildegard/Kálmán, Rita/Mennicke, Christine/Meijer zu Schlochtern, Thomas: Konzepte und Handlungen. Ideas and Practice. Rotterdam Salzburg Wroclaw Budapest Dresden. Berlin, S. 96-105

Doerr, Thomas 2006: Innerstädtische, großflächige Einzelhandelszentren – Sargnägel oder Bereicherung für gewachsene Innenstädte. In: Brune u.a. Hg.: Angriff auf die City. Düsseldorf, S. 75 -83

Dörhöfer, Kerstin 2007: Passagen und Passanten, Shopping Malls und Konsumentinnen. In: Wehrheim, Jan 2007 Hg.: Shopping Malls. Soziologische Betrachtungen eines neuen Raumtyps. Wiesbaden, S. 55-73

Dörhöfer, Kerstin 2008: Shopping Malls und neue Einkaufszentren. Urbaner Wandel in Berlin. Berlin

Eckert, Martin 2000: Zu spät für die zweite Moderne? Wolfsburg – zwischen „Neuer Autostadt" und Verharren in der ersten Moderne. In: Materialien zur Stadtentwicklung, H. 2, Zeitschrift für kritische Sozialwissenschaft, hrsg. vom Institut für Sozialwissenschaftliche Praxis und Analyse e.V. (ispa), S. 23-33

Eckert, Martin 2001: Die Fremden der Stadt. Die Stadtregion Wolfsburg und das Dilemma der Selbstentfremdung. In: Materialien zur Stadtentwicklung, H. 3, 3. Jg., Zeitschrift für kritische Sozialwissenschaft, hrsg. vom Institut für Sozialwissenschaftliche Praxis und Analyse e.V. (ispa), S. 8-13

Eglau, Hans-Otto 1998: Spaß beim Kaufen. In: DIE ZEIT, S. 34-35

Emnid 2007: Pulsmesser. Laufende Umfrage im Raum Braunschweig/Wolfsburg im Auftrag der Braunschweiger Zeitung

Familienatlas 2007, Standortbestimmung, Potenziale, Handlungsfelder, hrsg. vom Bundesministerium für Familie, Senioren, Frauen

FAZ - Frankfurter Allgemeine Zeitung

Fehn, Michael 2004: Freizeit findet InnenStadt. Mobilitätsanalysen Handlungsansätze Fallbeispiele, hrsg. vom Institut für Raumplanung der Universität Dortmund

Flyvbjerg, Bent/Skamris Holm, Mette/Buhl, Søren 2003: Kostenunterschätzung bei Öffentlichen Bauprojekten: Fehler oder Lüge? In: Altrock, Uwe/Simon, Günter/Huning, Sandra/Peters, Deike Hg.: Mega-Projekte und Stadtentwicklung. Cottbus, S. 15-34

Frank, Susanne/Roth Silke 2000: Die Säulen der Stadt. Festivalisierung, Partizipation und lokale Identität am Beispiel des Events „Weimar 1999". In: Gebhardt, Winfried/Hitzler, Ronald/Pfadenhauer, Michaela Hg.: Events. Soziologie des Außergewöhnlichen. Opladen, S. 203 -221

Franz, Peter 1997: Was kann die Stadt heute noch leisten? Integration, urbane Regimes und die Durchsetzbarkeit von Leitbildern. In: Die Alte Stadt, 24. Jg., H. 4, S. 294-311

Froberg, Nicole 2007: Wolfsburg – Einsatz qualitätsvoller Architektur als Markenzeichen einer Stadt. In: Bund Deutscher Architekten in Niedersachsen Hg.: Jahrbuch 2006, Hannover, S. 49-57

Froberg, Nicole 2007a: „Ein Mann der Rede und der Feder". Peter Koller – Architekt und Stadtplaner Wolfsburgs. Portrait zum 100. Geburtstag am 7. Mai 2007, Stadt Wolfsburg: Stadtarchiv

Fuchs, Martina 1993: Postfordistische in einer fordistisch geprägten Region: Das Beispiel Wolfsburg. In: Geographische Rundschau, 81, S. 145-156

Funke, U. und Projektteam 1996: Wolfsburg aus der Sicht der Bürgerinnen und Bürger. Wolfsburger - Umlandbewohner - Berufseinpendler - Bundesbürger. Imageanalyse durchgeführt im Auftrag der Stadt Wolfsburg, Wolfsburg (zit. als Imagestudie)

Gebhardt, Winfrid 2000: Feste, Feiern und Events. Zur Soziologie des Außergewöhnlichen. In: Gebhardt, Winfried/Hitzler, Ronald/Pfadenhauer, Michaela Hg. 2000: Events. Soziologie des Außergewöhnlichen. Bd. 2 Opladen, S. 17-31

Gebhardt, Winfried/Hitzler, Ronald/Pfadenhauer, Michaela Hg. 2000: Events. Soziologie des Außergewöhnlichen. Bd. 2 Opladen.

Geißler, Rainer 2006: Die Sozialstruktur Deutschlands. Wiesbaden

Gesundheitsatlas 2007 der Healthy Living, DAK-Krankenversicherung und MHH Hannover

Goronzy, Frederic 2006: Spiel und Geschichten in Erlebniswelten. Ein theoriegeleiteter Ansatz und eine empirische Untersuchung zur Angebotsgestaltung von Freizeitparks. Dissertation an der Wirtschaftswissenschaftlichen Fakultät der Universität Augsburg. Berlin

Guthardt, Wolfgang 1999: Das Science Center. Meilenstein für das Profil einer jungen Stadt. In: Wolfsburg AG: ErlebnisWelt-Journal, Ausgabe 2, Wolfsburg, S. 3

GWH (Gesellschaft für Wettbewerbsforschung und Handelsentwicklung mbH) Dr. Lademann & Partner 1995: Stadt Wolfsburg als Einzelhandelsstandort. Grundlagenuntersuchung und Entwicklungskonzept, erstellt im Auftrag der GWB (Gesellschaft für Wirtschafts- und Beschäftigungsförderung Wolfsburg mbH. Hamburg

Habermas, Jürgen 1971: Strukturwandel der Öffentlichkeit. Neuwied

Hahn, Alois/Schubert, Hans-Achim/Siewert, Hans-Jörg 1979: Gemeindesoziologie. Stuttgart u.a.

Hahn, Barbara 2001: Erlebniseinkauf und Urban Entertainment Centers. Neue Trends im US-amerikanischen Einzelhandel. In: Geographische Rundschau 1/2001, S. 19-25

Hanisch, Jochen 2003: Das Elend der Raum- und Umweltplanung im Praktizierten Neoliberalismus: Das Beispiel der Erweiterung der Airbus-Produktionsanlagen in Hamburg. In: Altrock, Uwe/Simon, Günter/Huning, Sandra/Peters, Deike Hg.: Mega-Projekte und Stadtentwicklung. Cottbus, S. 71-91

Harth, Annette/Herlyn, Ulfert/Scheller, Gitta/Tessin, Wulf 2000: Stadt am Wendepunkt. Eine dritte soziologische Untersuchung. Opladen

Hartmann, Rainer 2006: Die Stadt als Freizeit- und Erlebnisraum - Erlebnismarketing und -inszenierung im Städtetourismus. In: Reuber, Paul/Schnell, Peter Hg.: Postmoderne Freizeitstile und Freizeiträume. Neue Angebote im Tourismus. Berlin, S. 193-202

Hartmann, Rainer 2006: Die Stadt als Freizeit- und Erlebnisraum – Erlebnismarketing und -inszenierung im Städtetourismus. Deutsche Gesellschaft für Tourismuswissenschaft. Berlin, S. 193-202

Hassenpflug, Dieter 2006: Reflexive Urbanistik. Reden und Aufsätze zur europäischen Stadt. Weimar

Hatzfeld, Ulrich 1997: Die Produktion von Erlebnis, Vergnügen und Träumen. Frei-
zeitgroßanlagen als wachsendes Planungsproblem. In: Archiv für Kommunal-
wissenschaften, Heft 2, S. 282-308

Hatzfeld, Ulrich 1998: Malls und Mega-Malls. Globale Investitionsstrategien und lokale Verträglichkeit. In: Hennigs, Gert/Müller, Sebastian Hg.: Kunstwelten.
Künstliche Erlebniswelten und Planung. Universität Dortmund, S. 32-50

Häußermann, Hartmut 1998: Zuwanderung und Zukunft der Stadt. Neue ethnisch-
kulturelle Konflikte durch die Entstehung einer neuen sozialen „underclass"? In:
Heitmeyer, Wilhelm/Dollase, Rainer/Backes, Otto Hg.: Die Krise der Städte.
Analysen zu den Folgen desintegrativer Stadtentwicklung für das ethnisch-
kulturelle Zusammenleben. Frankfurt a.M., S. 145-175

Häußermann, Hartmut 2006: Lebendige Stadt, belebte Stadt oder inszenierte Urbanität? In: Brune, Walter/Junker, Rolfs/Pump-Uhlmann, Holger Hg.: Angriff auf
die City. Düsseldorf, S. 31-35

Häußermann, Hartmut 2008: Die Stadt als politisches Subjekt. Zum Wandel in der
Steuerung der Stadtentwicklung. In: Schmitt, Gisela/Selle, Klaus Hg.: Bestand?
Perspektiven für das Wohnen in der Stadt. Dortmund, S. 575-588

Häußermann, Hartmut/Läpple, Dieter/Siebel, Walter 2008: Stadtpolitik. Frankfurt
a.M.

Häußermann, Hartmut/Siebel, Walter 1993: Die Politik der Festivalisierung und die
Festivalisierung der Politik. Große Ereignisse in der Stadtpolitik. In: Häußermann, Hartmut/Siebel, Walter Hg.: Festivalisierung der Stadtpolitik. Stadtentwicklung durch große Projekte. Opladen, S. 7-31

Häußermann, Hartmut/Siebel, Walter 2004: Stadtsoziologie. Eine Einführung. Frank-
furt/New York

Häußermann, Hartmut/Simons, Katja 2000: Die Politik der großen Projekte – eine Politik der großen Risiken? Zu neuen Formen der Stadtentwicklungspolitik am
Beispiel des Entwicklungsgebiets Berlin-Adlershof. In: Archiv für Kommunal-
wissenschaften, Heft 1, S. 56-72

HAZ - Hannoversche Allgemeine Zeitung

Heinz, Werner 1998: Public Private Partnership. In: Archiv für Kommunalwissen-
schaften II, S. 210-239

Heinz, Werner 2008: Der große Umbruch. Deutsche Städte und Globalisierung. Deutsches Institut für Urbanistik GmbH, Bd. 6, Berlin

Hellmann, Kai-Uwe 2008: Das konsumistische Syndrom. In: Hellmann, Kai-
Uwe/Zurstiege, Guido Hg.: Räume des Konsums. Über den Funktionswandel
von Räumlichkeit im Zeitalter des Konsumismus. Wiesbaden, S. 19-50

Hennings, Gerd 1998: Multiplex-Kinos. In: Hennings, Gerd/Müller, Sebastian Hg.:
Kunstwelten. Künstliche Erlebniswelten und Planung, Universität Dortmund. S.
110-133

Hennings, Gerd/Müller, Sebastian Hg. 1998: Kunstwelten. Künstliche Erlebniswelten
und Planung, Universität Dortmund (= Dortmunder Beiträge zur Raumplanung
85)

Herlyn, Ulfert/Scheller, Gitta/Tessin, Wulf 1994: Neue Lebensstile in der Arbeiterschaft? Eine empirische Untersuchung in zwei Industriestädten. Opladen

Herlyn, Ulfert/Schweitzer, Ulrich/Tessin, Wulf/Lettko, Barbara 1982: Stadt im Wandel. Eine Wiederholungsuntersuchung der Stadt Wolfsburg nach 20 Jahren. Frankfurt a.m./New York

Herlyn, Ulfert/Tessin, Wulf 1988: Von der Werksiedlung zur Großstadt. Zur Entwicklung der städtischen Identität Wolfsburgs. In: Die Alte Stadt, 15. Jg., H. 2 (Sonderheft „50 Jahre Wolfsburg" hrsg. von Herlyn, Ulfert/Tessin, Wulf), S. 129-154

Herlyn, Ulfert/Tessin, Wulf 2000: Faszination Wolfsburg 1938 – 2000. Opladen Hg.: Metropolen. Laboratorien der Moderne. Frankfurt a.m./New York, S. 324-342

Hilterscheid, Hermann 1970: Industrie und Gemeinde. Berlin

Horn, Michael/Zemann, Christian 2006: Ökonomische, ökologische und soziale Wirkungen der Fußball-WM 2006 für die Austragungsstädte. In: Geographische Rundschau 6/2006, S. 4-12

Indigo. Das Magazin unserer Stadt, Mai 2007, Wolfsburg

Informationen zur Raumentwicklung 1996: Die Stadt als Erlebniswelt, Heft 6, Bonn

Juckel, Lothar Hg. 2001: Stadtentwicklung durch inszenierte Ereignisse. Berlin

Junge-Gent, Henrike 1994: Weltkunst an der Zonengrenze. Die acht Kunstausstellungen des Volkswagenwerkes in Wolfsburg 1952 bis 1967. Wolfsburg: Kunstmuseum

Junker, Rolf/Kühn, Gerd/Nitz, Christina/Pump-Uhlmann, Holger 2008: Wirkungsanalyse großer innerstädtischer Einkaufscenter. Berlin: Deutsches Institut für Urbanistik

Jürgens, Ulrich 2006: Auto 5000 bei Volkswagen bilanziert. In: WSI Mitteilungen 59/2006, S. 460-463.

Kaltwasser, Martin 2007: Wolfsburg Chronik. In: Kaltwasser, Martin/Majewska, Ewa/ Szreder, Jakub Hg.: Industriefuturismus. 100 Jahre Wolfsburg/Nowa Huta. Wolfsburg

Kautt, Dietrich 1983: Wolfsburg im Wandel städtebaulicher Leitbilder. Wolfsburg

Kirchberg, Volker 2005: Gesellschaftliche Funktionen von Museen. Makro-, meso- und mikrosoziologische Perspektiven. Wiesbaden

Klein, Hans Joachim 2003: Kunstmuseum Wolfsburg. Besucherbefragung 2001/2002. Karlsruhe: Universität Karlsruhe, Institut für Soziologie

Kleinefenn, Axel 2003: Neue Konsum- und Erlebnislandschaften in Spanien. In: Geographische Rundschau H. 5, S. 38-43

Kleinschmidt, Waldemar 2001: Bundesgartenschau 1995 in Cottbus – Welche nachhaltigen Effekte gab es? In: Stadtentwicklung durch inszenierte Ereignisse, hrsg. im Auftrag des Präsidiums vom Wissenschaftlichen Sekretär der Deutschen Akademie für Städtebau und Landesplanung Lothar Juckel. Potsdam, S. 66-70

Klotz, Volker 1969: Die erzählte Stadt. Ein Sujet als Herausforderung des Romans von Lesage bis Döblin, München

Köhler, Sindy 2007: Künstliche Erlebniswelten: Eine kommentierte Bibliographie. Frankfurt a.M./Berlin/Bern u.a.

Kolhoff, Ludger Hg. 2005: Entwicklung der offenen Jugendarbeit in Wolfsburg. Im Spannungsfeld von Nutzern, Sozialarbeit, Kommunen und Organisationsentwicklung. Wiesbaden

Koll-Schretzenmayr, Martina/Burkhalter, Gabriela 2002: Die Stadt: Kulisse der Erlebnisgesellschaft oder urbane Erlebnislandschaft? In: DISP 150, S. 2

König, René 1958: Die Gemeinde im Blickfeld der Soziologie. In. H. Peters: Handbuch der kommunalen Wissenschaft und Praxis, Berlin.

König, René 1969: Großstadt. In: König, René Hg.: Handbuch der empirischen Sozialforschung. Stuttgart

Krajewski, Christian/Reuber, Paul/Wolkerdorfer, Günter 2006: Das Ruhrgebiet als postmoderner Freizeitraum. In: Geographische Rundschau, H. 1, 58, S. 20-27

Krebs, Carsten 2004: Partnership oder Pressureship. In Wolfsburg übernimmt VW immer mehr öffentliche Aufgabe. In: Vorgänge 165: Zeitschrift für Bürgerrechte und Gesellschaftspolitik. Heft 1, März 2004, 43. Jg. Wiesbaden, S. 89-96

Krüger, Thomas/Walther, Monika 2007: Auswirkungen Innerstädtischer Shopping Center. In: Wehrheim, Jan 2007 Hg.: Shopping Malls. Inderdisziplinäre Betrachtungen eines neuen Raumtyps. Wiesbaden, S. 191-208

Kuby, Erich 1957: Das ist des Deutschen Vaterland. Stuttgart

Kühn, Gerd 2008: Innerstädtische Einkaufscenter. Kommunen und Einzelhandel stehen vor großen Herausforderungen. In: Difu-Berichte 3/2008, S. 4-5

Künne, Hannelore 1998: Frauen in Wolfsburg – ein Blick in ihre Geschichte, Wolfsburg

Lambrecht, Maren 1998: Der Bahnhof als Großprojekt. Nutzen die Städte die Chancen der neuen Entwicklungsdynamik? In: Hennigs, Gert/Müller, Sebastian Hg.: Kunstwelten. Künstliche Erlebniswelten und Planung, Universität Dortmund, S. 89-109

Lecardane, Renzo 2003: Territorium, Stadt, Großereignisse. Das Beispiel der Expos 1998 in Lissabon. In: Altrock, Uwe/Simon, Günter/Huning, Sandra/Peters, Deike Hg.: Mega-Projekte und Stadtentwicklung, Cottbus, S. 176-190

Lechner, Götz 1996: Ist die Erlebnisgesellschaft in Chemnitz angekommen? Von den feinen Unterschieden zwischen Ost und West. Opladen 2003

Legnaro, Aldo/Birenheide, Almut 2005: Stätten der späten Moderne. Reiseführer durch Bahnhöfe, shopping malls, Disneyland Paris. Wiesbaden

Löw, Martina 2001: Raumsoziologie. Frankfurt a.M.

Löw, Martina/Steets, Silke/Stoetzer, Sergej 2007. Einführung in die Stadt- und Raumsoziologie. Opladen/Farmington Hills

Maletzke, Elsemarie 2007: Ihr Kinderlein kommet und seht euch das an. In: FAZ, 20.12.07, R1

Manderscheid, Katharina 2004: Milieu, Urbanität und Raum. Soziale Prägung und Wirkung städtebaulicher Leitbilder und gebauter Räume. Wiesbaden

Maslow, Abraham H. 1954: Motivation and Personality. New York

Mayer, Hans-Norbert 2008: Mit Projekten planen. In: Hamedinger, Alexander/Frey, Oliver/Dangschat, Jens/Breitfuss, Andres Hg.: Strategieorientierte Planung im kooperativen Staat. Wiesbaden, S. 128-150

Mehlin, Marco 2006: Wolfsburg – der Ort neben der Autostadt. In: Weichhart, Peter/Weiske, Christine/Werlen, Benno: Place Identity und Images. Das Beispiel Eisenhüttenstadt. Wien, S. 108-115

Merian extra 2002: Autostadt in Wolfsburg. September 2002

Mösel, Suzanne 2002: Kombinierte Großprojekte des Handelns und der Freizeit als Impulsgeber für die Stadtentwicklung, Universität Kaiserslautern

Movimentos-Prospekt, Februar 2007

Mückenberger, Ulrich 2004: Metronome des Alltags. Betriebliche Zeitpolitiken, lokale Effekte, soziale Regulierung. Berlin

Müller-Schneider, Thomas 2000: Die Erlebnisgesellschaft – der kollektive Weg ins Glück? In: ApuZB12/2000, S. 24-30

Nassehi, Armin 2002: Dichte Räume. Städte als Synchronisations- und Inklusionsmaschinen. In: Löw, Martina Hg.: Differenzierungen des Städtischen. Opladen, S. 211-232

Neller, Katja 2005: Kooperation und Verweigerung: Eine Non-Respronse-Studie. In: ZUMA-Nachrichten, 57. Jg. S. 9- 36

NIHK: Niedersächsischer Industrie- und Handelskammertag 2007: Wirtschaftswachstum in Niedersachsen zieht an, Hannover

Noller, Peter 1999: Globalisierung, Stadträume und Lebensstile: Kulturelle und lokale Repräsentationen des globalen Raums. Opladen

Opaschowski, Horst W. 2000: Jugend im Zeitalter der Eventkultur. In: ApuZB12/2000, S. 17-23

Peitsch, Anna Lena 2004: Strategisches Management in Regionen. Eine Analyse anhand des Stakeholder-Ansatzes, Wiesbaden

Pohl, Jürgen 2005: Urban Governance à la Wolfsburg. In: Informationen zur Raumentwicklung, H. 9/10, S. 637-647

Prätorius, Gerhard 2002: Global Player und regionale Entwicklung: Auflösung - Hegemonie – Partnerschaft? In: Müchenberger, Urich/Menzel, Marcus Hg. 2002: Der Global Player und das Territorium. Opladen, S. 70-90

Prognos-AG 2004: Prognos Zukunftsatlas 2004. Deutschlands Regionen im Zukunftswettbewerb (www.prognos.com/zukunftsatlas)

Prognos-AG 2007: Prognos Zukunftsatlas 2007. Deutschlands Regionen im Zukunftswettbewerb (www.prognos.com/zukunftsatlas)

Pump-Uhlmann, Holger 2006: Operation Otto: Die Braunschweiger >Schloss-Arkaden<.In: Brune, Walter/Junker, Rolf/Pump-Uhlmann, Holger Hg.: Angriff auf die City. Düsseldorf, S. 147-165

Pump-Uhlmann, Holger 2007: Shopping-Center und Stadtentwicklung: unter Ausschluss der Öffentlichkeit. In: Wehrheim, Jan 2007 Hg.: Shopping Malls. Interdisziplinäre Betrachtungen eines neuen Raumtyps. Wiesbaden, S. 176-208

Recker, Marie-Luise 1981: Die Großstadt als Wohn- und Lebensbereich im Nationalsozialismus. Zur Gründung der „Stadt des KdF-Wagens". Frankfurt a.M./New York

Reichold, Ortwin 1998: ... erleben, wie eine Stadt entsteht. Städtebau, Architektur und Wohnen in Wolfsburg 1938-1998. In: Reichold, Ortwin 1998: ... erleben, wie eine Stadt entsteht. Städtebau, Architektur und Wohnen in Wolfsburg 1938-1998. Begleitband zur Ausstellung in Wolfsburg 1998, Braunschweig, S. 8-89

Reinhardt, Ulrich 2005: Edutainment. Bildung macht Spaß, Münster

Romeiß-Stracke, Felizitas 2007: Städtetourismus in Gegenwart und Zukunft. In: Mückenberger, Ulrich/Timpf, Siegfried Hg.: Zukünfte der europäischen Stadt. Ergebnisse einer Enquete zur Entwicklung und Gestaltung urbaner Zeiten. Wiesbaden, S. 299-311

Ronneberger, Klaus 2000: Disney World ist authentischer als Wien. Fragen von Erik Meinharter und Christioph Laimer an Klaus Ronneberger. In: Dérive, H1, S. 19-21

Ronneberger, Klaus 2001: Disneyfizierung der europäischen Stadt? Kritik der Erlebniswelten. In: Bittner, Regina Hg.: Die Stadt als Event. Zur Konstruktion Urbaner Erlebnisräume. Frankfurt a.M./New York, S. 87–97

Ronneberger, Klaus/Lanz, Stefan/Jahn, Walther 1999: Die Stadt als Beute. Bonn

Roost, Frank 2000: Die Disneyfizierung der Städte. Großprojekte der Entertainmentindustrie am Beispiel des New Yorker Times Square und der Siedlung Celebration in Florida. Opladen

Roost, Frank 2003: Metropolen als Standorte imageorientierter Großprojekte. Das Beispiel Tokyo. In: Altrock u.a. Hg.: Mega-Projekte und Stadtentwicklung. Cottbus, S.149-160

Roost, Frank 2003a: Image, Cash and Leisure. In: Garten + Landschaft, H. 7, S. 9-12

Roost, Frank 2007: Perspektiven der Industriestädte im Wandel – Wolfsburgs Umbau vom Waren- zum Imageproduktionsort. In: Kaltwasser, Martin/Majewska, Ewa/Szreder, Jakub Hg. 2008: Industriefuturismus. 100 Jahre Wolfsburg/Nowa Huta. Wolfsburg, S. 283-293

Roost, Frank 2008: Branding Center: Über den Einfluss globaler Markenkonzerne auf die Innenstädte am Beispiel von Projekten des Sony-Konzerns. Wiesbaden

Schäfers, Bernhard 2006: Stadtsoziologie. Stadtentwicklung und Theorien - Grundlagen und Praxisfelder. Wiesbaden

Schlandt, Joachim 1970: Die Kruppsiedlungen – Wohnungsbau im Interesse eines Industriekonzerns. In: Helms, H.G./Janssen, J. Hg.: Kapitalistischer Städtebau. Neuwied/ Berlin

Schmolke, Alexander 2007: Retortenstadt mit Seele. In: Unternehmen & Märkte. Der Handel 09/2007, S. 30-31

Schneider, Christian 1978: Stadtgründung im Dritten Reich – Wolfsburg und Salzgitter. Ideologie, Ressortpolitik, Repräsentation. München

Schneider, Sabine 1997: Architektur und Urbanität – auf der Suche nach dem verlorenen Milieu. In: Baumeister 9, 17

Schroer, Markus 2005: Stadt als Prozess. Zur Diskussion städtischer Leitbilder. In: Berking, Helmuth/Löw, Martina Hg.: Die Wirklichkeit der Städte, Sonderband 16 von Soziale Welt. Baden-Baden, S. 327-344

Schroer, Markus 2006: Räume, Orte, Grenzen. Auf dem Weg zu einer Soziologie des Raums. Frankfurt a.M.

Schulze, Gerhard 1993: Die Erlebnisgesellschaft. Kultursoziologie der Gegenwart. Frankfurt/New York

Schulze, Gerhard 1994: Milieu und Raum. In: Noller, Peter/Prigge, Walter/Ronneberger, Klaus Hg.: Stadt-Welt. Frankfurt a.M./New York, S. 41-53

Schulze, Gerhard 2000: Was wird aus der Erlebnisgesellschaft? In: APuZ B12/2000, S. 3-6

Schulze, Gerhard 2003: Die beste aller Welten. Wohin bewegt sich die Gesellschaft im 21. Jahrhundert? München/Wien

Schumann, Michael/Kuhlmann, Martin/Sanders, Frauke/Sperling, Hans Joachim 2005: Anti-tayloristisches Fabrikmodell – AUTO 5000 bei Volkswagen. In: WSI Mitteilungen 1/2005, S. 3-9

Schweitzer, Ulrich 1990: Ortswechsel – Probleme und Chancen des Eigenlebens an einem neuen Wohnort. Dissertation. Universität Hannover

Schwonke, Martin/Herlyn, Ulfert 1967: Wolfsburg. Soziologische Analyse einer jungen Industriestadt. Stuttgart

Selle, Klaus 1993: Expo 2000. Ein Großprojekt als Mittel der Stadtentwicklung? Zwischen "Festivalisierung" und "Fokussierung". Sechs Jahre Planung für die Weltausstellung in Hannover. In: Häußermann, Hartmut/Siebel, Walter Hg.: Festivalisierung der Stadtpolitik. Stadtentwicklung durch große Projekte, Sonderheft 13 von Leviathan. Opladen, S. 164-207

Selle, Klaus 2006: Stadtentwicklung durch große Ereignisse. In: PlanerIn 1

Selle, Klaus, 1992: Vom ‚sparsamen Umgang' zur ‚Vision offener Räume' - Stadtentwicklung und Freiraumpolitik für die 90er Jahre (Vorträge, Texte, Materialien), Werkbericht No.29 der Arbeitsgruppe Bestandsverbesserung. Hannover/Dortmund

Siebel, Walter 2007: Vom Wandel des öffentlichen Raumes. In: Wehrheim, Jan 2007 Hg.: Shopping Malls. Inderdisziplinäre Betrachtungen eines neuen Raumtyps. Wiesbaden, S. 77-94

Siegfried, Klaus-Jörg 2002: Was ist Urbanität? In: Stadt Wolfsburg, Institut für Museen und Stadtgeschichte, Klaus-Jörg Siegfried Hg.: Wolfsburg – Zwischen Wohnstadt und Erlebnisstadt. Materialien zu Städtebau, Architektur, Wohnen und Urbanität.2. erw. Aufl., Braunschweig, S. 91-111

Simons, Katja 2003: Großprojekte und Stadtentwicklungspolitik: Zwischen Steuerung und Eigendynamik – Das Beispiel Euralille. In: Altrock u.a. Hg.: Mega-Projekte und Stadtentwicklung. Cottbus, S. 35-50

Stadt Wolfsburg 1997: Stadtleitbild Wolfsburg. Zukunftsorientierte Lösungen entwickeln und leben. Wolfsburg (zit. als Leitbildkonzept)

Stadt Wolfsburg 2003: Stadtstrukturkonzept. Gesamtstadt – Stadt – und Ortsteile. Wohnen – Soziale Infrastruktur – Grün- und Freiräume. Wolfsburg

Stadt Wolfsburg/Forum Architektur 2004: Wolfsburg. Eine Stadt verändert ihr Gesicht: Von der industriellen Wohnstadt zum Dienstleistungs- und Freizeitzentrum, Wolfsburg

Stadt Wolfsburg 2008, Haushaltsplan

Stadt Wolfsburg/Baudezernat 2008: Urbanität gewinnen. Stadtentwicklung Nordkopf Wolfsburg. Wolfsburg

Stadt Wolfsburg/Kommunikation 2007: Ausgezeichnetes Wolfsburg, unv. Man.

Stadt Wolfsburg/Kurzstatistik 2009

Stamm, Torsten 2007: Stadtprofile oder chronische Festivalitis. Zur Bedeutung der Festkultur für die Stadtentwicklung. In: PlanerIn, Heft 1, S. 39-41

Steinecke, Albrecht 2006: Tourismus. Eine geographische Einführung. Braunschweig

Steputat, Robert 2007: Im Spannungsfeld von Innovation und Tradition. Der Masterplan Porschestraße. In: Indigo, Juni 2007, S. 12

Stölzl, Christoph Hg. 2005: Phaeno. Die Experimentierlandschaft. Wolfsburg

Strauß, Werner 2002: Wolfsburg – Kleine Stadtgeschichte Wolfsburg

Strauß, Werner 2005: Wolfsburg – Aufbruch in die Zukunft. Kleine Stadtgeschichte, Teil 2: 1990 – 2006, Wolfsburg

Tessin, Wulf 1986: Stadtwachstum und Stadt-Umland-Politik, München

Tessin, Wulf 2003: Kraft durch Freude? Wolfsburgs Weg aus der Arbeits- in die Freizeitgesellschaft. In: Altrock, Uwe/Güntner, Simon/Huning, Sandra/Peters, Deike Hg.: Mega-Projekte und Stadtentwicklung, Planungsrundschau 8. Berlin, S. 135-148

Tessin, Wulf 2007: Lost in Landscape – Wolfsburg als Ideal einer Stadtlandschaft? In: Stadt und Grün, Heft 4, S. 34-40

Tessin, Wulf 2008: Ästhetik des Angenehmen. Städtische Freiräume zwischen professioneller Ästhetik und Laiengeschmack. Wiesbaden

Thomas, Monika 2008: Die Musterstadt der Funktionstrennung mischt sich neu auf. In: Stadt Wolfsburg: Stadtentwicklung Nordkopf Wolfsburg. Urbanität gewinnen. Wolfsburg: Stadtbaurätin, S. 3

Trogisch, Siegfried 2008: Ansichtsache. Zwischen Werkssiedlung und Erlebnisstadt: Wolfsburg. Wolfsburg

Uhrig, Nicole 2003: Wolfsburg gibt Gas. In: Garten + Landschaft, H. 7, S. 21-24

Wachs, Otto Ferdinand 2007: Interview in: Markenartikel. Die Zeitschrift für Markenführung vom 1.8.07

Wachs, Otto Ferdinand 2008: Interview in: Braunschweiger Zeitung vom 15.3.08

Wachter, Markus 2001: Künstliche Freizeitwelten – Touristisches Phänomen und kulturelle Herausforderung. Frankfurt a.M. u.a.

Warren Roland L. 1963: The Community in America. Chicago

WAZ – Wolfsburger Allgemeine Zeitung

Wehling Hans-Georg 1975: Gemeinde und politisches Lernen. In: Hans-Georg Wehling Hg.: Kommunalpolitik. Hamburg

Wehrheim, Jan 2007 Hg.: Shopping Malls. Soziologische Betrachtungen eines neuen Raumtyps. Wiesbaden

Wehrli-Schindler, Birgit 2002: kulturelle Entwicklungen als Impulsgeber für Stadtentwicklung? In: DISP 150, S. 4-10

Willems, Herbert 2000: Events: Kultur – Identität – Marketing. In: Gebhardt, Winfried/Hitzler, Ronald/Pfadenhauer, Michaela Hg. 2000: Events. Soziologie des Außergewöhnlichen. Bd. 2 Opladen, S. 51-73

Willenbrock, Harald 2005: Wolfsburg klotzt. In: brand eins, 6. Jg., S. 58-64

Wittwer, Georg 2001: Die Stadt als Inszenierung. In: Stadtentwicklung durch inszenierte Ereignisse, hrsg. im Auftrag des Präsidiums vom Wissenschaftlichen Sekretär der Deutschen Akademie für Städtebau und Landesplanung Lothar Juckel, Potsdam, S.150-154

WN – Wolfsburger Nachrichten

Wöhler, Karlheinz 2005: Topographie des Erlebens. Zur Verortung touristischer Erlebniswelten. In: Wöhler, Karlheinz 2005 Hg.: Erlebniswelten: Herstellung und Nutzung touristischer Welten. Münster, S. 17-28

Wöhler, Karlheinz Hg. 2005: Erlebniswelten: Herstellung und Nutzung touristischer Welten. Münster

Wohnatlas 2007 von empirica. In: Focus, Heft 38, S. 160-161

Wolfsburg AG 1999: Wolfsburg. Eine Stadt in Bewegung. ErlebnisWelt Wolfsburg. Ein Baustein der AutoVision, Wolfsburg

Wolfsburg AG 1999a: ErlebnisWelt-Journal, Ausgabe 2, Wolfsburg

Wolfsburg AG 2008: Die Wolfsburg AG – Wirtschaft gestalten, um Wirtschaft zu fördern. In: Stölz, Christoph Hg.: Die Wolfsburg Saga. Stuttgart, S. 304-307

Wolfsburg AG 2008a: Hintergrundinformationen zur Wolfsburg AG, Man., Wolfsburg

Wolfsburg Marketing: Einkaufswegweiser

Wolfsburg-Saga 2008, hrsg. von Stölzl, Christoph. Stuttgart

Wood, Gerald 2003: Die Wahrnehmung städtischen Wandels in der Postmoderne. Untersucht am Beispiel der Stadt Oberhausen. Opladen

Wüst, Thomas 2004: Urbanität. Ein Mythos und sein Potential. Wiesbaden

Wynne, Derek 2001: Zeitgenössische Kultur, Kommodifizeirung und urbane Revitalisierung. In: Bittner, Regina Hg.: Die Stadt als Event. Zur Konstruktion Urbaner Erlebnisräume. Frankfurt a.M./New York, S. 293-298

Zingerle, Arnold 2000: Monothematisches Kunsterlebnis im Passageraum. Die Bayreuther Richard-Wagner-Festspiele als Event. In: Gebhardt, Winfried/Hitzler, Ronald/Pfadenhauer, Michaela Hg. 2000: Events. Soziologie des Außergewöhnlichen. Bd. 2 Opladen, S. 183-202

Zukunftsatlas 2007 der Prognos AG, www.prognos.com/zunkunftsatlas

Wirtschaftssoziologie:
Der Stand der Forschung

> Die umfassende Übersicht über das Forschungsfeld

Andrea Maurer (Hrsg.)

Handbuch der Wirtschaftssoziologie

2008. 465 S. (Wirtschaft und Gesellschaft) Geb. EUR 34,90
ISBN 978-3-531-15259-2

Er hältlich im Buchhandel oder beim Verlag.
Änderungen vorbehalten.
Stand: Januar 2009.

Der Inhalt: Soziologie der Wirtschaft – Sozial- und gesellschaftstheoretische Zugänge – Institutionen der Wirtschaft – Wirtschaft in gesellschaftstheoretischer Perspektive

Das Handbuch der Wirtschaftssoziologie vermittelt soziologische Zugangsweisen zur Wirtschaft und demonstriert die Leistungskraft soziologischer Erklärungen und Analysen wirtschaftlicher Beziehungen, Institutionen und Strukturen. Im deutschen Sprachraum hat trotz der Tradition sozio-ökonomischer Analysen und des wieder erwachten Interesses der Soziologie an wirtschaftlichen Phänomenen eine umfassende Übersicht über das Forschungsfeld bislang gefehlt.

Das Handbuch der Wirtschaftssoziologie schließt diese Lücke und präsentiert einen fundierten Überblick über die klassischen Grundlagen, die gegenwärtigen Theorieangebote und aktuelle Studien.

www.vs-verlag.de

VS VERLAG FÜR SOZIALWISSENSCHAFTEN

Abraham-Lincoln-Straße 46
65189 Wiesbaden
Tel. 0611.7878-722
Fax 0611.7878-400

FSC
www.fsc.org

MIX
Papier aus verantwortungsvollen Quellen
Paper from responsible sources
FSC® C105338

If you have any concerns about our products,
you can contact us on
ProductSafety@springernature.com

In case Publisher is established outside the EU,
the EU authorized representative is:
Springer Nature Customer Service Center GmbH
Europaplatz 3, 69115 Heidelberg, Germany

Printed by Libri Plureos GmbH
in Hamburg, Germany